모르면 호구 되는
부동산상식

모르면 호구 되는 부동산상식

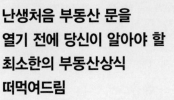

난생처음 부동산 문을
열기 전에 당신이 알아야 할
최소한의 부동산상식
떠먹여드림

박성환 지음

호구 탈출

한스미디어

들어가며

저는 지난 14년간 글을 쓰며 밥벌이를 했습니다. 남들처럼 용빼는 재주도, 특별히 다른 밥벌이 수단도 없어 앞으로도 글을 계속 쓰지 않을까 싶습니다. 저는 언론사 입사 후 줄곧 사회부와 정치부를 오갔습니다. 무미건조한 사회·정치부에서 하루하루 재미를 붙이고 있던 저는 자의 반, 타의 반으로 건설부동산부로 발령이 났습니다. 부동산과의 인연이 이렇게 닿았습니다.

저는 수습기자 딱지를 떼자마자 언론사의 '꽃'으로 불리는 사회부에서, 그것도 가장 힘들다는 사건팀에 오랫동안 몸담았던 터라 건설부동산부로 발령 난다는 게 도무지 이해할 수 없었습니다. 기억을 되짚자면 당시 사건팀 기자의 사고방식이 고스란히 남아 있었고, 사건팀 기자 특유의 '물(?)'이 덜 빠졌던 것 같습니다.

건설부동산부는 생경했습니다. 물설고 낯선 건설부동산부에서 가장 먼저 직면한 어려움은 부동산 기사 작성 방법과 취재원 섭외였습니다. 기사를 쓰기 위해 무엇부터 해야 하는지, 누구를 어떻게 만나야 하는지 등 건설부동산에 대해 아는 게 아무것도 없었습니다. 기사 준비부터 취재까지, 말 그대로 '맨땅에 헤딩'이었습니다. 맨땅에 헤딩하는 건 사회부와 별반 차이가 없었습니다.

시간이 지나자 부지런함을 최고의 미덕이라고 여겼던 저에게 건설부동산부 일은 식은 죽 먹기만큼 쉬운 일이었습니다. 사건팀에 있을 때는 시간을 분 단위까지 쪼개가며 검사부터 경찰, 시민단체 관계자, 대학생까지 다양한 취재원을 만나 이야기를 듣고, 기사를 작성했습니다. 시간에 쫓겨 어떻게 쓴지도 모르는 기사를 넘기면 어김없이 '캡(사회부 사건팀 팀장)'과 데스크(부장)의 불호령이 떨어졌습니다. 기사 수정을 밥 먹듯이 반복했습니다.

하지만 건설부동산부로 발령받은 뒤 애써 분 단위로 시간을 쪼갤 필요가 없었습니다. 취재원을 좀 더 여유 있게 만날 수 있었고, 기사를 꼼꼼히 쓸 여유도 제법 부렸습니다. 무엇보다 건설부동산부로 발령받기 전 쥐꼬리만 한 월급이라도 꼬박꼬박 모아 결혼하고, 세 식구 몸 누일 크지도 작지도 않은 내 집을 마련한 터라 부동산 분야를 대수롭지 않게 여겼습니다.

시간이 얼마나 지났을까요? 저는 '우물 안 개구리'였습니다. 제가 사는 좁은 우물 안이 세상 전부라고 착각했습니다. 착각에서 깨어나는 데 그리 오랜 시간이 걸리지 않았습니다. 식견이라기엔 거창하지만, 제 좁은 시선으로 세상을 폭넓게 보지 못했습니다. 부동산을 만만하게 봤다가 호되게 혼났습니다.

대한민국은 부동산 공화국입니다. 집이 전부라고 해도 과언이 아닙니다. 제가 쓴 부동산 기사가 보도될 때마다 독자의 질문이 차고 넘쳤습니다. 질문은 꼬리에 꼬리를 물고 이어졌습니다. 오죽하면 생면부지인 저에게 질문할까 싶어, 최대한 성실하게 대답하려고 노력했습니다. 하지만 모든 질문에 일일이 답변하기가 버거울 정도로 독자의 질문이 쏟아졌습니다. 오죽하면 독자의 질문 메일이 하루가 멀다고 쌓여 미처 읽지 못하고 지워야 했을까요? 부동산 기사의 파급력은 그야말로 상상 이상이었습니다.

기자로서 독자 물음에 대답하는 건 당연합니다. 더 나아가, 자신의 이름을 걸고 보도한 기사에 대한 책임입니다. 기자는 독자 물음에 답하기 위해 더 많이 공부해야 하고, 더 많이 지식을 쌓아야 합니다. 기자라면 독자보다 최소한 하나라도 더 알아야 뚝 부러지게 대답할 수 있습니다. 이 생각은 예나 지금이나 변함없습니다.

이 책은 거창한 '부동산 투자 비법서'가 아닙니다. 책 제목처럼 '모르면 호구 되는 부동산상식'에 관한 책입니다. 눈이 돌아갈 정도의 부동산 투자 비법을 찾거나, 부동산으로 일확천금을 노린다면 번지수를 잘못 짚었습니다. 지금이라도 만화책 읽듯 대충 훑어보거나, 아예 덮으시길 권합니다. 시중에 차고 넘치는 부동산 투자 책을 찾는 것도 제안합니다.

이 책은 부동산과 관련한 독자 물음에 대한 답변서입니다. 특히 전 재산이나 다름없는 보증금을 지키기 위해 구슬땀을 흘리는 청년들을 비롯해 월급을 차곡차곡 모으며 언젠가 내 집이 생길 거라는 희망을 품은 우리네 평범한 이웃을 위한 책입니다.

부동산은 어렵습니다. 수시로 바뀌는 부동산 정책부터 낯선 용어, 거래 과정까지 뭐 하나 쉬운 게 없습니다. 그래서 이 책을 기획할 때부터 누가 읽어도 이해하도록 최대한 쉽게 쓰겠다고 작정했습니다. 글을 고치고 다듬는 퇴고 과정에서 제목이 새로 바뀌거나, 글을 통째로 날린 적이 셀 수 없을 정도로 많았습니다.

글을 다듬는 과정에서 오타를 수정하고, 맞춤법과 띄어쓰기를 바로잡고, 이해가 안 되는 문장에 빨간 펜으로 밑줄을 그어가며 가감 없이 지적한 저의 첫 번째 독자이자, 사랑하는 아내에게 감사합니다. 또 "아빠 일 언제 끝나?"라는 말을 입에 달고 살면서 놀아달라고 투정도 부릴 법한데, 그간 꾹 참고 기다려준 일곱 살 아들 주언이에게 그저 고마울 따름입니다.

돌이켜보면 저에게는 감사한 분들이 많습니다. 어설픈 저를 이끌고, 미완의 글을 다듬는 일에 힘써주신 모민원 팀장님과 박지선 에디터님을 비롯한 한스미디어 출판사 직원들에게 고마운 마음을 전합니다. 또 시도 때도 없이 연락해도, 시답지 않은 질문에도 한결같이 친절하게 설명해주시고, 아낌없이 모든 걸 내어주신 정신적 지주이자 스승인 권대중 교수님께도 감사 인사드립니다.

끝으로 하늘나라에 계신 아버지와 어머니, 늘 든든한 버팀목이 돼주신 장인어른과 장모님께도 감사한 마음을 전합니다.

박성환

Contents

들어가며 … 4

PART 2 내 집 마련이 꿈이라고 말하는 당신에게
매매

PART
5
지금 당장 경매에 눈을 떠라
경매

PART 01

똑똑한 임차인의 전월세살이 비법

전월세

01
세입자가
집주인을 대하는 태도

집주인 '갑' 세입자 '을'?   #공인중개업자 말을 곧이곧대로   #전세살이 설움

30대 회사원 김정미(가명) 씨는 얼마 전 회사 근처인 서울 용산의 한 다세대 주택 집주인과 전세계약을 맺었습니다. 지난 7년간 알뜰살뜰 월급을 모아 전 재산이나 다름없는 8,000만 원을 보증금으로 내고 전세계약서에 도장을 찍었습니다. 계약 전 부지런히 발품과 손품을 팔고, 부동산 거래를 해본 지인들에게도 조언을 구하며 전세계약에 필요한 내용을 정리했습니다.

하지만 실전은 달랐습니다. 실제 계약서를 쓰려고 하니 낯선 부동산 용어들을 제대로 이해하지 못해 머릿속이 하얘졌고, 집주인과 공인중개사의 기세에 눌려 말문도 막혔습니다. 김 씨가 계약서 내용을 꼼꼼하게 살피자, 공인중개사는 "나랑 오랫동안 거래한 집주인"이라며 여러 장의 계약서에 도장 찍기를 재촉했습니다.

생애 첫 부동산 거래를 공인중개사의 말만 믿고 얼떨결에 계약을 마친 김 씨는 원래 부동산 거래를 이렇게 하는 것인지, 공인중개사는 누구 편인지 여전히 의문입니다.

누구나 처음이 있습니다. 처음은 누구나 다 어렵습니다. 부동산 거래도 그렇습니다. 길을 걷다 보면 한 집 걸러 한 집이 공인중개업소(부동산)일 정도로 흔하지만, 막상 부동산 거래를 할 때는 막막합니다. 어디서부터 뭘 해야 할지, 누구 말을 들어야 할지 하나부터 열까지 걱정거리가 쌓입니다. 또 아무리 사전에 준비를 많이 했다고 하더라도 미처 알지 못했거나, 예상하지 못한 돌발 변수가 별안간 튀어나오기라도 하면 당황스럽고 서툴 수밖에 없는 게 부동산 거래입니다.

부동산 거래는 쉽지 않습니다. 상대적으로 경험이 적은 20~30대 사회초년생들에게는 더욱 그렇습니다. 부동산 거래 경험이 적은 대학생과 사회초년생, 신혼부부 등이 전세사기의 표적이 된 이유입니다. 부모 울타리를 벗어나 첫 독립생활을 꿈꾸는 사회초년생이나 신혼부부에게 주거 문제는 가장 큰 걸림돌입니다. 예나 지금이나 부동산 거래는 만만하지 않습니다.

전세살이라는 설움

'설움'이라는 단어를 한 번쯤은 들어봤을 겁니다. 언론이나 정치권에서 임차인(세입자)의 전세살이 애환을 표현할 때 '전세살이 설움'이라는 말을 자주 사용합니다. 주택임대차보호법 등 예전보다 임차인의 권리를 보장하거나 보호하는 법적·제도적 장치가 많아졌으나, 지금도 설움이라는 단어가 종종 들리는 걸 보면 설움 중에서 집 없는 설움이 가장 큰 듯합니다.

전세살이 설움은 현실입니다. 전셋값이 하늘 높은 줄 모르고 치솟고, 전셋집 구하기가 하늘의 별 따기나 다름없을 정도로 전세난이 심각했을 때 일화입니다. 한 아파트에서 전셋집을 내놨습니다. 전세난이 워낙 심각했을 때라 전세를 구하려는 사람들이 너도나도 몰려 전셋집 입장(?)을 위해 복도에 길게 줄을 섰습니다. 당시 코로나19 확산 기세도 심상치 않았습니다. 임대인들이 전셋집을 내놓더라도 실제 보여주는 걸 꺼렸습니다. 당시 시간을 정하고 전셋집을 보여주기로 하면서 사람들이 구름떼처럼 몰렸습니다. 심각한 전세난의 상징이자, 웃지 못할 전세살이 설움입니다.

전세살이 설움은 정보 격차에서 출발합니다. 세입자가 발품과 손품을 팔아 전셋집에 대한 다양한 정보를 파악했더라도 모든 정보를 일일이 다 확인하는 건 현실적으로 어렵습니다. 집주인의 성격이나 성향을 파악하는 건 더욱 그렇습니다. 인터넷 검색과 중개 앱, 등기부등본 등에는 나오지 않아 확인할 길이 사실상 없습니다. 공인중개사의 설명에 기대거나 직접 집주인을 만나야만 알 수 있는 정보입니다.

임대인보다 정보 약자인 임차인은 공인중개사가 계약 과정에서 모든 정보를 제공하고, 내 편이 되리라 기대합니다. 임차인은 공인중개사의 말을 믿고 계약을 진행하고, 일정 비용을 중개수수료로 지불합니다. 모든 공인중개사가 그렇지는 않겠지만, 부동산 거래 과정에서 임대인의 눈치만 살피며 임대인과 임차인을 대하는 태도가 다르거나,

심지어 임대인을 등에 업고 주요 정보를 빠뜨리는 사례도 있습니다. 이런 일을 겪은 임차인이라면 당장 중개수수료를 돌려받고, 계약을 해지하고 싶을 것입니다. 전세계약 기간이 끝나는 2년마다 짐을 싸야 하는 일이야 참을 만하더라도, 전세사기 피해가 언론에 오르락내리락할 때마다 전 재산이나 다름없는 보증금을 떼이지 않을까 전전긍긍할 수밖에 없는 것도 전세살이 설움입니다.

집주인은 '갑', 세입자는 '을'?

주택임대차 시장에서 흔히 집주인은 '갑(甲)', 세입자는 '을(乙)'이라고 부르곤 합니다. 집을 가진 집주인이 갑의 지위를 톡톡히 누리던 시절부터 쌓인 잘못된 고정관념입니다. 갑과 을은 우열을 나누는 말이 아닙니다. 갑을은 천간(天干)인 '갑을병정무기경신임계'에서 따온 말입니다. 천간은 하늘의 시간적·계절적 기운 흐름을 순서대로 나열한 것입니다.

우리는 편견에 사로잡혀 갑과 을이란 표현을 우열을 나누는 데 쓰고 있습니다. 한 번 굳어진 고정관념을 바꾸는 일은 어렵습니다. 자신도 모르게 틀에 박힌 고정관념을 사실로 착각하고, 마치 주택임대차 시장의 질서로 여깁니다. 갑의 지나친 행위인 이른바 '갑질'은 이렇게 시작합니다.

고정관념은 말 그대로 고정된 관념입니다. '반드시 이래야 한다'는 한쪽으로 치우친 생각은 언제나 깨지기 마련입니다. 주택임대차 시장에서도 마찬가지입니다. 집주인이 '갑'이고, 세입자가 '을'이라는 고정관념은 전세 시장 상황에 따라 깨집니다. 전셋값 하락에 갑과 을이 뒤바뀌기도 합니다. 2년 전 전세보증금보다 전셋값이 하락해 집주인이 세입자에게 차액을 돌려줘야 하는 '역전세'가 대표적입니다. 돌려줄 보증금을 마련하지 못한 집주인이 세입자에게 보증금 하락분만큼 이자를 월세처럼 매달 지급해 계약을 연장하는 '역월세'도 사례가 많습니다. 갑과 을은 항상 고정된 위치가 아닙니다. 혹자는 이를 시장의 역습이라고 말합니다.

세입자는 채권자다

전셋집을 구하는 당신에게 당부하고 싶습니다. 전세는 집을 소유한 집주인에게 세입자가 일정한 돈(보증금)을 맡기고, 집을 빌려 쓰는 제도입니다. 누구나 다 아는 사실입니다. 하지만 이제는 발상의 전환이 필요합니다. 세입자가 더는 전세사기 피해자가 되지 않고, 소중한 전세금을 지키기 위해서입니다.

세입자는 을이 아닙니다. 채권자라는 마음가짐이 필요합니다. 세입자는 집을 담보로 집주인에게 적게는 수억 원, 많게는 수십억 원을 빌려줍니다. 다시 말해 집을 빌리는 것이 아니라, 집주인이 집을 담보로 자신에게 돈을 빌린다는 개념이 맞습니다.

세입자는 돈을 빌려준 채권자, 집주인은 돈을 빌린 채무자입니다. 그렇다면 돈을 빌려준 사람은 계약 기간이 끝나는 시점에 빌려준 돈(보증금)을 반드시 돌려받아야 합니다. 집주인이 전세금을 돌려줄 능력이 있는지 꼼꼼하게 따져봐야 합니다. 또 담보로 맡긴 집이 담보로서

전세보증금(대출)

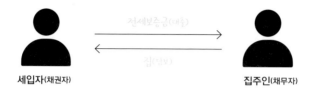

세입자(채권자)　　　　　　　　　　　　　집주인(채무자)

가치가 충분한지, 문제가 없는지도 확인해야 합니다. 집주인에게 빌려
준 돈이 적은 돈이 아닙니다. 돈을 되돌려받기 위해서는 수단과 방법
을 가리지 않고, 꼼꼼하게 따지는 채권자의 마음가짐을 가져야 합니
다. 세입자는 채권자입니다. 더는 을이 아닙니다.

02
전세계약서 쓰기 전 반드시 확인할 것은?

#예산 짜기 #소득 대비 부채 비율
#손품·발품 #전세가율 #주택도시기금

전월셋집을 구하는 건 말처럼 쉬운 일이 아닙니다. 사회초년생이나 신혼부부 등 부동산 거래 경험이 없거나, 상대적으로 적은 2030세대에게는 더 그렇습니다. 알아야 할 것도, 배워야 할 것도 많은데, 어디서부터 어떻게 시작해야 할지 막막합니다. 정보는 차고 넘치는데, 부동산 거래에 대한 막연한 불안감이나 혹시 전세사기 피해자가 될지도 모른다는 불안감 때문에 섣불리 나서지 못합니다.

부동산 거래가 처음인 2030세대는 "전셋집 구하기가 두렵다"는 말을 자주 합니다. 전국적으로 전세사기가 기승을 부리면서 전세보증금을 제때 돌려받지 못할까 걱정하는 목소리입니다. 월급을 한 푼 두 푼 모아 마련한 최소 수천만 원에서 수억 원에 이르는 전세보증금은 사회초년생뿐만 아니라 모든 임차인에게 전 재산이나 다름없습니다.

일부 전세사기범들이 얄팍한 수법으로 주택임대차 시장의 물을 흐리긴 했으나, 전월세가 무조건 위험하다고 볼 순 없습니다. 법을 지키는 선량한 임대인도 많습니다. 또 전세보증금을 안전하게 지킬 수 있는 장치들도 이전보다 많아졌습니다.

나의 첫 전월셋집이 과연 안전한 집인지 고민이라면, 우선 '돌다리도 두들겨보고 건넌다'는 마음가짐이 필요합니다. 조금 느리더라도 차고 넘치는 정보 가운데 자신에게 꼭 필요한 정보만을 골라내고, 발품과 손품을 팔아 직접 확인하는 수고로움을 마다하지 않아야 합니다. 하나부터 열까지 직접 챙기겠다는 마음가짐이 전세사기의 위험을 최대한 줄일 수 있는 가장 좋은 방법입니다.

재무상태 점검 후 예산 짜기

전월세계약을 맺기 전 자신의 재무상태 점검이 우선입니다. 재무상태를 알아야 적정한 예산을 정할 수 있습니다. 현금을 얼마나 보유했는지, 대출은 얼마나 받을 수 있는지, 원금과 이자는 한 달에 얼마나 갚을 수 있는지, 자신의 재무상태를 정확하게 파악해야 합니다. 자신의 재무상태에 대한 사전 점검 없이 섣불리 계약을 진행했다간 난처한 상황이 벌어질 수 있습니다.

재무상태 확인이 끝나면 예산 기준을 정해야 합니다. 예산 기준은 소득 대비 부채 비율로 정합니다. 소득 대비 대출 비율을 따져보고, 적정 대출금과 상한선이 얼마인지 정합니다. 대출 비중이 높으면 소득

집 구하기 전에 먼저 나의 재무상태부터 체크하기!

(예시)

자금 출처		예상 자산	비고
현금 자산		5,000만 원	
대출	전세자금대출	1억 2,000만 원	이자금리 3% (월 고정지출: 30만 원)
	신용대출	3,000만 원	이자금리 4% (월 고정지출: 10만 원)
총 가용 자금		2억 원	

을 모두 쏟아부어도 빚을 갚지 못할 수 있습니다. 자신만의 적정한 기준을 정하는 게 당연합니다.

예를 들어 현금 자산 5,000만 원, 전세자금대출 1억 2,000만 원, 신용대출 3,000만 원으로, 총 2억 원의 전세보증금을 마련한다고 가정하겠습니다. 여기에 전세대출 이자 3%, 신용대출 이자 4%를 적용하면 전세대출 이자로 월 30만 원(1.2억×0.03%÷12), 신용대출 이자로 월 10만 원(3,000만 원×0.04%÷12)을 내야 합니다.

여기서 끝이 아닙니다. 기회비용이 발생합니다. 5,000만 원을 금리 2%짜리 은행 적금통장에 예치하면 매달 8만 3,000원의 이자가 나옵니다. 이를 기회비용이라고 합니다. 기회비용은 경제학에서 사용하는 개념입니다. 어떤 특정한 선택을 할 때 포기한 대안들로 인해 발생하는 비용을 말하는 경제용어입니다. 즉 자신이 보유한 현금 5,000만 원을 보증금으로 쓴다면 은행에서 매달 나오는 8만 3,000원의 기회비용을 포기하는 셈입니다.

나에게 꼭 맞는 '알짜 전월셋집' 찾는 법

나에게 꼭 맞는 매물을 어떻게 찾을 수 있을까요? 부동산 거래에서 나에게 꼭 맞는 매물을 찾는 것만큼 중요한 과정이 없습니다. 최근에는 매물을 쉽게 찾을 수 있습니다. 부동산 관련 업체에서 운영하는 홈페이지부터 다양한 애플리케이션(앱)까지, 손품 몇 번만 팔면 매물을 쉽게 확인할 수 있습니다.

네이버 부동산 앱이 대표 주자입니다. 매물과 현재 호가, 실거래가 이력, 공시지가, 학군 등 상세한 정보들을 확인할 수 있습니다. 또 부동산 최신 뉴스부터 칼럼까지 부동산 관련된 다양한 정보들이 분야별로 잘 정리돼 있습니다.

또 **호갱노노** 앱도 활용도가 좋은 편입니다. 이 앱의 장점은 국토교통부 아파트 실거래가와 시세를 지도를 보면 확인할 수 있다는 점입니다. 특정 기간을 정해 시세 변동 등을 확인할 수 있습니다. 아파트에 관한 모든 정보를 파악할 수 있습니다.

부동산 빅데이터 업체의 **아실** 앱도 유용합니다. 이 앱에서는 아파트 개별 동호수의 매매, 전세, 월세 등의 이력을 확인할 수 있습니다. 또 아파트 평당가와 입주 시기, 세대수 정보 등 기초적인 정보도 한눈에 살펴볼 수 있습니다. 자녀를 둔 부모라면 학군 정보를 통해 중·고등학교 학업성취도, 진학률 등도 확인할 수 있습니다. 무엇보다 빅데이터 업체의 앱이다 보니 일선 기자들이 자주 활용할 정도로 부동산 관련 정보가 방대합니다.

지금까지 소개한 앱을 통해 확인한 정보들을 조합하면 불량 매물인

'네이버 부동산'과 '아실'

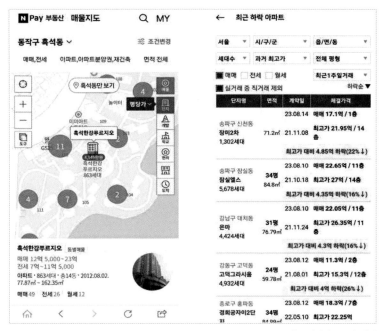

지 아닌지 어느 정도 감을 잡을 수 있습니다. 하지만 여기서 매물 찾기가 끝난 게 아닙니다. 이 중 실제 계약이 끝났는데도 여전히 매물로 남아 있을 수 있고, 앱 정보와 실제 현장이 얼마든지 다를 수 있습니다.

손품 팔이가 끝나면 이제는 발품을 팔아야 합니다. 손품을 팔아 관심 있는 매물을 찾았다면 직접 현장을 방문해야 합니다. 앱 정보에 대한 검증과 주택 상태 점검을 위해서입니다. 흔히 임장이라고 합니다. 임장 전 정부24(https://www.gov.kr) 홈페이지에서 **건축물대장**부터 발급받습니다. 건축물대장에는 건축물의 구조와 용도, 면적 등의 현황이 정확하게 기록돼 있습니다. 건축물대장에 나와 있는 건물 용도와 다르게 사용한다면 대부분 무허가 건축물입니다. 또 공인중개사가 관심 있는 매물을 보여주지 않고 다른 매물의 거래를 유도한다면 전세사기일 확률이 높습니다.

전세가율 80% 이상이면 깡통전세

주택임대차 거래를 할 때 통상 전셋값이 집값보다 낮습니다. 하지만 부동산 시장 상황에 따라 전셋값이 집값을 뛰어넘는, 믿지 못할 일이 벌어진 적도 있습니다. 주택을 팔아도 보증금을 돌려주지 못합니다. 흔히 말하는 **깡통전세**입니다. 이뿐이 아닙니다. 전셋값 하락으로 2년 전 계약 당시보다 전셋값이 하락해 임대인이 오히려 임차인에게 전셋값 차액을 돌려주거나, 이자 형태로 돌려주는 **역전세**가 일어나기도 합니다.

집값이나 전셋값 모두 정부 정책과 금리 등 외부 요인에 따라 오르락내리락을 반복합니다. 주택임대차계약을 맺고 2년 후 집값이나 전셋값이 오를지, 내릴지 누구도 알 수 없고, 장담할 수 없습니다.

전세가율은 집값 대비 전셋값 비율(전세가율 계산공식: 전세가격/매매가격×100)을 말합니다. 예를 들어 매매가 10억 원 아파트의 전셋값이 7억 원이라면 전세가율은 70%입니다. 주택 유형에 따라 아파트보다 상대적으로 전세가율이 높은 빌라나 오피스텔은 깡통전세 비율이 더 높습니다.

전세가율은 전세보증금 반환 여부를 예측하는 기준입니다. 부동산 업계에서는 통상 전세가율이 70~80% 이상이면 깡통전세 위험성

KB부동산 데이터허브 홈페이지에서 전세가율 찾아보기

단지명	면적(㎡) 공급	전용	공급㎡당 매매시세 시세(만원)	출고월	매매시세 시세(억원)	증감률(%)	전세시세 시세(억원)	증감률(%)	전세가율 전세가율	증감(%p)
청담동영화라군	273.16	224.38	2,086.65	27.37	57.00	27.37	29.25	2.63	51.32	-12.37
청담동영화라군	235.67	197.47	2,058.41	22.01	48.50	22.01	25.00	0.00	51.55	-11.34
청담동영화라군	290.12	244.93	1,999.21	21.47	58.00	21.47	29.50	0.00	50.86	-10.92
청담동영화라군	287.34	244.98	2,018.50	21.47	58.00	21.47	29.50	0.00	50.86	-10.92
청담동영화라군	259.25	219.67	1,909.35	21.47	49.50	21.47	27.50	0.00	55.56	-11.92
청담동영화라군	259.11	219.96	1,910.42	21.47	49.50	21.47	27.50	0.00	55.56	-11.92
청담동영화라군	204.84	171.10	2,196.83	19.21	45.00	19.21	23.25	1.09	51.67	-9.26
현대(신현대)	126.98	115.23	3,189.48	19.12	40.50	19.12	8.00	3.23	19.75	-3.04
현대(신현대)	119.37	108.36	3,392.81	19.12	40.50	19.12	8.00	3.23	19.75	-3.04
현대(신현대)	119.33	112.05	3,393.95	19.12	40.50	19.12	8.00	3.23	19.75	-3.04
현대(신현대)	118.10	110.82	3,429.30	19.12	40.50	19.12	8.00	3.23	19.75	-3.04
현대(신현대)	116.39	109.29	3,479.68	19.12	40.50	19.12	8.00	3.23	19.75	-3.04
현대(신현대)	116.94	109.24	3,463.31	19.12	40.50	19.12	8.00	3.23	19.75	-3.04
현대(신현대)	116.54	108.88	3,475.20	19.12	40.50	19.12	8.00	3.23	19.75	-3.04
현대(신현대)	115.41	108.31	3,509.23	19.12	40.50	19.12	8.00	3.23	19.75	-3.04

자료: KB부동산

이 크다고 판단합니다. 전세가율은 KB부동산 데이터허브 홈페이지 (https://data.kbland.kr) KB통계→투자테이블에서 볼 수 있습니다.

주택 매매·전세 시세도 중요합니다. 시세 정보는 국토교통부 실거래가 공개시스템(rt.molit.go.kr)에서 확인합니다. 해당 지역과 단지명 등을 입력하면 그간 거래 내역이 모두 나옵니다. 또 부동산 디스코 사이트(www.disco.re), 한국부동산원(www.reb.or.kr)에서도 실거래가를 확인합니다. 아파트에 비해 시세 확인이 어려운 빌라나 오피스텔은 안심전세·빅밸류·하우스머치·밸류쇼핑 앱이나 홈페이지를 활용합니다.

금리가 낮은 전세자금대출은 주택도시기금

전세자금대출은 전세보증금 마련에 필요한 돈을 빌려주는 제도입니다. 크게 공공과 민간으로 나눕니다. 민간 금융권은 대출 상품이 하도 많아 선택이 쉽지 않습니다. 대출 조건도 저마다 다르고 복잡합니다. 전세대출을 받을 때 이자 부담을 최대한 줄이기 위해 자동이체부터 공과금 수납까지 번거로운 요구사항을 따를 수밖에 없습니다.

임차인은 금리를 최대한 낮춰서 대출받기를 원합니다. 하지만 민간 금융권에서 대출금리를 낮추는 건 사돈의 팔촌까지 다 동원해도 힘든 일입니다. 한 번이라도 은행 문턱을 넘어본 임차인이라면 굳이 말하지 않아도 알 겁니다.

낮은 금리로 전세대출을 받기를 원하면 주택도시기금을 추천합니다. 주택도시기금 전세대출은 금융권 전세대출보다 금리가 낮습니다. 임차인의 연소득이나 보증금의 규모에 따라 금리가 다르게 책정됩니다. 다만 금리가 낮지만 대상이 제한적입니다. 또 일반 금융권 대출보다 조건이 더 까다롭고 복잡합니다. 그렇다고 지레 겁먹고 포기할 정도는 아닙니다.

전세대출 한도 조회와 신청은 주택도시기금 홈페이지(https://nhuf. molit.go.kr)에서 할 수 있습니다. 주택도시기금 홈페이지에 접속 후 개인상품→주택전세자금 계산하기를 누르면 한도를 확인할 수 있고, 이어 대출 신청도 가능합니다. 또 중소기업취업청년 전월세보증금대출을 비롯해 청년전용 보증부월세대출, 청년전용 버팀목전세자금, 비정상거처 이주지원 버팀목전세자금 등 전세대출 항목별로 대출 한도와 금리가 자세하게 설명돼 있습니다. 신용대출 한도는 신용도에 따라 모두 달라 직접 은행을 방문하거나 은행에서 운영 중인 앱을 통해 직접 한도를 조회해야 합니다.

03
전월세계약서 쓸 때 실전 노하우
(feat. 전세사기 예방)

#주택임대차표준계약서 #불법 건축물 #건축물대장 #권리관계

주택임대차계약서 작성은 두말할 나위 없이 중요합니다. 주택임대차계약은 임차인이 임대인으로부터 일정한 기간 주택을 빌리는 대신, 그 대가로 보증금을 지급하기로 약속하는 일입니다. 계약서 작성은 전세보증금을 안전하게 지킬 수 있는 실질적인 방법이자, 계약 이후 발생할 수 있는 임대인과 임차인 간 분쟁을 줄일 수 있는 증거 자료입니다. 전세든 월세든 주택임대차계약 과정에서 큰돈이 오갑니다. 부동산 거래가 자주 있는 일이 아니고, 큰돈이 오가다 보니 혹시 잘못되지 않을까 걱정하는 건 당연합니다.

통상 부동산을 거래할 때 공인중개사에게 하나부터 열까지 맡깁니다. 공인중개업소를 찾아 중개사로부터 매물을 추천받고, 계약 내용, 각종 서류 점검, 특약사항 문구까지 거래 전 과정을 맡기다시피 하는 게 일반적입니다. 심지어 부동산 거래에 익숙하지 않은 사회초년생이나 신혼부부는 공인중개사가 제시한 보증금이나 임대료에 대해 한 치의 의심도 없이, 혹은 흥정도 하지 않은 채 도장을 찍습니다.

국가전문자격증을 보유한 공인중개사 대부분이 객관적인 입장에서 임대인과 임차인의 부동산 거래를 중개하기 위해 노력합니다. 일종의 가교 역할입니다. 다만 공인중개사의 추천과 제안을 참고하되, 스스럼없이 전적으로 믿고 의지하는 건 경계해야 합니다. 일부 공인중개사가 전세사기 사건에 주범이나 공범으로 뉴스에 빠짐없이 등장하는 일이 반복됩니다. 방심하다가 믿는 도끼에 발등이 찍히는 위험이 언제 어디서 닥칠지 모르는 게 냉혹한 현실입니다.

주택임대차표준계약서가 정석

전세계약서 작성 기준은 보증금을 안전하게 지키는 것입니다. 한 가지 더, 계약 기간이 끝나는 시점에 별 탈 없이 제때 돌려받아야 합니다. 계약서는 **주택임대차표준계약서**로 작성합니다. 현행법에서도 표준계약서를 권장합니다. 주택임대차보호법 제30조에는 "당사자가 다른 서식을 사용하기로 합의한 경우가 아니라면 주택임대차표준계약서를 우선 사용한다."라고 규정돼 있습니다. 표준계약서에는 계약 전 필수 확인사항과 임차인 보호 규정 등이 적혀 있습니다. 나중에 발생할 수 있는 계약 관련 분쟁을 예방하는 장치입니다.

2022년 11월 21일 개정된 표준계약서에는 임차인 보호 규정이 더 담겼습니다. 임차인이 전입신고를 하기로 한 다음 날까지 임대인이 저당권 등 담보권설정을 할 수 없다는 조항과 이를 위반하면 임차인에게 계약 해지와 해지에 따른 손해배상청구권이 인정된다는 점을 특약사항에 추가했습니다. 쉽게 말해 임차인이 전입신고 전까지 임대인이 집을 담보로 금융권이나 제3자한테 돈을 빌리면 계약이 해지되고, 그에 따른 손해배상을 감수해야 합니다.

또 임대인과 임차인의 분쟁 단골 소재 중 하나인 관리비 항목을 신설했습니다. 계약 체결 전 관리비에 대해 임대인과 임차인이 논의한 뒤 결정하도록 했습니다. 관리비와 관련한 분쟁을 예방하기 위해서입니다. 그럼 표준계약서가 임차인에게만 유리할까요? 그렇지 않습니다. 임대차계약 기간 만료 전 2~6개월 내 계약갱신이나 거절, 계약 조건 변경을 알리지 않아 자동으로 계약이 연장되는 묵시적 갱신 등 계약

주택임대차표준계약서 양식

당사자인 임대인과 임차인의 권리와 의무를 좀 더 객관적이고 구체적으로 담았습니다.

계약서 작성 전 주택에 대한 하자나 보수 사항이 있다면 표준계약서에 추가할 수 있습니다. 하자와 수리 사항에 대해 사진을 찍고 메모하고, 계약서를 작성할 때 임대인과 공인중개사에게 보여주면 계약서를 작성할 때 유용하게 쓰입니다. 계약서 작성 전 주택 내부를 꼼꼼히 살펴야 하는 까닭입니다.

불법 건축물 아닐까?: 건축물대장 확인부터

매물을 직접 눈으로 확인했다고 해서 끝난 게 아닙니다. 서류상 문제가 없는지 확인해야 합니다. **건축물대장**을 통해 불법·무허가 주택이 아닌지 확인합니다. 건축물대장은 허가받은 용도로 실제 건물이 쓰이는지, 불법 증축된 건물이 아닌지 등을 확인하는 공인 문서입니다. 불법 건축물이라거나 허가 받은 용도와 다르게 쓰이고 있다면 주택임대차보호법의 적용 대상이 아닙니다. 법적으로 임차인의 권리를 보장받을 수 없습니다.

건축물대장은 크게 '갑구'와 '을구'로 나뉩니다. 갑구에는 건물의 부동산 고유번호, 주소, 지번, 종류, 면적부터 소유자의 이름과 주소 등 건물에 대한 전반적인 정보와 건축물 표시에 관한 사항이 담겼습니다. 을구에서는 주차장 여부 및 운영 형태, 승강기 운행 등을 파악할 수 있습니다. 또 건축물의 변동이 있으면 변동 원인과 내용 등도 기재돼 있습니다.

건축물대장에서 위반 건축물 여부, 용도, 소유자 현황, 동호수 등을 확인합니다. 소유자의 이름과 주민등록번호, 실주소 등을 확인해야 허위매물 피해를 예방할 수 있습니다. 불법 건축물은 건축물대장 오른쪽 위에 표시됩니다. 또 기재된 내용과 실제 운영이 다를 경우 불법 건축물일 가능성이 큽니다.

건축물대장은 주민센터를 직접 방문하거나 정부24 홈페이지를 통해 발급받을 수 있습니다. 직접 주민센터를 방문하면 발급 1건당 500원(열람 300원)의 수수료가 부과됩니다. 정부24 홈페이지를 통해 신청하면 건축물대장을 무료로 열람할 수 있습니다.

불법 건축물은 일반 금융권 전세대출은커녕 주택도시보증공사(HUG), 서울보증보험(SGI), 한국주택금융공사(HF) 등 **전세보증보험**에 가입할 수 없습니다.

또 보증금이나 임대료가 주변 비슷한 주택보다 지나치게 저렴하다면 불법·무허가 주택일 확률이 높습니다. 무턱대고 계약서에 도장을 찍는다면 보증금을 제때 돌려받지 못할 수 있습니다. 심하면 아예 한 푼도 못 건지고, 모두 날릴 수도 있습니다.

대리인과 계약서를 써야 한다고?

계약서 작성은 실전입니다. 실제 계약은 공인중개사무소에서 이뤄집니다. 임차인과 임대인은 처음 만나 통성명을 나누고, 서로의 신분증을 확인합니다. 신분증 확인 절차가 끝나면 공인중개사가 사전에 준비한 등기부등본이나 건축물대장 등 각종 서류를 확인합니다. 등기

집주인(임대인)이 아닌 대리인과 계약할 경우 반드시 확인해보자!

위임장 원본
위임자(임대인) 신분증 사본
위임자 인감증명서
대리인 신분증
대리인 도장
대리인 주민등록등본(가족관계증명서)

부등본상의 소유자 정보와 일치하는지, 혹은 다른 부분은 없는지 등을 살핍니다.

임대인이 아닌 가족이나 지인이 계약을 대신 하는 일이 종종 있습니다. 대리인이 나온다면 확인해야 할 서류가 많습니다. 위임장 원본을 비롯해 위임자(임대인) 신분증 사본, 위임자 인감증명서, 대리인 신분증, 대리인 도장, 대리인 주민등록등본(가족관계증명서)이 필요합니다. 위임장에는 대리인의 성명과 주민등록번호, 주소 등을 비롯해 위임 내용과 범위, 권한, 금액 등의 내용이 모두 담겨야 합니다. 임대인의 인감도장도 찍혀 있어야 합니다.

위임장에 대한 위조나 변조 여부를 확인하기 위해 원본이 필요하며, 원본을 보관하는 일도 잊어서는 안 됩니다. 공인중개사가 위임장을 팩스로 받는 사례가 있는데, 팩스로 받은 사본은 대법원 판례에 따라 원본으로 인정하지 않습니다. 법적 효력이 없다는 것입니다. 또 대리인과 계약할 때 공인중개사와 함께 임대인과 음성 혹은 영상 통화하고, 통화 내용을 녹음(녹화)하는 것을 추천합니다.

권리관계 확인하는 방법

임차인은 보증금을 지키고, 제때 돌려받기 위해 **대항력**이라는 법적 효력을 갖춰야 합니다. 대항력은 제3자에게 자신의 권리를 주장할 수 있는 법적 근거입니다. 임대차 기간 중 주택 소유주가 변경되더라도 임차인이 새로운 소유자에게 임차권 승계를 주장할 수 있는 권리입니다. 예를 들어 주택이 경매나 공매로 넘어가 소유자가 달라지더라도 임차인은 현재 사는 주택에서 쫓겨나지 않고 계약 기간까지 거주할 수 있습니다. 대항력을 갖추기 위해서는 전입신고를 마치고, 확정일자까지 받아야 합니다. 대항력은 임차인이 주택의 인도와 주민등록 절차를 마치면 다음 날부터 효력이 발생합니다.

대항력을 갖추기 위해서는 권리관계부터 확인합니다. 등기부등본에는 권리관계와 현황 등이 기재돼 있습니다. 주택의 지번부터 지목, 구조, 면적 등을 비롯해 소유권, 저당권, 전세, 가압류 등 주택에 대한 모든 권리관계가 기재돼 있습니다.

계약 전 단계에서 **등기부등본**을 확인했을 때 문제가 없다고 하더라도, 잔금을 지급하기 전 다시 한번 등기부등본을 발급받아야 합니다. 대항력이나 우선변제권이 확정일자를 받은 다음 날 오전 0시부터 발생하는 것을 악용하는 전세사기 범죄를 예방하기 위해서입니다. 실제 임차인이 대항력과 우선변제권을 갖추기 전에 악성 임대인이 주택 소유자를 변경하거나 주택담보대출을 받는 전세사기 범죄가 여전히 횡행하고 있습니다.

주택 소유자를 변경하는 내용의 등기가 접수되면 '신청사건 처리

중'으로 표시됩니다. 이때는 잔금을 지급하면 절대 안 됩니다. 잔금 지급을 당장 중단하고, 무슨 내용으로 등기 변경이 접수됐는지 확인합니다. 또 임대인이 계약 이후 전출신고를 요구하는 사례도 심심치 않게 일어납니다. 십중팔구 전형적인 전세사기입니다. 응하면 안 됩니다. 등기부등본은 부동산 거래에서 워낙 중요한 서류로, 뒤에서 좀 더 자세하게 다루겠습니다.

04
계약서에 도장 찍더라도 끝날 때까지 끝난 게 아니다

#전입신고 #확정일자 #대항력 #우선변제권 #전세보증금 반환보증보험

주택임대차계약 마무리는 도장 찍기가 아닙니다. 계약서에 도장을 찍었다면 8부 능선을 넘은 것입니다. 세상 모든 일이 그렇듯 마무리를 어떻게 하느냐에 따라 결과가 확연하게 달라집니다. 전세보증금을 지키기 위한 마지막 절차만 남겨둔 셈입니다.

마지막 절차는 전입신고와 확정일자 받기입니다. 전입신고와 확정일자는 전세사기를 예방하는 필수 조건이자, 계약의 마지막을 장식할 '화룡점정(畵龍點睛)'입니다. 다시 말해 전입신고와 확정일자는 계약의 마지막 방점을 찍는 것과 동시에 전세사기 피해를 최대한 줄일 수 있는 중요한 관문입니다.

전세보증금 지키는 필수 조건, 전입신고·확정일자

　　주택임대차계약 신고는 법적으로 계약 후 30일 이내에 해야 합니다. 하지만 신고는 빠르면 빠를수록 좋습니다. 계약을 체결한 당일에 신고하는 게 가장 좋습니다. 전세금을 지키는 최선의 예방책인 확정일자를 받아야 하기 때문입니다. 확정일자를 받은 임차인의 보증금은 채권, 체납 세액보다 우선권을 갖는 대항력이 생깁니다.

　　주택임대차계약을 신고하면 전입신고와 확정일자가 자동으로 부여됩니다. 전입신고는 임차인의 법적 권리를 보장받을 수 있는 가장 기본적인 조건입니다. 주택임대차 거래 과정에서 임차인이 전입신고와 확정일자를 제대로 하지 않아 전세금을 떼이는 피해를 본 적이 있을 겁니다. 안타깝지만 전입신고와 확정일자를 제때 하지 않았다면 임차인의 권리를 법적으로 인정받을 방법이 없습니다. 피해를 구제할 수단이 마땅치 않습니다.

　　전입신고와 확정일자는 필수입니다. **전입신고**는 새로운 주거지로 이사를 할 때 주소지 변경 및 등록을 하는 것을 말합니다. 신고 의무자인 임차인이 새로운 거주지에 전입한 날부터 14일 이내에 주소지 변경 및 등록을 위한 전입 사실을 거주지 관할 기관(주민센터)에 신고하면 됩니다.

　　전입신고를 하려면 본인 신분증과 주택임대차계약서(전월세계약서)가 필요합니다. 계약서와 신분증을 가지고 주민센터에 방문합니다. 주민센터에는 전입신고서 양식이 있습니다. 전입신고서를 양식에 맞게 작성하고, 담당자에게 주택임대차계약서와 함께 제출하면 됩니다. 전입신고는 온라인으로도 할 수 있습니다. 정부 민원 포털인 정부24 홈페이지를 이용하면 됩니다. 온라인으로 신청할 때는 공인인증서를 사용해야 합니다.

다만 전입신고는 주민센터에서 직접 하는 걸 추천합니다. 주민센터에서는 전입신고와 확정일자까지 한 번에 할 수 있습니다. 대법원 인터넷등기소에서 온라인으로 확정일자 신청을 할 수 있으나, 절차가 다소 복잡하고 인터넷 사용에 익숙하지 않은 사람이면 신고에 어려움을 겪을 수도 있습니다.

확정일자 받았다면 대항력·우선변제권 확보

확정일자도 빼놓지 말아야 하는 절차입니다. 확정일자는 임대차계약서에 기재한 날짜를 말합니다. 법원이나 주민센터에서 주택임대차계약을 체결한 날짜를 확인하기 위해 임대차계약서 여백에 해당 날짜가 적힌 도장이 찍히면 법률에서 인정하는 확정일자가 정해집니다.

임차인이 전입신고와 확정일자까지 받았다면 주택임대차 거래의 9부 능선을 넘은 것입니다. 전입신고와 확정일자를 통해 임차인은 임대보증금에 대한 권리와 거주권을 법적으로 인정받는 것입니다. 그 권리를 법률 용어로 **대항력**과 **우선변제권**이라고 합니다. 낯선 용어이지만, 임차인이라면 반드시 알아야 합니다.

임대인이 계약 기간이 끝나기도 전에 집을 팔 때가 있습니다. 이때 임차인은 전입신고와 확정일자를 통해 확보한 대항력으로, 계약서에 기재한 계약 기간까지 거주할 수 있습니다. 또 주택임대차계약이 끝났

대항력 발생 시점

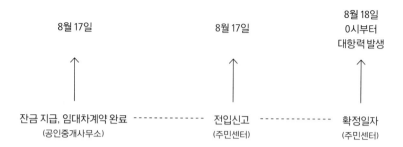

8월 17일	8월 17일	8월 18일 0시부터 대항력 발생
↑	↑	↑
잔금 지급, 임대차계약 완료 (공인중개사무소)	전입신고 (주민센터)	확정일자 (주민센터)

는데도 임대인이 전세금을 반환하지 않으면 보증금 전액을 받을 때까지 이사하지 않고 계속 거주할 수 있습니다.

예를 들어 임대인이 경제적 어려움으로 파산을 하거나 집이 경매로 넘어가면 확정일자를 받은 임차인의 보증금이 임대인의 채권이나 밀린 세금보다 우선 변제받을 수 있습니다. 후순위 권리자나 채권자들보다 임차인의 보증금을 우선으로 인정하는 것입니다. 단, 확정일자를 받기 전 채권이나 (근)저당권이 이미 있다면 임차인의 전세보증금이 변제 순위에서 밀립니다.

주택임대차계약 마지막 퍼즐, 전세보증금 반환보증보험

이제 정상이 바로 앞입니다. 전세보증금을 떼일 위험을 줄이는 마지막 퍼즐 하나만 남았습니다. 마지막 퍼즐은 **전세보증금 반환보증보험** 가입입니다. 가입 전 번거롭더라도 등기부등본을 다시 확인합니다. 등기부등본은 주택임대차계약 과정마다 수시로 확인하는 문서라고 생각해야 합니다.

친절하고 장사 수완(?)이 있는 일부 공인중개사는 임차인이 확정일자를 받은 뒤 일정 기간이 지나 등기부등본을 발급받아 제공합니다. 확정일자 효력이 신고 다음 날 0시부터 발생하기 때문에 혹시 임대인이 공백 기간에 주택을 담보로 돈을 빌리지 않았는지 확인하고, 임차인을 안심시키기 위해서입니다. 자신이 중개한 거래에 대한 책임 있는 자세이기도 합니다. 하지만 공인중개사의 배려는 드문 일입니다. 본인이 직접 등기부등본을 발급받아 문제가 없는지 확인하고, 또 확인하는 게 가장 좋습니다.

보험은 일정 기준으로 정한 보험료를 내면 미래에 발생할 수 있는 불확실한 사고로 인한 경제적 손실을 보상해주는 상품입니다. 전세보증금 반환보증보험도 마찬가지입니다. 임차인이 보증금을 제때 돌려받지 못하면 보험료를 받은 보증기관이 임대인 대신에 보증금을 돌려주고, 나중에 임대인에게 돈을 받는 구상권을 청구합니다.

주택도시보증공사(HUG)는 전세보증금 반환보증보험을 운영한 대표 주자입니다. 또 서울보증보험(SGI)과 한국주택금융공사(HF) 등도 있습니다. 세 기관에서 운영하는 전세보증금 보증보험 가입 절차와 기준, 보험료 등이 다릅니다. 공통점은 모든 주택이 가입 대상이 아니라는 것입니다. 가압류나 미등기 건물, 불법 건축물일 경우 가입할 수 없습니다. 전세보증금 반환보증보험 가입은 전세보증금을 지키는 마지막 퍼즐입니다. 뒤에서 구체적으로 알아보겠습니다.

5
전세금 지키는 이력서
'등기부등본' 제대로 보는 법

#부동산 이력서 #갑구 #을구 #저당권 #근저당권

사회초년생인 20대 직장인 박기정(가명) 씨는 얼마 전 전셋집을 계약하며 불쾌한 경험을 했습니다. 박 씨는 잔금을 치르기 전날, 스마트폰으로 이 잡듯 샅샅이 뒤져 계약 관련 정보를 모으고, 중요한 용어들을 메모까지 해두었습니다. 다음 날 비장한(?) 마음으로 공인중개업소를 방문했지만, 현실은 달랐습니다. 공인중개사가 건넨 등기부등본을 받아보고 말문이 막혔습니다. 등기부등본을 난생처음 보거니와 알 수 없는 낯선 용어들이 가득했습니다.

박 씨가 공인중개사에게 "2년 뒤 보증금 떼일 염려는 없겠죠?"라고 조심스럽게 묻자, 공인중개사와 임대인은 등기부등본을 가리키며 "요즘 이 정도 대출 없는 집이 어디 있느냐?"라며 퉁명스럽게 대답했습니다. 박 씨는 공인중개사로부터 "집에 대출이 껴 있더라도, 대출금액이 얼마 안 돼 임대인이 금방 값을 거니 걱정하지 말라"는 말을 믿고, 계약서에 도장을 찍었습니다. 하지만 찜찜함이 가시지 않습니다.

"당신은 지금까지 등기부등본을 몇 번이나 봤습니까?"

도발적인 질문으로 시작합니다. 부동산 관련 종사자가 아닌 일반인이 등기부등본을 볼 일은 거의 없습니다. 대개 부동산 거래를 할 때 등기부등본을 처음 봅니다. 평소에 봐야 할 이유도 없고, 등기부등본에 나온 법률 용어도 이해하기 힘듭니다. 한글이 분명하지만, 읽기도 까다롭고 뜻도 잘 모르겠습니다.

이 때문일까요? 통상 부동산을 거래할 때 등기부등본을 소 닭 보듯이 어물쩍 넘기거나, 공인중개사의 설명만 믿고 재촉에 못 이겨 계약서에 도장을 찍습니다. 적게는 수천만 원에서 수억 원이 오가는 부동산 거래에서 말입니다. 있을 수 없는 일입니다.

취업의 첫 관문은 이력서입니다. 어느 회사나 신입사원을 뽑을 때 이력서를 요구합니다. 이력서를 통해 능력과 자질을 갖췄는지, 회사 구성원으로서 적합한지, 회사생활을 하는 데 문제가 없는지 등을 따집니다. 회사 발전과 미래를 이끌 능력 있는 인재를 선발하기 위해 인사팀 직원들이 밤낮없이 이력서 검증에 매달립니다.

등기부등본은 부동산 이력서입니다. 큰돈이 오가는 부동산 거래에 공인중개사 말만 믿고 이력서를 제대로 보지 않아도 될까요? 저는 주변 지인이 부동산을 거래할 때 입에 달고 살 정도로 당부하는 게 있습니다. "매물을 찾을 때부터 임장 전, 잔금을 치르기 전, 심지어 전입신고와 확정일자를 받은 뒤에도 등기부등본을 발급받아 확인하라"고

합니다. 아니, 입에서 단내가 날 정도로 등기부등본을 수시로 확인하라고 강요합니다. 그만큼 중요한 까닭입니다.

부동산 권리 한눈에 모두 확인

등기부등본의 정식 명칭은 **등기사항전부증명서**입니다. 흔히 등기부등본이라고 부릅니다. 정식 명칭처럼 부동산 권리를 모두 확인할 수 있는 자료입니다. 부동산 매매계약이나 임대차계약을 할 때 필수로 확인하는 문서입니다.

등기부등본으로 실소유자가 누구인지, 근저당이나 가압류 등 권리관계를 모두 파악할 수 있습니다. 계약 이후 권리관계로 인해 발생하

인터넷등기소에서 등기부등본 열람하기

자료: 대법원 인터넷등기소

는 분쟁에서 증거 자료로 쓰입니다. 등기부등본은 대법원 인터넷등기소 홈페이지(http://www.iros.go.kr)에서 누구나 발급받고, 열람할 수 있습니다.

부동산 주소를 입력하면 누구나 열람할 수 있습니다. 남의 집 등기부등본을 누구나 볼 수 있다는 것에 대한 거부감이나 불편함을 느끼는 사람도 있습니다. 하지만 투명한 정보 공개를 통해 부동산 계약 과정에 발생할 수 있는 피해를 줄이기 위한 것입니다. 열람 수수료는 700원, 발급수수료는 1,000원입니다.

등기등부등본 항목은 ① 등기번호, ② 표제부, ③ 갑구, ④ 을구 등 네 가지입니다. 표제부에서는 주소와 면적, 용도 등 부동산의 기초 정보를 확인합니다. 내가 원하는 부동산 매물의 주소와 등기부등본에 표시된 주소가 일치하는지 봐야 합니다.

다음은 갑구입니다. 갑구에서는 부동산 소유와 권리관계를 확인합니다. 등기 목적이 무엇인지, 접수일은 언제인지, 등기 원인 등이 표기돼 있습니다. 등기는 순서대로 나열됩니다. 제일 마지막 부분에 현재 부동산 소유자가 적혀 있습니다. 마지막 부분을 꼭 확인합니다. 주택임대차 거래를 할 때 등기부등본에 나온 소유주의 인적사항과 실제 임대인이 일치하는지 확인합니다. 갑구를 통해 부동산 하자 여부도 짐작할 수 있습니다. 거래가 잦아 소유권이 자주 바뀐 부동산이라면 문제가 있을 확률이 높습니다.

보증금 잃기 싫다면, 을구에서 눈을 떼지 마라

을구는 갑구보다 더 눈여겨봐야 합니다. ㈜저당권, 임차권, 전세권 등 소유권 이외의 권리관계가 모두 담겨 있습니다. 부동산 담보부터 채무 상황까지 권리관계를 전부 다 알 수 있습니다. 여유를 갖고 천천히 확인해야 하는 이유입니다.

소유주가 주택을 담보로 대출을 받으면 을구에 해당 주택에 대한 '저당권' 혹은 '근저당권'이라는 권리관계가 기재됩니다. 예를 들어 주택 소유주가 주택을 담보로 은행으로부터 1억 원 대출을 받으면 은행은 ㈜저당권을 설정합니다. 이후 을구에는 '채권액'이라는 단어와 함께 금액 1억 원이 표기됩니다. 시간이 지나 소유주가 빌린 돈을 갚지 못하면 은행은 담보인 주택을 경매로 넘기고, 낙찰 금액을 통해 빌린 돈을 제일 먼저 돌려받습니다. 채권자인 은행이 다른 후순위 채권자보다 우선 돈을 돌려받을 수 있는 권리가 바로 저당권입니다.

저당권과 근저당권은 채권에 대한 권리를 보장한다는 점에서 비슷합니다. 하지만 저당권은 담보대출을 받을 때 빌린 액수를 정확하게 등기부등본에 등재합니다. 이에 반해 근저당권은 같은 금액을 빌렸더라도 돈을 빌려준 은행이 통상 빌린 돈보다 20~30% 높게 금액을 설정합니다. 이를 '채권최고액'이라고 합니다. 돈을 빌린 사람이 이자를 내지 못할 경우를 대비하기 위함입니다. 근저당권을 원금에 대해서만 설정하면, 돈을 빌린 사람이 이자를 계속 연체했을 때 이자 부분에 대한 채권 권리를 청구하기가 불가능하기 때문입니다.

등기부등본에 기재된 은행 담보대출인 근저당권에 대해 주택 소유자나 공인중개사가 설명을 다르게 하는 일도 종종 있습니다. "이 정도 빚은 어느 집이나 다 있다"라거나 "집주인이 금방 갚을 거니 신경 안 써도 된다"라고 말하는 게 대표적입니다. 이런 말을 듣는다면, 더는 계약을 진행하지 않는 게 보증금을 지키는 안전한 길입니다.

등기사항전부증명서(예시)

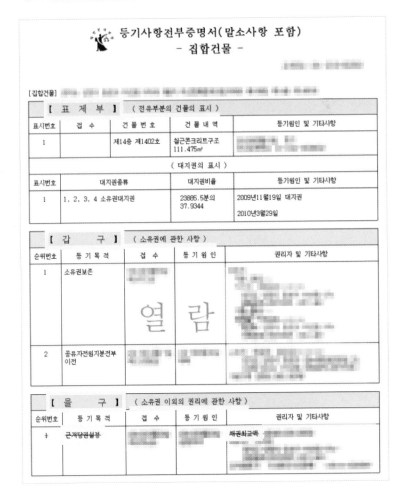

한 가지 더 주의해야 합니다. 임대인과 공인중개사가 짜고, 주택임대차계약에 대한 지식과 경험이 부족한 사회초년생 임차인에게 주택담보대출을 받기 전이나 (근)저당권 등 문제가 될 만한 내용이 기재되기 전에 미리 발급받은 등기부등본을 보여주는 일이 있습니다. 또 을구 없이 갑구만 슬쩍 내밀고 계약을 재촉하는 사례도 부지기수입니다. 전세사기범들의 전형적인 범죄 수법입니다.

마지막으로 채무자 가운데 등기부등본을 확인하다 깜짝 놀라기도 합니다. 은행에서 실제 빌린 돈보다 더 많은 금액이 표기된 것을 발견할 때입니다. 일부 채무자는 은행에 항의하기도 합니다. 그럴 필요가 없습니다. 은행이 원금보다 높은 금액으로 채권최고액을 설정하더라도 이자는 실제 대출받은 원금을 기준으로 결정합니다.

06

부동산 서민을 울리는
전세사기·깡통전세·갭투자·역전세

#사기의 고의성   #빌라·오피스텔 시세 확인 어려워
#전세보증금 반환 목적 대출 규제 완화

전세사기와 깡통전세, 갭투자, 역전세. 최근 몇 년 사이 부동산 뉴스에 단골로 등장하는 단어들입니다. 주택임대차 시장의 불안이 겹치면서 듣도 보도 못한 이야기가 뉴스를 도배하고 있습니다. 이 단어들은 우리 사회 시스템이 얼마나 허술한지, 한국에 만연한 전세제도에 대한 불신이 얼마나 커졌는지 말하고 있습니다. 특정 지역의 문제가 아닌 고질적이고 구조적인 문제라는 점이 여실히 드러났습니다.

불신은 절망으로 바뀌고, 절망은 죄 없는 임차인들을 벼랑으로 몰아세웠습니다. 전 재산이나 다름없는 전세보증금을 잃고, 벼랑 끝으로 내몰린 현실에 임차인들의 가슴은 새까맣게 타들어갑니다. 억울한 점도 많을 것입니다.

사회초년생에겐 매달 지출해야 하는 월세를 아낄 수 있다는 점에서 전세는 매력적인 거주 방법입니다. 제1금융권에서도 전세대출 상품을 취급할 정도로 흔한 거주 방법이라 별다른 의심이 없었을 겁니다. 하지만 임차인 수백 명의 보증금을 가로챈 이른바 '빌라왕'과 '건축왕' 사건 등 소중한 목숨을 희생시킨 전세사기 피해가 전국 각지에서 실체가 드러나면서 적잖은 충격을 주고 있습니다. 순식간에 보금자리를 잃은 것도 모자라, 보증금을 온전히 회수하기도 힘든 처지에 놓인 임차인들이 피눈물을 흘리고 있습니다.

애초에 속이려고 했다면 전세사기

전세사기는 임차인의 안정적인 주거권을 침해하고, 전 재산을 빼앗는 범죄입니다. 보증금을 제대로 돌려받지 못한 전세사기 피해가 속출하고 있습니다. 국토교통부는 2023년 8월 18일 내국인 3,436명(97.9%), 외국인 72명(2.1%)을 전세사기 피해자로 결정했습니다. 전세보증금이 1억 원 이하인 피해자가 1,744명(49.7%)으로 가장 많습니다. 1억 원 초과~2억 원 이하 1,046명(29.8%), 2억 원 초과~3억 원 이하 604명(17.2%), 3억 원 초과~4억 원 이하 102명(2.9%), 4억 원 초과~5억 원 이하 12명(0.4%) 등입니다.

'전세사기'와 '보증금 미반환 사고'는 경계가 모호합니다. 주택 하락기에 반복되는 전세사기와 보증금 미반환 사고를 구분하는 건 현실적으로 쉽지 않습니다. 임차인으로서는 보증금을 돌려받지 못했다는 점에서 같아 보일 겁니다. 하지만 애초에 임차인을 속이려는 '의도'나

'고의성'이 있었는지에 따라 사기와 사고로 구분합니다. 애초에 임차인의 보증금을 가로챌 의도가 있었다면 전세사기 범죄입니다. 다른 사람의 재물이나 이익을 침해할 목적인 '사기의 고의'에 따라 사기죄가 성립됩니다.

빌라와 오피스텔은 왜 악용됐나

전세사기 수법은 조직적 범죄로 진화했습니다. 건축업자와 임대업자, 부동산컨설팅업자, 공인중개사 등이 사전에 짜고, 바지 임대인을 내세우고 매물 물색과 임차인 모집, 계약서 작성 등으로 역할을 분담합니다. 매매가와 보증금이 거의 비슷한 빌라나 오피스텔을 무자본으로 대거 사들여 세를 놓고, 보증금을 돌려주지 않는 방식이 대표적입니다. 아파트는 거래가 많고 손쉽게 실거래가를 확인할 수 있지만, 신축 빌라나 오피스텔은 적절한 공시가격 등이 없어 시세 파악이 쉽지 않다는 점을 악용한 것입니다.

이들은 자기자본이 없는 상태에서 임차인에게 매매가보다 높은 보증금을 받아 빌라를 매입합니다. 예를 들어 1억 원짜리 빌라를 1억 5,000만 원에 전세계약하고, 1억 원으로 빌라를 매입한 뒤 다른 사람에게 되팔고, 남은 5,000만 원을 나눠 갖습니다. 애초에 임차인에게 보증금을 반환할 의사도, 능력도 없습니다.

조직적으로 이뤄진 전세사기 과정에서 임대인이 임대차 기간 중 바뀌는 사례가 있습니다. 임차인이 계약 체결 전까지 임대인의 권리관계를 확인해도, 임차인 모르게 임대인이 바뀌기도 합니다. 현재는 기존 임대인이 집을 팔 때 임차인을 참여시키거나, 통보할 의무가 없습니다. 작정하고 매매 사실을 숨긴다면, 임차인은 계약 만료나 갱신 시점이 돼서야 임대인이 바뀐 사실을 알 수 있습니다.

전세사기 특별법 지원 대상은?

정부가 2년간 한시적으로 전세사기 피해자들을 지원하는 특별법안인 '전세사기 피해자 지원 및 주거안정에 관한 특별법(전세사기 특별법)'이 2023년 5월 25일 국회 문턱을 넘었습니다. 특별법에는 최우선변제금을 받지 못하는 전세사기 피해자들이 주택도시기금을 활용해 장기로 대출을 받을 수 있도록 하는 내용이 담겼습니다. **최우선변제금**은 기존 임차인이 살던 집이 경·공매로 넘어갔을 때, 임차인이 은행 등 선순위 다른 채권자보다 앞서 받을 수 있는 돈을 말합니다. 최우선변제금은 서울 5,500만 원, 인천 4,800만 원입니다. 최장 10년간 무이자입니다. 이를 초과하는 금액은 최대 2억 4,000만 원까지 1.2~2.1%로 대출하도록 했습니다.

또 전세사기 피해가 인정되면 현재 거주하는 주택이 경매에 넘어갔을 때 우선 매수할 수 있습니다. 주택을 낙찰받으면 4억 원 한도 내에서 낙찰자금 전액을 저리로 대출받을 수 있습니다. 피해자가 주택 매수를 원하지 않으면, 한국토지주택공사(LH)가 우선매수권을 넘겨받아 주택을 사들인 뒤 피해자에게 임대합니다. 정부가 경·공매 비용의 70%를 부담합니다. 전세사기 피해자가 피해 주택을 구매할 때 지방세도 감면합니다. 취득세는 200만 원 한도 내에서, 재산세는 3년간 주택 크기 $60\,m^2$ 이하는 50%, $60\,m^2$ 초과는 25% 감면합니다.

특별법 지원 대상은 ① 대항력을 갖추고 확정일자를 받은 임차인, ② 임대차 주택에 대한 경·공매 진행(집행권원 포함), ③ 면적·보증금 등을 고려한 서민 임대차 주택, ④ 수사 개시 등 전세사기 의도가 판단될 때, ⑤ 다수의 피해자 발생 우려, ⑥ 보증금 상당액 미반환될 우려 등 여섯 가지 요건을 모두 충족해야 합니다. 피해 접수는 관할 지자체에서 합니다. 전세사기 피해자 여부는 관할 지자체와 국토교통부 위원회 심의·의결을 거쳐 60일 이내에 확정합니다.

집값 하락기 부작용 깡통전세·갭투자·역전세

깡통전세는 전세사기와는 다릅니다. 깡통전세는 매매가와 보증금 간 차이가 없는 주택으로, 임차인이 임대인에게 맡긴 보증금을 전부 돌려받지 못하는 주택이나 보증금 미반환 가능성이 큰 주택을 말합니다. 집을 팔아도 전세보증금을 못 돌려주는 깡통전세는 주택 하락기에 나타나는 대표적인 부작용입니다. 임대인의 의도와 상관없이 집값이 급락할 때 나타납니다.

통상 보증금이 집값의 80%를 넘으면 깡통전세 위험이 크다고 봅니다. 다세대나 연립주택은 경매에서 낙찰 가격이 시세의 80% 이하로 떨어지기 때문입니다. 깡통전세 주택을 경매하더라도 보증금 전체를 돌려받기 어렵습니다. 전셋집을 구할 때 깡통주택을 피해야 하는 이유입니다.

갭투자는 깡통전세와 떼려야 뗄 수 없는 관계입니다. 갭투자는 전세를 끼고 집을 매입하는 방식입니다. 전세보증금을 끼고 적은 돈이나, 아예 자기자본 없이 집을 매입하는 갭투자는 깡통전세와 전세사기가 급증한 원인으로 꼽힙니다. 갭투자는 집값 상승기에 단기간 시세차익을 기대하는 투자 방식입니다. 하지만 집값이나 전셋값 하락 시기에는 단기간에 주택을 되파는 게 불가능합니다. 결국 임차인에게 보증금을 돌려주지 못하는 깡통전세와 비슷한 결과로 이어집니다.

역전세는 전셋값이 2년 전 계약 때보다 하락해 임대인이 임차인에게 보증금을 돌려주기 어려워진 상황을 말합니다. 전셋값 급락으로 역전세가 확산하자, 보증금 차액을 돌려주지 못한 임대인이 임차인에게 전세금 대출이자를 따로 지원하는 '역월세'가 성행하고 있습니다. 임대인이 하락한 전셋값에 따른 보증금 차액만큼 임차인에게 월세 형태로 이자를 지급하는 게 역월세입니다. 예를 들어 전셋값이 2년 전 대비 1억 원 하락했는데, 임대인이 당장 보증금 차액을 돌려주지 못하면 임차인이 계속 거주하는 조건으로 1억 원에 대한 연간 이자를 매월 40만~50만 원씩 주는 것입니다.

정부가 보증금 반환이 어려운 임대인에게 1년 동안 한시적으로 전세보증금 반환 목적 대출 규제를 완화했습니다. 2023년 7월 27일부터 2024년 7월 31일까지 1년간 한시적으로 완화했습니다.

전세금 반환이 어려워진 집주인에게 기존에 적용했던 총부채원리금상환비율(DSR) 40% 규제를 대신해 총부채상환비율(DTI) 60%를 적용합니다. 주택담보대출 이외 다른 대출은 이자 상환분만 반영하는 DTI를 적용하면서 집주인의 보증금 상환 부담을 덜어주겠다는 취지입니다. 연소득이 5,000만 원인 임차인이 대출금리 4.0%, 30년 만기로 대출받으면 기존보다 대출 한도가 1억 7,500만 원 정도 더 늘어납니다. 집주인이 임대사업자라면 임대업 이자상환비율(RTI)을 현행 1.25~1.5배에서 1.0배로 내립니다.

임대인은 다음 임차인과 전세금 반환보증 가입 특약을 넣은 주택임대차계약을 체결해야 합니다. 임대인은 다음 세입자가 입주한 뒤 3개월 안에 전세금 반환보증보험에 가입하거나 보증료를 납부해야 합니다. 은행은 특약 이행을 전제로 대출을 지원합니다. 반환 대출을 받은 임대인이 다른 주택을 매매할 수 없습니다.

07
임대인 세금 체납은
어디서 확인할까?

#조세채권 #우선순위 #임대인 동의 #국세완납증명서

주택임대차계약을 맺을 때 반드시 확인해야 하지만, 선뜻 말하지 못하는 게 있습니다. **임대인의 세금 체납 여부**입니다. 전셋집 구하기가 하늘의 별 따기보다 어려울 때는 더욱 그렇습니다. 전셋집을 구한 것만으로도 안심(?)할 일인데, 임대인에게 세금 체납 사실을 묻기가 어렵고 불편합니다.

한국자산관리공사에 따르면, 지난 2018년부터 2022년까지 최근 5년간 임대인의 미납 세금으로 보증금을 돌려받지 못한 세입자가 915명, 미반환 보증금이 472억 원에 달합니다. 임대인 세금 체납에 대해 그냥 그런가 보다 하고 넘어갈 수준이 아닙니다.

우리나라 국민이라면 누구나 공평하게 세금을 낼 의무가 있습니다.

국가나 지방자치단체가 국민으로부터 세금을 걷습니다. 국가와 지자체가 국민으로부터 세금을 걸을 수 있는 권리를 **조세채권**이라고 합니다. 조세채권이 보증금보다 우선합니다.

정부나 지자체는 임대인이 세금(국세·지방세)이나 공과금 등을 체납하면 압류된 주택 등 소유 재산을 공매 처분해 밀린 세금을 회수합니다. 이때 세금은 보증금 등 다른 채권보다 우선합니다. 주택을 처분한 금액으로도 임대인이 밀린 세금을 충당하지 못하면 세입자는 보증금을 단 한 푼도 돌려받을 수 없는 이유입니다. 그래서 임대인의 세금 체납 사실을 꼭 확인해야 합니다.

전세계약을 하기 전 임차인은 등기부등본을 발급받아 임대인의 근저당권과 가압류 등을 확인합니다. 하지만 등기부등본으로는 임대인의 세금 체납 여부를 모두 확인할 수 없습니다. 이전까지 임대인의 밀린 세금을 확인하기 위해서는 국세완납증명서를 요청하거나, 집주인의 동의를 얻어 세무서를 방문해야 세금 체납 여부를 확인할 수 있었습니다. 하지만 현실적으로 임차인이 임대인에게 체납에 관해 묻거나 관련 서류를 요청하는 게 쉽지 않습니다. 또 임대인이 거부하면 세금 체납을 확인할 다른 방법이 사실상 없었습니다.

임대인 세금 체납, 동의 없이도 열람

이제는 달라졌습니다. 전세사기와 깡통전세 같은 피해로 보증금을 돌려받지 못한 임차인의 피해가 확산하자, 주택임대차계약 전 임대인의 체납 세금 여부를 확인할 수 있는 전세사기 피해방지 대책이 마련

됐습니다. 2023년 4월부터 주택임대차계약을 하려는 임차인은 임대인의 동의 없이도 세금 체납을 확인할 수 있도록 법이 바뀌었습니다. 전세사기 피해방지 대책의 일환입니다.

임대인의 밀린 세금을 확인하기 위해서는 주택임대차계약서와 신분증을 들고 가까운 세무서 민원봉사실을 찾으면 됩니다. 기존에는 주택임대차계약 주택의 관할 세무서에서만 열람할 수 있었지만, 이제는 전국의 모든 세무서에서 확인할 수 있습니다.

세무서는 열람 신청을 받으면 임대인의 밀린 세금을 조회한 뒤 임차인이 확인할 수 있도록 제공해야 합니다. 임차인이 열람한 사실을 임대인에게 통보합니다. 납세 정보는 민감한 개인정보로, 열람만 할 수 있습니다. 문서로 받을 수 없고 복사나 촬영을 금지합니다.

밀린 세금, 어디까지 확인?

임대인의 밀린 세금을 열람하는 기간이 늘어났습니다. 이전에는 주택임대차계약 전에만 열람할 수 있었습니다. 법 개정 이후에는 주택임대차계약 전과 계약 이후 임대차 기간이 시작하는 날까지 열람할 수 있습니다. 계약 후 잔금을 치르기 전 발생할 수 있는 세금 체납도 확인할 수 있는 길이 열린 것입니다.

임대인의 동의 없는 세금 체납 열람은 보증금이 1,000만 원을 초과하는 계약에만 적용합니다. 1,000만 원 이하의 소액보증금의 주택임대차계약은 기존대로 임대인의 동의를 받아야 세금 체납을 확인할 수 있습니다.

개정된 법은 2022년 4월 3일부터 시행됐습니다. 기존에는 임대인의 동의를 얻어야만 임대인의 세금 체납 사실을 확인할 수 있었습니다. 일부 임대인이 납세증명서를 직접 떼 와 공인중개사와 임차인에게 공개했습니다. 이는 극히 일부 사례로, 임대인의 배려에 기대서는 보증금을 지킬 수 없습니다. 임차인이 직접 챙겨야만 합니다.

표준계약서 개정으로 실효성 강화

주택임대차표준계약서도 개정됐습니다. 임차인의 권리를 좀 더 구체적으로 명시했습니다. "임대인이 사전에 체납 세금 등을 알리지 않았다면 임차인이 위약금 없이 계약을 해제할 수 있다."라는 특약사항이 추가됐습니다. 임대인이 말한 사실과 실제가 다르면 계약을 해지할 수 있는 조항이 추가된 것입니다.

세금을 체납한 악성 임대인을 사전에 걸러내는 방법이 있습니다. 전세사기 예방을 위해 국토교통부와 주택도시보증공사(HUG), 한국부동산원 등이 협업해 개발한 **안심전세앱 2.0** 애플리케이션에서는 계약 전 임대인의 동의를 얻으면 세금 체납 여부를 확인할 수 있습니다.

기존에는 임대인이 임차인에게 직접 본인 휴대전화로 보증사고 이력이나 보증가입 금지 여부, 악성 임대인 여부를 직접 확인시켜줘야 하는 불편함이 있었습니다. 이제는 임차인이 카톡 등으로 정보제공 동의 메뉴를 임대인에게 전송하고, 임대인이 정보제공에 동의하면 세금을 체납한 악성 임대인인지 확인할 수 있습니다.

임대인이 정보제공 동의를 거부하는 사례가 있습니다. 임대인이 동

'안심전세앱 2.0'에서 임대인 정보 조회하기

자료: 주택도시보증공사

의하지 않는다면, 주택에 문제가 있거나 세금을 체납했을 확률이 높습니다. 믿고 걸러야 합니다.

08
보증금 지키는 전세계약
특약사항 4가지

#특별한 약속　#상호합의　#특약사항 필수　#바지 집주인

회사원 강하라(가명) 씨는 오랫동안 회사 인근 전셋집을 찾던 중 마음에 드는 매물이 나와 계약을 앞두고 있습니다. 주말마다 전셋집을 보러 다니느라 애를 먹었던 터라 당장 계약하고 싶은데, 선뜻 나서지 못하고 있습니다. 뉴스에서 전세사기 사건을 볼 때마다 '혹시 나도 전세사기 피해자가 되지 않을까?' 걱정이 앞서다 보니 도장 찍기가 망설여집니다. 강 씨는 "2년 후 전 재산이나 다름없는 전세보증금을 돌려받지 못할까 봐 불안하다"라며 "어떻게 해야 전세사기 피해를 예방할 수 있을지 알고 싶다"라고 토로했습니다.

임차인에게 전세보증금은 전 재산이나 다름없습니다. 전세사기가 기승을 부리면서 보증금을 제때 돌려받지 못할까 봐 불안에 떠는 세입자들이 적지 않습니다. 임대인이라면 응당 임차인에게 보증금을 돌려주기 위해 미리 준비해야 하지만, 그렇지 못한 경우가 많습니다.

보증금을 돌려받지 못한 세입자는 제때 이사하지 못해 혼란에 빠집니다. 비단 이것뿐이 아닙니다. 집값 하락기에 보증금을 돌려받지 못한 세입자들이 극단적 선택을 하는 일이 반복되면서 전세제도에 대한 불신과 불안이 커졌습니다.

주택임대차계약서를 쓸 때 전세사기 피해를 예방하는 방법이 있습니다. 표준임대차계약서에 기재된 내용만으로 안심되지 않는다면 특별한 약속을 하면 됩니다. 주택임대차계약서에 **특약사항**을 포함하는 것만으로도 전세사기 예방에 도움이 됩니다. 또 계약 만료 이후 보증금을 돌려받지 못할 위험을 최대한 줄일 수 있습니다.

특별한 약속의 전제 조건 '상호합의'

앞에서 언급한 것처럼 계약은 **표준계약서**로 작성해야 나중에 발생할 수 있는 계약 관련 분쟁을 예방할 수 있습니다. 표준계약서를 사용하면 임대인의 체납 세금과 확정일자 부여 현황 등을 확인할 수 있습니다. 또 계약서를 작성할 때 특약사항에 전세금을 지키는 내용을 추가하면 전세사기와 같은 위험을 줄일 수 있고, 분쟁의 불씨를 없앨 수 있습니다.

'특약'은 말 그대로 특별한 약속을 의미합니다. 특약은 전세사기를 예방하는 방법 중 하나입니다. 단, 특별한 약속에는 전제 조건이 있습니다. 임대인과 임차인의 상호합의가 필요합니다. 주택임대차계약 과정에서 표준계약서만으로 임대인과 임차인의 요구사항을 모두 담을 수 없습니다. 또 임대인과 임차인의 분쟁을 막는 데도 한계가 있습니다. 그래서 기본적인 계약 사항 외에도 특별한 약속을 해야 합니다.

특약은 어느 한쪽만을 일방적으로 편드는 게 아닙니다. 개인적인 사정이나 단순 변심으로 일방적인 계약을 파기하는 것을 예방하기 위해 임대인과 임차인, 어느 한쪽의 일방적인 주장만을 담을 수 없습니다. 임차인과 임대인의 각자 요구사항에 대해 상의하고 합의한 뒤 계약서에 기재해야 합니다.

잔금 치르는 날, 임대인은 근저당권 말소를 이행한다

주택임대차계약서를 작성하기 전 집주인의 채무 사실을 확인해야 합니다. 임차인에게 가장 좋은 전셋집은 (근)저당권이 없는 주택입니다. 하지만 불가피하게 일부 전셋집은 근저당권이 설정돼 있습니다. 근저당권은 임대인이 은행 등 금융기관으로부터 돈을 빌리면 금융기관이 임대인의 주택을 담보로 잡은 것을 말합니다.

근저당권이 설정된 주택이 경매로 넘어가면 전세보증금을 돌려받지 못할 수 있습니다. 계약 전 근저당이 설정돼 있다면 임차인의 전세보증금이 뒤로 밀리기 때문입니다. 이 같은 피해를 예방하기 위해 특약에 "잔금 치르는 날, 임대인은 근저당권 말소를 이행한다."라는 내용을 넣어야 합니다.

이사 후 전입신고 · 확정일자 받기 전까지
임대인은 대출을 받지 않는다

근저당권이 없는 주택은 특약이 필요하지 않을까요? 그렇지 않습니다. 주택임대차계약 과정에서 임차인이 전입신고를 제대로 하지 않거나 확정일자를 못 받아 전세보증금을 날린 사례가 자주 있습니다. 전세보증금을 지키는 중요한 첫 단추인데도 법적 강제사항도 아니고, 잘 몰라서 사회초년생들이 대수롭지 않게 넘어가는 경우가 많습니다.

임차인이 이사 이후 전입신고 및 확정일자를 받으면 그 즉시 대항력과 우선변제권이 발생합니다. 단, 확정일자를 신청하는 즉시 효력이 발생하는 게 아니라 하루가 지나야 효력이 발생합니다. 확정일자를 받기 전 그 빈틈을 노리고 임대인이 집을 담보로 대출을 받는 전세사기 행각을 벌이기도 합니다. 이를 예방하기 위해서는 "이사 후 전입신고와 확정일자를 받기 전까지 임대인은 대출을 받지 않는다.", "계약 이후 기존에 없던 근저당이 확인되면 계약을 해지한 뒤 전세금 전액을 반환한다."라는 문구를 기재해야 합니다.

계약 후 세금 체납 사실이 있다면 계약을 해지한다

전세보증금 피해 중 가장 자주 발생하는 사례가 집주인의 세금 체납입니다. 전세사기 사건 가운데 임대인과 공인중개사가 짜고 등기부등본에 근저당권을 숨긴 사례가 많습니다. 임차인이 전세계약할 때 세입자가 등기부등본 확인을 소홀히 한다는 점을 노린 것입니다.

임대인이 계약 당시 밀린 세금이 없었지만, 계약 후 개인 사정으로 세금을 체납하면 전세보증금을 떼일 가능성이 커집니다. 전입신고를 마친 뒤 임대인의 세금 체납 사실이 드러나고, 주택이 경매로 넘어가면 임대인의 전세보증금보다 세금이 변제 순위에서 밀리기 때문입니다. 특약에 "전세계약 완료 후 임대인이 세금 체납 사실이 있다면 임대차계약을 해지하고, 즉시 전세금을 반환한다."라는 내용을 담아야 하는 이유입니다.

계약 직후 다른 사람에게 집을 매도하면 계약을 해지한다

전세사기 뉴스에서 이른바 '바지 집주인'이라는 단어가 자주 등장합니다. 바지 집주인은 경제력이 없고, 급전이 필요한 사람이 대부분입니다. 바지 집주인은 전세사기범에게 명의를 빌려주는 대신 일정 금액의 수수료를 챙깁니다. 주택임대차계약 과정에서 자신이 진짜 임대인처럼 행동합니다.

전세사기범은 공인중개사와 짜고, 아무것도 모르는 임차인과 정상적인 계약인 양 전세계약을 체결합니다. 전세보증금이 들어오면 즉시 바지 집주인에게 매도한 것처럼 서류를 꾸밉니다. 전세보증금을 빼돌리는 전형적인 사기 수법입니다. 사기 덫에 걸린 임차인이 계약이 끝날 때 바지 집주인에게 전세금 반환을 요구하더라도 보증금을 돌려받기가 어렵습니다. 바지 집주인은 경제력이 없고, 명의만 빌려준 대역에 불과합니다.

이 같은 사기 범죄의 피해를 보지 않으려면 특약에 "임대인이 계약 직후 주택을 다른 사람에게 매도하면 임대차계약을 즉시 해지하고, 보증금을 반환한다."라는 내용을 넣어야 합니다. 임차인은 전세보증금을 돌려받을 권리가 있는 채권자로, 임차인의 동의 없는 채권 승계는 법적 효력이 없습니다.

이 밖에 "임대차계약 기간이 끝나는 날 새로운 임대차계약 여부와 상관없이 보증금을 반환한다.", "입주 전 발생한 하자는 임대인이 수리비를 부담한다.", "임차인이 주택의 기본 시설을 고의로 훼손·파손하면 원상복구를 해야 한다." 등의 문구를 넣어야 임대인과 임차인 간 분쟁을 줄일 수 있습니다.

임대인과 임차인이 합의한 특약이 모두 법적으로 인정되지 않습니다. 특약은 계약 당사자 간 합의만 하면 자유롭게 정할 수 있지만, 임대인과 임차인의 생각이 다르면 특약에 원하는 것을 다 넣기가 어렵습니다. 부동산 시장 상황에 따라 임대인과 임차인의 위치가 달라질 때는 더 그렇습니다.

일부 임대인은 전세난을 틈타 특약에 임대인의 보증보험료를 임차인이 부담한다거나, 임대 기간 발생하는 모든 수리비를 임차인이 내도록 하는 등의 갑질 계약을 요구하는 사례가 있습니다. 주택임대차보호법과 특약에 대해 잘못 이해한 것에서 비롯된 것입니다.

특약은 주택임대차보호법이 보장하는 범위 내에서만 효력이 발생합니다. 임차인을 보호하기 위해 만든 주택임대차보호법의 범위를 벗어나는 임대인과 임차인의 지나친 요구는 인정하지 않습니다. 예컨대 임대인의 일방적인 강요로 특약에 "임차인과 전세 기간은 1년으로 하고, 1년 후 계약 만료일에 퇴거한다."라고 작성했더라도 법적 효력이 없습니다. 주택임대차보호법 제4조에는 "임차인은 2년 미만으로 정한 기간이 유효함을 주장할 수 있다."라고 명시돼 있습니다. 임차인이 원하면 2년 미만의 주택임대차계약을 할 수 있습니다. 임대인이 2년 미만의 주택임대차계약을 요구할 수 없습니다. 전월세 모두 같습니다.

09
혹시 악성 임대인?
'안심전세앱'으로 확인하기

#초기 버전 실패   #번갯불에 콩 구워 먹듯
#5점 만점에 1.8점   #검색 범위 전국으로 확대

안심전세앱은 정부가 전세사기를 예방하기 위해 개발한 애플리케이션입니다. 임대인에 대한 다양한 정보를 손쉽게 확인할 수 있는 정부 공식 플랫폼입니다. 국토교통부와 주택도시보증공사(HUG), 한국부동산원이 공동 개발했습니다. 정보 사각지대에 놓인 임차인의 정보격차를 해소해 전세사기를 예방하는 게 주목적입니다. 안심전세앱으로 누구나 안심하고 전세계약을 맺도록 국가가 나서서 지원하겠다는 게 정부 취지입니다.

안심전세앱은 2023년 2월에 출시됐습니다. 출시 일주일 만에 다운로드 수가 5만을 기록하는 등 초기 흥행에 성공하는 듯 보였습니다. 하지만 성공의 기쁨도 잠시. 기대가 실망으로 바뀌는 데는 그리 오랜 시간이 걸리지 않았습니다.

실제 사용자들 사이에서 실효성이 턱없이 부족하다는 여론이 들끓었습니다. 언론도 쓸모가 없다며 비판 보도를 이어갔습니다. 전세계약 시 확인해야 할 모든 정보를 한 번에 제공하는 필수 플랫폼 역할을 할 것이라는 주택도시보증공사 설명이 무색할 정도였습니다. 정보는 제한적이었고, 정확도는 말할 게 없을 정도로 형편없었습니다.

번갯불에 콩 구워 먹듯 만든 앱, 신뢰도 추락

초창기 안심전세앱은 서울·수도권 내 50가구 미만 아파트, 연립, 다세대주택의 시세 정보를 제공했습니다. 하지만 이마저도 주소를 입력하면 '공개대상이 아니거나 시세 검토 중'이라는 화면만 뜨고, 별다른 설명조차 없었습니다.

일선 현장에서는 앱에서 확인한 시세와 실제가 다르다는 지적이 꾸준히 나왔습니다. 매매 사례가 상대적으로 적은 연립이나 다세대주택의 경우 전세가를 반영해 시세가 지나치게 높게 형성된 경우가 적지 않았습니다. 앱에서 나온 시세만 믿고 덜컥 전세계약을 맺다간 자칫 깡통전세 위험에 빠질 수 있는 위험이 도사리고 있었습니다.

안심전세앱은 집주인에 대한 정보를 제공한다지만, 번거롭기가 이만저만이 아니었습니다. 임차인이 원한다고 해서 보증금 미반환 사례나 보증보험 가입 가능 여부를 확인할 수 있는 게 아니었습니다. 집주인이 직접 본인의 스마트폰으로 먼저 정보 조회를 한 후 보여줘야만 세입자가 확인할 수 있는 방식이다 보니 볼멘소리가 나올 수밖에 없었습니다. 번갯불에 콩 구워 먹듯 부랴부랴 추진된 안심전세앱 이용자들이 후한 점수를 줄 리가 없었습니다. 2023년 7월 기준 안심전세앱 이용자들의 점수는 5점 만점에 1.8점에 불과했습니다.

비판 여론에 정보 공개 대상·범위 대폭 확대

비판 여론에 화들짝 놀란 정부는 출시 넉 달 만인 2023년 5월 31일 기능을 대폭 보강·개선한 안전전세앱 2.0 버전을 재출시했습니다. 기존 앱은 수도권 지역 연립·다세대 시세 조회만 가능했다면, 2.0 버전은 범위를 전국으로 확대한 게 특징입니다. 오피스텔과 아파트, 신축 빌라의 준공 전 시세까지도 확인할 수 있도록 정보의 대상과 범위를 대폭 늘렸습니다. 시세 표본도 기존 168만 가구에서 1,252만 가구로 7배가량 늘어났습니다.

앞선 버전에서는 세간을 들썩이게 했던 인천 미추홀구의 이른바 '건축왕' 소유 오피스텔의 시세를 검색할 수 없었지만, 개선된 버전에서는 조회할 수 있습니다. 또 임차인이 카톡 등으로 정보제공 동의 메뉴를 임대인에게 전송하면 임대인이 동의 시 임차인이 직접 악성 임대인 여부 관련 정보를 확인할 수 있도록 개선했습니다.

공인중개사에 대한 정보도 확대했습니다. 최초 등록일부터 영업 상태(정상·정지·폐업) 등 경력 정보를 추가 공개하고, 인터넷 홈페이지에서만 가능하던 임대차 신고를 모바일에서도 가능하도록 바꿨습니다.

등기부등본 발급과 건축물대장 열람, 등록임대주택 정보 조회, 전세계약 체크리스트 확인, 지역 공인중개사 조회, 전세대출 금리 조회

등 전세계약 시 확인해야 할 다양한 정보가 담겼습니다. 이전보다 정보의 정확성을 향상하는 데 힘을 쏟았습니다.

안심 임대인 인증서 발급 기능 추가

안심전세앱은 임차인에게 임대인이 달라지는 등 권리관계 변동이 있을 때마다 카카오톡 알림을 보냅니다. 기간은 2년 6개월간입니다. 임차인에게 한발 빠른 정보제공과 확인, 대응을 지원하기 위한 것입니다. 권리관계 변동에 따른 임차인의 전세사기 피해를 예방하기 위한 수단으로, 실제 사용자들의 만족도가 높은 서비스 중 하나입니다.

임대인을 위한 서비스도 제공합니다. 주택도시보증공사는 일정 요건을 충족한 임대인에게는 '안심 임대인 인증서'를 발급합니다. 임대인 인증서는 두 가지입니다. 그간 보증사고 이력이 없고, 주택도시보증공사 전세보증보험 가입이 가능한 임대인에게는 일반 인증서를 발급합니다. 여기에 더해 보증보험 사고 이력이 없고, 전세보증금을 꾸준하게 돌려준 이력이 확인된 임대인에게는 이보다 한 단계 높은 안심 인증서가 발급됩니다.

하지만 사각지대가 여전히 존재합니다. 집주인이 동의하면 보증금 미반환 및 세금 체납 여부를 조회할 수 있지만, 정확한 체납액과 기간을 파악하기 어렵다는 한계가 있습니다. 또 다가구주택과 근린생활시설을 주택으로 전용한 이른바 '근생빌라'는 정보제공 대상에서 제외됐습니다. 이곳은 상대적으로 보증금이 저렴해 저소득층의 거주 비율이 높은 곳인데도 제외돼 아쉬움이 남습니다.

안심전세앱 1.0과 2.0 버전 비교

	안심전세앱 1.0	안심전세앱 2.0
시세 정보	수도권 168가구 연립·다세대·50세대 미만 아파트	전국 1,252가구 오피스텔·대형 아파트 추가 전세사기 빈발 지역 집중 점검
빌라 시세	준공 1개월 후 시세 제공	준공 1개월 전·후 시세 제공
임대인 정보 조회	보증가입 금지 악성 임대인 보증사고 이력 공개 집주인의 폰 화면에 표시	임차인의 폰 화면에 표시 (집주인 알림톡 동의 시) 국세·지방세 체납 여부 공개 악성 임대인 명단 조회
기타 정보	부동산등기등본 열람(1,000원)	법원 등기소 직결 버튼 추가 (700원 결제)
권리변동 알림	등기부상 권리변동 시 카톡 알림	등기부상 권리변동 시 카톡 알림 서비스 향상
임대인	임대인의 부정적 정보 위주 공개	안심 임대인 인증서 발급 보증 가능 임대인 인증서 발급
중개사	인근 추천 중개사 전화번호 표시 중개사 현재 정보 공개	전자계약 기능 추가 중개사 과거 정보 추가 공개
전세계약 셀프 테스트	단순 체크리스트	계약 전·중·후 체크리스트 제공

자료: 국토교통부

　　호수별 개별 등기가 불가능한 빌라는 시세 조회가 사실상 불가능합니다. 이른바 '빌라왕' 소유의 서울 화곡동 소재 빌라의 시세 조회가 안 됩니다. 이런 빌라를 계약하려는 임차인은 우선 입주한 세입자의 총 보증금이 어느 정도인지 직접 확인하는 방법 말고는 별다른 방법이 없습니다.

10
임차인의 든든한 울타리
주택임대차보호법

#임대차 3법   #묵시적 계약갱신
#임대료 인상 5% 제한   #벌금 100만 원

호랑이 담배 피우던 시절 이야기부터 하겠습니다. 불과 30~40년 전만 해도 임대인은 '갑'이 아닌 '왕'에 가까웠습니다. 임대인이 나가라고 하면 군말 없이 나가야 했던 때가 있었습니다. 임의로 정한 주택임대계약 기간이 남았어도 어쩔 도리가 없었습니다. 왕의 말이 곧 법이자, 따를 수밖에 없는 명령이었습니다.

그 시절엔 임대인이 나가라고 하지 않을까 늘 마음을 졸여야 했습니다. 임대인의 인기척만 들려도 신경이 곤두설 수밖에 없었습니다. 임차인은 임대인의 눈치를 보며 6개월에 한 번씩 세를 올려줘야 했습니다. 믿기 어렵겠다고요? 대한민국에서 실제 있었던 일들입니다. 그저 웃을 수만은 없는 과거 전세살이의 한 단면입니다. **주택임대차보호법**이

처음 시행된 1981년 전까지는 숱한 일이었습니다.

세상이 바뀌었습니다. 크게 달라진 건 아니지만, 1981년 주택임대차보호법 제정 이후 변화가 있었던 건 분명합니다. 전세살이 설움이 완전히 사라진 건 아니지만, 이전보다는 좀 더 나아졌습니다. 적어도 언제 쫓겨날지 모르는 불안감을 떨쳐낼 수 있었습니다.

주택임대차보호법은 임차인의 주거 안정을 보장하기 위해 만들었습니다. 서민들의 주거 안정과 권리를 보장하기 위해 임대인이 일방적으로 강요한 약정이나 계약 사항을 법적으로 인정하지 않는 계기가 됐습니다. 시대적 요구에 따라 지난 40여 년간 20번 넘게 고치고 또 고쳐서 지금에 이르렀습니다. 최근에는 전셋값이 하늘 높은 줄 모르고 치솟던 2020년 7월 30일 계약갱신청구권, 전월세상한제, 전월세신고제(2024년 5월 31일까지 유예)를 골자로 한 주택임대차보호법(이른바 임대차 3법)이 국회 본회의에서 처리됐습니다.

'2년+2년' 계약갱신청구권

주택임대차보호법이 정한 주택임대차계약(전월세) 최소 기간은 2년입니다. 주택임대차계약이 끝나기 2개월 전까지 임대인은 임차인에게 계약갱신 여부에 대해 통보해야 합니다. 반대로 임차인도 해당 주택에 더 거주하고 싶다면 요청할 수 있습니다.

임차인이 임대인에게 계약 연장을 요구할 수 있는 권리가 **계약갱신청구권**입니다. 즉 주택임대차계약 만료 때 1회에 한해 재계약할 수 있는 권리입니다. 단, 종전 임대료의 5% 이내로 인상하는 단서 조항이 있습니다. 임차인은 주택임대차 기간이 끝나기 전 6개월부터 1개월 전까지 계약갱신청구권을 쓸 수 있습니다. 단 1회에 한해서입니다. 계약갱신청구권에는 임대 기간을 2년 보장합니다.

묵시적 계약갱신으로 계약이 자동 연장되면 임차인이 계약갱신청구권을 행사하지 않은 것으로 판단합니다. 묵시적 계약갱신은 주택임대차계약이 만료된 이후에 임대인과 임차인 모두 계약갱신이나 거절 등 별다른 의사 없이 부동산 임대계약을 이어가는 경우를 말합니다. 묵시적 계약갱신 이후에도 임차인이 원하면 계약갱신청구권을 행사할 수 있습니다. 계약갱신청구권은 임차인이 정확하게 계약갱신청구권을 행사하겠다는 의사표시를 해야 법적으로 인정됩니다. 계약갱신청구권은 임차인이 선택할 수 있습니다. 꼭 행사해야 하는 건 아닙니다. 임대인은 실거주 목적과 같은 예외적인 상황이 아니라면 임차인의 계약갱신청구권 행사를 거부할 수 없습니다.

전월세상한제, 전월세 임대료 인상률 5% 이내 제한

전월세상한제는 전월세 임대료 인상률을 5% 이내로 제한하는 제도입니다. 임대료 급등으로 인한 임차인의 경제적 부담이나 주거 불안을 해소하기 위한 취지입니다. 보증금과 임대료를 한꺼번에 많이 올리지 못하도록 제한한 것입니다. 단, 전월세상한제에 따라 임대료 상한선 5%로이지만, 지방자치단체가 지역 임대차 시장 여건 등을 고려해 조례로 다르게 정할 수 있도록 했습니다.

2020년부터 2021년까지 누적 전셋값 변동률이 36.3%에 달할 정도로 전셋값이 치솟았던 적이 있습니다. 정부는 전월세 대란을 막기 위해 **상생임대인제도**를 도입했습니다. 새로운 상생임대인제도는 2022년 8월 2일 본격 시행됐습니다. 상생임대인은 임대료를 직전 계약 대비 5% 이내로 인상한 임대인입니다.

상생임대인은 양도세 비과세 요건 완화 등 각종 혜택을 받습니다. 구체적으로 양도세 감면을 위한 실거주 의무 등을 면제합니다. 소득세법에 따라 1가구 1주택자가 2017년 8월 이후 조정대상지역에서 주택을 취득하면 2년 이상 의무 거주해야 비과세 대상입니다. 상생임대인이 되면 의무 거주를 하지 않아도 됩니다. 또 양도 차익의 최대 80%까지 공제하는 장기보유특별공제의 실거주 의무 요건도 면제합니다.

임대차 3법 마지막 퍼즐, 전월세신고제 필수

전월세신고제는 전세나 월세 계약 이후 30일 내 관할 지방자치단체에 의무적으로 신고해야 하는 제도입니다. 주택임대차신고제라고 부릅니다. 원래 2021년 6월 1일부터 시행될 예정이었으나, 신규 제도 도입에 따른 혼란을 최소화하기 위해 2024년 5월 31일까지 시행이 유예됐습니다. 이 기간까지 제도 정착을 위해 계도 기간을 운영하고, 과태료를 부과하지 않기로 했습니다.

임대인이나 임차인이 임대차계약 체결일로부터 30일 이내에 의무적으로 계약 내역을 신고해야 합니다. 또 신고된 계약의 임대료가 변경되거나 계약이 해제될 때도 반드시 신고해야 합니다. 신고 기준은 보증금이 6,000만 원을 초과하거나, 월세 30만 원 이상입니다.

임대인이나 임차인 중 한 명이 신고하면 됩니다. 공인중개사나 법무사 등에게 위임할 수 있습니다. 계약금액의 변동이 없는 갱신계약은 신고 대상에서 제외됩니다. 이를 어기면 100만 원 이하의 과태료를 부과합니다.

임대인과 임차인이 서명(날인)한 주택임대차계약 신고서를 관할 주민센터에 제출하거나 온라인으로 신고할 수 있습니다. 신고가 접수되면 상대방에게 임대차 신고가 접수됐다는 사실이 통보됩니다. 임대차 신고를 위해 계약서를 제출하면 주택임대차보호법에 따른 확정일자가 자동 부여됩니다. 또 확정일자를 받기 위해 전입신고를 하면서 임대차계약서를 제출해도 임대차계약을 신고한 것으로 간주합니다.

11
임차권등기명령 신청 후
이사해도 될까?

#그냥 이사한다고?　#임대인 의도적 기피·잠적
#임대인 확인 필요 없어

전세계약이 만료된 임차인 김기영(가명) 씨는 서울로 직장을 옮기면서 현재 전셋집이 있는 경기도 평택을 떠나야 하는데도 이사를 하지 못하고 있습니다. 김 씨는 임대인에게 전세계약 만료 5개월 전부터 재계약을 하지 않겠다고 통보했습니다. 당시 임대인은 계약 만료 전에 보증금을 돌려주겠다고 약속했습니다.

김 씨가 이삿날을 통보하자, 임대인의 태도가 갑자기 돌변했습니다. 새로운 임차인을 구해야 보증금을 되돌려주겠다며 으름장을 놓았습니다. 김 씨가 항의를 계속하자 임대인은 연락을 슬금슬금 피하더니, 이제는 연락조차 잘 안 됩니다. 김 씨는 "이사 날짜까지 잡아놨는데, 임대인이 보증금을 돌려줄 생각을 전혀 하지 않고 있다"며 "언제까지 임대인에게 보증금을 달라고 해야 하는지 모르겠다"라며 분통을 터뜨렸습니다.

주택임대차계약 만료를 앞두고 전월세 보증금을 돌려받지 못한 채 이사까지 해야 한다면 얼마나 난감할까요? 게다가 이사 날짜까지 잡혔다면 더욱 난감할 수밖에 없습니다. 예정된 이사 날짜에 맞춰 이사하려고 해도 자칫 보증금을 돌려받지 못할 수 있다는 생각을 지울 수 없습니다. 이사 날짜가 코앞으로 다가오면 불안감이 커집니다. 일부 악덕 임대인은 집을 비워놔야 새로운 임차인을 좀 더 빨리 구해 보증금을 돌려줄 수 있다며 이사를 종용합니다.

임대인 말대로 집을 비우고 이사를 하는 게 맞는지, 속앓이하는 애먼 임차인들이 적지 않습니다. 보증금을 돌려받기 위해서는 임대인으로부터 보증금을 받기 전까지 집을 점유하고 있는 게 좋습니다. 임대인은 임차인이 계약 만료 이후에도 집에서 거주하고 있다는 사실만으로도 심리적 압박감이 큽니다. 하지만 직장이나 학업 등 다양한 이유로 불가피하게 이사를 해야 할 때가 있습니다.

임차권등기명령 왜 하나?

임차인이 대항력을 확보하기 위해서는 계약, 점유, 전입 등 세 가지가 필요합니다. 이 중 하나라도 갖추지 못하면 사실상 대항력을 갖출 수 없습니다. 계약은 전입신고와 확정일자를 받은 뒤 생기는 대항력을 의미합니다.

전세권설정 등기를 하면 대항력을 확보할 수 있습니다. 하지만 전세권설정 등기는 집주인의 동의가 반드시 필요합니다. 설정 비용이 만만치 않아 경제적 부담이 큽니다. 확정일자는 수수료 600원이지만, 전세권설정 등기는 보증금 액수에 따라 다르고, 법무사 비용까지 합하면 최소 수십만 원 이상을 내야 합니다. 전세권설정 등기 비용은 보증금의 2%인 등록세와 등록세의 20%인 교육세, 증지 1만 5,000원이 필요합니다. 예를 들어 보증금이 3억 원이라면 등록세 60만 원, 교육세 12만 원, 증지 1만 5,000원을 합친 73만 5,000원의 최소 비용이 발생합니다. 여기에 법무사 수수료까지 합치면 90만 원에서 100만 원가량이 필요합니다.

임차인이 다른 집으로 이사하면 점유 조건이 상실됩니다. 완전한 상실은 아니지만, 주택임대차보호법이 정한 임차인의 권리를 보장받기가 다소 복잡해집니다. 짧은 기간이라도 전출을 하거나 짐을 빼서 이사하면 보증금을 받기가 어려워질 수도 있다는 것입니다.

보증금을 돌려받지 못한 채 불가피하게 이사해야 한다면 **임차권등기명령**을 신청해야 합니다. 임차권등기명령은 보증금을 돌려받기 힘든 상황에서 이사해야 할 때 임차인의 대항력과 우선변제권 등 권리를 보장하는 제도입니다.

임차권등기명령 신청 방법은?

통상 임차권등기명령을 신청하면 2주 정도 지난 뒤 관할 법원으로부터 결정문이 나옵니다. 임대인이 임차권등기명령 결정문을 받은 이후 등기부등본을 확인한 뒤 이사해야 합니다. 등기부등본상 임차권등기명령이 확정되면 임차인이 이사하더라도 권리가 법적으로 보장됩니다. 다만 임차권등기명령 결정문이 임대인에게 전달되는 과정에서 시간이 지체되기도 합니다. 또 등기부 등재 기간 역시 일정 시간이 걸리기 때문에 미리 신청하는 게 좋습니다.

임차권등기명령은 집주인의 동의 여부와 상관없이 임차인이 법원에 신청할 수 있습니다. 관할 소재지 지방법원에서 신청서를 작성해 접수하면 됩니다. 임차권등기명령을 신청할 때는 ① 건물등기부등본 1통, ② 주민등록(등)초본 1통, ③ 임대차계약서 사본 1통, ④ 부동산목록 5통, ⑤ 임대차계약해지통보서류(내용증명) 1통을 함께 제출합니다.

해당 주택이 경매로 넘어가기 전 임차권등기를 마친 임차인은 경매 절차가 진행되더라도 우선변제권을 확보했기 때문에 배당을 따로 요구할 필요가 없습니다. 하지만 경매 이후에 임차권등기명령을 마친 임차인은 배당요구 신청 기한까지 권리신고와 배당을 요구해야 순위에 따라 배당을 받을 수 있습니다.

법원에서 임차권등기명령을 받았다고 안심하면 안 됩니다. 임대인이 해당 명령을 송달받아야 임차권등기 설정이 끝나는 것입니다. 간혹 임대인이 의도적으로 송달을 피하고, 심지어 잠적해버리는 사례도 있습니다. 임대인에게 송달되지 않으면 임차권등기명령이 끝난 게 아님니다. 그래서 임차인이 이사하지 않고, 계약을 끝낸 이후에도 해당 전셋집에 머물러야 했습니다.

이제 임대인의 확인은 필요 없어

임차권등기명령 절차가 복잡하고, 임차권등기를 마치기 어렵다는 지적이 꾸준히 제기됐습니다. 정부는 임대인이 의도적으로 송달을 피하거나 잠적해도 임차인의 권리가 보장되도록 절차를 개선했습니다. 2023년 7월 19일부터 개정한 주택임대차보호법에 따라 임대인의 확인 절차 없이도 임차권등기명령을 할 수 있습니다.

앞으로는 임대인에게 임차권등기명령 결정이 고지 및 송달되기 전이라도 임차인의 임차권등기명령을 집행할 수 있습니다. 개정법 시행 전 임차권등기명령이 있었더라도 개정법 시행 당시 임대인에게 송달이 이뤄지지 않았다면 이를 적용합니다.

한 가지 더 주의해야 합니다. 이사할 전셋집 등기부등본에 임차권등기가 표시됐다, 다시 지워진 것을 확인하는 사례가 있습니다. 이는 임대인이 이전 임차인에게 보증금을 제때 돌려주지 않았다는 사실을 의미합니다. 또 임차권등기가 상습적으로 표시됐다, 지워졌다면 임대인이 보증금을 제때 돌려주지 않을 확률이 높습니다. 주택임대차계약 전 등기등본을 꼼꼼하게 확인하고 임차권등기가 표시돼 있다면 주의해야 합니다.

12
전세자금대출
제일 싸게 받는 방법

#버팀목전세자금대출 #저금리로 최장 10년까지 연장
#금리 따라 울고 웃는

이제 막 사회생활을 시작한 청년이나 신혼부부가 내 집 마련이나 전셋집을 구하기 위해 거액의 대출을 받는 게 사실 쉽지 않습니다. 금융권의 까다로운 조건이나 기준에 맞지 않은 사례가 많습니다. 어렵게 대출받았더라도 대출금리 인상 문자메시지를 받으면 절로 놀랄 때가 한두 번이 아닙니다. 오죽하면 "금리 수준에 따라 하루걸러 울고 웃는다"라는 뼈(?) 있는 농담이 오갈 정도일까요?

전세자금대출은 전세자금을 담보로 돈을 빌리는 것을 말합니다. 전세자금대출은 대출 주체에 따라 구분합니다. 공공이 주체하면 버팀목(국민주택기금)전세자금대출로, 시중은행 등 민간이 주체하면 금융권 전세자금대출로 나눕니다.

전세자금을 위해 대출을 받고, 그 전세자금을 다시 담보로 잡는 것입니다. 따라서 대출받을 때 전세보증금의 안전성을 최우선으로 고려해야 합니다. 안전성을 확보하지 못한다면 사실상 대출을 받을 수 없습니다. 혹시 대출받는다고 하더라도 눈덩이처럼 불어난 이자를 감당하지 못해 훗날 전세보증금 반환과 관련한 문제가 생길 수 있으니 주의해야 합니다.

안전성을 확보하기 위해 전세자금대출 상품 대부분은 주택도시보증공사(HUG)와 서울보증보험(SGI), 한국주택금융공사(HF) 등이 발행한 보증서를 담보하고 있습니다. 상대적으로 금리가 낮은 전세대출을 받으려면 정부 재원의 정책 대출 상품을 활용하는 게 좋습니다.

무주택 서민을 위한 정책 대출, 버팀목전세자금대출

정부는 무주택 서민의 주거 안정을 위해 시중은행보다 금리가 낮은 대출 상품을 운영하고 있습니다. 공공기관에서 운영하는 대출 상품은 대출 조건이 시중은행에 비해 다소 까다롭지만, 저금리로 대출을 받을 수 있는 장점이 있습니다. 주택도시기금에서 운영하는 **버팀목전세자금대출**이 대표적입니다. 이 상품은 기금재원대출 상품입니다. 주택기금에서 자금을 받아 무주택 서민에게 저리로 대출해주는 일종의 공공대출 상품입니다. 시중은행의 절반 이하 수준으로 금리가 매우 낮아 이자 부담이 줄어듭니다.

버팀목전세자금대출 일반과 청년, 신혼부부, 중소기업취업청년 등으로 나누어져 있습니다. 버팀목전세자금대출은 금리가 낮은 대신 대

주택도시기금을 통해 버팀목전세자금대출 받기

자료: 주택도시기금

상과 소득, 자산 요건 등 기준이 까다로워 꼼꼼하게 확인해야 합니다. 가장 일반적인 버팀목전세자금대출은 부부합산 연소득 5,000만 원 이하, 순자산 3억 6,100만 원 이하의 요건을 충족하는 무주택 세대주입니다. 대출금리는 1~2.7%, 대출 한도는 수도권 1억 2,000만 원, 수도권 외 다른 지역은 8,000만 원 이내입니다. 대출 기간은 2년입니다. 최대 4회까지 연장할 수 있습니다. 최장 10년간 이용할 수 있습니다.

주택임대차계약서상 잔금 지급일과 주민등록등본상 전입일 중 빠른 날로부터 3개월 이내까지 신청할 수 있습니다. 계약갱신은 계약갱신일(월세에서 전세로 전환 계약한 경우에는 전환일)로부터 3개월 이내에 신청하면 됩니다.

전용면적 85㎡ 이하인 보증금 3억 원(수도권·비수도권 2억 원) 이하의 주택(주거용 오피스텔은 85㎡ 이하 포함)에 대해서만 지원합니다. 수도권을 제외한 도시 지역이 아닌 읍 또는 면 지역은 100㎡ 이하 주택도 가능합니다. 임차보증금은 일반가구와 신혼부부의 경우 수도권 3억 원, 수도권 외 지역은 2억 원입니다. 2자녀 이상 가구는 수도권 4억 원, 수도권 외 지역은 3억 원입니다.

필요(소요) 자금에 대한 대출비율은 신규계약일 경우 일반가구는 전세금액의 70%, 신혼부부나 2자녀 이상 가구는 전세금액의 80% 이내입니다. 재계약이면 일반가구는 증액금액 이내에서 증액 후 총 보증금의 70%, 신혼부부나 2자녀 이상 가구는 증액금액 이내에서 증액 후 총 보증금의 80% 이내입니다.

정부가 신생아 출산 가구를 위해 저금리 주택대출 상품을 이용할 수 있는 소득 요건을 대폭 완화합니다. 기획재정부가 2023년 8월 29일에 발표한 2024년 예산안에 따르면, 기존 버팀목전세자금대출의 소득 요건을 완화합니다. 기존 버팀목대출의 소득 요건은 신혼부부 기준으로 합산 연 6,000만 원 이하였지만, 신생아 출산 가구에 대해선 연 1억 3,000만 원 이하로 상향합니다. 대출 한도는 3억 원으로 유지하되, 대상 주택은 보증금 4억 원 이하에서 5억 원 이하로 늘립니다. 요건을 만족하는 가구는 4년간 시중은행보다 1~3%p 낮은 금리 혜택을 받을 수 있습니다.

다만 2023년 8월 30일부터 무주택 서민을 위한 정책 대출금리가 0.3%p씩 인상됐습니다. 이에 따라 버팀목전세자금대출 금리는 최저 2.1%에서 최고 2.7%로 올랐습니다. 주거복지 주요 재원의 지속가능성을 위해 금리를 조정했다는 게 정부 입장입니다.

시중은행 전세대출은 상품은

버팀목전세자금대출을 이용할 수 없다면 시중은행 전세대출을 이용해야 합니다. 시중은행의 전세대출 금리는 공공기관이 운영하는 전세대출 상품 금리에 비해 높습니다. 시중은행은 전세자금대출 시 보증기관의 보증서를 담보로 취급합니다. 전세대출을 빌리기 위해서는 주택도시보증공사(HUG) 등에서 보증서를 발급받아야 합니다. 전세대출 한도는 심사를 통해 보증 한도에 비례해 결정합니다. 통상 보증금의 80~90%로 정해집니다.

시중은행에서 대출을 받으면 각 기관의 상품과 금리, 대출 조건, 우대금리 등을 꼼꼼히 따져봐야 합니다. 시중은행은 주거래 고객과 거래 실적, 인터넷 우대 등 다양한 조건으로 금리를 낮춰주기도 합니다. 이를 우대금리라고 합니다. 금리를 최대한 낮춰서 전세대출을 받고 싶다면 뱅크샐러드 홈페이지(https://www.banksalad.com)에서 손쉽게 확인할 수 있습니다.

대표적인 전세대출 상품을 소개하겠습니다. 카카오뱅크의 전세자금대출 대상은 근로소득자나 사업소득자로, 부부합산 보유 주택이 1주택 이하여야 합니다. 1주택을 보유한 경우 부부합산 연소득이 1억 원을 초과하거나 시세가 9억 원을 초과하는 주택을 보유했다면 대출을 받을 수 없습니다. 또 2020년 7월 10일 이후에 투기지역이나 투기과열지구 내 시세가 3억 원을 초과하는 아파트를 매입했다면 대출을 받을 수 없습니다. 금리는 연 4.543~5.480%까지 변동할 수 있습니다. 한도는 보증금의 80% 범위에서 최대 2억 2,000만 원까지입니다.

우리은행 전세자금대출

신청 대상	부부합산 연소득 5,000만 원 이하 순자산액 3.61억 원 이하 무주택 세대주 신혼부부 및 2자녀 이상 가구		
대출금리	일반가구 연 1.8~2.4%	신혼가구 연 1.2~2.1%	청년가구 연 1.5~2.1%
대출 한도	일반가구 0.8억~1.2억 원	신혼가구 2억~3억 원	청년가구 1.5억~2억 원
대출 기간	2년(4회 연장 가능, 최장 10년)		

자료: 주택도시기금

우리은행은 부부합산 자산 기준이 3억 6,100만 원 이하여야 합니다. 신청일 기준으로 만 19세 이상인 세대주나 세대주로 인정되는 사람이 대상입니다. 세대주와 세대원 전원이 무주택자로 최근 1년간 부부합산 총소득이 5,000만 원 이하인 가구도 대상입니다. 우리은행의 전세자금대출 금리는 1.8~2.4%입니다. 수도권 지역은 최대 1억 2,000만 원까지, 비수도권 지역은 최대 8,000만 원까지 한도가 정해져 있습니다.

13
계약 기간 중 나도 모르게
집주인이 바뀌면

#기존 계약 내용 자동 승계   #임차인 권리 유지
#계약 기간 남아 있다면 그대로 거주

주부 박현아(가명) 씨는 얼마 전 황당한 일을 겪었습니다. 전셋집 주방 천장에서 물이 새 후드부터 벽지까지 모두 엉망이 됐습니다. 박 씨는 곧바로 임대인에게 연락해 자초지종을 설명하다, 황당한 답변을 들었습니다. 불과 1년 전에자신과 계약한 임대인이 이미 다른 사람에게 집을 팔았다고 했습니다. 박 씨는 자신에게 통보도 하지 않고 집을 파는 게 어디 있느냐고 항의했지만, 별다른 소용이 없었습니다. 전 임대인은 새로운 임대인에게 연락처를 넘겨주겠다며 서둘러 전화를 끊었습니다.

황당한 일은 여기서 끝나지 않았습니다. 수리를 요구한 박 씨에게 새로운 임대인은 "누수는 알아서 고치고, 고치기 싫으면 나가라"고 말했습니다. 박 씨가 계속 항의하자, 새로운 임대인은 앞으로 자신에게 직접 연락하지 말고, 공인중개사를 통해서만 연락하라고 통보했습니다.

박 씨는 "나도 모르는 사이에 집주인이 바뀐 것도 황당한데, 누수를 알아서 고치라거나 싫으면 나가라는 말을 들었다"라며 "전세계약 기간이 남았는데 나가라고 하니 어떻게 해야 할지 모르겠다"라고 밝혔습니다.

주택임대차계약을 맺은 후 계약 기간 내 임대인이 바뀌는 사례가 종종 있습니다. 이사나 학업, 직장 등 다양한 이유로 바뀝니다. 임차인 으로서 임대인이 바뀐다는 것만으로도 부담입니다. 주택임대차계약 서를 다시 작성해야 하는지, 집을 비워줘야 하는지, 집에 하자가 발생 하면 기존 임대인에게 수리를 요청해야 하는지, 보증금은 누구한테 돌려받아야 하는지 걱정거리가 한둘이 아닙니다.

임대인이 바뀌어서 임차인은 당황스러울 수 있으나, 걱정할 필요가 없습니다. 임대인이 바뀌었더라도 주택임대차계약 내용은 자동 승계 됩니다. 새로운 임대인이 기존 임대인의 지위를 그대로 승계하는 것이 기 때문에 임차인의 법적 지위와 권리가 그대로 유지됩니다. 기존 계 약서 내용대로 새로운 임대인에게 계약에 따라 임차인의 권리를 주장 할 수 있습니다. 주택임대차계약 중 임대인이 바뀌더라도 기존 임대차 계약서에 따라 계약 기간 내 대항력과 확정일자의 효력이 법적으로 보 장됩니다.

주도권을 쥔 건 임대인이 아니라 임차인입니다. 임차인 모르게 임대 인이 바뀌었다는 사실만으로도 주택임대차계약을 해지할 수 있습니 다. 계약 기간이 남아 있더라도 계약을 해지할 수 있는 권한이 주어집 니다. 임대인이 바뀐 사실을 알게 된 날로부터 이의를 제기하면 기존 임대차계약을 끝낼 수 있고, 전 임대인에게 보증금을 돌려달라고 소송을 제기할 수도 있습니다.

계약서 다시 쓰나?

임대인이 바뀌면 주택임대차계약서를 다시 써야 할까요? 결론부터 말하면 주택임대차계약서를 다시 쓰지 않아도 괜찮습니다. 주택임대차보호법 제3조에는 "임차주택의 양수인(그 밖에 임대할 권리를 승계한 자를 포함한다)은 임대인의 지위를 승계한 것으로 본다."라고 규정하고 있습니다. 새로운 임대인은 기존 임대인의 권리를 그대로 이어받아, 앞서 체결한 주택임대차계약서의 내용을 이행해야 할 의무가 있습니다.

집주인이 계약서를 다시 쓰자고 요구해도 계약 기간 내에는 응할 필요가 없습니다. 기존 계약 내용이 자동 승계되고, 임차인의 권리도 법적 보호를 받기 때문입니다. 다만 새로운 임대인과 계약서를 다시 작성하면, 계약서를 통해 새로운 임대인의 인적사항과 연락처 등을 확보할 수 있습니다.

임대차계약이 끝나고 임대료를 올리는 등 변동이 생겼을 때 증액 계약서를 새로운 임대인을 만나 다시 작성해야 합니다. 예를 들어 기존 계약의 전세보증금이 1억 원이었는데, 새로운 임대인이 계약 기간 만료 후 5,000만 원을 올려달라고 한다면 5,000만 원에 대한 증액 계약서를 다시 작성해야 합니다. 계약서 작성 이후 임차인은 5,000만 원에 대한 대항력과 우선변제권을 확보할 수 있습니다.

또 처음 전세계약을 맺을 때처럼 계약서 작성 시 등기부등본을 확인합니다. 기존에 대출이나 압류 설정 등이 없었다 하더라도 임대인이 바뀌면서 그동안 알지 못했던 권리관계가 생겼을 수도 있기 때문입니다. 계약서에 도장을 찍기 전 등기부등본을 확인하는 것은 몇 번을 강조해도 지나치지 않습니다.

집을 비워달라고?

새로운 임대인이 실거주 목적이나 임대료 인상 등을 빌미로 집을 비워달라고 요구하는 사례가 자주 있습니다. 계약 기간이 남아 있다면 당장 비워주지 않아도 상관없습니다. 임대차계약 기간 중이거나 계약갱신청구권 사용으로 계약을 연장했다면 새로운 임대인이 집을 비워달라고 요구해도 응하지 않아도 됩니다.

만약 계약 기간이 3개월 이내로 남았거나, 임차인이 이사를 원한다면 새로운 임대인에게 이사하겠다고 통보하면 됩니다. 임대인에게 보증금 반환과 이사 비용 등을 제안하고, 새로운 임대인과 충분한 협의를 통해 이사를 결정합니다.

전세계약 직후나 계약 기간이 얼마 지나지 않아 별다른 통보도 없이 집주인이 바뀐다면 주의해야 합니다. 전세계약 직후 임대인이 바뀐다면 전세사기가 아닌지 의심해야 합니다. 전세사기범이 주택임대차계약 직후 부동산 세금 부담을 피하려고 건축주나 공인중개사 등과 짜고, 주택 소유자를 서류상 회사(페이퍼컴퍼니) 등으로 바꾸는 사례가 있습니다.

집에 하자가 발생하면 기존 임대인은 새로운 임대인에게, 새로운 임대인은 기존 임대인에게 서로 미루는 일이 있습니다. 이때는 새로운 임대인에게 요구해야 합니다. 새로운 임대인은 법적으로 기존 임대인의 권리와 의무를 승계했기 때문에 하자에 대한 보수 책임을 져야 합니다. 새로운 임대인은 하자에 대해 수리해야 할 의무가 있습니다.

14
전세보증보험
A to Z

#상환보증과 반환보증   #전세금반환보증보험   #전세금보장신용보험
#전세지킴보증   #가입이 까다로워진 이유

   누구나 질병과 재난, 사고 등 예상하지 못한 크고 작은 힘든 상황에 놓입니다. 이를 대비해 보험에 가입합니다. 미래에 혹시 발생할 수 있는 위험에 대비해 여러 사람이 돈을 미리 모아두었다가 사고를 당한 사람의 손해를 보상하는 게 보험입니다. 보험에 가입하면 위험이 줄고 심리적 안정을 찾을 수 있습니다. 실제 위험이 발생했을 때는 큰 힘이 되는 버팀목과 같은 존재입니다.

   전세보증금 반환보증보험은 전세계약이 끝난 뒤 임대인이 임차인에게 보증금을 돌려주지 못하면 보증기관에서 임차인에게 대신 지급하는 보험입니다. 임대인이 돈이 없거나, 다른 여러 가지 이유로 보증금을 제때 돌려주지 않으면 보증기관이 임대인을 대신해 보증금을 돌려줍니다. 만약 전셋집이 경매로 넘어가더라도 임차인은 보증기관으로부터 보증금을 받을 수 있습니다.

전세보증금 반환보증보험에 가입하지 않았다면, 임차인은 보증금을 받기 위해 '임대차보증금반환소송'을 해야 합니다. 소송에서 이기면 강제경매 신청 절차를 진행해 전세보증금 회수가 가능합니다. 다만 소송은 시간이 오래 걸리고, 비용도 많이 듭니다. 무엇보다 정신적인 스트레스가 심합니다. 변호사를 통해 소송을 진행하더라도, 법원 문을 두드려야 한다는 심리적 부담감이 큽니다. 전세보증금 반환보증보험에 가입하면 이런 번거로움을 겪지 않아도 됩니다. 보증기관이 우선 임차인에게 보증금을 돌려주고, 보증기관이 위에서 언급한 법적 절차에 따라 임대인으로부터 보증금을 회수합니다. 이를 구상권 청구라고 합니다.

일부 임대인은 임차인의 보증보험 가입을 꺼립니다. 심지어 보증보험에 가입하지 않으면 보증금을 깎아주겠다는 솔깃(?)한 제안을 하는 사례가 많습니다. 서슬 퍼런 전세사기에 깡통전세가 지금도 성행하는데 가당치 않은 유혹입니다. 보증금이 집값의 70~80%에 달하거나 임대인이 대출이 있다면 보증보험에 무조건 가입해야 합니다.

임대인 자신이나 주택에 문제가 있을 때 임차인의 보증보험 가입을 꺼립니다. 임대인에게 채무가 많아 등기부등본에 압류나 (근)저당권, 가처분 등이 기재된 경우가 가장 흔한 사례입니다. 또 해당 건물이 주거용이 아닌 상업용이거나 건축물대장에 위반건축물로 기재돼 있을 때도 마찬가지입니다.

임차인에게 전세보증금 반환보증을 위한 별다른 조건은 없습니다.

다만 전세보증금에 채권이 설정돼 있거나 부동산에 압류·가압류 설정이 있다면 가입할 수 없습니다. 또 미등기 건물이나 건축물대장상 위반건축물, 임대인이 신용불량자이면 가입 자체가 불가능합니다.

상환보증과 반환보증의 차이는

보증보험은 상환보증과 반환보증으로 나뉩니다. **상환보증**은 세입자들 대신 은행권에 전세대출금을 상환하는 상품입니다. 임차인이 보증금을 제때 돌려받지 못하면 은행권으로부터 빌린 대출금을 갚기 어렵습니다. 또 임차인의 신용도 하락과 은행권 대출 부실 등의 여러 가지 문제가 발생합니다. 상환보증은 이 같은 문제를 예방하기 위해 보증기관이 임차인을 대신해 은행권에 대출금을 갚아주는 것입니다.

반환보증은 임대인을 대신해 임차인에게 보증금을 돌려주는 상품입니다. 흔히 알고 있는 전세보증금 반환보증 상품입니다. 공인된 보증기관이 보증하기 때문에 안전하고 믿을 수 있습니다. 보증금 또한 제때 돌려받을 수 있습니다.

전세금 반환보증보험 대표 3종 총정리

전세금 반환보증보험 상품을 운영하는 대표적인 보증기관은 주택도시보증공사(HUG)와 서울보증보험(SGI), 한국주택금융공사(HF)가 있습니다. 주택도시보증공사는 '전세보증금반환보증', 서울보증보험은 '전세금보장신용보험', 한국주택금융공사는 '전세지킴보증' 상품

전세보증보험 상품 비교

구분	주택도시보증공사	서울보증보험	한국주택금융공사
상품명	전세보증금반환보증	전세금보장신용보험	전세지킴보증
가입 대상	아파트, 단독·다가구·다세대·연립, 주거용 오피스텔 공인중개사 중개 계약만 대상 전입신고, 확정일자 필수		
	노인복지주택	도시형생활주택	도시형생활주택 노인복지주택
보증금액	수도권 7억 원 이하, 지방 5억 원 이하	아파트 제한 없음, 일반 주택 10억 원 이내 보증금 일부 보증 불가	수도권 7억 원 이하, 지방 5억 원 이하
가입 기간	계약 기간 절반 경과 전	계약 후 10개월 이내	계약 기간 절반 경과 전
보증 기간	보증서 발급일부터 계약 만료일 후 1개월	임대차계약 기간+30일	임대차계약 종료 후 1개월
보증료율	연 0.122~0.128% (2억 원 초과 아파트)	아파트 연 0.183%, 기타 주택 연 0.208%	연 0.02~0.04% 차등 적용

자료: 주택도시보증공사·서울보증보험·한국주택금융공사 홈페이지(2023년 8월 22일 기준)

을 제공합니다. 모두 보증기관이 임대인을 대신해 임차인에게 보증금을 돌려주는 반환보증 상품입니다.

보증보험 가입 조건은 세 기관 모두 비슷합니다. 보증보험에 가입하려면 전입신고와 확정일자가 필수입니다. 전입신고는 새로운 거주지로 옮겼다는 사실을 신고하는 것을 말합니다. 주민센터 등 관할 기관에 전입 이후 14일 이내에 신고하면 됩니다. 확정일자는 임대차계약서에 기재된 날짜로, 법원이나 주민센터 등에서 확인받고 해당 날짜가 적힌 도장을 받으면 인정됩니다. 또 공인중개사가 중개한 계약에만 가입할 수 있습니다. 직거래는 가입이 안 됩니다. 가입 대상은 단독주택부터 다가구·연립·다세대, 아파트 등 비슷합니다. 오피스텔은 주택임대차계약서에 주거용으로 사용한다는 내용이 담겨야 가능합니다.

기관마다 보증금액이 다릅니다. 보증금액은 보증기관이 최대로 보증할 수 있는 금액입니다. 임차인의 보증금이 보증금액 범위를 벗어나면 안 됩니다. 주택도시보증공사는 보증금액 기준이 수도권 7억 원 이하, 비수도권 5억 원 이하입니다. 한국주택금융공사의 보증금액 기준도 같습니다. 서울보증보험은 주거 형태에 따라 아파트는 가격 제한이 없습니다. 그 외의 주택은 10억 원 이하입니다.

가입 가능 기간도 다릅니다. 주택도시보증공사는 총 계약 기간이 1년 이상이어야 하고, 전세계약 기간 중 절반 이상 남아 있어야 가입할 수 있습니다. 서울보증보험은 전세계약 기간이 1년 이상 남아 있어야 하고, 임대차계약을 맺은 지 10개월을 지나지 않아야 합니다. 한국주택금융공사는 계약 기간이 절반 이내일 때만 가입할 수 있습니다.

주택도시보증공사의 보증료율은 보증금액과 주택 유형, 부채 비율 등에 따라 연 0.115~0.154% 수준입니다. 보증료율은 보증료를 환산할 때 쓰이는 비율입니다. 상품에 가입할 때 내야 하는 돈을 말합니다. 주택도시보증공사의 보증료는 보증금액×보증료율×전세계약 기간/365로 산출합니다. 주택도시보증공사 홈페이지(https://www.khug.or.kr)에서 예상 보증료를 확인할 수 있습니다. 서울보증보험의 보증료율은 개인용 기준 아파트 보증료율은 연 0.183%, 아파트 외 기타 주택은 연 0.208%입니다. 한국주택금융공사는 우대가구 여부 등에 따라 연 0.02%에서 0.04%까지 다르게 적용합니다.

주택도시보증공사 보증보험 가입이 까다로워진 이유는

전세사기 일당이 주택도시보증공사의 전세보증금반환보증보험 가입 때 감정평가사가 정한 평가액을 사용한다는 허점을 파고든 사건이 있었습니다. 감정평가사와 짜고, 주택도시보증공사에 감정평가액을 부풀려서 제출하는 수법을 범죄에 동원한 것이죠.

정부는 2023년 5월 1일을 기점으로 주택도시보증공사의 전세금반환보증보험 가입 요건을 뜯어고쳤습니다. 보험 가입 기준을 기존 전세가율(매매가 대비 전셋값 비율) 100% 이하에서 90% 이하로 강화했습니다. 보증금과 집값이 같은 주택을 보증보험에 가입할 수 없도록 한 조치입니다.

주택가격을 산정할 때 공시가격 적용 비율도 2022년 150%에서 140%로 변경했습니다. 공시가격의 126%(공시가격 적용 비율 140%×전세가율 90%)까지만 보험에 가입할 수 있습니다. 갱신 보증은 2024년 1월 1일 신청분부터 적용합니다.

감정평가 방식도 달라졌습니다. 기존에는 신규·갱신 보증을 신청할 때 주택 감정평가금액을 최우선으로 적용했습니다. 이제부터는 KB시세나 공시가격 등이 있다면 감정평가금액을 후순위로 적용합니다. 또 연립·다세대주택은 그간 감정평가금액의 100%를 주택가격으로 인정했지만, 이를 90%로 낮췄습니다. 감정평가 유효기간도 6개월에서 3개월로 단축했습니다.

15
전세권설정등기는 꼭 해야 하나?

#임차인 인증   #확정일자 비용보다 비싸
#대항력 끝판왕   #전세권설정등기 자동 부여

대개 돈을 빌리고 빌려주는 과정에서 암묵적인 규칙이 있습니다. 돈을 빌려주는 채권자가 '갑', 돈을 빌리는 채무자가 '을'입니다. 그런데 전세제도에서 이 규칙이 어긋납니다. 임대인이 임차인에게 주택을 담보로 목돈을 빌리는 구조인데도 임차인이 '을'입니다. 상황이 이렇다 보니 거액의 보증금을 믿고 맡겨도 되는지, 자칫 집이 경매로 넘어가지는 않을지 묻고 싶지만, 선뜻 말이 나오지 않습니다. 임대인의 눈치를 살피거나 지나친 요구를 들어줄 수밖에 없습니다.

전셋집의 가장 중요한 기준은 보증금을 온전히 지키는 것입니다. 보증금을 제때 돌려받지 못하면 엄청난 재앙으로 이어지기 때문에 이중삼중의 안전장치 마련이 필수입니다. '이렇게까지 할 필요가 있을까?'

싶을 정도로 안전장치를 견고하게 만들어야 전 재산이나 다름없는 보증금을 안전하게 지킬 확률이 높아집니다.

앞에서 다룬 전입신고와 확정일자를 같은 것으로 착각하는 임차인들이 많이 있습니다. 전입신고와 확정일자는 전세금 피해 예방을 위한 필수 절차라는 점에서 비슷하긴 합니다. 하지만 엄밀히 따지면 역할이 다릅니다.

전입신고는 세입자의 대항력을 행사할 수 있는 권리를, 확정일자는 세입자의 우선변제권을 말합니다. 만약 전입신고만 하면 부동산 경매 시 세입자가 대항력을 행사할 수 있으나, 확정일자가 없다면 전세금 변제가 어려울 수도 있습니다. 전입신고를 할 때 확정일자를 반드시 받아야 하는 이유입니다.

문제는 확정일자 효력이 신고 다음 날부터 발생한다는 것입니다. 악성 임대인이나 전세사기 집단이, 임차인이 확정일자를 받은 당일 거액의 대출을 받고 근저당권을 설정해 권리를 상실하게 만들기도 합니다. 집이 경매에 넘어가기라도 한다면 세입자는 보증금을 떼일 수 있다는 것입니다.

확정일자를 받았다고 해서 온전히 보증금을 지킬 수 있는 건 아닙니다. 선순위가 있다면 보증금이 후순위로 밀립니다. 전세사기가 기승을 부리면서 확정일자만으로는 불안하다고 호소하는 임차인이 적지 않습니다.

전세금 지키는 마지막 퍼즐, 전세권설정등기

전세권설정등기는 전세금을 지키는 마지막 퍼즐입니다. **전세권설정등기**는 등기부등본상에 임차인이 세입자라는 사실을 기록하는 것입니다. 즉 임차인이 임대인에게 전세보증금을 지급하고, 임대인의 주택을 점유하고 있다는 사실을 등기부등본에 기재하는 것입니다.

전세권설정등기는 확정일자와 같은 법적 효력을 갖습니다. 대항력이 발생한다는 점에서 비슷하지만, 차이점이 있습니다. 가장 큰 차이는 임대인의 동의입니다. 확정일자는 집주인의 동의가 필요하지 않지만, 전세권설정등기는 임대인의 동의가 반드시 있어야 합니다.

비용도 다릅니다. 확정일자 수수료는 600원이지만, 전세권설정등기는 보증금 액수에 따라 수십만 원에서 수백만 원까지 듭니다. 전세권설정등기의 수수료는 1만 5,000원입니다. 여기에 전세금×0.24%(등록세·지방교육세)를 추가해야 합니다. 예를 들어 전세보증금이 10억 원이면 241만 5,000원이 발생합니다. 또 법무사 등을 이용하면 비용이 추가됩니다. 통상 임대인은 확정일자보다 훨씬 비용이 많이 들고, 집주인의 동의가 필요하다 보니 확정일자를 더 선호합니다.

대항력 끝판왕 전세권설정등기

임대인이 동의를 해주지 않아 전세권설정등기를 하고 싶어도 할 수 없는 경우도 있습니다. 일부 임대인은 "확정일자까지 받았는데 전세권등기설정까지 하느냐", "차라리 그 돈을 이사 비용으로 써라"라며 임차인에게 핀잔을 줍니다. 핀잔까지 들은 임차인이 임대인에게 다시 한 번 동의를 부탁하기는 현실적으로 어렵습니다.

하지만 시대가 변했습니다. 전세사기에 깡통전세, 역전세난 등으로 주택임대차 시장이 뒤숭숭해지면서 확정일자만으로는 충분하지 않다고 여긴 임차인들이 전세권설정등기에 적극적입니다. 비싼 수수료를 내더라도 전세금을 떼일 수 있다는 불안감을 해소하겠다는 움직임이 활발해졌다는 의미입니다.

2023년 상반기 기준 서울의 전세권설정등기 비율이 꾸준히 증가했습니다. 2023년 상반기 서울 집합건물 전세권설정등기 건수가 4,338건으로 집계됐습니다. 6월은 677건으로 789건을 기록한 5월보다는 소폭 줄었지만, 2022년 10월과 11월만 해도 각각 480건, 504건에 불과했던 것과 비교하면 상승했습니다. 역전세난이 심했던 1월부터 꾸준히 600~700건대를 유지했습니다.

전세권설정등기 비율이 증가한 이유가 있을까요? 전세사기 때문입니다. 전세사기로 주택이 경매로 넘어가면서 집을 비워줘야 하는 상황에 놓인 임차인이 증가한 까닭입니다. 확정일자와 전세보증보험 가입만으로 보증금을 안전하게 지킬 수 없다고 판단한 임차인이 더욱 강력한 안전장치를 원한 것입니다.

확정일자와 전세권설정등기의 가장 큰 차이는 전세계약 만료 이후 보증금을 제때 돌려받지 못할 때 확연하게 드러납니다. 임차인이 확정일자만 받았다면 임차인이 직접 법원에 보증금반환청구소송을 제기하고, 승소해야 주택을 경매(강제집행)에 넘길 수 있습니다. 통상 경매 절차까지 최소 1년 이상 걸립니다.

반면 전세권설정등기를 한 임차인은 법원에 별도로 소송을 제기하거나 판결 절차 없이 직접 경매를 신청할 수 있습니다. 또 전세권자는 후순위 권리자 및 기타 채권자보다 우선 변제를 받을 권리가 보장됩니다. 그래서 전세권설정등기를 대항력 끝판왕이라 부릅니다.

　　할 말이 남아 몇 자 더 적습니다. 전세계약이 체결되고 전입신고만 해도 확정일자와 전세권설정등기를 동시에 자동 부여하면 어떨까요? 의무적으로 말입니다. 임차인 보호와 지원을 위해 확정일자처럼 전세권설정등기 비용을 대폭 낮추는 게 주택임대차보호법 취지에도 맞지 않을까요? 사회적 고민이 필요합니다.

16
등기 안 된 새 아파트 전세로 들어간다고?

#미등기 전세 #가짜 집주인 #소유권이전등기
#분양대금 완납 확인 #하자는 사진 찍기 필수

결혼을 앞둔 김선홍(가명) 씨는 신혼집을 구하느라 주말마다 공인중개업소를 방문하고 있습니다. 김 씨가 눈여겨보는 전셋집은 회사 인근 신축 아파트입니다. 1,500세대가 넘는 대단지인 데다 입주를 앞두고 임대인들이 잔금을 치르기 위해 매물을 앞다퉈 내놓으면서 전셋값도 많이 떨어졌기 때문입니다.

김 씨는 "인생의 새로운 출발점인 결혼을 앞두고 새집에 들어갈 수 있다는 생각에 신축 아파트를 전셋집으로 결정하고 싶다"라며 "매물이 많아서 마음에 드는 동과 호수도 선택할 수 있다"라고 말했습니다.

하지만 김 씨는 망설이고 있습니다. 신축 아파트는 등기가 안 된 상태에서 계약을 맺고, 잔금을 치러야 해 보증금을 떼일 수도 있다는 얘기를 주변 지인들에게 많이 들었습니다. 등기 안 된 신축 아파트 전셋집은 위험할까요?

신축 아파트 첫 입주는 누구나 꿈꾸는 로망입니다. 두말할 것도 없이 깨끗하고, 넓은 주차 공간부터 도서관, 수영장, 피트니스센터 등 다양한 커뮤니티 시설까지 잘 갖춰져 있습니다. 각종 최첨단 기술을 적용한 아파트 시설은 입주자의 생활 편의와 안전까지 보장합니다. 무엇 하나 아쉬운 게 없습니다. 또 동호수 등 자신이 원하는 매물을 고를 기회가 많다 보니 신축 아파트 전셋집을 찾는 임대 수요가 꾸준합니다.

　신축 아파트 등기부등본 확인이 어려워 전세사기 집단의 미끼 매물이나, 공인중개업소의 허위 매물로 악용되는 사례가 있습니다. 아파트 준공 후 임대인에게 통상 2개월간 소유권 등기 등록 기간이 주어집니다. 이 기간에는 등기부등본으로 실제 집주인이 누구인지 확인할 방법이 마땅하지 않습니다. 전세사기범이 이 같은 허점을 노립니다. 신축 아파트에 실제 임대인이 있는 것처럼 서류를 꾸미고, 임대인을 속이는 전세사기 뉴스를 하루가 멀다고 볼 수 있습니다.

　분양계약서를 위조한 전세사기 일당이 실제 자신이 소유주인 양 행세하며 중개업소에 버젓이 전셋집을 내놓기도 합니다. 전세 거래를 중개하는 공인중개사는 실제 소유주인지 여러 번 확인해야 하지만, 오히려 전세사기 일당과 짜고 사기 범죄에 가담하는 일도 있습니다. 이들은 일반적인 전세계약처럼 계약을 체결한 뒤 보증금만 챙겨 달아납니다. 심지어 임차인에게 보증금을 받아놓고도 소유주가 분양대금을 완납하지 않아 분양계약 자체가 취소돼 임대인과 임차인이 법정 분쟁을 벌이는 사례가 적지 않습니다.

임대인이 분양 잔금을 모두 내야 소유권을 이전할 수 있다고?

신축 아파트 전세계약은 구축 아파트보다 더 주의해야 합니다. 아파트를 지은 시행사나 시공사가 공사가 끝나면 지방자치단체로부터 사용승인을 받습니다. 이를 증명하는 소유권보존등기 절차도 진행합니다. 미등기부동산에 대해 소유권을 보존하기 위한 법적 절차입니다.

대개 신축 아파트 전세 거래는 **소유권이전등기**가 이뤄지지 않은 상태로 진행합니다. 분양받은 임대인이 잔금을 모두 내야 입주할 수 있습니다. 일반적으로 임대인이 전세계약을 맺은 임차인의 보증금을 받아 분양 잔금을 치르고 나서야 소유권이전등기를 합니다. 또 자금이 충분한 임대인이 분양 잔금을 미리 내더라도 통상 소유권이전등기까지 짧게는 2개월, 길게는 3개월 넘게 걸리기도 합니다. 드문 일이지만, 지자체로부터 인허가를 취소당하거나 여러 이유로 수년간 소유권이전등기를 하지 못한 사례도 있습니다. 소유권이전등기는 사실상 입주 후에 가능합니다.

소유권이전등기가 없다는 것은 등기부등본이 없다는 것을 의미합니다. 임차인이 전세계약에서 가장 중요한 등기부등본을 확인할 수 없다는 말입니다. 신축 아파트의 실제 소유주가 누구인지 알 수 없습니다. 등기부등본이 없다 보니 소유주라고 주장하는 임대인과 공인중개사 말을 듣고 계약을 진행해야 합니다. 계약 때 만난 임대인이 실제 분양을 받았는지, 집을 살 때 빚은 없는지, 권리관계가 어떻게 되는지 확인하기가 어렵습니다.

가짜 임대인 어떻게 구별할까?

등기가 안 된 신축 아파트 전세계약을 한다면 임대인이 실제 실소유자가 맞는지 확인하는 게 중요합니다. 분양계약서(공급계약서)의 권리자가 실소유자인지, 시공사나 시행사인지 확인합니다. 공급계약서에 권리승계 내역에 실제 분양받은 사람(수분양자)이 누구인지 기재돼 있습니다.

기재된 수분양자의 정보와 실제 전세계약을 맺을 때 나온 임대인의 신분증을 비교합니다. 수분양자의 이름과 생년월일, 동호수가 맞는지 따져봐야 합니다. 또 계약 전 임대인에게 양해를 구한 뒤 공급계약서 원본을 공인중개사에게 맡기는 것도 전세사기를 예방하는 방법 중 하나입니다. 임대인이 분양받은 권리를 다른 사람에게 넘겨주는 분양권 전매를 한 뒤 다른 사람과 전세계약을 했다면 전세사기입니다. 전세계약 자체가 무효입니다.

분양대금 완납 여부도 필수 확인사항입니다. 수분양자 가운데 일부가 잔금이나 대금을 완납하지 못한 경우가 있습니다. 분양대금을 완납하지 않은 수분양자는 엄밀히 말해 소유자가 아닙니다. 최악이지만 분양계약이 해지될 수도 있습니다. 시행사나 시공사가 발행한 분양대금납입내역서에는 계약금과 중도금대출, 잔금, 연체이자(이자후불제인 경우 납부할 이자금액)가 자세하게 적혀 있습니다.

계약금과 잔금은 수분양자 은행 계좌로 넣어야 합니다. 간혹 일부 임대인이 가족이나 친척 명의로 보증금을 넣어달라고 요구하기도 합니다. 공인중개사에게 거절 의사를 분명히 전달해야 합니다. 만약 계약일에 임대인이 아닌 대리인이 나왔다면 수분양자의 인감증명서와 위임장, 대리인의 신분증 등을 모두 확인합니다.

임대인이 보증금을 다른 용도로 쓰면 즉시 계약 해지

임차인은 잔금을 치를 때 임대인, 공인중개사와 함께 중도금 대출을 받은 은행에 가서 보증금으로 대출금을 상환한 뒤 상환영수증을 받아야 합니다. 또 시행사나 시공사 등이 지정한 잔금 입금 은행에도 함께 가서 임대인이 잔금을 치르는 것을 꼭 확인해야 합니다. 이후 아파트 입주자 지원센터나 관리사무실에 가서 임대인이 선납관리비를 내도록 하고, 입주키를 넘겨받아 거주하면 됩니다.

실제 주택임대차계약서를 작성할 때 "임대인(분양받은 사람)이 보증금으로 아파트 분양 잔금을 치르지 않고, 다른 곳에 썼다면 계약을 즉시 해지한다."라는 내용을 특약사항에 추가합니다. 계약이 끝나면 잔금 납부와 입주·전입신고를 동시에 하고, 확정일자를 받는 것도 잊지 말아야 합니다.

신축 아파트는 기존 아파트보다 주택임대차계약 만료 이후 시설 원상복구와 관련한 분쟁이 많이 발생합니다. 입주할 때 임대인과 함께 집 안 곳곳을 꼼꼼하게 살피고, 하자보수가 필요하면 관리사무실에 요청합니다. 또 시설물 하자를 사진이나 동영상으로 남겨놓는다면 계약 만료 이후 발생할 분쟁을 줄일 수 있습니다.

17
전세금반환소송이 두렵다면 지급명령 활용하자!

#소송은 시간·비용 부담   #누구나 신청 가능
#소송보다 빠른 속전속결   #법원에서 부르지 않아

　살면서 경찰서나 검찰청, 법원 문턱을 드나드는 일이 없어야 합니다. 법적 분쟁이나 송사에 휘말리면 비용과 시간이 깨지는 건 기본이고, 정신적 피해가 가늠할 수 없을 정도로 극심합니다. "송사에 휘말리면 패가망신한다"라는 말이 있을 정도니 오죽하겠습니까?

　인생은 계획대로 흘러가지 않습니다. 살다 보면 이런저런 사소한 갈등부터 법원 문턱을 넘어야 할 정도로 심각한 분쟁에 빠집니다. 피해를 보거나 억울한 일을 당해도 법적 경험이 부족하고 법리를 잘 모르는 탓에 법적 대응을 제대로 하기 어려운 게 현실입니다. 법적 분쟁에 휘말리면 성가신 일이 많이 생기고, 경제적으로 부담이 크다는 막연한 불안감도 쉬 떨쳐내기 어렵습니다.

부동산도 마찬가지입니다. 거래 과정에서 크고 작은 분쟁이 발생합니다. 전세계약이 끝났는데도 임대인이 보증금을 제때 돌려주지 않아 법에 호소하는 **전세금반환소송**이 대표적입니다. 전세금을 돌려받지 못한 임차인의 최후의 보루이자, 가장 강력한 대응 방법은 임대인을 대상으로 전세금반환소송을 진행하는 것입니다. 하지만 법 없이도 살 일반인이 법원을 드나드는 건 말처럼 쉬운 일이 아닙니다. 소송할 시간이 없고 비용도 부담이라면 소송 대신 **지급명령제도**를 활용합니다.

지급명령 신청 방법은?

임차인이 보증금을 돌려받기 위해 임차권등기명령을 신청하고 내용증명을 발송해도 임대인이 '나 몰라라' 버틴다면 보증금을 지키기 위한 임차인의 권리행사 방법으로는 지급명령제도와 전세금반환소송이 있습니다.

전세금반환소송은 특별한 이유가 없으면 대부분 임차인이 승소합니다. 다만 판결문을 받기까지 최소 6개월 이상 걸리고, 변호사 선임부터 챙겨야 할 게 한두 개가 아닙니다. 이에 반해 지급명령제도는 지급명령신청서를 작성하고 증거 자료를 첨부하면 됩니다.

지급명령은 일반적인 소송과는 다른 방식으로 진행합니다. 일반소송처럼 변론기일이나 별도의 심문 절차가 필요하지 않기 때문에 소송 당사자들이 법원에 출석하지 않아도 됩니다. 법원은 임차인이 제출한 서류만을 심사한 뒤 지급명령을 결정합니다. 일반적인 소송보다 신속하게 전세금을 돌려받을 수 있습니다.

전자소송 홈페이지에서 '지급명령' 신청하기

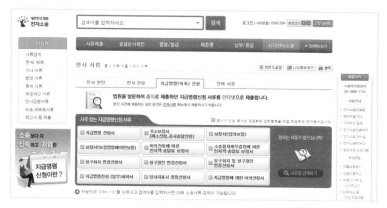

자료: 대법원 전자소송 사이트

지급명령은 누구나 신청할 수 있습니다. 우선 대법원 전자소송 홈페이지(https://ecfs.scourt.go.kr)에서 회원 가입하고, 지급명령을 누른 뒤 절차에 따라 작성하면 됩니다. 홈페이지에는 단계별로 예시가 잘 설명돼 있어 어렵지 않게 신청할 수 있습니다. 주택임대차계약서와 임대인과 주고받은 문자 등을 증거 자료로 첨부하면 법원으로부터 유리한 판결을 받을 수 있습니다.

지급명령은 임대인의 주소지를 관할하는 법원에서 신청해야 합니다. 지급명령 신청은 이송제도가 없습니다. 관할 주소지가 아닌 다른 법원에 신청했다면, 관할 법원에 다시 신청해야 합니다. 이때는 법원으로부터 주소보정명령이 나옵니다. 이후 채무자인 임대인의 초본을 발급받을 수 있습니다. 임대인의 초본에 나온 주소지를 확인한 뒤 관할 법원에 다시 신청하면 됩니다. 관할 법원은 대법원 전자소송 홈페이지에서 '관할법원 찾기'를 누른 뒤 주소를 입력하면 확인할 수 있습니다.

속전속결 지급명령, 시간·비용 절약은 덤

지급명령은 법원에서 하는 일종의 빚 독촉입니다. 빚 독촉이지만 절차와 과정에 따라 진행합니다. 임차인이 지급명령신청서를 법원에 제출하면 법원은 서면으로만 심사합니다. 임차인의 주장이 타당하다고 판단되면 법원은 지급명령을 결정합니다. 이후 채무자인 임대인에게 보증금을 지급하라는 사실을 우편물을 통해 알립니다. 이를 송달이라고 합니다. 임대인은 송달을 받은 날로부터 14일 이내 이의신청을 할 수 있습니다. 임대인이 이의신청을 하면 민사소송(전세금반환소송)으로 진행합니다. 이의신청을 하지 않으면 법원은 임대인의 재산 등을 확인한 뒤 경매 등 정해진 절차에 따라 강제집행을 합니다.

지급명령제도의 가장 큰 장점은 전세금반환소송보다 훨씬 더 신속하게 보증금 반환 절차를 진행할 수 있다는 것입니다. 지급명령제도는 임대인이 지급명령신청서를 접수한 뒤 최대 40여 일 안에 결정문을 받을 수 있습니다. 이렇게 받는 결정문도 일반 재판 판결문과 같은 법적 효력을 지닙니다. 임차인에게 보증금을 돌려주기 위해 법원이 채무자인 임대인의 재산을 강제할 수 있습니다.

지급명령은 법원 출석에 대한 부담이 전혀 없습니다. 법원의 결정은 임대인이 신청한 지급명령신청서와 주택임대차계약서 등 첨부한 증거 자료로만 심사합니다. 일반 재판처럼 변론에 참석할 필요가 없다보니 판사나 변호사의 질문을 받을 일이 없습니다. 또 임대인과 직접 만날 필요도 없습니다. 지급명령신청서를 접수했다면 결과가 나올 때까지 평소대로 일상생활을 하면 됩니다.

지급명령제도 절차

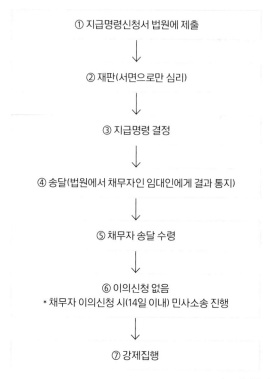

① 지급명령신청서 법원에 제출

↓

② 재판(서면으로만 심리)

↓

③ 지급명령 결정

↓

④ 송달(법원에서 채무자인 임대인에게 결과 통지)

↓

⑤ 채무자 송달 수령

↓

⑥ 이의신청 없음
* 채무자 이의신청 시(14일 이내) 민사소송 진행

↓

⑦ 강제집행

자료: 대법원 전자소송 사이트

지급명령은 서류 심사로 진행하다 보니 일반 소송에 드는 비용의 10분의 1 수준입니다. 인지세(액)는 소가(채권액)가 1,000만 원 미만이면 그 값에 1만분의 50(0.005%)을 곱한 금액/10, 소가 1,000만 원 이상 1억 원 미만이면 그 값에 1만분의 45를 곱한 금액+5,000원/10, 소가 1억 원 이상 10억 원 미만이면 그 값에 1만분의 40을 곱한 금액+5만 5,000원/10, 소가 10억 원 이상이면 그 값에 1만분의 35를 곱한 금액+55만 5,000원을 더한 금액/10입니다. 예를 들어 소가

1억 원이라면 1억 원×0.004+5만 5,000원/10을 하면 인지세는 4만 5,500원입니다. 송달료까지 합치더라도 비용은 소송 대비 10분 1 수준입니다.

18
확정일자까지 받은
계약서를 잃어버렸다면

#계약일로부터 5년간 보관 #정보제공요청서
#확정일자 발급대장 #경매법원 직접 출석

직장인 김신만(가명) 씨는 전세계약을 맺고 회사 근처 아파트로 이사했습니다. 마음에 드는 전셋집을 구했다는 기쁨도 잠시. 최근 집 정리를 하다가 전세계약서가 없어진 사실을 알았습니다. 전세계약서를 안방 책장 서랍 속에 보관했다고 생각한 김 씨는 집 안 곳곳을 샅샅이 뒤졌지만, 찾을 수 없었습니다. 확정일자를 받아둔 전세계약서를 잃어버려 피 같은 보증금을 날리지 않을까 밤잠을 설쳐야 했습니다.

김 씨는 전세계약서를 잃어버린 것도 잃어버린 거지만, 자신과 임대인 개인정보가 노출돼 범죄에 악용되지 않을까 전전긍긍해야 했습니다. 김 씨는 "전세계약서를 잘 보관한다고 했는데, 도저히 찾을 수 없어 식은땀이 날 정도였다"라며 "처음 겪는 일이다 보니 어떻게 해야 할지 몰라서 난감했다"라고 당시를 회상했습니다.

김 씨는 전세계약서를 잃어버린 사실을 공인중개사와 임대인에게 알렸습니다. 이후 공인중개사는 자신이 보관하고 있던 전세계약서를 복사해 김 씨에게 건넸습니다. 김 씨는 그제야 한시름 놓을 수 있었습니다. 하지만 혹시 전셋집이 경매로 넘어갔을 때 다른 채권보다 보증금을 먼저 돌려받을 수 있는 우선변제권을 인정받지 못하면 어쩌나 걱정이 이만저만이 아닙니다.

부동산과 관련된 서류는 모두 중요합니다. 주택임대차계약서처럼 중요한 서류는 잘 보관해야 하지만, 분실하는 일도 발생합니다. 찬장 깊숙한 곳이나 나만 알고 있는 곳에 숨겨두곤 영영 찾지 못하는 사례도 있습니다. 누구나 잃어버릴 수 있고, 기억하지 못할 수 있습니다.

일반적으로 주택임대차계약서를 작성하면 임대인과 임차인 그리고 중개업소가 각자 1부씩 보관합니다. 주택임대차계약서를 잃어버렸다면 우선 공인중개사에게 도움을 요청합니다. 중개업소는 계약일로부터 5년간 계약서를 보관해야 합니다. 공인중개사에게 주택임대차계약서를 잃어버렸다는 사실을 알리고 복사본을 요청합니다.

중개업소에서 복사한 계약서에는 전입신고 및 주택임대차계약을 체결한 날짜를 공공기관으로부터 인정받은 확정일자가 없습니다. 경매나 공매로 집이 넘어갈 경우, 보증금 우선 변제를 위한 자료로 사용할 수 없습니다. 법적으로 보장된 임차인의 권리를 보장받는 데 한계가 있습니다.

주민센터에서 주택임대차 정보제공요청서 신청

방법이 없는 것은 아닙니다. 공인중개업소에서 받은 주택임대차계약서 사본을 가지고 주민센터를 방문하면 됩니다. 주민센터에서 **주택임대차 정보제공요청서**를 신청합니다. 확정일자 확인정보 공개 요청서를 작성해 제출하면 법적 효력이 그대로 유지됩니다. 온라인으로 확정일자를 받았다면 대법원 인터넷등기소에서도 발급받을 수 있습니다.

전세계약서 분실 이후 집이 경매로 넘어가면?

이런 일이 생기지 않아야 하지만, 전세계약서를 잃어버린 뒤 전셋집이 경매로 넘어가는 사례가 많이 있습니다. 임대인의 채권자가 경매를 신청하면 법원은 권리신고 및 배당요구를 하라는 통지서를 임차인에게 보냅니다. 확정일까지 받은 전세계약서를 잃어버린 상황에서 생전 처음 법원 통지서까지 받으면 난감할 수밖에 없습니다.

불행 중 다행입니다. 주택임대차계약서를 잃어버렸더라도 임차인의 우선변제권이 사라지지는 않습니다. 법원이나 행정기관 등 공공기관 서류를 통해 확정일자를 받은 사실이 확인되면 임차인의 우선변제권은 그대로 효력이 있습니다. 주민센터마다 확정일자 발급대장이 있습니다. 양식과 작성 방법이 조금씩 다르지만, 확정일자를 발급한 뒤 발급대장에 기록을 해놓습니다. 법원은 발급대장을 증거로 인정하고, 임차인의 우선변제권 등 권리를 보장합니다.

임차인의 권리를 법적으로 인정받을 방법이 또 있습니다. 임차인의 권리를 보장받기 위해 공인중개사가 복사해준 계약서 사본과 주민센터에서 발급받은 확인 서류를 함께 경매법원에 제출하면 확정일자를 받은 사실을 입증할 수 있습니다. 이렇게 해야 주택임대차계약서 원본처럼 우세변제권을 주장할 수 있고, 법적 효력을 인정받습니다.

경매법원에서 우선변제권을 인정하지 않고, 배당을 마치는 일이 종종 있습니다. 임차인과 같은 채무자가 '배당표' 원안이 공개된 이후 배당기일이 끝날 때까지 서면으로 이의를 신청하면 배당기일에 출석하지 않더라도 적법하게 이의를 신청한 것으로 인정합니다. 배당표는 채권자들이 제출한 계산서와 기록을 기초로 경매법원이 채권자들에 대한 배당액과 그 밖의 권리 등을 배당하기 위해 작성한 공식 문서입니다. 대항력과 우선변제권이 있는 임차인이 배당표에 따라 배당 순서가 밀리면 자칫 배당금을 받을 수 없습니다. 보증금을 전액 돌려받는 건 고사하고 한 푼도 못 받을 수 있다는 것입니다.

배당표 작성이 잘못됐다면 법원 경매에 직접 출석해야 합니다. 이 자리에서 경매법원 판사는 임차인의 보증금과 관련한 배당금에 대한 진술을 요구합니다. 이때 전세계약서를 분실한 사유부터 확정일자를 인정받을 수 있는 증거 자료에 대해 상세히 설명하고, 배당에 이의가 있다고 진술하면 됩니다. 만약 경매법원이 우선변제권을 인정하지 않거나 배당표에 문제가 있다면 일주일 이내에 법원에 '배당이의의 소 (訴)'를 제기합니다. 법원이 실제 거주 사실을 확인하고, 임대차계약 시 선순위 담보물권 채권액이 시세를 초과했는지 판단합니다. 또 주택임대차계약 및 전입신고를 한 시기가 경매 시작 전이었는지 확인하고, 임대인과 임차인의 관계 등 사실관계를 조사한 뒤 판결합니다.

19
내 돈으로 낸 장기수선충당금 제대로 돌려받으려면

#집 소모품 #입주자대표회의 #10년 내 청구
#수선유지비 #전셋집 보일러 고장 누구 책임

한 가지 의미 있는 법원 판결을 소개합니다. 서울 양천구의 한 아파트 단지에서 노후 엘리베이터 교체를 위해 299세대가 부담하는 '**장기수선충당금**'을 5년간 인상해 비용을 마련하기로 했습니다. 당시 엘리베이터를 자주 이용하지 않는 1·2층 주민 48세대에도 관리비 인상분 부과 여부를 두고 전체 입주민을 대상으로 설문조사를 진행했습니다. 설문에 응한 262세대 중 과반인 142세대가 균등하게 부과해야 한다고 답했습니다. 120세대는 1·2층 주민을 장기수선충당금 인상 대상에서 제외하거나, 인상률을 차등 적용해야 한다고 응답했습니다.

입주자대표회의는 설문조사를 근거로 2022년 5월부터 1·2층 주민에게도 다른 주민들과 마찬가지로 기존 2만 원에서 5만 원으로 인상한 장기수선충당금을 부과했습니다. 이에 지하주차장이 없어 엘리베이터를 이용하지 않는 1층 입주자가 다른 세대와 똑같은 금액을 부담할 수 없다며 법원에 소송을 제기했습니다.

법원은 1층 입주자의 손을 들어줬습니다. 2023년 1월 12일 서울남부지법은 서울 양천구의 한 아파트 1층 주민 A씨가 아파트 입주자대표회의와 관리사무소 등을 상대로 낸 '장기수선충당금 균등부과처분 취소소송'에서 원고 승소로 판결했습니다.

법원은 "승강기가 공용 부분인 점을 고려해도, 승강기를 이용하지 않으니 장기수선충당금을 균등 부과하는 것이 부당하다는 주장은 상당한 설득력이 있다."라며 "해당 아파트는 지하주차장이 없어 1층 입주자가 승강기를 이용한다는 것은 생각하기 어렵다. 이런 사정을 충분히 고려해 부담 비율을 결정했어야 한다."라고 지적했습니다.

이어 "입주자들의 대표로서 피고는 1·2층 입주자의 입장, 균등·차등 부과의 장단점, 다른 아파트 사례 등을 입주자에게 충분히 알린 후 합리적으로 결정해야 했지만, 추가 의견 수렴 없이 설문 결과를 토대로 균등 부과를 결정했다."라며 "원고에게 장기수선충당금을 인상해 부과한 것은 위법이다."라고 판단했습니다.

집도 소모품입니다. 시간이 지나 외벽이 갈라져 물이 새거나, 엘리베이터가 노후화돼 입주민 안전을 위협합니다. 아파트 등 공동주택 주요 시설 하자를 보수하기 위해서는 돈이 필요합니다. 그 돈이 장기수선충당금입니다. 공동주택을 오랫동안 안전하고 효율적으로 사용하기 위해 엘리베이터 등 낡은 시설물 교체나 옥상 방수공사, 외벽 도색 등 보수에 필요한 비용을 소유자에게 걷어 모아둔 비용입니다.

장기수선충당금은 300세대 이상의 공동주택과 엘리베이터가 설치된 공동주택, 중앙집중식 난방방식이나 지역난방 방식인 공동주택 등에서 발생합니다. 아파트뿐만 아니라 빌라나 오피스텔로 장기수선충당금이 발생할 수 있습니다. 장기수선충당금은 관리 주체가 장기수선충당금 사용계획서를 장기수선계획에 따라 작성하고, 입주자대표회의의 의결을 거쳐 사용합니다.

임차인이 장기수선충당금 우선 내고, 이사 전 임대인에게 청구

장기수선충당금은 원칙적으로 소유주인 임대인이 내야 합니다. 하지만 장기수선충당금은 관리비에 포함돼 부과되므로 임차인이 내는 게 일반적입니다. 임차인은 주택임대차계약이 끝나면 임대인에게 장기수선충당금을 청구합니다. 공동주택관리법 시행령 제31조 7항에는 "공동주택의 소유자는 장기수선충당금을 사용자가 대신해 납부한 경우에는 그 금액을 반환해야 한다."라고 명시돼 있습니다.

또 임차인이 거주 중인 아파트를 매수할 때는 장기수선충당금을 매도인과 반드시 정산해야 합니다. 정산하지 않으면 임대차계약이 끝날 때 매수자가 매도인의 장기수선충당금까지 지급할 수도 있기 때문입니다. 장기수선충당금은 건물 관리사무소에 장기수선충당금 납부확인서 발급을 요청하고, 계약 기간에 낸 금액을 확인한 뒤 임대인에게 청구하면 됩니다. 장기수선충당금을 이사 전 미리 청구하지 못했더라도 괜찮습니다. 장기수선충당금은 주택법에 따라 10년 내 청구하면 돌려받을 수 있습니다.

장기수선충당금은 관리비 고지서에서 확인할 수 있습니다. 장기수선충당금 과거 부과 내역과 다른 아파트 단지의 부과 내용 등을 알고 싶다면 공동주택관리정보시스템 홈페이지(http://www.k-apt.go.kr)에서 확인할 수 있습니다.

장기수선충당금은 보통 주택 크기에 비례해 책정됩니다. 지역에 따라 조금씩 다릅니다. 대략 전용면적 84㎡ 아파트의 월간 장기수선충당금은 매달 2만 원에서 2만 5,000원 수준입니다. 전세계약 2년을 기준으로 환산하면 대략 60만 원 정도입니다. 2년 이상 장기간 거주했다면 이보다 많습니다.

소모성 지출 수선유지비는 임차인이 부담해야

장기수선충당금과 비슷한 '**수선유지비**'라는 게 있습니다. 아파트 시설을 유지·보수하는 데 드는 비용이라는 점에서 비슷하지만, 납부 주체와 내용이 다릅니다. 장기수선충당금은 아파트 노후화에 대비한 저축성 비용이라면, 수선유지비는 아파트의 공용 부분에 대한 시설보수 및 유지 등에 사용하는 소모성 지출 비용입니다. 예를 들어 공동 현관의 전구 교체나 냉난방시설 청소비, 수질검사, 나뭇가지 제거 작업 등이 수선유지비에 포함됩니다.

수선유지비는 거주자의 주거 편의를 위해 쓰이는 비용이기 때문에 실제 거주자가 부담해야 합니다. 임차인이 거주하면 임차인이 내야 합니다. 수선유지비는 장기수선충당금처럼 임대차계약이 끝난 뒤 임대인에게 돌려받는 비용이 아닙니다.

전셋집 보일러 고장, 수리비는 누가?

임대인과 임차인 모두 임대주택 시설물을 관리할 의무가 있습니다. 현행 민법 제623조는 "집주인이 목적물을 세입자에게 인도하고 계약 존속 중 그 사용, 수익에 필요한 상태를 유지하게 할 의무를 부담한다."라고 규정하고 있습니다. 또 민법 제347조에는 "세입자에게도 임대차 기간 선량한 관리자(선관주의 의무)로서 임차주택을 보존해야 할 의무가 부과된다."라고 적혀 있습니다. 선관주의의 의무는 본인의 물건을 관리하는 것처럼 빌린 시설물에 대해 주의를 기울여야 한다는 뜻입니다. 겨울철 수도관이나 난방기 동파를 막기 위해 물을 켜놓는다든지 수도계량기를 헌 옷 등 보온재로 덮는 행동들이 선관주의 의무에 해당합니다. 즉 임대인은 겨울철 보일러가 동파될 우려가 없는지 사전 점검하고, 임차인은 보일러가 동파되거나 고장 나지 않도록 관리해야 한다는 것입니다.

보일러가 노후나 불량으로 고장이 났다면 임대인이 수리 비용을 부담해야 합니다. 임차인은 임대인에게 고장 사실을 알린 뒤 수리를 요구할 수 있습니다. 임차인이 수리비를 냈다면 수리한 시설의 사진이나 영수증 등을 챙겨서 임대인에게 수리비를 청구하면 됩니다. 다만 임차인은 본인의 과실이 아니라는 사실을 입증해야 합니다. 시설물 관리 의무를 다했다는 사실을 증명할 수 있는 모습을 사진이나 동영상을 촬영해 남겨두면 좋습니다. 기본적인 관리 책임은 임대인에게 있지만,

관리 의무를 다하지 않은 임차인도 수리 비용의 일부를 부담할 수 있습니다.

보일러 고장(동파)과 관련한 주택임대차 배상책임 분쟁조정 기준에 따르면, 동파사고의 책임이 있는 임차인이 부담해야 할 비율은 보일러 사용 연수가 '소비자 분쟁해결 기준(공정거래위원회)' 상으로 7년인 점을 고려해 구입 후 감가상각률을 적용해 배상 기준을 정합니다. 사용 기간이 지날수록 임차인이 내야 할 부담 비율이 줄어듭니다. 또 보일러 사용 연수인 7년이 지나면 원칙상 임차인의 배상 의무가 없습니다.

이는 어디까지나 권고사항이지, 강제사항이 아닙니다. 주택 시설물 파손에 대해 당시 상황 등을 객관적으로 파악한 뒤 임대인과 임차인의 과실 여부를 따져 부담 비율을 합의하는 게 좋습니다. 임대인과 임차인의 갈등을 줄이기 위해서는 계약 때 특약사항에 시설물 수리 부분에 대한 책임을 상세하게 적는 게 좋습니다.

20
전월세계약 중개수수료 얼마?
(feat. 복비 협상 노하우)

#복을 나눠준다는 복비 #부가세 10% #부동산 중개보수 계산기

　'복비(福費)'라는 말이 있습니다. 복을 나눠주는 비용이라는 뜻입니다. 과거 동네 사랑방 역할을 하던 '복덕방(福德房)'에서 유래된 단어라고 전해집니다. 당시 부동산공인중개사무소를 복덕방이라고 불렀습니다. 집을 사고팔 때나 빌려줄 때, 복을 나눠준다는 의미로 지금의 중개수수료를 복비라고 불렀습니다. 서로의 안녕과 번영을 기원하는 의미이지 않았나 추측합니다. 당시 복비의 기준이 명확하지 않았습니다. 돈이 많으면 많은 대로 내고, 돈이 없으면 막걸리 한잔으로 복비를 대신했습니다.

　1970년대 부동산중개업법이 제정됐습니다. 지금의 부동산공인중개사무소로 간판이 바뀌며, 복덕방은 역사 속으로 사라졌습니다. 공인중개업도 허가제로 바뀌고, 공인중개사를 하려면 자격시험에 합격해야 하게 되었습니다.

공인중개사는 부동산 거래를 중개하는 전문직입니다. 국가 공인 자격증을 보유한 공인중개사는 법적으로 성실 중개를 할 의무가 있습니다. 공인중개사법에 따라 부동산 소개부터 주택 상태 검증, 권리관계 등을 확인하고, 임대인과 임차인에게 설명해야 할 의무가 있는 전문직입니다. 혹자는 "일부 공인중개사가 임대인에게만 우호적이고, 중개수수료만 챙기려고 무리하게 계약을 중개한다"라고 말합니다. 또 100억 원짜리나 1억 원짜리나 계약서대로 진행하는 건 똑같은데, 왜 중개수수료 차이가 나느냐고 불만을 제기하기도 합니다. 일리 있는 주장입니다.

공인중개사들도 할 말이 있습니다. 집값이 비쌀수록 공인중개사가 져야 할 책임과 위험이 커집니다. 공인중개사는 자신이 중개한 부동산 거래에서 거래 당사자의 경제적 손실이 발생하거나, 문제가 생기면 손해배상을 합니다. 또 부동산 중개 과정에서 계약 당사자 사이를 수시로 오가며 의견을 전달하고, 의견이 다르면 조율하는 등 보이지 않는 곳에서 더 많은 일을 합니다. 보이는 게 전부가 아닙니다. 합당한 중개수수료에 대한 사회적 논의가 필요하지만, 중개수수료를 내는 건 당연합니다. 세상에는 공짜가 없습니다.

중개수수료 세분화로 상한요율 절반으로 줄어

중개수수료는 지역과 시세에 따라 다릅니다. 2021년 10월 19일 중개수수료를 절반 수준으로 낮추는 새로운 부동산 중개보수 개편안이 시행됐습니다. 새로운 개편안으로 6억 원 이상 매매계약과 3억 원 이상 임대차계약의 상한요율이 이전에 비해 절반 가까이 줄었습니다.

매매 기준으로 6억~9억 원의 상한요율은 0.5%에서 0.4%로 낮아졌습니다. 기존에 0.9% 동일한 상한요율을 적용받았던 9억 원 이상 거래는 9억~12억 원 0.5%, 12억~15억 원 0.6%, 15억 원 이상 0.7%로 세분화했습니다.

주택임대차계약 역시 3억 원 이상 거래부터 상한요율이 내려갔습니다. 임대차계약은 3억~6억 원 사이 거래가 0.4%에서 0.3%로 낮아졌고, 6억~12억 원 0.4%, 12억~15억 원 0.5%, 15억 원 이상은 0.6%로 줄였습니다.

지자체별로 상한요율을 0.1%를 조정할 수 있고, 지역별로 최대 0.2%까지 상한요율이 차이가 날 수 있습니다. 부동산 거래 전 지자체 조례를 확인해야 합니다. 서울은 '서울시 주택 중개보수 등에 관한 조례'를 확인하면 상한요율을 확인할 수 있습니다.

부동산 중개수수료 계산이 복잡하다고요? 그럼 네이버 검색창에 '부동산 중개보수 계산기'라고 검색하면 됩니다. 지역과 주택 유형, 토지 등 매물 종류를 선택한 뒤 거래지역을 선택합니다. 매매나 임대 등 거래유형을 선택하고, 거래금액과 협의보수율을 입력하면 중개수수료를 확인할 수 있습니다. 월세 거래금액은 보증금이 아닙니다. 월세×

네이버에서 '부동산 중개보수' 계산해보기

부동산 중개보수 계산기

매물종류	주택	오피스텔	주택 외 부동산	주택의 부속토지, 주택분양권 포함
거래지역	서울시			
거래종류	매매/교환	전세 임대차	월세 임대차	
거래금액			원	
협의보수율			%	

협의보수율을 입력하지 않거나, 상한요율보다 높으면 상한요율이 적용됩니다.

↻ 초기화   계산하기

ⓘ 부동산 거래 시 부과될 수 있는 부동산 중개보수 예상 금액을 산정하기 위한 참고용 계산기이며, 실제 부과되는 중개보수와는 차이가 있을 수 있습니다.

관련검색 단위변환

100+보증금이 거래금액입니다. 예를 들어 보증금 1,000만 원에 월세 50만 원이라면, 50(월세)×100+1,000(보증금)으로 계산해 거래금액이 6,000만 원입니다.

전세 재계약인데, 중개수수료 또 내나?

현행 공인중개사 업무 및 부동산 거래에 관한 법률에는 재계약 수수료와 관련된 별도의 규정이 없습니다. "개업공인중개사는 중개 업무에 관해 중개의뢰인으로부터 소정의 보수를 받는다."라고 규정하고 있습니다.

통상 임대인과 임차인을 소개하지 않았더라도 계약 관련 서비스가 이뤄지고, 공인중개사가 계약에 대한 책임을 지면 중개수수료를 내야 합니다. 임대인과 임차인의 입장을 조율하고, 달라진 권리관계에 관해 확인하고, 계약서 작성을 도운 것은 중개 업무입니다.

보증금이 달라질 때도 중개수수료를 내야 합니다. 보증금 인상·인하 없이 계약 기간을 2년 연장하면 기존 계약 때 받은 확정일자가 그대로 유효하고, 중개수수료를 내지 않아도 됩니다.

보증금이 올랐다면 보증금을 지키기 위해 공인중개사를 통해 거래하는 게 좋습니다. 기존 계약서에 보증금 상한 내용을 적는 것보다는 증액분을 기준으로 표준계약서에 따라 새 계약서를 작성합니다. 새로운 계약서 보증금 증액분과 임대 기간 변경 등의 내용이 담겨야 합니다. 또 특약사항에 기존 계약서가 유효하다는 내용도 반드시 포함해야 합니다.

보증금이 하락했다면 계약서를 새로 쓰거나 기존 계약서에 계약 연장 등 변경 내용을 넣어야 합니다. 예를 들어 계약서에 "조정된 금액으로 임대인과 임차인은 ○○년 ○월 ○일부터 ○○년 ○월 ○일까지 전세계약한다."라고 작성하면 됩니다.

재계약이라도 계약서에 공인중개사가 서명하고, 공제증서를 첨부하면 중개 사고에 대해 중개사가 책임을 지기 때문에 수수료를 내야 합니다. 단, 공인중개사가 계약서를 단순 대필만 하면 10만 원 내외의 대필료만 내면 됩니다.

계약 끝나기 전 이사하면 중개수수료는 누가?

주택임대차계약이 남았는데, 불가피하게 이사해야 하는 일이 종종 있습니다. 이때 중개수수료 부담 문제를 두고, 임대인과 임차인의 갈등이 발생합니다. 원칙적으로 임차인은 중개수수료를 내지 않아도 됩니다. 공인중개사법에 따르면, 중개수수료는 중개의뢰인이 내는 돈으로 규정하고 있습니다. 여기서 말하는 중개의뢰인은 임대인과 새로 계약을 맺을 새로운 임차인을 말합니다. 임차인이 계약 기간을 채우지 못하고 이사하더라도 기존 임차인이 중개수수료를 부담할 의무가 없다는 것입니다.

다만 통상적으로 임차인이 사정이 생겨 계약이 끝나기 전 이사를 해야 한다면 중개수수료는 임차인이 부담합니다. 전세계약이 끝나기 전 이사는 계약 해지를 의미하는 것으로, 당사자 간 합의가 필요합니다. 합의가 되지 않으면 전세보증금 반환에 문제가 생길 수 있습니다. 전세계약이 끝나지 않았다면 임대인 역시 전세보증금을 돌려줄 법적 의무가 없습니다.

임차인의 사정으로 이사해야 한다면 대개 임차인이 중개수수료를 부담합니다. 보증금을 돌려받기 위해서입니다. 주택임대차계약이 끝나기 전 이사는 일방적인 계약 해지와 같습니다. 임대인은 주택임대차계약 기간이 남아 있다면 임차인에게 보증금을 돌려주지 않아도 상관없습니다. 임차인이 소송을 제기하더라도 이길 확률이 낮습니다. 임대인이 계약 해지에 합의하는 조건으로 중개수수료 부담을 요구하고, 임차인은 보증금을 돌려받기 위해 일종의 위약금 차원에서 중개수수료를 부담한다고 생각하면 됩니다.

　임대인이 부담할 때도 있습니다. 주택임대차계약이 끝날 때까지 임대인이나 임차인이 별다른 통보를 하지 않아 계약이 자동 연장되는 묵시적 갱신 기간일 때는 임대인이 중개수수료를 냅니다. 주택임대차보호법에 따라 임차인은 언제든 계약 해지를 통보할 수 있습니다. 다만 계약 해지를 통보한 뒤 3개월 이후에 효력이 발생합니다. 이사하기 전 3개월 전에 통보해야 보증금을 돌려받을 수 있습니다.

중개수수료도 비싼데, 부가세 10% 더 내라고?

　모든 상한요율은 최대 금액을 말합니다. 일부 공인중개사는 상한요율이 정한 최대 금액을 확정금액으로 오인하게 말을 합니다. 또 계약서 "중개보수 요율은 ○○%로 정한다."라는 내용을 슬쩍 넣기도 합니다. 하지만 중개수수료는 상한요율 범위 내에서 얼마든지 협의해 조정할 수 있습니다. 상한요율은 확정금액이 아니라 최대 상한선입니다. 계약서에 "중개수수료 요율은 ○○%를 상한으로 추후 협의를 통해 최종 결정한다."라고 작성하면 됩니다.

　중개수수료 외에 부가가치세 10%를 별도로 요구하는 사례가 있습니다. 현행법상 중개수수료와 별도로 부가가치세를 내야 합니다. 상한요율에 따라 중개수수료를 100만 원으로 합의했다면 부가세는 10%에 해당하는 10만 원을 더 내야 합니다.

　그렇다고 무조건 10%를 내지 않아도 됩니다. 공인중개사무소에 걸려 있는 사업자등록증을 우선 확인해야 합니다. 공인중개업소가 일

주택 중개보수 상한요율

거래 내용	거래금액	상한요율	한도액	중개보수 요율	비고
매매·교환	5,000만 원 미만	0.6%	25만 원	중개보수는 거래금액× 상한요율 이내에서 결정 중개보수는 한도액을 초과할 수 없음	매매: 매매가격 교환: 교환 대상 중 가격이 높은 중개 대상물 가격이 기준
	5,000만 원 이상 ~2억 원 미만	0.5%	80만 원		
	2억 원 이상 ~9억 원 미만	0.4%	없음		
	9억 원 이상 ~12억 원 미만	0.5%	없음		
	12억 원 이상 ~15억 원 미만	0.6%	없음		
	15억 원 이상	0.7%	없음		
임대차 등	5,000만 원 미만	0.5%	30만 원	중개보수는 거래금액× 상한요율 이내에서 결정 중개보수는 한도액을 초과할 수 없음	전세: 전세보증금 월세: 보증금 +(월세×100) 단, 계산된 금액이 5,000만 원 미만 이면 보증금+ (월세×70)
	5,000만 원 이상 ~1억 원 미만	0.4%	없음		
	1억 원 이상 ~6억 원 미만	0.3%	없음		
	6억 원 이상 ~12억 원 미만	0.4%	없음		
	12억 원 이상 ~15억 원 미만	0.5%	없음		
	15억 원 이상	0.6%	없음		

자료: 국토교통부(2021년 10월 19일 시행 기준)

반과세사업자인지, 간이과세사업자인지에 따라 달라지기 때문입니다. 일반과세사업자라면 10%, 간이사업자라면 4%의 부가세를 냅니다. 간이사업자 가운데 전년도 연매출이 4,800만 원 이하이면 부가세가 완전히 면제됩니다.

대개 공인중개사는 계좌이체나 현금을 요구합니다. 부동산중개업은 현금영수증 의무발행 업종입니다. 거래 당사자가 요구하지 않아도 의무적으로 발행해야 하지만, 발행을 고의로 해주지 않는 중개업소가 적지 않습니다. 주택 매매 중개수수료는 주택 매입 비용에 포함돼 양도세를 줄일 수 있습니다. 그래서 현금영수증을 꼭 챙겨야 합니다. 중개수수료는 카드 결제도 가능합니다.

부동산 거래도 사람과 사람이 하는 일입니다. 한 지역에서 집을 팔고, 집을 사야 한다면 같은 공인중개업소를 이용하는 게 중개수수료를 협의할 때 유리합니다. 두 건의 거래를 의뢰해도 한 건의 중개수수료만 받는 공인중개사도 많습니다. 주택임대차계약도 이전에 계약을 중개한 공인중개업소에서 다시 한다면 중개수수료를 아낄 수 있습니다. 무엇보다 공인중개업소를 방문할 때 음료수 한 병이라도 가져가고, 최대한 예의를 갖추며 말하되 말 한마디라도 따뜻하게 건네면 어떨까요? 같은 아파트를 같은 금액으로 매매든 임대든 계약을 맺더라도 중개수수료를 다르게 내는 이유입니다.

내 집 마련 주거 사다리
'전세'는 사라질까요?

전세(傳貰)제도 위상이 흔들리고 있습니다. 인천 미추홀구를 시작으로 서울 강서구, 경기도 화성 동탄·구리 등 전국 각지에서 벌어진 전세사기와 깡통전세 피해가 대한민국을 뒤흔들었습니다. 보증금을 돌려받지 못한 임차인의 피해가 확산하면서 사회적 문제로 커지자, 전세제도에 대한 믿음과 신뢰가 일순간에 무너졌습니다.

한 번 무너진 신뢰는 좀처럼 회복하기가 어렵습니다. 수명을 다한 전세제도를 이참에 아예 손을 봐야 한다는 여론이 들끓었습니다. 힘도 실렸습니다. 심지어 전세제도 '소멸론'부터 '폐지론'까지 나올 정도로 전세제도의 운명이 한 치 앞을 장담할 수 없게 됐습니다. 전세제도의 위상은 떨어졌고, 신뢰는 일순간에 무너졌습니다. 내 집 마련 주거 사다리라는 명성(?)은 어느새 자취를 감췄습니다.

전세제도는 오래전부터 내 집 마련을 위한 주거 사다리 역할을 해왔습니다. 목돈이 필요한 집주인과 월세와 같은 고정 지출비를 줄이고 좀 더 저렴하게 더 나은 집에서 살고 싶은 임차인의 이해관계가 맞아떨어지면서 우리 사회에 정착했습니다.

임차인으로부터 받은 보증금은 임대인에게 목돈이었습니다. 임대인은 임차인으로부터 받은 목돈(보증금)을 은행에 예금하거나 투자 비용으로 쓰는가 하면, 집값이 상승할 때 집을 팔아 시세차익을 얻기도 했습니다.

임차인은 매달 내야 하는 월세보다 임대료 부담을 줄일 수 있는 전세제도를 십분 활용했습니다. 주택임대차계약이 끝나면 임대인으로부터 보증금을 돌려받고, 보증금은 내 집 마련을 위한 종잣돈 노릇을 했습니다. 임차인에게 전세제도는 내 집 마련을 위한 주거 사다리나 다름없었습니다.

전세제도는 우리나라의 독특한 주택 임대제도입니다. 그렇다고 우리나라에만 존재한 것은 아닙니다. 스페인과 프랑스, 아르헨티나, 볼리비아, 인도 등에도 우리나라 전세제도와 유사한 제도와 법률이 있습니다.

전세제도의 시작은 불분명합니다. 정확히 언제부터 전세제도가 시작됐는지 알 수 없습니다. 조선시대에 전세와 유사한 제도가 존재했다는 기록을 근거로 조선시대 말기에 생겨난 것으로 추정합니다. 전세제도와 유사한 주택임대차 거래의 공식 기록으로는 1910년 조선총독부 관습조사보고서에서 처음 확인됩니다. 관습조사보고서에 따르면, 영업용 집만 임차인에게 보증금을 담보로 임대를 했다고 적혀 있습니다. 전세제도를 '조선에서 가장 일반적으로 행해지는 가옥 임대차 방식'으로 소개하며 '임차인이 일정 금액을 집 소유주에게 맡긴 뒤 매달 임대료를 내지 않고, 집을 반환할 때 보증금을 돌려받는 제도'라고 설명했습니다. 지금의 전세제도와 거의 유사한 방식이 당시에도 있었다는 것을 의미합니다.

전세제도는 1970년대 산업화 시절부터 본격적으로 자리를 잡았다는 게 정설입니다. 경제가 급성장하면서 지방에서 서울로 전입하는 인구 대이동이 시작됐습니다. 서울에 인구가 몰리면서 주택 수요가 폭발적으로 증가했습니다. 당시 건설사들은 빈 땅만 있으면 아파트를 짓겠다고 나설 정도로 아파트 건설 붐이 서울과 수도권에서 들불처럼 번졌습니다.

당시 사회초년생 때 월세로 시작해 돈이 어느 정도 모이면 전세로 갈아탄 뒤 목돈을 모아 내 집을 마련하는 게 흔한 성공 사례였습니다. 내 집 마련은 새 아파트를 분양받은 뒤 임차인에게 받은 보증금으로 잔금을 치르고, 임차인에게 전세를 내주는 방식이 주를 이뤘습니다. 내 집 마련을 위한 초기 자금 부담을 덜기 위해서입니다. 그당시 부족한 잔금을 임차인으로부터 받은 보증금으로 충당하는 게 너무도 당연했습니다. 당시 집값이 10% 안팎으로 급등하면서 사회적으로 전세제도에 대한 신뢰가 쌓였습니다.

전세를 끼고 집을 사는 방식이 대세로 굳어지면서 지금의 전세제도가 자리를 잡았다고 해도 과언이 아닙니다. 또 주택임대차보호법이나 전세자금대출, 전세 관련 보증 등 다양한 정책들이 앞다퉈 나왔고, 전세제도가 자리 잡는 데 한몫했다는 평가입니다.

주거 사다리 역할을 했던 전세제도가 최근에는 달라졌습니다. 부동산 상승기에 전세를 끼고 집을 사는 갭투자로 탈바꿈했습니다. 집값 상승의 주범으로 꼽히는 것도 모자라, 최근에는 전국에서 벌어진 전세사기의 원흉으로 전락하고 말았습니다. 전세제도가 '주거 사다리'에서 '투기 사다리'로 변질했습니다. "수명을 다했다"라는 말이 괜히 나온 말이 아닙니다. 사회초년생과 신혼부부 등 MZ세대를 중심으로 전세 기피 현상이 사회적으로 만연한 게 당연합니다.

전세제도가 정말 한계에 다다른 것일까요? 전세제도가 정말 사라질까요? 결론부터 말하자면, 전세제도를 당장 없애는 건 현실적으로 불가능합니다. 2020년 기준 전 국민의 15.5%인 약 325만 2,000가구가 전세로 거주하고 있습니다. 전세보증금만 1,000조 원에 달한다는 분석 결과도 있습니다. 전세제도를 없애려면 임차인들에게 한 번에 1,000조 원을 돌려줘야 하는데, 정부에서 세금을 동원하더라도 현실적으로 불가능합니다.

내 집 마련을 꿈꾸는 무주택자에게 전세제도 종말은 달갑지 않은 소식입니다. 임차인에게 월세는 일종의 사라지는 돈입니다. 월세 비중이 늘면 주거비 부담이 커질 수밖에 없습니다. 매달 월세를 내면 내 집 마련을 위한 종잣돈을 모으기가 쉽지 않습니다. 보증금은 주택임대차계약이 끝나는 시점에 돌려받을 수 있고, 내 집 마련의 발판이었습니다.

전세제도가 갈림길에 서 있는 것만은 분명합니다. 그렇다고 전세제도가 사라질 것이라고 예견하는 건 성급합니다. 미래를 내다보는 건 쉽지 않으나, 한 가지 확실한 건 주택임대차 시장의 변화와 정책에 따라 전세 비중이 늘거나 줄어드는 일이 반복할 것이란 사실입니다. 역사는 늘 반복합니다.

PART 02

내 집 마련이
꿈이라고 말하는 당신에게

01
집값은
왜 자꾸 오르나?

#내 집 마련, 좀 더 싸게 #집값 우상향
#돈의 가치와 물가 상승 #다 같은 집값이 아니다

집값은 내 집 마련의 판단 기준입니다. 내 집 마련을 위해서는 정확한 시세 파악이 중요합니다. 내 집 마련에는 두 가지 목적성이 있습니다. 주거 안정이라는 근본적인 목적과 시세보다 싸게 사서 비싸게 파는 시세차익을 목적으로 하는 것입니다. 내 집 마련을 꿈꾸는 사람이면 누구라도 같은 마음입니다. 집값은 장기적으로 우상향할 것이라는, 살다 보면 언젠간 내가 산 가격보다 오를 것이라는 숨길 수 없는 본심이 뒤따릅니다.

시세보다 좀 더 싸게 내 집을 마련했다면 더할 나위 없이 좋겠지만, 정말 시세보다 저렴하거나 최저가로 내 집을 마련했는지 알 수 없습니다. 예를 들어 앞선 거래에서 5억 2,000만 원에 거래된 아파트를 5억 원에 샀더라도 최저가라고 볼 수 없습니다. 다음 거래에서 4억 9,000만 원에 거래됐다면 5억 원은 더 이상 최저가가 아닙니다. 집값에 미치는 변수가 워낙 다양하기 때문에 집값은 시시때때로 변합니다.

매도자는 최대한 비싸게 집을 팔려고 하고, 매수자는 되도록 싸게 사고 싶어 합니다. 부동산 시장에서는 늘 그렇듯 매도자와 매수자 간 온도 차로 눈치싸움이 치열합니다. 집값이 높든 낮든 시세차익을 기대할 수 없이 일정하게 유지하면 좋겠지만, 현실에서는 불가능한 일입니다. 집값은 누구도 쉽게 장담할 수 없습니다.

주택보급률 100% 넘었는데, 집이 부족하다?

가격은 수요와 공급이 만나는 지점에서 결정됩니다. 수요보다 공급이 많으면 가격이 내려가고, 반대로 공급보다 수요가 많을 경우 가격이 올라갑니다. 하지만 가격이 지나치게 높으면 수요가 줄어듭니다. 결국 가격은 수요와 공급에 따라 정해지지만, 시장참여자 모두가 인정하는 적정한 가치에 따라 변하기도 합니다. 이를 수요와 공급의 균형이라고 합니다.

우리나라의 **주택보급률**은 2021년 기준 102.2%입니다. 주택보급률만 따지면 집은 남아야 하고, 집값이 일정하게 유지되거나 하락해야 합니다. 하지만 현실은 그렇지 않습니다. 주택보급률 통계에는 허점이 있습니다. 수요가 집중되는 아파트뿐만 아니라 단독·연립주택, 시골 빈집까지 모두 통계에 포함됩니다.

주택 수요가 상대적으로 많은 수도권에, 그것도 아파트 선호 현상까지 고려하면 주택 수요보다 공급이 부족하다고 보는 게 타당합니다. 실제 서울 주택보급률은 94.2% 수준입니다. 또 전체 가구 중 집을 소유한 가구의 비율인 자가보유율이 60%에 불과합니다. 열 가구 중 네 가구는 자신이 소유한 주택이 없다는 뜻입니다.

돈의 가치가 하락하면 집값은 상승한다

지난 20년간 서울 아파트값이 5배 넘게 상승했습니다. 부동산 R114에 따르면 2002년부터 2021년까지 지난 20년간 전국 아파트값 누적 상승률은 334.19%에 달합니다. 특히 서울 아파트값 누적 상승률은 무려 419.42%로 가장 높았습니다. 상상하기도 벅찬 수치입니다.

집값은 단기적으로 상승과 하락을 반복했지만, 장기적으로 상승하고 있습니다. 상승세는 현재도 진행형입니다. 월급은 안 오르는데, 집값은 왜 자꾸 오를까요? 집값 상승 이유를 알기 위해서는, 우선 화폐(돈)의 가치를 알아야 합니다. 돈은 물건의 가치를 결정하고, 교환의 수단이 됩니다. 물건을 교환할 수단인 돈이 시중에 많아지면 돈의 가치는 그만큼 줄어들고, 상대적으로 물건의 값이 비싸집니다.

돈의 가치 하락은 물가 상승으로 실감합니다. 치킨도 예외가 아닙니다. 최근 치킨 한 마리 값이 2만 원을 훌쩍 넘습니다. 예전에 치킨값이 1만 원일 때가 있었습니다. 당시 10만 원으로 치킨 열 마리를 살 수 있었지만, 지금은 다섯 마리 정도 살 수 있습니다. 예나 지금이나 같은 10만 원이지만, 물가 상승으로 돈의 가치가 하락한 것입니다.

시중에 돌아다니는 돈의 유통량을 통화량이라고 합니다. 통화량이

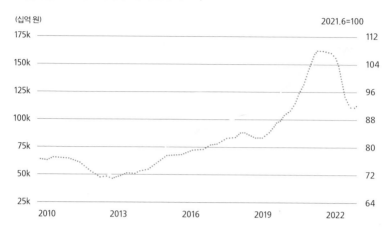

통화량과 수도권 아파트 매매가격 추이

(십억 원)   2021.6=100

1) 본원통화(실선) = 현금통화+중앙은행의 대 예금취급기관 부채 등(RP·통화안정증권 제외), 최종월은 잠정치
2) 유형별주택매매가격지수(점선) = 지역: 수도권, 주택 유형: 아파트(한국부동산원)

자료: 한국은행, KB국민은행

많다는 건 돈의 가치가 하락하고 있다는 것을 의미합니다. 통화량 증가
로 돈의 가치가 하락하고, 물가가 오르는 현상을 경제 용어로 인플레
이션이라고 합니다. 통화량은 꾸준히 증가하고 있습니다. 코로나19 사
태 이후 경기 침체가 장기화하면서 인플레이션이 심해지고 있습니다.

　침체한 경기를 부양하기 위해 중앙은행이 돈을 대규모로 찍어내
고, 국가가 발행한 채권인 국채나 민간기업이 발행한 회사채를 매입하
는 방식으로 시중에 돈을 대량으로 유입시키는 통화정책을 시행합니
다. 이를 양적완화라고 합니다. 양적완화는 돈의 가치를 하락시키고,
부동산과 주식, 원자재 등 실물 자산의 가치를 상승시킵니다. 돈의 가
치가 떨어지면, 투자 수요는 돈 대신 다른 자산으로 이동하는 게 경제
원리입니다. '통화량이 늘면 자산의 가치가 올라간다'는 게 경제학의

정설입니다. 부동산도 예외가 아닙니다. 돈의 가치 하락으로 향후 집값 상승을 기대하며 시세차익을 노리는 가수요가 증가합니다. 일반적인 수요에 가수요가 더해지면 집값이 상승합니다. 한 번 오른 집값은 쉽게 하락하지 않습니다.

'집값'이라고 다 같은 '집값'이 아니다

공시지가, 공시가격, 실거래가, 호가…. 집값을 지칭하는 다양한 용어들입니다. 부동산 시장에서는 집값이라도 다 같은 집값이 아닙니다. 부동산에 관심 있는 사람이라면 누구나 한 번쯤은 들어봤지만, 알쏭달쏭합니다. 용어마다 개념이 다르고, 쓰임은 더욱 복잡합니다. 부동산 거래부터 세금 부과까지, 무엇하나 빼놓을 수 없는 용어들입니다. 내 집 마련을 꿈꾸는 사람이라면 집값을 부르는 다양한 용어를 구분해야 합니다.

공시지가는 정부가 부동산가격 공시 및 감정평가에 관한 법률에 따라 산정합니다. 공시한 토지의 단위면적당(m^2) 가격입니다. 토지에 대한 국세와 지방세 부과 기준으로 활용합니다. 또 부동산 개발이익 환수를 위해 부과되는 개발부담금을 부과하는 데에도 쓰입니다.

공시지가는 표준지공시지가와 개별공시지가로 나뉩니다. 표준지공시지가는 국토교통부에서 매년 1월 1일 기준으로 전국 필지 가운데 대표적인 50만 필지를 조사해 발표합니다. 개별공시지가의 산정 기준으로 활용됩니다. 개별공시지가는 표준지공시지가를 기준으로 지방자치단체에 산정한 개별 필지에 대한 가격을 말합니다.

공시가격은 정부가 인증(?)한 공식적인 집값입니다. 정부는 공식적으로 집값을 산정하기 위해 단독주택과 공동주택으로 나눠 조사합니다. 정부는 조사 결과를 토대로 주택(건물·부수토지 포함) 가격을 발표합니다. 공시가격은 재산세, 종합부동산세 등 과세 기준입니다. 또 기초연금, 기초생활 보장, 건강보험료 등 67개 행정제도의 기초자료로 활용됩니다.

단독주택 공시가격은 국토교통부가 전국의 대표적인 주택 20만 가구를 선정한 뒤 표준가격을 결정합니다. 이후 지방자치단체가 이를 기준으로 개별주택가격을 정해 발표합니다. 공공주택은 국토교통부에서 직접 공시합니다. 공시가격은 4월에 발표합니다.

실거래가는 실제 거래한 가격입니다. 매수자와 매도자 간 부동산을 거래할 때 실제로 주고받은 매매가격입니다. 실거래가는 원래 부동산 거래 완료 이후 60일 이내에 신고하도록 했지만, 실거래가 신고 기간이 너무 길어 시장 상황을 제때 반영하지 못한다는 지적이 일면서 현재는 30일 이내로 줄었습니다. 실거래가는 국토교통부 실거래가 공개 시스템에서 확인할 수 있습니다.

호가는 주택 소유자가 부르는 가격입니다. 호가는 집 소유자의 주관적인 판단에 의해 결정됩니다. 주택 소유자의 주관적인 판단의 근거는 대부분 미래 가치입니다. 미래 가치에 대한 소유자의 판단이 모두 제각각이다 보니 같은 아파트 단지, 같은 동이라도 호가가 천차만별입니다. 집값 상승기에는 매도자 우위 시장이 형성됩니다. 매도자 우위 시장에서는 실거래가보다 호가가 높게 형성됩니다.

02
집값 오를까? 내릴까? 금리를 봐라!

#돈의 가치 금리 #한국은행 #물가 안정
#물가가 널뛰면 집값도 들쭉날쭉 #가산금리

집값은 금리와 정부 정책, 주택 공급, 심리 등 다양한 요인에 의해 결정됩니다. 이 중 금리가 집값의 절대적인 영향을 미치는 건 아니지만 최대 변수입니다. 금리는 내 집 마련을 결정할 때 가장 중요한 지표입니다. 사람들은 대개 내 집을 마련할 때 은행으로부터 돈을 빌립니다. 이를 주택담보대출이라고 합니다. 은행은 주택을 담보로 돈을 빌려주고 이자를 받는데, 고객 등급과 신용도, 대출 기간 등에 따라 대출금리를 정합니다.

금리는 돈의 가치를 의미합니다. 집값과 금리는 뗄 수 없는 관계입니다. 통상 금리와 집값은 반비례합니다. 돈의 가치가 줄면 부동산이나 주식 등 자산의 가치가 높아집니다. 금리가 낮으면 부동산 대출 부담이 상대적으로 줄어듭니다. 금융 부담이 적다 보니 실수요와 투자 수요가 증가합니다. 주택 수요가 늘어나 집값이 상승합니다.

반면 금리가 오르면 갚아야 할 원리금과 이자 부담이 커져 주택 수요가 감소하고, 덩달아 집값이 하락합니다. 금리가 1%p 상승하면 15개월 후 아파트 매매가격을 최대 5.2%(연간 환산 시 1.7% 내외) 하락시키는 효과가 있다는 연구 결과가 있습니다. 또 대출받아 집을 마련한 일부 집주인들의 금융 부담이 커지면, 이를 견디지 못하고 집을 팔려고 내놓습니다. 집을 팔려는 사람이 늘어나면서 부동산 시장에 매물이 증가하지만, 집을 사려는 수요가 줄면서 시간이 갈수록 매물이 쌓입니다. 공급은 느는데 수요가 없어 집값이 하락합니다.

그렇다고 금리와 집값의 상관관계가 항상 반비례하는 건 아닙니다. 금리 변화가 집값에 영향을 줄 수도, 그렇지 않을 수도 있습니다. 집값에 영향을 미치는 요인들이 워낙 많아 금리 하나만으로 집값을 단정하기 어렵습니다. 예를 들어 아무리 금리가 낮더라도 특정 지역에 주택 공급이 수요보다 많다면 집값 상승은커녕 하락할 확률이 높습니다. 내 집 마련을 고민하고 있다면 금리를 참고하되, 자신의 자금 여력과 소득, 대출 상환능력 등을 종합적으로 확인해야 합니다.

한국은행이 기준금리를 정하는 이유는

한국은행은 우리나라의 중앙은행입니다. 한국은행은 통화정책을 만들고 집행하는 기관입니다. 한국은행의 설립 목적과 최우선 과제는 '물가 안정'입니다. 한국은행은 시중의 통화량(돈의 양)을 적정 수준으로 관리하고 물가와 금융을 안정시키는 역할을 합니다.

한국은행은 물가가 널뛰지 않도록 시중에 풀린 돈의 양을 일정한 기준으로 조절합니다. 그리고 한국은행은 **기준금리**라는 수단을 활용해 통화량을 조절합니다. 정책금리이자 모든 은행권 대출이자의 기준이 되는 기준금리는 한국은행의 최고 의사결정기구인 금융통화위원회에서 결정합니다.

금융통화위원회는 한국은행 총재와 부총재 등 당연직 금통위원 2명을 포함해 총 7명으로 구성됩니다. 한국은행 총재는 금융통화위원회 의장을 겸임하고, 다른 5인은 기획재정부 장관, 한국은행 총재, 금융위원회 위원장, 대한상공회의소 회장, 전국은행연합회 회장 등의 추천을 받아 대통령이 임명합니다.

금융과 경제, 산업 등 우리나라에서 내로라하는 경제통들이 한자리에 모여 회의를 통해 기준금리를 결정합니다. 금융통화위원회의 회의는 1년에 총 8번 개최합니다. 금통위원 7명 가운데 5명이 출석하고, 출석한 위원 중 과반수가 찬성하면 기준금리가 정해집니다.

기준금리는 한 번에 0.25%p 인상하면 베이비 스텝, 0.5%p 인상하면 빅 스텝, 0.75%p 인상하면 자이언트 스텝, 1.0%p 인상하면 울트라 스텝이라고 부릅니다. 기준금리는 동결하거나, 0.25%p씩 올리고 내리는 게 일종의 불문율입니다. 기준금리 변동이 우리 경제에 미치는 파급효과가 워낙 크기 때문입니다.

일각에선 고작 1.0%p 인상을 울트라 스텝이라고 부르는 게 말이 안 된다거나 엄살이라고 깎아내리기도 합니다. 기준금리의 파급효과를 전혀 모르고 하는 소리입니다. 2023년 1분기를 기점으로 우리나라 가계부채가 1,800조 원이 넘습니다. 금리를 1% 인상하면 더 내야 할 이자만 18조 원에 달합니다. 18조 원이 얼마인지 상상이 안 간다고요? 한 부처의 예산과 비슷한 규모입니다. 2024년도 농림축산식품부 예산안이 18조 3,330억 원으로 편성됐습니다. 또 10억 원짜리 아파트 1만 8,000채를 살 수 있는 금액입니다. 그래서 기준금리 변동은 조심스럽고, 신중할 수밖에 없습니다.

기준금리를 결정하는 외부 요인 중 하나가 미국 금리입니다. 수출로 먹고사는 우리나라는 미국 금리에 더욱 민감할 수밖에 없습니다. 미국의 중앙은행인 연방준비제도(Fed)에서 기준금리를 정합니다. 우리나라는 미국과의 금리 격차가 최대한 적어야 환율을 안정적으로 유지할 수 있습니다. 미국보다 우리나라 금리가 크게 낮으면 외국 투자자들이 빠져나갈 확률이 높아지고, 외화 유출, 원화 약세, 수입 물가 상승 등으로 이어집니다. 우리 경제에 심각한 타격입니다.

주택담보대출 금리는 어떻게 결정하나?

주택담보대출 등 은행권 대출금리는 한국은행이 정한 기준금리에 가산금리를 더해 결정합니다. 가산금리는 기준금리에 대출자의 신용도, 은행의 비용과 수익 등 여러 조건에 따라 추가하는 금리입니다. 가산금리는 업무 원가(대출 취급에 따른 은행 인건비, 전산처리 비용 등), 법적 비용(보증기관 출연료와 교육세 등 각종 세금), 위험 프리미엄(평균 예상 손실 비용), 목표이익률(은행이 부과하는 마진율) 등 복잡하고 다양한 기준에 따라 최종 결정됩니다. 즉 한국은행이 정한 기준금리에 은행이 이윤을 남기기 위해 금리를 추가한 게 가산금리입니다.

은행이 보유한 돈은 한정적입니다. 대출이 필요한 사람에게 돈을 빌려주고 이자를 받으려면 은행도 어디선가 돈을 빌려야 합니다. 은행은 중앙은행인 한국은행에 돈을 빌리거나 금융채와 같은 채권, 양도성예금증서(CD) 등을 발행해 빌려줄 돈을 마련합니다.

시중은행의 금리 기준은 크게 코픽스(COFIX)와 금융채, CD로 나눕니다. 코픽스는 NH농협·신한·우리·SC제일·하나·기업·KB국민·한국씨티은행 등 국내 8개 시중은행이 조달한 자금의 가중평균금리입니다. 은행이 취급한 예·적금, 은행채 등 수신상품 금리의 인상·인하에 따라 이를 반영해 오르거나 내립니다. 코픽스가 낮을수록 은행의 자금조달 비용이 덜 들고, 대출자의 이자 부담이 줄어듭니다. 코픽스는 변동형 주택담보대출과 전세대출 금리의 기준으로 활용합니다. 코픽스는 6개월 단위로 반영됩니다.

금융채 금리는 금융기관이 발행하는 채권의 유통 금리입니다. 민간 신용평가기관이 신용등급이나 만기 등에 따라 차등 적용되는 금리입니다. 고정금리는 금융채의 영향을 받습니다. CD금리는 은행이 자금조달을 위해 발행하는 양도성예금증서의 이자입니다. CD금리는 시장 상황에 민감하게 반응합니다. 한국은행의 기준금리에 따라 즉각 금리에 반영되는 게 특징입니다. CD 연동대출은 3개월 단위로도 변동됩니다. 변동금리의 준거가 되는 금리는 CD금리가 주로 활용됐지만, 지금은 코픽스와 은행채 금리를 더 많이 활용합니다.

주택담보대출 금리가 오르면서 고정금리(혼합형)와 변동금리 중 어떤 쪽을 선택할지 고민하는 사람들이 많습니다. 고정금리는 만기 때까지 금리가 그대로 유지되는 금리를 말합니다. 약정 기간 동안 기준 금리가 올라가거나 내려가도 계약 시점에 정한 대출금리가 그대로 유지됩니다. 변동금리는 시장금리를 반영한 일정한 주기별로 약정 금리가 변하는 것을 말합니다.

일반적으로 같은 만기 기간에 돈을 빌리면 고정금리가 변동금리보다 높습니다. 약정 기간 중 금리 변동에 따른 손실 위험을 피하려고 은행이 금리를 더 올립니다. 앞으로 금리 상승이 예상되면 고정금리를, 금리 하락이 예상되면 변동금리를 선택하는 게 유리합니다.

통상 1년 이상 금리 상승이 이어지고, 고정금리와 변동금리 격차가 1%p 이내일 때는 고정금리가, 그 이상 차이가 나면 변동금리가 유리합니다. 또 우선 고정금리를 선택한 뒤 중도상환수수료가 면제되면 금리 상황에 따라 변동금리로 갈아타기를 하는 방법도 있습니다. 은행 상품과 개인 신용도, 우대금리 등 다양한 조건에 따라 금리 차이가 많이 납니다. 은행 여러 곳을 방문하고, 가장 유리한 조건을 제시하는 곳은 어디인지 잘 따져봐야 합니다.

3

'집값 띄우기'의 실체

#자전거래 #추격 매수 #인위적 시세 조작
#작전세력 #실거래가 공개 때 등기 정보 제공

자전거래(自轉去來)는 대표적인 주식 거래 방식입니다. 자전거래는 현재 보유한 주식을 팔고, 미리 정한 수량과 가격 등에 따라 그 주식을 다시 사들이는 절차입니다. 쉽게 말해 자신이 보유한 주식을 자신에게 동시에 매도·매수하는 것입니다.

자전거래는 합법입니다. 한국거래소에 신고한 뒤 거래소가 정한 규정과 절차에 따라 주식을 거래해야 합니다. 주식시장에 한꺼번에 많은 주식이 거래돼 주가에 영향을 미치거나 다른 사람이 중간에 끼어들어 주식을 사는 것을 막기 위해 미리 시간을 정해 동시에 매수·매도를 진행합니다. 증권사나 기업이 종목과 수량, 가격, 매수자 등을 미리 정한 뒤 주식 거래를 체결할 때 활용하는 거래 방식입니다. 주로 대

기업이 그룹 계열사끼리 지분을 주고받거나 경영권을 방어하기 위해 활용합니다.

주식시장에서는 자전거래와 비슷한 형태지만, 불법적인 거래 방식이 있습니다. 흔히 '통정거래'라고 부릅니다. 통정거래는 매수·매도자가 사전에 서로 짜고 가격을 미리 정해놓고, 일정 시간에 주식을 매매하는 것을 말합니다. 자전거래와 통정거래는 보유한 주식을 판 뒤 곧바로 다시 사들인다는 점에서 유사합니다.

하지만 통정거래는 불법입니다. 합법인 자전거래와는 거래시간부터 다릅니다. 통정거래는 오전 9시 장 개장 때부터 오후 3시 장 마감 사이에 이뤄집니다. 반면 자전거래는 주식시장에 영향을 최소화하기 위해 오전 8시부터 9시, 오후 2시 50분부터 3시 사이에 이뤄집니다.

선뜻 이해가 안 됩니다. 자신이 보유한 주식을 자신에게 되파는 거래 방식이 흔치 않을뿐더러 수익도 장담할 수 없는데, 다시 사들인다는 게 도무지 이해하기 어렵습니다. 통정거래는 대체 왜 할까요?

시세 조정 등 주식시장 교란 행위에 개미 투자자들이 반응합니다. 평소 거래량이 없던 종목이 갑자기 거래량이 늘어나면 개미들은 자신이 모르는 호재가 있을 거라고 믿고, 뒤늦게 매수에 나섭니다. 주식시장에서는 이를 추격 매수라고 말합니다.

또 주식시장에서는 상승을 주도하는 주식을 '주도주'라고 부르는데, 주도주가 되려면 일정 이상의 거래량이 뒤따라야 합니다. 간혹 자전거래나 통정거래에는 크게 한탕하려는 작전세력이 붙기도 합니다. 작전세력은 자기들끼리 사전에 가격을 정하고 주식 매도·매수를 반복하다, 개미들이 본격적인 추격 매수에 나서 호가가 오르면 주식을 팔고 빠져나옵니다. 그럼 뒤늦게 매수 대열에 합류한 개미들만 고점에 물립니다. 작전세력이 주식시장의 질서를 파괴하고, 선의의 피해자를 양산합니다.

신고가 계약 신고 후 왜 해지하나?

부동산 시장에서 자전거래는 부동산 시세를 조작하는 것을 말합니다. 이른바 '집값 띄우기'의 다른 표현입니다. 시세를 고의로 올리기 위해 허위로 계약서를 꾸미고, 내부자들끼리 정상적인 거래인 것처럼 속이는 수법이 대표적입니다.

집값 띄우기에는 사돈의 팔촌까지 다 끌어들입니다. 부모와 자식 혹은 형제간, 가족과 친척 간 거래는 기본입니다. 개인이나 가족뿐만이 아닙니다. 공인중개사나 법인 등 특수관계인까지 시세 조작에 나선 사례가 다수 적발됐습니다. 공인중개사가 중간에 낀 거래부터 외지인을 섭외한 거래, 법인과 법인 대표, 법인 대표와 직원 간 거래까지 자전거래의 유형과 방식은 다양합니다.

주식시장의 작전세력이나 다름없는 이들은 부동산 거래 신고를 거래 후 30일 이내에 해야 하지만 '등기 이전은 잔금 후 60일 이내에만 하면 된다'는 허점을 파고들었습니다. 소유권을 이전하기 전 계약을 취소할 수 있다는 점을 악용한 것입니다. 작전세력은 특정 부동산 매물을 고가 또는 신고가(최고가)로 거래한 것처럼 꾸미는 수법을 동원합니다. 사전에 서로 짜고, 마치 정상적인 거래인 것처럼 위장해 집값을 부풀리는 수법으로 부동산 시장을 교란합니다.

신고가 거래 신고 후 소유권 이전 없이 계약을 해지하는 게 작전세력의 대표적인 수법입니다. 집값을 시세보다 높여 신고가로 거래했다고 신고한 뒤 비슷한 매물의 시세를 끌어올립니다. 이후 실제 상승 거래가 이뤄지면 이전 거래를 소유권 이전 없이 취소하는 방식으로 집값을 인위적으로 띄웁니다. 이들이 노리는 건 집값을 최대한 부풀려 더 큰 시세차익을 보는 것입니다.

실거래가 확인할 때 등기 정보도 공개

집값을 인위적으로 조작하는 것은 부동산 시장 질서를 무너뜨리는 범죄행위입니다. 내 집 마련을 꿈꾸는 선량한 사람들의 미래를 짓밟는 행위나 다름없습니다. 부동산 거래 과정에서 호가보다 실거래가에 대한 신뢰도가 높고, 실거래가는 다음 부동산 거래의 기준입니다.

부동산 실거래 정보를 찾아볼 수 있는 '실거래가 공개시스템'

자료: 국토교통부

정부가 칼을 빼 들었습니다. 작전세력의 집값 띄우기에 대한 단속과 처벌을 대폭 강화했습니다. 2023년 4월에 재산상 이득을 얻을 목적으로 거짓으로 거래 신고를 하거나 거래 취소를 한 경우 3년 이하의 징역 또는 3,000만 원 이하의 벌금을 부과하기로 부동산거래신고법을 개정했습니다. 이전에는 거래를 중개한 공인중개사만 처벌했다면, 이제는 매수·매도인 등 거래 당사자들도 처벌합니다. 개정안은 2023년 10월 19일부터 시행하고 있습니다.

집값 띄우기로 인한 선의의 피해를 방지하기 위해 2023년 7월 25일부터 실거래가 공개시스템을 통해 공동주택(아파트)에 대한 실거래가 정보 공개 시 등기 완료 여부와 등기일 등 등기 정보를 함께 공개하고 있습니다.

실거래가 공개 후 상당 기간 등기를 완료하지 않았다면 불법적인 자전거래가 아닌지 의심해야 합니다. 통상 부동산 거래 시작부터 등기 이전까지 4개월가량 걸립니다. 시세차익을 노린 집값 띄우기는 집값 상승기에 주로 이뤄집니다. 통상 부동산 시장에서는 이전 거래 대비 10% 이상 급등했다면 이상 거래로 판단합니다. 인위적인 집값 띄우기를 거르는 기준입니다.

04
내 집 마련도
때가 있다

#전세가율 70% #청약 경쟁률 #낙찰가율
#전세 대신 매매 #입주장 열리면

　미래를 예측하는 건 어렵습니다. 당장 한 치 앞을 내다볼 수 없는 시대에서는 미래를 내다보는 게 더욱 어렵습니다. 예측은 다양한 변수를 확인하고, 복잡한 이해관계를 비교·분석한 최종 결과물입니다. 신뢰할 만한 예측은 미래를 전망하고, 의사결정 구조를 단순화합니다. 무엇보다 누군가에게 다시 오지 않을 기회를 알려주기도 합니다. 하지만 결과물이 신통치 않은 예측이면 불안이 뒤따릅니다.

　부동산 시장에서는 하루가 멀다고 다양한 전망과 예측이 쏟아집니다. 경기변동에 따라 부동산 시장에서는 상승기와 하락기가 반복합니다. 시장이 흔들리고 집값이 롤러코스터를 타다 보니 섣불리 미래를 예측하기가 쉽지 않은데도 주사위는 버릇처럼 던져집니다.

집값 예측은 더욱 예민합니다. 우리 사회에서 집값이 차지하는 비중이 워낙 크다 보니 다양한 변수들이 집값에 어떤 영향을 미칠지를 두고 갑론을박이 오갑니다. 엇갈린 예측에 언제 내 집 마련에 나서야 할지 혼란스럽습니다. 내 집 마련을 위한 적절한 시점이 언제인지 좀처럼 판단이 서질 않습니다.

부동산 시장은 수년, 수십 년간 각종 데이터가 쌓이면서 비슷한 흐름을 반복합니다. 이를 흔히 '패턴' 혹은 '사이클'이라고 합니다. 반복하는 과정을 통해 현재 상황을 진단하고, 미래를 가늠해보도록 여지를 남깁니다. 정부 정책과 금리, 개발 호재, 교통 등 다양한 변수에 따라 물줄기가 조금씩 달라지기는 하지만 비슷한 패턴을 반복합니다.

내 집 마련을 꿈꾸는 사람이라면 누구나 최대한 싸게 사고 싶어 할 겁니다. 또 적절한 시기가 언제인지도 궁금합니다. 내 집 마련을 원한다면 평소에도 부동산 시장 상황에 관심을 두고, 적절한 시기를 알려주는 신호에 귀 기울여야 합니다. 하나의 신호에만 의존하는 것이 아닌 여러 신호를 종합적으로 보는 안목을 키워야 합니다.

전세가율이 높으면 전세 수요는 매매 수요로 바뀐다

전셋값은 집값의 선행지표입니다. 전셋값이 상승하면 전세 수요가 매매 수요로 넘어갑니다. 전셋값과 매맷값이 별 차이가 없다면 전셋값에 은행 대출이나 자금을 좀 더 보태 내 집을 마련하는 매매 수요가 늘어납니다. 부동산 시장에서 매매 수요가 늘어나는 건 집값 상승을 의미합니다.

전셋값의 변동성은 **전세가율**을 보면 알 수 있습니다. 전세가율은 매맷값 대비 전셋값 비율을 뜻합니다. 예를 들어 매맷값 10억 원짜리 아파트를 전세보증금 5억 원에 주택임대차계약을 체결했다면 전세가율이 50%입니다.

부동산 시장에서는 통상 전세가율이 70% 이상이면 전세 수요가 매매 수요로 바뀌고, 집값 상승 신호로 여깁니다. 전세가율이 높아지면 기존 전세 수요가 매매 수요로 전환하고, 매매 수요 증가는 집값 상승을 견인합니다. 또 초기 자금 부담이 덜해 전세를 끼고 집을 사는 이른바 '갭투자'가 성행합니다. 내 집을 마련하겠다는 실수요에 시세차익을 기대하는 투자 수요까지 더해지면서 거래량이 늘어나고, 집값이 상승합니다.

전세가율이 100%를 초과할 정도로 전셋값이 매맷값을 뛰어넘기도 합니다. 전셋값이 매맷값보다 높을 때 여러 부작용이 나타납니다. 주택 수급 불균형에 따른 주거 불안은 기본이고, 임차인이 전세보증금을 제때 돌려받지 못하는 이른바 '깡통전세'의 위험이 커집니다.

전세가율 70% 이상이면?

전세 ──→ 매매

집값 상승
신호인가?!

수요

집값 선행지표 양대산맥, 청약 경쟁률과 경매 낙찰가율

청약과 경매 역시 집값 선행지표입니다. **청약 경쟁률**과 **경매 낙찰가율**은 부동산 시장의 전반적인 분위기를 가늠하는 척도입니다. 신축 아파트 청약 경쟁률을 통해 실거주 수요를 확인할 수 있습니다. 청약 경쟁률이 높거나 당첨자의 가점이 상승했다면 집값이 앞으로 상승할 가능성이 큽니다. 청약 경쟁률은 청약홈 홈페이지(https://www.applyhome.co.kr)에서 확인할 수 있습니다. 청약일정 및 통계, 분양정보/경쟁률, APT(아파트)를 순서대로 클릭하면 관심 있는 아파트 이름을 확인할 수 있습니다.

경매 낙찰가율은 감정가 대비 낙찰가 비율을 말합니다. 감정가 대

청약홈 홈페이지에서 '청약 경쟁률' 찾아보기

자료: 한국부동산원

비 실제 낙찰받은 금액이 어느 정도인지 확인하는 지표입니다. 경매 낙찰가율 계산 방법은 '매매가격/감정가격×100(%)'입니다. 예를 들어 감정가 1억 원짜리 경매 물건이 7,000만 원에 낙찰됐다면 낙찰가율은 70%입니다.

낙찰가율은 낙찰률과 다릅니다. 낙찰률은 경매 물건이 얼마나 낙찰됐는지 확인하는 지표입니다. 경매로 나온 물건 가운데 얼마나 낙찰됐는지를 수치화한 것입니다. 예를 들어 총 10개의 경매 물건 가운데 5개가 낙찰됐다면 낙찰률은 50%입니다. 경매에 참여한 금액이 아니라 단순히 물건의 낙찰 비율을 보는 것입니다.

경매 낙찰가율은 통상 투자 수요의 변화를 확인할 때 활용합니다. 통상 경매는 아파트 청약보다 경쟁률이 낮습니다. 또 시세보다 싸게 내 집을 마련하는 매매 수요와 시세차익을 기대하는 투자 수요가 함께 움직입니다. 낙찰가율이 상승하면 앞으로 집값이 상승할 것이라는 신호입니다.

거래량이 증가하면 집값이 상승한다

거래량(매매)이 늘어난다는 것은 집값 상승을 의미합니다. 집값 하락 시기에는 집값이 지금보다 더 하락할 수 있다는 우려가 커집니다. 이때는 매수 대기자들이 시장 상황을 좀 더 지켜보기 위해 관망세로 돌아섭니다. 집값이 더 하락할 것이란 기대감과 우려가 거래량에 고스란히 반영됩니다.

아파트 거래량이 늘면 실거래가가 상승하고, 실거래가가 오르면 기

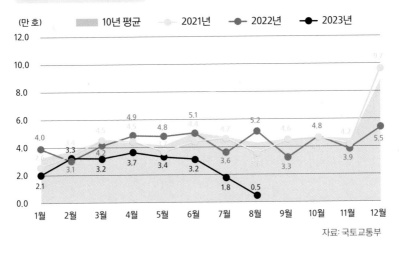

월별 전국 주택 매매거래량

(만 호)   10년 평균   2021년   2022년   2023년

자료: 국토교통부

존에 내놓았던 전세 매물이 매매 매물로 바뀝니다. 또 집값이 소득과 대출 등 자산 부담이 덜한 수준까지 하락하면 전세 수요가 매매 수요로 전환됩니다. 전세 대신 매매를 택하는 수요가 늘어나고, 가격 상승 여력과 시세차익을 기대하는 투자 수요까지 더해지면 거래량이 급증할 것입니다.

거래량이 늘면 지금 집을 안 사면 영영 못 살 것 같은 불안 심리가 커지고, 추격 매수세가 붙습니다. 주택담보대출을 비롯해 신용대출, 보험 등 가능한 모든 대출을 영혼까지 끌어모아 주택을 사는 '영끌' 열풍부터 추가 가격 상승과 물량 부족에 대한 불안으로 별다른 고민 없이 일단 주택부터 사는 '패닉바잉(Panic Buying)' 현상이 대표적입니다. 전체적인 주택 거래 현황은 국토교통부 실거래가 홈페이지에서 확인할 수 있습니다. 서울의 주택 거래 현황은 서울부동산정보광장 홈페이지(https://land.seoul.go.kr) 접속 후 부동산거래정보→부동산 거래현황을 클릭하면 주택 유형과 자치구별로 확인할 수 있습니다.

　거래량과 밀접한 관계인 **매매수급지수**도 알아야 합니다. 매매수급지수는 수요와 공급 비중을 수치화한 것으로, 기준선인 100보다 수치가 낮을수록 집을 사려는 사람보다 팔려는 사람이 더 많다는 것을 의미합니다. 이를 통해 매도자 우위 시장인지 혹은 매수자 우위 시장인지 확인합니다. 매매수급지수는 한국부동산원에서 매주 발표합니다.

입주장이 열리면 집값이 하락한다고?

　입주 물량은 집값을 결정하는 하나의 요인입니다. 신규 입주 물량이 늘어나면 전셋값이 약세입니다. 통상 본격적인 신규 아파트 입주장이 열리면 부동산 시장에는 전세 물량이 큰 폭으로 증가합니다. 실거주 목적이 아닌 수분양자들이 잔금을 치르면서 세입자로부터 전세금을 받아 중도금까지 상환하기 위해 전세 물량이 많아지고, 물량이 많다 보니 주변지역 전셋값을 끌어내립니다. 입주 물량 증가로 집값을 떠받치던 전셋값이 하락하면 집값 역시 시차를 두고 하락합니다.

　입주 물량 감소는 집값 상승 신호입니다. 부동산 시장에서는 수요

 부동산 거래 시 참고해야 하는 집값 영향 요인

전세가율	청약 경쟁률	낙찰가율
거래량	매매수급지수	입주 물량

와 공급에 따라 집값이 결정되고, 균형을 유지합니다. 하지만 수요나 공급 중 어느 한쪽이 일방적으로 증가하거나 감소하면 그 균형은 깨질 것입니다. 주택 수요보다 공급이 부족한 상황을 주택 수급 불균형이라고 말합니다.

신규 주택은 인허가와 착공, 준공이라는 과정을 거쳐 공급됩니다. 인허가는 정부에서 아파트 등 주택을 짓는 것에 대해 허가를 내주는 것입니다. 허가까지 최소 2~3년이 걸립니다. 착공은 공사 시작, 준공은 공사가 끝난 것입니다.

인허가 물량 모두가 착공이나 준공 물량으로 이어지지 않습니다. 인허가 과정에서 실제 착공 물량이 줄거나, 인허가 뒤 시공사 자금조달, 조합과의 갈등, 경기 여건 등에 따라 사업이 무산되거나 철회되는 사례가 많습니다.

05
내 집 마련 절차
한 번에 정리하기

#재무상태 점검 #종잣돈 #실거래가 확인
#권리관계 #소유권이전등기

내 집 마련을 위한 부동산 계약 절차는 복잡하고 어렵습니다. 부동산 거래 경험이 아예 없거나 부족한 사회초년생과 신혼부부에게는 더욱 그렇습니다. 계약서에 빼곡하게 적힌 낯선 용어를 처음 본 순간 뭘 어떻게 해야 할지 당혹스럽습니다. 내 집 마련을 위해 대출부터 이사까지 앞으로 해야 할 일이 첩첩산중인 데다 어디서부터 어떻게 할지 막막하기만 합니다.

내 집 마련을 할 때 공인중개사를 찾습니다. 대개 공인중개사에게 전적으로 의존합니다. 부동산 거래 과정을 잘 모르거니와 어떻게 해야 하는지 익숙하지 않기 때문입니다. 공인중개사법에 따라 중개 의뢰를 받은 공인중개사는 중개대상물의 권리관계 등을 확인한 뒤 의뢰인에게 설명해야 할 의무가 있습니다. 고의나 과실로 거래 당사자에게 손해를 끼쳤다면 손해배상 책임이 있습니다. 공인중개사가 부동산 거래의 전문가로 확인·설명 의무를 다하도록 법으로 규정한 것입니다.

내 집 마련을 위해 공인중개사의 도움이 필요합니다. 하지만 공인중개사의 말만 믿고, 스스로 확인하지 않고 부동산 거래를 하다가 낭패를 보는 일이 종종 있습니다. 공인중개사를 전적으로 믿고 의지하기보다는 부동산 거래 과정과 절차, 주의사항 등을 충분히 알아야 합니다. 부동산 거래 과정에서 발생할 수 있는 피해를 예방하고, 낭패를 보지 않습니다.

재무상태를 잘 알아야 내 집이 보인다

내 집 마련의 첫 단계는 재무상태 점검입니다. 나에게 맞는 내 집 마련을 위한 알맞은 매물을 찾고 결정하기 위해서는 자신의 재무상태에 대한 점검이 필요합니다. 경제적 능력에 대해 지나치게 낙관적으로 평가하거나, 눈높이에 맞는 매물만 고집하다간 자칫 내 집 마련은 영영 이룰 수 없는 꿈으로 남을 수도 있습니다. 꾸지 않는 꿈은 이뤄지지 않지만, 꿈만 꾼다고 해서도 이뤄지지 않습니다. 내 집 마련은 현실입니다. 접근 방식이 달라야 합니다. 자신의 재무상태에 따라 눈높이를 맞춰야 내 집 마련의 꿈을 이룰 수 있습니다.

재무상태를 점검하려면 내 집 마련을 위한 자금을 언제, 어떻게, 어디서 마련할 것인가에 대한 구체적인 재무 목표를 정해야 합니다. 내 집 마련에 필요한 종잣돈을 어떻게 모을지, 종잣돈은 단기·중기·장기로 목표 금액을 얼마로 정할지, 대출금은 최대 얼마나 받을 수 있는지 등을 확인하고 계획해야 합니다.

내 집 마련을 위한 종잣돈 기준은 예산 총액의 최소 50%를 추천합니다. 종잣돈이 총액의 50%를 밑돈다면 대출을 많이 받아야 합니다. 대출이 많으면 원리금부터 이자 부담이 커집니다. 또 50%를 웃돌면 종잣돈을 마련하는 데 상대적으로 시간이 오래 걸립니다. 시간이 흘러 물가가 상승하면 돈의 가치는 하락한다는 점도 기억해야 합니다.

재무 목표를 비롯해 소득과 자산, 부채, 지출 현황도 꼼꼼하게 따져야 합니다. 단순히 거래금액만 낸다고 내 집 마련이 끝나는 게 아닙니다. 인테리어 비용부터 공인중개사 중개수수료, 이사 비용, 대출금 및 이자, 등기 비용, 취득세 및 세금 등과 같이 전혀 예상하지 못한 비용이 추가로 발생할 수 있습니다. 이미 주택 매매계약을 마쳤는데, 자금이 부족하다면 난감할 수밖에 없습니다. 계약 해지에 따른 경제적 손실이 발생합니다.

나에게 꼭 맞는 매물을 찾는다면 현장으로

다음은 자신의 소득과 자산에 맞는 지역과 주택을 선택하는 것입니다. 직장인이라면 직장과 집이 가까운 직주근접성을, 자녀가 있다면 학교 위치와 통학 거리 등 교육환경을 고려해 자신의 라이프스타일에 맞는 지역과 주택을 골라야 합니다.

마음에 드는 주택을 발견했다면 공인중개업소를 방문합니다. 공인중개업소 방문 전 전화를 걸어 마음에 드는 매물이 실제 있는지, 있다면 방문 날짜와 임장 날짜 등을 사전에 조율합니다. 공인중개업소는 여러 곳 방문하는 것을 추천합니다. 실제 만난 공인중개사 가운데 지역과 주택에 대한 정보가 많고, 자세하게 설명하는 등 적극적인 공인중개사와 계약을 진행하는 게 좋습니다.

실제 현장 답사 때는 출퇴근 시간과 오전, 오후, 주말 등 시간대를 여러 개로 나누는 게 좋습니다. 지하철역과 버스정류장 등 교통시설부터 학교, 마트, 병원 등 편의시설까지 시간을 갖고 여유롭게 직접 확인합니다. 또 주택의 향(向)과 층, 노후도, 승강기 유무, 주차장 현황 등을 확인합니다. 임장은 내 집 마련의 성패를 좌우하는 중요한 과정입니다. 뒤에서 좀 더 구체적으로 다루겠습니다.

매매계약서 작성 전 실거래가, 권리관계 확인

주택 매매계약서를 작성하기 전 적정한 가격인지, 권리관계는 문제가 없는지 확인해야 합니다. 부동산 온라인 플랫폼과 공인중개업소에서 공개한 가격과 실제 거래된 가격을 비교해야 합니다. 실제 거래된 가격은 국토교통부 실거래가 공개시스템에서 확인합니다.

권리관계를 확인하기 위해서는 등기부등본을 확인합니다. 인터넷등기소에서 누구나 발급받을 수 있습니다. 통상 공인중개사가 등기부등본을 주지만, 직접 발급해서 확인합니다. 매도자가 실제 주인인지 확인하고, 가등기나 가처분, 가압류, (근)저당 유무를 살펴봐야 합니다.

건축물대장과 토지대장, 토지이용계획확인원 등도 빼놓지 말아야 합니다. 건축물대장은 건축물의 대지면적, 연면적, 건축면적, 부속건축물의 현황, 오수정화시설 및 사용 용도 등을 확인할 수 있습니다. 건축물을 용도에 맞게 사용하는지, 위반건축물인지 아닌지 등을 확인할 수 있습니다. 만약 위반건축물이라면 대출을 받지 못할 수도 있습니다. 건축물대장은 시청이나 구청, 정부24 홈페이지에서 발급받을 수 있습니다.

가계약금 → 중도금 → 잔금, 어떻게 내야 할까?

어떤 주택을 매수할지 결정되면 본격적인 계약 절차를 진행합니다. 주택 매매 절차는 가계약금과 중도금, 잔금을 치르는 순으로 진행합니다. 통상 가계약금은 거래가격의 10%, 중도금은 60%, 잔금은 30%로 정합니다. 비율을 법으로 강제하지 않습니다. 매수자와 매도자가 협의해서 얼마든지 조정할 수 있습니다. 거래금액은 한글과 숫자로 모두 표기합니다. 가계약금과 중도금, 잔금의 대금 날짜와 방법 등을 거래 당사자 간 협의를 통해 결정합니다.

주택 매매계약서를 작성할 때는 상대방의 주민등록증이나 운전면허증 등 신분증을 확인하고, 등기부등본상 소유자와 일치하는지 확인합니다. 대리인이 나왔다면 등기부등본상 소유자가 작성한 위임장과 인감증명서를 확인합니다. 위임장에는 반드시 인감도장이 찍혀 있어야 합니다. 예상하지 못한 사유로 인한 계약 해지나 하자보수 책임, 권리관계 등으로 발생할 수 있는 분쟁을 줄이기 위해 특약사항을 적극적으로 활용합니다.

잔금 지급일로부터 60일 이내 소유권이전등기

주택 매매계약에서 도장을 찍고, 잔금을 모두 지급했다고 해서 완전한 내 집이 되는 게 아닙니다. 국가에서 소유권을 인정하는 법적 절차인 등기를 마쳐야 내 집이 됩니다. 그 절차가 **소유권이전등기**입니다. 소유권이전등기는 부동산의 소유권에 변동이 생기면 이를 부동산등기부에 등기하는 것을 말합니다. 매매계약으로 인해 부동산의 소유자가 변경되면 이를 등기해야 소유권 변동 효력이 발생합니다.

소유권이전등기는 잔금을 치른 날로부터 60일 이내에 하게 돼 있습니다. 통상 잔금을 지급한 날 소유권이전등기를 합니다. 기간 내에 소유권이전등기를 하지 않으면 과태료를 내야 합니다. 과태료는 과태료 기준 액수의 최고 30% 범위에서 차등 부과합니다. 또 이 기간 내 취득세를 신고하지 않으면 취득세의 20%에 해당하는 가산세를 납부해야 합니다.

소유권이전등기는 등기소에 직접 방문하거나 대법원 인터넷등기소를 통해 신청할 수 있습니다. 매도인은 인감증명서(인감도장), 등기권리증, 주민등록초본이, 매수인은 주민등록등본, 매매계약서 원본(사본 포함), 소유권이전등기신청서, 건축물대장, 토지대장, 부동산거래계약신고필증 등의 서류가 필요합니다. 소유권이전등기를 신고할 때는 비용(취득세·인지세)이 발생합니다. 거래금액에 따라 비용이 다릅니다. 10억 원을 초과하면 35만 원, 10억 원 이하이면 15만 원의 세금을 내야 합니다. 다주택자와 조정대상지역 등에 따라 비용이 추가로 발생할 수 있습니다.

부동산 소유권이전등기 신고는 다소 복잡하고 어렵습니다. 일반적으로 법무사에게 소유권이전등기 업무를 위임합니다. 또 대출을 통해 주택을 매수했다면 대출 은행에서 지정한 법무사가 소유권이전등기를 합니다.

06
생애 첫 내 집 마련,
임장의 정석

#현장 답사 #정보 필터링 #시세 확인
#임장 보고서 만들기

월급을 차곡차곡 모아 내 집 마련을 꿈꾸는 사람이 많습니다. 서울에서 집을 사려면 여전히 10년 넘게 월급을 한 푼도 쓰지 않고 모아야 하는 현실이 고달프고, 아무리 일해도 내 몸 하나 누일 공간을 찾기가 힘든 세상이지만, 누구나 간절하게 원하는 내 집 마련의 꿈을 쉬 접을 수 없습니다. 누군가에게는 당연했던 내 집 마련이 지금의 청년들에게는 간절함이 됐습니다. 내 집 마련을 위한 부단한 노력이 필요한 시대입니다.

생애 첫 내 집 마련의 성패는 현장 답사에 달려 있다는 말이 과언이 아닙니다. 내 집 마련을 결정할 때 현장 답사만큼 중요한 과정이 없습니다. 부동산 현장 답사를 흔히 '**임장**(臨場)'이라고 부릅니다. 한자 그대로 임할 '임', 마당 '장'. 현장에 임한다는 뜻으로, 현장 답사 혹은 현장 확인이라고 합니다.

지금은 내 집 마련을 위한 매물 검색부터 시세 확인까지 온라인이나 스마트폰으로 손쉽게 확인할 수 있습니다. 굳이 발품을 팔지 않고, 클릭 몇 번만으로도 내가 원하는 다양한 정보를 찾을 수 있습니다. 다만 정보의 접근성이 좋아지면서 덩달아 부정확하거나 허위·과장 정보가 차고 넘칩니다. 또 주변 사람이나 공인중개업자의 말만 믿고 성급하게 계약을 체결했다 낭패를 보는 일이 많습니다.

부동산은 유독 정보 필터링이 필요한 분야입니다. 정보의 객관성을 담보하기 어렵고, 쏟아지는 수많은 정보 가운데 자신에게 꼭 필요한 정확한 정보를 선별하는 과정도 만만치 않습니다. 정보를 직접 눈으로 확인하는 절차가 꼭 필요합니다. 발품을 팔아 직접 보고 경험하고 기록하는 과정을 통해 정보의 진위를 파악해야 생애 첫 내 집 마련의 마침표를 찍을 수 있습니다.

임장 가기 전, '손품' 팔아 정보 수집

정보 수집은 임장의 첫 단계입니다. 정보 수집은 현장 답사에 앞서 내 집 마련에 필요한 정보를 사전에 확인하는 절차입니다. 최근에는 다양한 부동산 정보 플랫폼에서 손품을 조금만 팔아도 정보를 얻을 수 있습니다. 방대한 정보를 손쉽게 확인할 수 있는 것은 인공지능(AI)과 빅데이터, 블록체인 등 첨단 정보기술(IT)을 결합한 부동산 서비스를 지칭하는 프롭테크 덕분입니다. 프롭테크(Proptech)는 부동산 자산(property)과 기술(technology)의 합성어입니다.

정보 수집 단계에서는 시세를 정확하게 파악하는 것이 가장 중요합니다. 자신이 정한 예산보다 높은 가격의 매물을 보고 나면, 예산에 맞는 매물이 눈에 차지 않을 수도 있습니다. 시세 확인은 국토교통부 실거래가 공개시스템과 네이버 부동산 등 포털사이트, 직방·다방·호갱노노 등 부동산 온라인 플랫폼을 통해 확인합니다. 다양한 부동산 플랫폼에서는 매물 검색부터 입지, 가격, 권리 분석까지 한 번에 비교·분석할 수 있습니다.

시세를 확인할 때는 흔히 말하는 그 지역의 '대장주' 아파트를 기준으로 주변 단지들까지 확인해야 합니다. 대장주를 비롯해 주변 단지에 대한 시세를 확인해야 내 집 마련을 위한 적정한 시세 기준을 세울 수 있습니다.

특히 같은 아파트 단지라도 향과 조망, 소음, 지하철이나 버스정류장과의 거리 등 위치별 특성에 따라 시세가 다릅니다. 또 같은 아파트 단지의 같은 동이라도 층이나 확장 여부에 따라 시세 차이가 납니다. 흔히 손품을 팔아 확인한 매물 가격이 시세라고 착각합니다. 하지만 매물 가격이 실제 시세와 차이 나는 경우가 많습니다. 발품을 팔아 정확한 시세를 확인해야 합니다.

임장 전 자신의 라이프스타일을 확인하고, 그에 적합한 내 집 마련 기준을 세워야 합니다. 예를 들어 자녀가 있다면 주변에 유치원이나 초·중·고등학교, 학원가 등을 따져봐야 하고, 대중교통을 통해 출퇴근하는 직장인이라면 지하철역이나 버스정류장 등이 얼마나 가까운지가 기준이 될 것입니다. 또 지역 커뮤니티나 포털사이트 카페·블로그 등을 통해 개발 호재나 악재 등을 확인하는 것도 빼놓지 말아야 합니다. 아울러 마음에 드는 매물과 공인중개업소, 지하철역, 편의시설, 문화시설, 공원 등 위치를 지도에 표시한 '임장 지도'를 만들면 동선과 시간, 돈을 아낄 수 있습니다.

부동산 공인중개업소 여러 곳을 둘러봐야 하는 이유

공인중개업소에서는 내 집 마련을 위해 꼭 필요한 매물 검색과 시세, 미래 가치, 입지 여건 등 중요한 정보를 직접 얻을 수 있습니다. 현장 답사를 할 때 어떤 공인중개사를 만나느냐에 따라 내 집 마련의 결과가 달라집니다.

공인중개사를 잘 만나야 합니다. 다양한 매물을 보유하고, 매물에 대한 정확한 설명과 적정 시세를 제안하는 등 사명감과 책임감을 지닌 공인중개사들이 주변에 많습니다. 이들은 매물의 특성과 시세, 입지 분석은 물론 주변 대형마트와 백화점, 병원, 전통 시장 등 다양한 생활 편의시설부터 교육·문화 환경까지 지역의 세세한 정보를 모두 꿰고 있습니다. 부동산 플랫폼을 통해 확인하기 힘든 다양하고 생생한 정보를 얻을 기회입니다. 반면 정보 수집을 통해 확인한 마음에 드는 매물이 아닌 다른 매물을 권하거나, 질문에 무성의하게 답변하거나 정보를 주기 꺼린다면 냉정하게 걸러야 합니다.

공인중개업소 여러 곳을 둘러보는 노력이 필요합니다. 사회초년생이나 신혼부부들이 공인중개업소를 방문하는 걸 두려워하거나 부끄러워합니다. 내 집 마련에는 적게는 수천만 원에서, 많게는 수억 원이 오갑니다. 절대 두려워하거나 부끄러워할 게 아닙니다. 꼭 해야 할 일입니다. 여러 곳을 방문하다 보면 자신에게 맞는 공인중개사를 만날 확률이 높아지고, 다양한 시각에서 매물을 재해석할 수 있습니다. 또 다른 공인중개사가 보유한 매물을 소개받거나, 시세와 달리 실제 매맷값을 조정할 기회가 생기기도 합니다.

마음에 드는 매물을 보유한 공인중개업소에 최소 1~2주 전에 방문 의사를 전달하고, 실제 매물을 확인한 뒤 임장 날짜를 조율합니다. 또 방문 전 적정 시세가 맞는지, 주거환경이나 편의시설 여부 등 질문들을 정리하고, 실제 공인중개사와 매도인을 만나 질문하면 궁금증을 해소할 수 있습니다.

현장 답사가 내 집 마련 성패 가른다

부동산은 현장입니다. 임장은 발품을 팔아 부동산 현장과 시세, 주변 교통환경, 학군, 편의시설, 공원 등을 직접 눈으로 확인하는 현장답사입니다. 실제 매물을 확인하는 절차를 거치지 않고, 부동산 거래를 한다는 건 있을 수 없는 일입니다. 확신이 없다면 부동산 거래는 하지 않아야 합니다. 임장은 내 집 마련을 위한 확신을 확인하는 마지막 과정입니다.

임장은 앞서 손품을 팔아 확인한 정보를 재검증하는 절차입니다. 우선 부동산 플랫폼이나 온라인에서 제공하는 마음에 드는 매물이 실제 있는지, 시세가 정확한지 등을 확인해야 합니다. 아파트는 시세 차이가 크지 않으나, 빌라나 다세대주택은 차이가 크기 때문에 현장에서 확인해야 합니다.

또 주택 주변에 뭐가 있는지 파악하는 것도 중요합니다. 지하철역 및 버스정류장과의 거리, 도보 통학이 가능한 학교 위치, 마트와 병원, 공원 등 생활 편의시설 위치 등을 직접 보면서 따져봐야 합니다. 개발 호재와 주택 노후도, 주변 주택 시세 확인도 빼놓지 말아야 합니다.

집을 볼 때는 우선 향과 층수, 평형, 확장 여부 등을 확인합니다. 향에 따라 채광이 달라집니다. 향을 기준으로 햇빛이 가장 많이 들어오는 남향을 제일 선호하고, 이어 동향, 서향, 북향 순입니다. 남향은 햇빛이 가장 많이 들어와 겨울에도 실내가 따뜻합니다. 또 하자가 있거나 수리가 필요한 곳은 없는지, 인테리어를 다시 해야 하는지, 주방과 욕실, 베란다 등 물을 자주 쓰는 곳에서 물이 새는지 확인합니다.

임장을 통해 마음에 드는 매물을 확인했다면, 권리관계를 파악해야 합니다. 등기부등본을 통해 소유자를 우선 확인하고, 등기부상의 권리관계와 임차인의 대항력 여부 등 권리상에 문제가 없는지 확인해야 합니다. 또 소유권 변경이 많은지, 전세권 설정, 세입자 거주 여부 등도 확인해야 합니다.

나만의 임장 보고서를 만드는 것을 추천합니다. 손품과 발품을 팔아 모은 정보를 일목요연하게 정리하는 것은 상당히 번거롭고 귀찮은 일입니다. 하지만 마음에 드는 최종 매물을 고를 때 비교·분석할 수 있고, 무엇보다 내 집 마련을 할 때 유용하게 활용할 수 있습니다.

임장 보고서

날짜	20 년 월 일		주소	
	년식		평수	
	구조	방 개 / 화장실 개	층수	총 층 중에 층
	경비실·CCTV	경비 CCTV	엘리베이터	유무
	난방	중앙 개별 LPG	관리비	만 원(수도·가스 포함)
매물	향(向)	남 북 동 서	채광	1·2·3·4·5·6·7·8·9·10
	주차장	세대당 대(비용 만 원)	층간소음	1·2·3·4·5·6·7·8·9·10
	외부 수리	현관 벽면 옥상	점유자	소유자 임차인
	내부 수리	화장실 싱크대 도배 장판 조명 주방후드 누수·결로 곰팡이		
	비고			
	매매시세	만 원(온라인 시세 만 원)		
	전세시세	만 원(온라인 시세 만 원)		
시세	월세시세	만 원(온라인 시세 만 원)		
	대출	만 원 이율 % 이자 만 원 / 대출 가능		
	비고			
		지하철 분 호선		
	교통	버스 분 광역 지선 간선 마을		
		자가 유 무 골목 / 출퇴근 소요 시간 분		
	편의시설	대형마트 대형병원 백화점		
입지	학군	초·중·고 / 학원가 (도보 이동유 무 / 소요 시간 분		
	복지시설	도서관 수영장 공원 놀이터 산		
	유해시설	쓰레기장 하수처리시설 교도소 발전소 묘지 차량기지		
	재해	먼지 소음 침수 낙석 붕괴		
	경사도	평지 언덕 가파름 저지대		
	비고			

총평

7
부동산 뉴스에 자주 나오는
LTV, DTI, DSR이 대체 뭐야?

#내 집 마련의 발판 주담대
#가계부채는 경제 뇌관   #빌린 돈 갚을 능력 확인

부동산 관련 뉴스에는 낯선 용어가 자주 등장합니다. 무슨 소리인지 하나도 모르겠다는 분들이 많습니다. 정부 당국과 언론은 어렵고 낯선 부동산 용어를 쉬운 우리말로 바꿔 쓰기 위해 노력해왔습니다. 덕분에 많은 용어가 우리말로 순화됐지만, 여전히 쉽게 이해할 수 없는 용어들이 존재합니다. 실제 일선 현장에서 변화를 체감하기엔 아직은 역부족입니다. 지금도 부동산 기사에는 어려운 한자어와 외래어가 쓰입니다. 부동산 분야에는 낯선 용어와 생소한 내용이 많아 어려움을 겪는 사람들이 적지 않습니다.

내 집을 마련할 때 자기 돈만 가지고 사는 사람이 거의 없습니다. 2023년 8월 기준 서울 아파트 평균 매매가격이 11억 8,519만 원에 달합니다. 억 소리가 절로 납니다. 대부분 사람은 내 집 마련을 위해 대출을 받습니다. 대출을 받지 않고서는 현실적으로 내 집 마련이 힘든 시대입니다. 이제 막 사회에 첫발을 내디딘 사회초년생과 신혼부부에게 대출은 내 집 마련을 위한 한 줄기 빛과 같습니다.

대출과 규제가 한 몸이라고?

흔히 '주담대'라고 부르는 용어는 주택담보대출의 줄임말입니다. 대출을 받았거나 받으려는 사람이라면 한 번쯤 들어본 용어입니다. 주택을 담보로 은행권에서 돈을 빌리는 것을 의미합니다. 주담대는 신용등급과 소득수준을 확인하는 신용대출 등 다른 대출과 달리 집값의 최대 70%까지 대출을 받을 수 있습니다.

대출과 규제는 떼려야 뗄 수 없습니다. 주담대는 가계부채의 뇌관입니다. 가계부채가 증가한다는 것은 우리 경제의 부정적인 신호입니다. 가계부채 증가는 단순히 금융 불안에서 멈추지 않습니다. 무분별한 가계대출은 한국 경제 전체를 송두리째 무너뜨릴 수 있는 시한폭탄과도 같습니다. 금융당국이 시한폭탄이 터지기 전에 사전 예방조치에 적극적으로 나서는 이유이기도 합니다.

예를 들어 주택을 담보로 은행에서 대출을 받았다고 가정하겠습니다. 그런데 집값이 하락해 주택 담보 가치가 대출금과 비슷하거나 밑돈다면 어떻게 될까요? 여기에 원리금과 이자마저 제때 들어오지 않으면 은행은 대출금 회수를 위해 담보인 주택을 경매에 넘기는 등 매각 절차를 진행합니다. 은행의 부실채권이 증가하고, 집값이 더 하락하는 악순환의 시작입니다. 악순환은 여기서 끝나지 않습니다.

은행은 망가진 재무건전성 회복을 위해 대출을 바짝 조입니다. 부실채권이 더 나오지 않도록 하기 위해서입니다. 시중에 일정 정도 돈이 풀리고 돌아야 하는데 그렇지 못하게 됩니다. 신용경색은 물론이거니와 경기 위축은 말할 것도 없습니다.

주택담보대출 규제 종합선물세트, LTV·DTI·DSR

금융당국은 대출을 받아 집을 사려는 개인의 대출 한도를 일정한 기준으로 제한합니다. 주택담보대출비율(LTV)과 총부채상환비율(DTI), 총부채원리금상환비율(DSR)을 기준으로 대출 한도를 결정합니다. LTV와 DTI는 주담대의 한도를, DSR은 대출 종류와 상관없이 빌릴 수 있는 돈의 총량을 규제할 때 적용합니다.

LTV는 주택담보대출비율을 말합니다. 주택을 담보로 대출을 얼마나 받을 수 있는지 정하는 기준입니다. 개인 소득이 아닌 담보인 주택 가치를 기준으로 대출 한도가 정해집니다. LTV가 낮으면 낮을수록 대출액이 줄어듭니다. 예를 들어 10억 원짜리 아파트를 구입할 때 LTV가 50%라고 가정하면 빌릴 수 있는 돈이 최대 5억 원입니다.

LTV는 부동산 시장에 따라 자주 변합니다. 2023년 9월 기준 현재 비규제지역에서 LTV는 무주택자가 70%, 다주택자가 60%까지 허용합니다. 규제지역으로 묶인 강남3구(강남·서초·송파구)와 용산구에서는 무주택자 50%, 다주택자 30%로 제한합니다. 생애최초 주택을 구입할 때는 규제지역과 상관없이 9억 원 이하 주택에 대해 LTV 80%

까지 적용합니다.

DTI는 총부채상환비율을 의미합니다. 개인이 갚아야 할 주담대의 원금과 이자가 개인의 연소득에서 차지하는 비율이 얼마인지 나타내는 것으로, 상환능력을 평가하는 지표로 활용합니다. 대출 원금과 이자를 합친 대출금이 연소득에서 차지하는 비율을 말합니다. DTI는 주담대의 원리금과 신용대출 등 다른 대출 가운데 원금을 제외한 이자의 금액을 모두 합친 대출액이 연소득의 일정 비율을 넘어가지 않도록 규제합니다. 주담대 원금과 다른 대출이자를 합친 금액을 연소득으로 나누고, 100을 곱해 계산합니다. DTI는 빌린 돈을 갚을 능력이 있는지, 개인의 재정건전성을 확인하는 것입니다.

DSR은 총부채원리금상환비율로, 연소득에 대비해 갚아야 할 원금과 이자를 더한 비율을 말합니다. 소득 대비 부채 상환 부담을 나타내는 지표로, 지난 2018년 도입됐습니다. DSR은 연소득을 기준으로 대출을 제한하는 가장 강력한 규제입니다. 주담대뿐만 아니라 자동차 할부금, 신용대출, 학자금 대출, 마이너스통장 등 모든 금융권 대출을 포함해 산정합니다. 모든 대출의 원리금이 연소득의 일정 비율을 넘지 못하도록 규제합니다. DSR이 낮으면 상환능력이 높다는 것을 의미합니다. 금융당국은 가계부채 관리를 위해 DSR 한도를 40%로 제한하고 있습니다. 특례보금자리론과 전세보증금 반환 목적에 한해서만 DSR 규제를 적용하지 않습니다.

주택담보대출을 받을 때는 신분증과 인감도장, 인감증명서, 주민등록등본과 주민등록초본이 필요합니다. 또 집문서인 등기권리증이나 부동산 계약서와 임대차계약서, 전입세대 열람내역서, 소득증빙서류와 자격증명서류, 가족관계증명서 등을 제출해야 합니다. 자신의 LTV, DTI, DSR 한도가 궁금하다면 네이버 검색창에 '부동산 계산기'를 입력하면 손쉽게 확인할 수 있습니다.

08
내 집 마련을 위한 대출 제대로 받는 방법

#종잣돈   #경제적 능력부터 확인
#생애 첫 내 집 마련 디딤돌대출   #9억 이하 특례보금자리론

서울 마포구에 거주하는 30대 초반 회사원 양동석(가명) 씨의 월급은 300만 원입니다. 지난 2019년부터 회사생활을 시작한 양 씨는 2021년에 결혼했습니다. 결혼을 하며 그동안 모아뒀던 목돈을 썼습니다. 신혼부부인 양 씨는 현재 양가 부모님의 도움으로 회사 근처 아파트 전셋집에 살고 있습니다. 양 씨는 매달 생활비 100만 원, 양가 부모님 용돈 40만 원, 아파트 관리비 15만 원, 보험료 10만 원가량을 지출합니다.

양 씨의 최대 관심사는 내 집 마련입니다. 양 씨는 결혼 이후 매달 청약통장에 10만 원, 정기적금에 각각 매달 70만 원과 50만 원씩 넣고 있습니다. 또 수시입출금 통장에는 비상 상황일 때 쓰려고 모아둔 1,000만 원가량이 있습니다. 양 씨는 "최대한 빨리 내 집을 마련하는 게 목표이자, 꼭 이루고 싶은 소원"

이라며 "내 집 마련을 위해 목돈을 열심히 모으고 있는데, 집값이 더 많이 올라 고민이다"라고 말했습니다.

내 집 마련을 위해서는 목돈이 필요합니다. 사회초년생이나 신혼부부 등 2030세대들에게 목돈 마련은 결코 쉬운 일이 아닙니다. 2030세대의 지갑은 상대적으로 얇습니다. 월급은 적고, 현재 보유한 현금이 많지 않다 보니 내 집 마련을 위한 종잣돈을 모으는 일은 중장기적인 계획입니다.

내 집 마련을 꿈꾸는 사회초년생들이라면 월급 대부분을 꼬박꼬박 저축하고 있을 겁니다. 단 0.1%라도 높은 이자를 받을 수 있는 은행권을 찾아 적금을 붓는 것도 마다하지 않습니다. 하지만 은행 금리가 신통치 않다 보니 목돈을 마련하기가 말처럼 쉽지 않습니다.

N잡러가 된 영끌족 왜?

최근 몇 년간 집값이 급등했습니다. 집값이 껑충 뛰면서 2030세대 사이에서 '영영 내 집을 마련하지 못할 것'이라는 불안감과 초조함이 극에 달했습니다. 공포로 인한 사재기성 매수인 이른바 '패닉바잉'이 2030세대를 중심으로 들불처럼 번졌습니다. 내 집 마련을 하지 못하면 사회적 낙오자인 것처럼 몰아가는 분위기에 영혼까지 끌어모아 대출을 받아 집을 산 사람들을 뜻하는 '영끌족'이라는 신조어가 우리 사회를 뒤덮었습니다.

영혼까지 끌어모아 대출을 받아 어렵게 이룬(?) 내 집 마련의 행복은 그리 오래가지 않았습니다. 내 집 마련의 기쁨도 잠시. 영끌족의 환호가 비명으로 바뀌는 데는 그리 오래 걸리지 않았습니다. 급등한 대출금리로 영끌족의 비명이 날로 커졌습니다. 10년 만에 기준금리는 3%를 넘어섰고, 시중은행 금리는 7%를 넘나들었습니다. 집값이 계속 오를 것이라는 달콤한 환상도 깨졌습니다.

예상치 못한 금리 인상으로 매달 갚아야 할 대출금이 허리가 휠 지경에 이르렀고, 부동산가격이 속절없이 내려갔습니다. 관망세로 돌아선 부동산 시장에서 집을 내놔도 팔리지 않는, 말 그대로 '진퇴양난'의 처지였습니다. 일부 영끌족은 급등한 대출이자를 감당하기 위해 본업과 아르바이트 등 여러 일을 해야 하는 'N잡러'가 됐습니다.

내 집 마련을 위한 대출 받기 전, 경제적 능력부터 확인

내 집 마련을 위한 대출은 선택이 아닌 필수입니다. 집값이 꾸준히 오르면서 자신이 보유한 현금만으로는 내 집 마련을 하기가 쉽지 않은 시대입니다. 일부 현금 부자를 제외하고, 내 집 마련을 하는 대부분 사람은 주택담보대출을 받습니다.

대출은 목적과 상환 방식에 따라 다릅니다. 우리가 흔히 말하는 대출금은 금융기관에서 빌린 돈을 말합니다. 대출금은 약정에 따라 일정 기한 내 갚아야 할 빚입니다. 대출금은 상환 기간과 이자율에 따라 금액이 결정됩니다.

대출의 첫 시작은 자신의 경제적 능력을 객관화하는 것입니다. 개인의 경제적 능력에 맞는 대출을 받아야 합니다. 자신의 경제적 능력보다 과한 대출을 받는다면 빚에 허덕이고, 신용도가 떨어질 확률이 높습니다. 신용도 하락은 금융 활동에 지장을 초래하고, 심지어 파산할 수도 있습니다. 자신이 빚을 갚을 수 있는 상환능력이 있는지 확인해야 합니다. 상환능력은 자신의 소득과 지출에 따라 결정됩니다. 흔히 빚도 능력이라고 하지만, 이는 틀린 말입니다. 과도한 빚은 결국 짐이 될 뿐입니다.

대출 가능 여부도 확인해야 합니다. 개인의 연소득과 부채, 신용점수 등에 따라 대출을 받을 수 있고, 못 받을 수 있습니다. 대출 가능 여부를 확인한 뒤 대출액과 기간 등 자신에게 가장 적합한 결정을 합니다. 개인의 경제적 능력에 따라 대출 한도와 금리, 상환 기간도 달라집니다. 여러 은행에서 제공하는 대출 상품을 비교하고, 대출 상환 기간과 상환액, 상환 방식 등을 고려해야 합니다.

생애 첫 내 집 마련은 '디딤돌대출'

내 집 마련을 위한 대출의 관건은 금리입니다. 내 집 마련을 위한 대출 상품의 종류와 조건이 다양합니다. 이 중 자신의 경제적 능력에 맞춰 선택하고, 활용하는 게 중요합니다. 주택도시기금 등 공공기관이 제공하는 대출 상품은 시중 금융권보다 대출 조건이 다소 까다롭지만, 금리가 더 낮아서 이자 부담을 줄일 수 있습니다.

생애 최초로 내 집을 마련한다면 **디딤돌대출**을 추천합니다. 주택도시기금의 '내집마련디딤돌대출'은 처음으로 내 집을 마련하는 사람에게 낮은 금리로 돈을 빌려주는 상품입니다. 내집마련디딤돌대출은 배우자의 합산 총소득이 연간 6,000만 원 이하여야 합니다. 다만 생애최초 주택 구입자와 신혼부부, 다자녀가구, 2자녀 가구는 연간 7,000만 원 이하이면 신청할 수 있습니다.

연 2.45~3.3% 금리로 일반은 최대 2억 5,000만 원(생애최초 일반 3억 원), 신혼가구 및 2자녀 이상 가구는 4억 원 이내 대출을 받을 수 있습니다. 일반은 LTV 70%, 생애최초 주택 구입자는 LTV 80%, DTI 60% 이내입니다.

대상 주택은 주거 전용면적이 85㎡(수도권을 제외한 도시 지역이 아닌 읍 또는 면 지역 100㎡) 이하여야 합니다. 대출 접수일 기준으로 담보주택의 평가액이 5억 원(신혼가구 및 2자녀 이상 가구 6억 원) 이하인 주택입니다. 금리는 소득수준에 따라 다릅니다. 금리 우대 조건에 맞는다면 좀 더 저렴한 금리로 대출을 받을 수 있습니다. 우대 조건은 연소득 6,000만 원 이하 한부모가구 연 0.5%, 장애인가구 연 0.2%, 다문화가구 연 0.2%, 신혼가구 연 0.2%, 생애최초 주택 구입자 연 0.2% 등이 있습니다. 중복 적용은 안 됩니다.

또 청약통장 가입자라면 가입 기간 5년 이상이고 60회차 이상 냈다면 연 0.3%, 가입 기간 10년 이상이고 120회차 이상 냈다면 연 0.4%,

내집마련디딤돌대출 금리

소득수준(부부합산 연소득)	10년	15년	20년	30년
2,000만 원 이하	연 2.45%	연 2.55%	연 2.65%	연 2.70%
2,000만 원 초과 ~ 4,000만 원 이하	연 2.80%	연 2.90%	연 3.00%	연 3.05%
4,000만 원 초과 ~ 6,000만 원 이하	연 3.05%	연 3.15%	연 3.25%	연 3.30%

자료: 주택도시기금

가입 기간 15년 이상이고 180회차 이상 냈다면 연 0.5%의 금리 우대를 받을 수 있습니다. 앞에서 언급한 금리 우대 조건 가운데 생애최초 주택 구입자를 제외한 나머지는 모두 중복이 가능합니다.

9억 원 이하 주택을 산다면 특례보금자리론

특례보금자리론은 기존 정책 모기지론인 보금자리론과 적격대출, 안심전환대출을 통합한 대출 상품입니다. 한국주택금융공사 특례보금자리론은 무주택자가 9억 원 이하의 주택을 살 때 소득 제한 없이 최대 5억 원까지 빌릴 수 있습니다.

특례보금자리론은 낮은 금리와 긴 대출 기간, 중도상환수수료 면제 등이 특징입니다. 주택가격은 9억 원, 대출 한도는 최대 5억 원까지입니다. LTV 최대 70%, DTI는 60%가 적용됩니다. 대출 기간은 10년, 15년, 20년, 30년, 40년, 50년이 적용됩니다. 40년, 50년은 특정 조건을 충족해야 합니다. 대출 조건은 기존 보금자리론과 다르게 소득을 보지 않습니다. 무주택자 또는 1주택자라면 신청할 수 있습니다. 원리금 균등과 원금 균등, 체증식 분할 상환 방식이 있습니다.

한국주택금융공사는 2023년 9월 7일부터 특례보금자리론 금리를 일반형은 0.25%, 우대형은 0.2% 올렸습니다. 이에 따라 일반형(주택가격 6억 원 초과 또는 소득 1억 원 초과)은 연 4.65%(10년)~4.95%(50년), 우대형(주택가격 6억 원 이하이면서 소득 1억 원 이하)은 연 4.25~4.55%의 기본금리를 적용합니다.

09

'반백년 대출' 득일까? 실일까?

#DSR 우회 수단　#원리금 줄고, 대출 한도 늘고
#원금보다 이자가 더 많아

　　내 집 마련의 문턱을 낮추기 위해 50년 만기 주택담보대출 상품이 나왔습니다. 이른바 '반백년 주담대'라고 부르는 이 상품에 대한 사람들의 관심이 뜨거웠습니다. 출시 초기에는 "평생 은행 노예로 빚만 갚으며 살라는 거냐?", "살아생전 다 갚을 수 있느냐?" 등 다소 냉소적인 반응이 주를 이뤘습니다.

　　시간이 지나자, 분위기는 급반전했습니다. 언제 그랬냐는 듯 "받을 수 있으면 무조건 받아야 한다"라며 분위기가 180도 달라졌습니다. 불과 출시 한 달 만에 1조 원을 넘어서더니, 두 달 만에 2조 원 이상 급증하는 등 열기가 식을 줄 몰랐습니다. 50년 만기 주담대 상품 가입 제한 나이는 은행권이 약속이나 한 듯 만 34세 이하입니다. 은행보다 늦게 50년 만기 주담대 상품을 내놓은 보험 업계도 가입 제한 나이가 같습니다.

실제 다 갚을 수 있을지도 모르는 반백년 주담대에 왜 사람들이 이토록 열광할까요? 총부채원리금상환비율(DSR)의 우회 수단이라는 인식이 빠르게 퍼진 탓입니다. 무엇보다 비록 대출받아서 산 집이라도, 더는 2년마다 이사하지 않아도 되고 임대인의 눈치를 안 봐도 되는 안정적인 삶을 원하는 무주택자들의 간절함이자, 내 집 마련을 원하는 사람들이 그만큼 많다는 것입니다.

은행이 수익과 직결되는 금리를 스스로 낮추는 건 꿈같은 얘기입니다. 은행은 금리를 낮추는 대신, 주택담보대출 만기를 연장했습니다. 만기 연장은 금리 급등으로 인해 돈을 빌린 사람의 원리금 부담 상환을 줄여주고, 장기적으로 이자 수익을 더 많이 챙길 수 있는 '일석이조' 효과가 있습니다. 또 돈을 빌리는 사람은 만기 연장되면 빌릴 수 있는 돈이 많아져 가격 상승 여력이 높거나, 상대적으로 주택 선호가 높은 지역의 주택을 매수할 기회가 생깁니다. 즉 이자를 더 많이 챙기려는 은행과 돈을 더 빌려 가격 상승을 기대할 수 있는 주택을 사려는 차주의 이해관계가 맞아떨어지면서 만기가 50년까지 연장된 주택담보대출 상품이 나온 것입니다. 2023년 1월 수협은행이 최초로 50년 만기 주택담보대출 상품을 출시한 뒤 같은 해 9월 기준 13개 은행에서 같은 상품을 취급하고 있습니다.

50년 만기 시 이자 총액이 원금보다 많아

　50년 만기 주택담보대출 상품은 신혼부부나 청년 등 정책모기지 론에서만 볼 수 있었습니다. 은행권의 기존 주담대 상품의 최대 만기 기한은 40년이었습니다. 은행권에서 주담대 만기를 50년으로 늘린 상품을 내놓은 데는 이유가 있습니다. 당시 고금리 영향으로 집값이 바닥을 찍었다는 분석이 나올 정도로 집값이 곤두박질치면서 집값 재상승을 기대하는 주택 수요가 늘어났고, 그 수요를 끌어들이기 위한 것이었습니다.

　무엇보다 만기가 늘어나면 대출 한도가 늘어나기 때문에 집값 재상승을 기대하는 수요층에게는 매력적인 상품으로 다가왔을 겁니다. 주담대는 총부채원리금상환비율(DSR)과 총부채상환비율(DTI) 규제를 받습니다. 돈을 빌린 사람이 매년 갚아야 할 원리금 상환액이 자신의 소득의 일정 비율을 넘지 못하게 제한하는 것입니다. 원리금을 갚을 기간이 50년으로 늘어나면 매년 갚아야 할 원리금이 줄고, 덩달아 월 상환액도 줄어듭니다. 그만큼 대출 한도가 늘어납니다.

　예를 들어 연소득 5,000만 원인 회사원이 연 4% 금리로 40년 만기 주담대를 받는다고 가정하고, DSR 40%를 적용하면 최대 3억 9,800만 원을 빌릴 수 있습니다. 만기를 50년으로 10년 늘린다면 대출 한도는 4억 3,100만 원으로 올라갑니다. 대출 한도가 3,300만 원 늘어납니다. 또 원리금 상환액도 줄어듭니다. 연 4% 금리로 3억 원을 대출받으면 40년 만기일 때는 월 이자가 125만 4,000원이지만, 50년 만기일 때는 115만 7,000원으로 약 10만 원 정도 줄어듭니다.

다만 돈을 갚아야 할 시기가 길어지다 보니 이자 총액이 늘어납니다. 연 4% 금리로, 40년 만기로 3억 원의 주담대를 받았을 때 총이자는 약 3억 180만 원입니다. 50년 만기일 때는 총이자가 3억 9,400만 원으로, 원금보다 이자가 많아집니다. 배보다 배꼽이 더 커질 수 있다는 것입니다.

50년 만기 주담대는 왜 등장했나?

주택담보대출 상품은 금리와 직접적인 연관이 있습니다. 한국은행은 2023년 1월 기준금리 0.25%p 인상을 끝으로, 2·4·5·7월에 이어 8월까지 5회 연속으로 기준금리를 동결했습니다. 기준금리를 5회 연속 동결했다고 하더라도, 2021년 중순 연 0.5% 수준이었던 기준금리가 2023년 9월 기준 3.5%로, 이전에 비하면 고금리입니다.

은행들은 한국은행 기준금리에 가산금리를 더해 금리(변동금리 포함)를 산정합니다. 금리가 높아지면 은행에서 돈을 빌린 사람인 차주는 원리금 상환 부담이 커집니다. 은행이 차주들의 부담을 덜어주기 위해 금리를 낮춰주면 좋겠지만, 현실적으로 불가능합니다. 은행은 자선 기구가 아닙니다. 은행도 기업입니다. 자본주의 사회에서 이익 극대화는 기업의 핵심 목표입니다.

한국 경제 뇌관 터질라, 주담대 만기 40년까지로 제한

50년 만기 주담대 상품이 선풍적인 인기를 끌면서 당장 발 등에 불이 떨어진 건 정부 당국입니다. 가뜩이나 가계부채 증가로 골머리를 앓는 정부에 50년 만기 주담대 열풍이 달갑지 않습니다. 2023년 8월 기준 은행권 가계대출이 전달보다 6조 9,307억 원 증가했습니다. 주담대 증가 폭은 2020년 2월 7조 8,000억 원 이후 3년 6개월 만에 최대치입니다.

가계부채는 한국 경제의 최대 뇌관입니다. 뇌관이 터지는 걸 금융당국이 손 놓고 가만히 보기만 할 순 없습니다. 금융당국은 50년 만기 주담대 대출 증가를 가계부채의 급증 원인으로 진단했습니다.

국가가 나섰습니다. 금융당국이 2023년 9월 13일 가계부채 현황 점검 회의를 열고, DSR 산정 만기를 최장 40년으로 제한하기로 했습니다. 또 개별 차주별로 상환능력을 확실하게 입증한 경우에만 50년 만기 대출이 가능하게 했습니다. 변동금리 대출은 향후 금리 상승 가능성을 고려해 엄격한 규제가 이뤄지도록 DSR 산정 시 일정 수준의 가산금리를 적용하는 '스트레스(Stress) DSR 제도'를 도입합니다.

금융당국은 또 늘어나는 가계부채를 줄이기 위해 특례보금자리론 기준을 강화했습니다. 부부합산 연소득이 1억 원을 넘거나 주택가격이 6억 원을 초과하면 특례보금자리론을 받을 수 없습니다.

10
토지거래허가구역에서 아파트를 산다면?

#반드시 허가받아야   #사유재산 침해?
#투기 수요 차단   #갭투자 불가   #실거주 2년 의무

부동산은 돈을 부릅니다. 부동산 정보나 개발 호재에 빠삭한 누군 가는 지금 이 순간에도 계약서에 도장을 찍고 있을지 모릅니다. 자금 력을 앞세워 알짜 부동산을 선점하기 위한 이들의 각축전이 끝난 뒤 늘 한발 늦은 개미군단이 이들의 뒤를 따릅니다. 부동산이 자산 증식 의 수단이자, 투기의 대상이 되는 일련의 과정입니다. 이를 흔히 '투기 바람'이라고 합니다.

부동산 투기는 우리 사회를 병들게 합니다. 투기는 불로소득과 맞 닿아 있습니다. 부동산 불로소득은 자산의 양극화를 더욱 뚜렷하게 합니다. 이를 '빈익빈 부익부' 현상이라고 합니다. 돈이 있는 사람에게 만 계속 부가 몰리고, 가난한 사람은 더욱 가난해지는 것입니다.

부동산 투기 바람이 한 번 휩쓸고 지나간 자리에는 집값과 전셋값 급등이라는 병폐가 남습니다. 부동산 투기는 소비 여력과 내수 경제를 위축시키는 것은 물론, 무주택자의 내 집 마련 꿈을 짓밟기도 합니다. 급격한 집값 상승은 누군가에게는 투자 성공 사례일 수 있지만, 자산의 불평등을 키우고 근로 의욕마저 떨어뜨립니다.

어느 정부나 마찬가지입니다. 정부는 투기 수요 유입을 차단하고, '집값 안정'이라는 공공의 이익을 위해 부동산 시장에 개입합니다. 투기 바람을 누구보다 잘 아는 정부는 여러 규제대책을 통해 투기 수요를 원천 차단합니다. 그중 투기 수요가 유입될 우려가 있는 지역을 **토지거래허가구역**으로 지정하는 게 대표적인 차단 방법입니다. 다른 선진국들도 토지나 부동산에 대해 과세를 무겁게 하고, 토지 소유권 행사를 일정 기준으로 제한하는 이유도 이와 같습니다.

토지거래허가구역 지정이 사유재산 침해라고?

토지거래허가구역 지정은 '규제 끝판왕'이라고 불립니다. 토지거래허가구역은 토지나 주택, 상가 등을 거래할 때 국토교통부 장관이나 지방자치단체장으로부터 반드시 허가를 받아야 하는 구역을 정한 것입니다. 토지거래허가구역으로 지정되면 일정 규모 이상의 토지를 사고팔 때 시장이나 군수, 구청장의 허가를 사전에 받아야 합니다. 주택을 거래할 때는 2년 실거주 목적이어야만 허가를 받을 수 있습니다.

토지거래허가구역 지정은 부동산가격이 급등할 우려가 있을 때 사전에 정부가 개입해 더 이상 오르지 못하도록 하는 대표적인 규제대책입니다. 토지거래허가구역 지정은 부동산 시장을 실수요자 위주로 재편하는 효과를 기대할 수 있습니다. 무엇보다 전세를 끼고 집을 사는 이른바 '갭투자'가 불가능합니다. 다만 부동산 시장이 침체기에 접어들면 지나친 규제라며 해제해야 한다는 목소리가 커집니다.

혹자는 토지거래허가구역 지정은 자본주의 체제에서 개인 사유재산을 침해하는 것이라고 주장합니다. 하지만 토지거래허가구역 지정은 합법입니다. 최고 헌법기관인 헌법재판소는 앞서 두 차례나 토지거래허가구역 지정이 사유재산을 침해하지 않는다고 판단했습니다.

지난 1989년 12월 22일 헌법재판소는 "국토이용관리법 제21조의 3 제1항의 토지거래허가제는 사유재산제도의 부정이 아닌, 제한의 한 형태이고 토지의 투기적 거래의 억제를 위해 그 처분을 제한함은 부득이한 것이므로 재산권의 본질적인 침해가 아니다."라며 합헌 결정을 내렸습니다. 또 1997년 6월 26일 토지거래허가구역 지정이 위헌이라는 논란이 있을 때도 헌재는 1989년 결정한 합헌에 대한 판단을 근거로 합헌을 유지했습니다.

토지거래구역 지정 지역은 어디?

토지거래허가구역으로 지정되면 일정 면적을 초과한 부동산을 거래할 때 사전에 관할 시·군·구의 허가를 받아야 합니다. 일정 면적 기준은 지역과 용도에 따라 다릅니다. 통상 도시 지역에서는 각 대지 면적이 주거지역·용도 미지정 $60\,m^2$, 상업·공업지역 $150\,m^2$, 녹지지역 $200\,m^2$를 초과하는 경우 허가를 받아야 합니다. 도시 지역 외에는 일

토지거래허가구역 허가 절차

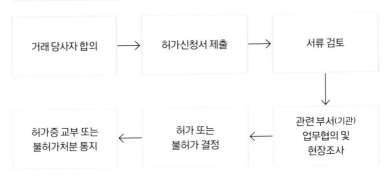

| 거래 당사자 합의 | → | 허가신청서 제출 | → | 서류 검토 |

```
거래 당사자 합의  →  허가신청서 제출  →  서류 검토
                                              ↓
허가증 교부 또는        허가 또는        관련 부서(기관)
불허가처분 통지    ←    불허가 결정   ←   업무협의 및
                                        현장조사
```

* 불허가 통보 시 1개월 내 이의신청
* 이의신청 도시계획위원회(시·군·구) 심의
* 심의 결과 통보

자료: 서울부동산정보광장

반 250㎡, 농지 500㎡, 임야 1,000㎡가 기준입니다.

　서울시는 2023년 6월 7일 강남구 삼성·청담·대치동과 송파구 잠실동 등 4곳에 대한 토지거래허가구역 지정을 1년 연장했습니다. 서울시는 전날 제8차 도시계획위원회를 열고 국제교류복합지구 인근 4개 동인 강남구 삼성·청담·대치동과 송파구 잠실동 일대(총 14.4㎢)를 재지정하기로 했습니다. 삼성동 등 4곳은 국제교류복합지구 개발에 따른 투기 수요 차단을 위해 지난 2020년 6월 23일 토지거래허가구역으로 처음 지정됐습니다. 지정 기한이 두 차례 연속 연장되면서 2023년 6월 22일에 만료될 예정이었습니다. 하지만 또다시 연장돼 2024년 6월 22일까지 토지거래허가구역 지정 효력이 유지됩니다.

토지거래허가구역 내 아파트 사면 실거주 2년 의무

토지거래허가제 지정 구역에서는 특정 목적에 맞지 않는다면 주택 매매를 허가해주지 않습니다. 허가를 받지 않고 거래를 하면 2년 이하 징역이나 토지가격의 최대 30%에 해당하는 벌금을 내야 합니다. 계약도 당연히 무효 처리됩니다.

토지거래허가구역에서 아파트나 주택을 사려면 2년간 반드시 해당 주택에서 살아야 합니다. 실제 거주하지 않으면 매매를 할 수 없습니다. 또 이 기간 내 집을 다시 팔거나 다른 사람한테 임대하는 것은 불법입니다. 단, 경매로 토지거래허가구역 아파트를 낙찰받으면 일반 매매와 달리 2년 실거주 의무를 면제받을 수 있습니다. 또 자금 출처를 제출하지 않아도 됩니다.

서울시 기준으로 토지거래허가구역 내 아파트를 거래할 때는 사전에 토지거래허가신청서와 매매약정서, 기존 주택 매도계약서, 자금조달계획서 등을 관할 지자체에 제출해야 합니다. 허가 절차는 거래 당사자인 매도·매수자가 공동(대리인은 위임장 필요)으로 허가신청서와 필요한 각종 서류를 제출하면 시장, 군수, 구청장 등이 서류를 검토합니다. 이후 관련 부서나 기관 업무협의 및 현장조사를 합니다. 이후 허가 또는 불허가가 결정됩니다. 허가가 결정되면 허가증을 받으면 됩니다. 불허가 결정이 나면 불허가처분 통지서를 받습니다. 불허가 통보를 받은 뒤 1개월 이내에 이의신청을 할 수 있습니다. 관할 지자체 도시계획위원회(시·군·구)에서 심의한 뒤 결과를 통보합니다.

11
자소서보다 어려운
주택자금조달계획서 작성하기

#부동산은 사회 재화   #자기자금&차입금
#과태료 500만 원

자본주의 사회에서 돈은 없어서는 안 될 존재입니다. 돈은 재화를 교환할 수 있는 수단이자 증표입니다. 자본주의 사회에서 모든 재화는 돈으로 사고팔 수 있습니다. 부동산도 마찬가지입니다. 돈이라는 수단으로 부동산을 누구나 자유롭게 거래할 수 있습니다.

부동산은 공공성이 강한 사회 재화입니다. 한발 더 나가 부동산이 공공재라고 주장하는 사람도 있습니다. 하지만 엄밀히 따지면 공공재가 아닌 공공성이 강한 사회 재화입니다. 부동산은 사회 각 분야와 깊게 연관돼 있습니다. 정치, 경제, 사회, 금융, 교육 등 우리 사회를 지탱하는 주요 분야와 얽히고설켜 있습니다. 부동산가격 변화가 사회 전반에 다양한 영향을 미치는 이유입니다.

부동산은 여느 재화와 달리 상대적으로 많은 돈이 필요합니다. 돈이 워낙 많이 필요하다 보니 금융기관에서 돈을 빌리는 게 예삿일입니다. 빌린 돈이 투기 수단으로 변질하지 않았는지, 또는 탈세와 탈법 행위 등 우리 사회의 질서를 흩트리지 않았는지 관리·감독하는 게 정부의 역할입니다. 사회 재화이자 공공성이 강한 부동산을 정부가 일정 기준으로 제한하는 것은 당연합니다.

주택자금조달계획서 잘 못 썼다간 국세청 전화 받는다

주택자금조달계획서의 정식 명칭은 '주택취득자금조달 및 입주계획서'입니다. 주택을 사는 데 필요한 자금을 어떻게 마련했는지 항목별로 나눠 작성하도록 한 문서입니다. 지난 2020년 3월 13일부터 자금조달계획서 제출 대상이 대폭 확대됐습니다. 투기과열지구와 조정대상지역에서 3억 원 이상, 나머지 비규제지역에서 6억 원 이상 주택을 사면 자금조달계획서를 반드시 작성해야 합니다. 즉 규제지역 내 모든 주택 거래는 자금조달계획서를 의무적으로 제출해야 합니다. 매매와 분양권, 입주권 공급계약 및 전매계약 등 모든 거래를 포함합니다.

내 돈 주고 내가 사겠다는데 굳이 주택자금조달계획서까지 써야 하냐고요? 이 물음은 개인이 돈이라는 교환 수단을 통해 부동산을 사기 때문에 사회 재화가 아닌 개인의 사적인 재화로 봐야 한다는 말입니다. 일견 일리 있는 주장입니다. 하지만 부동산을 이용한 불법적인 방법으로 부당이득을 챙긴 개인이나 범죄 집단에 대해 사법부가 엄격한 잣대로 처벌하고, 부당이득까지 환수합니다. 부동산을 공공성이 강한 사회 재화로 보기 때문입니다. 부동산과 관련한 사회적 질서를 지켜야 공공성을 담보할 수 있습니다. 사회적 약속인 질서가 한 번 무너지면 그 혼란은 상상을 초월합니다.

주택자금조달계획서와 증빙자료를 제출하지 않거나, 허위로 꾸며 제출하면 과태료 처분을 받습니다. 부동산 거래 신고 등에 관한 법률 위반으로 과태료 500만 원을 부과합니다. 특히 거래대금과 관련한 자료를 제출하지 않으면 최대 3,000만 원의 과태료를 부과합니다. 자금 조달계획서의 각 항목을 증빙할 수 있는 서류를 반드시 제출해야 한다는 것입니다.

과태료 부과로 끝나지 않습니다. 주택자금조달계획서를 어설프게 작성해 제출했다간 청약통장 매매나 불법전매 등과 같은 불법행위 의심자로 분류돼 국토교통부의 추가 조사대상자 명단에 이름을 올릴 수 있습니다. 또 탈세 혐의로 국세청으로부터 세무조사까지 받을 수 있습니다. 국세청은 증여세나 소득 탈루 등이 의심되는 대상자를 분류하고, 추가 조사에 나섭니다. 국세청으로부터 전화를 받고 싶지 않다면 주택자금조달계획서를 꼼꼼하게 써야 합니다.

주택자금조달계획서 작성법

주택자금조달계획서는 국토교통부 실거래가 공개시스템 홈페이지에서 출력합니다. 공인중개업소에 대부분 비치돼 있습니다. 주택자금조달계획서는 크게 '자기자금'과 '차입금'으로 나뉩니다. 자기자금은 본인 명의로 된 금융기관 예금액이나 주식·채권 매각대금, 증여·상속,

부동산 처분대금 등을 말합니다. 쉽게 말해 본인 명의 통장에 돈이 얼마나 있는지 등을 확인하는 절차입니다.

거래하는 은행에서 예금잔액증명서를, 증권사에서 주식거래명세서를 각각 발급받아 제출해야 합니다. 예금잔액증명서를 신청할 때는 신청 기간을 당일까지 지정하면 당일 해당 계좌의 거래가 정지됩니다. 은행 거래가 일시 정지되는 불편함을 겪지 않으려면 신청 기간을 전날까지로 지정합니다.

또 증여·상속세 신고서와 근로소득원천징수, 부동산 매매(임대)계약서 등도 함께 제출합니다. 증여나 상속 절차가 진행 중이라 신고하지 못했다면 증여·상속액을 우선 기재하고, 증빙 서류는 절차가 끝나고 제출하면 됩니다.

납세증명서는 관할 세무서나 온라인에서 발급받을 수 있습니다. 국세청 홈택스 홈페이지(https://www.hometax.go.kr)에 접속하고, 민원증명과 국세증명신청을 선택하면 납세증명서를 출력할 수 있습니다.

차입금은 금융기관 대출액과 임대보증금, 이 밖의 차입대금 등을 의미합니다. 차입금 기재 항목은 금융기관 대출액, 임대보증금, 회사 지원금·사채 등입니다. 금융거래 확인서를 비롯해 금융기관 대출신청서, 부동산임대차계약서, 가족이나 친인척 등 제3자에게 돈을 빌린 사실과 액수를 확인할 수 있는 차용증 등 각종 서류가 필요합니다.

간혹 평소 모아둔 금이나 은, 자동차 등을 팔아 주택 매입자금으로 활용하는 일도 있습니다. 판매대금을 현금이 아닌 은행 계좌로 받고, 판매처에서 발급한 영수증을 함께 첨부하면 됩니다.

거래금액이 확정됐다면 계약금과 중도금, 잔금 등을 어떻게 낼지,

금액과 날짜에 맞게 작성합니다. 부동산거래계약 신고서 접수 전에는 주택자금조달계획서를 제출할 수 없습니다. 부동산거래계약 신고서의 제출 여부는 관할 관청에서 확인할 수 있습니다. 공동명의로 주택을 사려면 매수인마다 주택자금조달계획서를 작성해야 합니다.

주택취득자금 조달 및 입주계획서

■ 부동산 거래신고 등에 관한 법률 시행규칙 [별지 제1호의3서식] <개정 2022. 2. 28.> 부동산거래관리시스템(rtms.molit.go.kr)에서도 신청할 수 있습니다.

주택취득자금 조달 및 입주계획서

※ 색상이 어두운 난은 신청인이 적지 않으며, [ ]에는 해당되는 곳에 √표시를 합니다. (앞쪽)

접수번호		접수일시		처리기간	
제출인 (매수인)	성명(법인명)		주민등록번호(법인·외국인등록번호)		
	주소(법인소재지)		(휴대)전화번호		

① 자금 조달계획	자기 자금	② 금융기관 예금액 　　　　원	③ 주식·채권 매각대금 　　　　원
		④ 증여·상속 　　　　원	⑤ 현금 등 그 밖의 자금 　　　　원
		[ ] 부부 [ ] 직계존비속(관계:) [ ] 그 밖의 관계( )	[ ] 보유 현금 [ ] 그 밖의 자산(종류:)
		⑥ 부동산 처분대금 등 　　　　원	⑦ 소계 　　　　원
	차입금 등	⑧ 금융기관 대출액 합계 　　　　원	주택담보대출 　　　　원
			신용대출 　　　　원
			그 밖의 대출 　　　　원 (대출 종류:)
		기존 주택 보유 여부 (주택담보대출이 있는 경우만 기재) [ ] 미보유 [ ] 보유 (건)	
		⑨ 임대보증금 　　　　원	⑩ 회사지원금·사채 　　　　원
		⑪ 그 밖의 차입금 　　　　원	⑫ 소계 　　　　원
		[ ] 부부 [ ] 직계존비속(관계:) [ ] 그 밖의 관계( )	
	⑬ 합계		원

⑭ 조달자금 지급방식	총 거래금액	원
	⑮ 계좌이체 금액	원
	⑯ 보증금·대출 승계 금액	원
	⑰ 현금 및 그 밖의 지급방식 금액	원
	지급 사유 ( )	

⑱ 입주 계획	[ ] 본인입주 [ ] 본인 외 가족입주 (입주 예정 시기: 년 월)	[ ] 임대 (전·월세)	[ ] 그 밖의 경우 (재건축 등)

「부동산 거래신고 등에 관한 법률 시행령」 별표 1 제2호나목, 같은 표 제3호가목·전단, 같은 호 나목 및 같은 법 시행규칙 제2조제6항·제7항·제9항 및 제10항에 따라 위와 같이 주택취득자금 조달 및 입주계획서를 제출합니다.

년　월　일

제출인　　　　　　　　(서명 또는 인)

시장·군수·구청장 귀하

유의사항

1. 제출하신 주택취득자금 조달 및 입주계획서는 국세청 등 관계기관에 통보되어, 신고내역 조사 및 관련 세법에 따른 조사 시 참고자료로 활용됩니다.
2. 주택취득자금 조달 및 입주계획서(첨부서류 제출대상인 경우 첨부서류를 포함합니다)를 계약체결일부터 30일 이내에 제출하지 않거나 거짓으로 작성하는 경우 「부동산 거래신고 등에 관한 법률」 제28조제2항 또는 제3항에 따라 과태료가 부과되니 유의하시기 바랍니다.
3. 이 서식은 부동산거래계약 신고서 접수 전에는 제출이 불가하오니 별도 제출하는 경우에는 미리 부동산거래계약 신고서의 제출여부를 신고서 제출자 또는 신고관청에 확인하시기 바랍니다.

210mm×297mm[백상지(80g/m²) 또는 중질지(80g/m²)]

12
다세대·다가구·연립·빌라 구별하기

#세대와 가구   #세대 분리하면 절세
#건축물대장으로 주택 구별하는 법

우리나라 가족 형태는 시대에 따라 다양한 형태로 변하고 있습니다. 몇 세대가 함께 살던 전통적인 대가족에서 1980년대 베이비붐 세대를 거치며 직계가족 중심의 핵가족으로 달라졌습니다. 최근에는 혼자 사는 1인 가구뿐만 아니라 혈연이 아닌 사람들이 모여 사는 공동체 형태에 이르기까지 가족 형태가 달라지고 있습니다. 가족 형태가 다양해지면서 주택 종류도 덩달아 진화하고 있습니다. 핵가족을 위한 주택부터 혼자 사는 1인 가구를 위한 주택, 혈연이 아닌 사람들끼리 모여 사는 주택까지 진화를 거듭하고 있습니다.

주택은 사람이 들어가 살 수 있도록 지은 건물입니다. 흔히 '집'이라고 합니다. 한 가지 질문을 하겠습니다. 지금 사는 집은 다세대주택인가요, 다가구주택인가요? 아니면 연립주택인가요? 대답이 선뜻 나오지 않을 겁니다. 자주 보고 들어서 익숙하지만, 집을 형태에 따라 정확히 구분하기가 어렵습니다. 건물 외관상으로도 구분하기가 쉽지 않습니다. 분명 다르다는 건 아는데, 알 듯 말 듯 헷갈립니다.

세대와 가구, 뭐가 달라?

집을 구분하기 전 알아야 할 게 있습니다. 특히 내 집 마련을 원한다면 반드시 알아야 합니다. 바로 '세대'와 '가구'의 차이입니다. 두 단어를 뉴스에서 자주 혼용해 쓰다 보니 같은 말로 오해합니다. 하지만 세대와 가구는 엄연히 다릅니다. 세대와 가구를 구분하는 기준은 소유권입니다. 구분 등기가 가능하고 소유권이 있다면 세대, 구분 등기가 불가능하고 소유권이 없다면 가구라고 합니다.

세대는 집에 함께 거주하는 여부와 상관없이 주민등록상에 함께 등록된 구성원을 의미합니다. 가구는 한집에 같이 생활하는 단위를 말합니다. 혈연이나 가족관계와 상관없이 같이 한집에 함께 거주하는 단위를 말합니다.

세대는 행정적 구성원으로, 따로 살더라도 주민등록상에 같은 구성원이라면 1세대입니다. 부부는 주민등록상 떨어져 있더라도 같은 세대로 봅니다. 30세 이상이면 세대 분리가 가능합니다. 30세 미만이더라도 몇 가지 조건에 충족하면 세대 분리를 할 수 있습니다. 결혼하거나 만 19세 이상이 최저생계비 이상의 소득이 있다면 가능합니다. 국민기초생활보장법에 따른 기준으로, 중위소득의 40% 이상의 소득이 있어야 합니다. 2022년 기준 1인 가구 중위소득은 194만 4,812원입니다. 이 기준의 40% 이상이라면 77만 7,925원입니다. 매달 약 78만 원 이상의 소득이 있다면 30세 이하라도 세대 분리를 할 수 있습니다.

세대 분리는 왜 하나?

세대 분리는 세금·청약과 연관돼 있습니다. 1세대가 2주택을 보유한 것보다 세대 분리를 통해 각각 1주택을 보유하면 세금을 줄일 수 있습니다. 예를 들어 현재 1주택을 보유한 부부가 자녀 이름으로 주택 한 채를 더 사면 1가구 2주택자가 됩니다. 그럼 다주택자에게 부과하는 취득세와 양도소득세, 종합부동산세 등 세금 중과 대상입니다. 반면 자녀가 세대를 분리해 주택 한 채를 사면 1가구 1주택자로 분류돼 세금을 줄일 수 있습니다.

세대 분리는 아파트 청약에서도 유리합니다. 투기과열지구나 조정대상지역 등 규제지역에서는 청약통장 가입 2년이 지나고 1순위 청약 요건을 갖췄더라도 세대주에게만 1순위 청약자격이 주어집니다. 세대주가 아니라면 2순위 청약에 나서야 하는데, 2순위 청약은 물량이 적어 당첨 확률이 1순위 청약에 비해 낮습니다. 무주택 1가구의 세대주인 부모와 자녀가 세대 분리를 한다면 부모와 자녀 모두 세대주로 1순위 청약에 나설 수 있습니다.

건축물대장 꼭 확인하세요

다가구주택과 다세대주택은 건물 외관만으로 구분하기가 어렵습니다. 흔히 여러 세대가 함께 사는 건물을 '다가구주택' 또는 '다세대주택'이라고 합니다. 다가구주택과 다세대주택이 비슷하지만, 법적으로는 구분돼 있습니다.

다가구주택은 단독주택입니다. 다가구주택은 건축법에 따라 한 가구가 독립해 거주하는 건축물입니다. 호별로 구분돼 있고, 실제 따로 거주하더라도 전체를 하나의 건물로 인정해 1주택자로 간주합니다. 다가구주택은 건축법상 단독주택으로 분류돼 있어 구분 등기가 불가능합니다. 한 건물에 여러 세대가 공동으로 거주하고 있지만, 공동주택에 해당하지 않습니다. 예를 들어 다가구주택에 4세대가 사나, 6세대가 사나 소유주는 단 한 명입니다. 다가구주택은 세대별로 방이나 부엌, 화장실 등을 갖춘 바닥면적이 660㎡ 이하, 3층 이하(지하층 제외)의 주택입니다. 거주 세대는 19세대 이하입니다. 바닥면적을 산정할 경우 지하 주차장 면적은 제외됩니다.

다세대주택은 하나의 건물이라도 등기부등본에 호별로 구분됩니다. 세대마다 개별 현관이 있고, 주택으로 쓰는 1개 동의 바닥면적 합계가 660㎡ 이하, 4층 이하의 주택으로 19세대까지 건축할 수 있습니다. 층별, 호별로 등기가 분리돼 있습니다. 세대별로 매매가 가능합니다.

다가구주택과 다세대주택은 세법에서도 차이가 있습니다. 주택 형태에 따라 '1세대 1주택 양도세 비과세'나 '임대소득 비과세' 적용 여부가 달라집니다. 예를 들어 다세대주택 전체를 한 번에 판다고 하더

다가구주택 　　다세대주택

라도 여러 채의 주택을 양도하는 것으로, 다주택 보유자에 해당합니다. 양도소득과 임대소득 등에 대한 과세대상입니다. 다가구주택은 전체를 하나의 주택으로 보기 때문에 해당 주택을 2년 이상 보유하고, 매매할 경우 1세대 1주택 비과세 혜택을 받습니다. 또 해당 주택의 기준시가가 9억 원 미만일 경우 부부합산이나 임대소득에 대한 소득세 비과세 혜택을 받습니다.

다세대주택과 다가구주택, 연립주택 등 공동주택을 흔히 '빌라'라고 합니다. 하지만 빌라는 외국에서 휴가용 주택이나 고급 별장을 칭하는 단어입니다. 건축법상 용어가 아닙니다. 공동주택은 아파트와 연립주택처럼 여러 가구가 사는 주택입니다. 아파트는 5층 이상 주택, 연립주택은 아파트보다 규모가 작은 주택입니다. 연면적 $660\,m^2$를 초과하면서 4층까지 지을 수 있습니다. $660\,m^2$를 평으로 환산하면 199평 정도 됩니다. 건축물대장을 통해 연립주택이 다세대주택인지, 다가구주택인지 확인할 수 있습니다. 199평 이하에 세대별 등기가 가능하면 다세대주택이고, 건물주 한 사람만 등기돼 있다면 다가구주택입니다.

13
매도인의 일방적 계약 파기,
배액배상 받으려면?

#변심에는 책임이 뒤따라
#계약 구속력 #약정 계약금이 배상 기준

결혼 10년 차 맞벌이 부부인 신승호(가명) 씨는 최근 내 집 마련을 위해 매매계약을 체결하다 황당한 일을 겪었습니다. 신 씨는 공인중개사로부터 회사 근처에 평소 눈여겨본 아파트가 급매물로 나왔다는 연락을 받았습니다. 신 씨는 직접 매물을 확인했습니다. 급매물이라 시세보다 5,000만 원가량 싸게 매매계약을 체결했습니다. 계약금 8,000만 원 중 2,000만 원은 계약 당일에 지급했습니다. 나머지 6,000만 원은 일주일 후에 지급하기로 했습니다.

시세보다 저렴하게 내 집 마련을 했다는 기쁨도 잠시. 며칠 후 매도자로부터 연락을 받았습니다. 매도자는 신 씨에게 "아파트값이 계속 오르고 있으니, 기존 계약을 해제하겠다"라며 "계약금으로 받은 2,000만 원의 2배인 4,000만 원을 돌려주겠다"라고 통보했습니다. 매도자의 일방적인 계약 해지 통보에 신 씨는 황당하기만 합니다.

부동산 매매계약이 체결된 뒤 계약을 해제하는 사례가 자주 발생합니다. 매도자와 매수자의 이해관계에 따라 계약이 해제됩니다. 통상 매도자는 집값 상승기에, 매수자는 집값 하락기에 계약 해제를 요구합니다. 매도자는 집값이 더 오를 것을, 매수자는 집값이 더 내려갈 것을 기대하며 일방적으로 계약을 해제합니다. 집값이 요동치는 시기에는 하루 만에도 집값이 적게는 수천만 원에서, 많게는 수억 원에 이를 정도로 오르락내리락하다 보니 변심이 생기기 마련입니다.

부동산 계약 해제는 매도자와 매수자의 권리입니다. 예상하지 못한 돌발 변수로 불가피하게 계약을 해제하는 일도 적지 않습니다. 부동산 계약은 계약 당사자 간 합의로 체결된 사적 계약입니다. 계약 해제는 누구나 할 수 있지만, 매수자는 곤혹스러울 수밖에 없습니다. 집을 다시 구하는 게 만만치 않은 데다 이사부터 대출까지 모든 계획이 한순간에 틀어지기 때문입니다. 오도 가도 못하는 처지에 놓일 수 있고, 무엇보다 처음부터 다시 시작해야 한다는 막막함은 이루 말할 수 없습니다.

매도자는 계약금의 2배 배상, 매수자는 계약금 포기

매수자는 부동산 매매계약을 체결할 때 계약금을 냅니다. 일반적으로 계약금은 집값의 10%로 정하지만, 합의에 따라 얼마든지 조정할 수 있습니다. 나머지 계약금은 중도금이나 입주 시기에 맞춰 잔금 형태로 여러 번에 걸쳐 냅니다. 매수자가 계약금을 내는 건 부동산 거래(매매)를 우선할 수 있는 권리를 보장받고, 매매계약의 구속력을 갖추기 위해서입니다. 계약금을 주고받은 행위는 부동산 거래에 대한 의사를 분명히 밝힌 것으로, 법적으로도 계약이 이뤄진 것입니다.

이미 계약금이 오간 상황에서 어느 한쪽이 피치 못할 사정으로 계약 해제를 요구하는 일이 있습니다. 매도자와 매수자가 합의를 통해 원만하게 계약이 해제되면 좋지만, 큰돈이 오가다 보니 그렇지 못할 때가 더 많습니다. 법적 분쟁으로까지 비화합니다.

매도자나 매수자 모두 계약을 해제할 수 있습니다. 매도자가 계약을 해제하고 싶다면 매수자에게 계약금의 2배(배액)를 배상해야 합니다. 이를 배액배상이라고 합니다. 현행 민법에서도 배액배상제도를 규정하고 있습니다. 민법 제565조에서는 "매매 당사자의 일방이 계약 당시에 금전 기타 물건을 계약금, 보증금 등의 명목으로 상대방에게 교부한 때에는 당사자 간에 다른 약정이 없는 한 당사자의 일방이 이행에 착수할 때까지 교부자는 이를 포기하고 수령자는 그 배액을 상환해 매매계약을 해제할 수 있다."라고 명시돼 있습니다. 즉 매도자가 일방적으로 계약 해제를 요구하고, 별다른 약정이 없다면 계약금의 2배를 매수자에게 물어줘야 계약을 해제할 수 있다는 것입니다.

반대로 매수자가 계약을 해제하려면 계약금을 포기해야 합니다. 통상 부동산 계약서에는 계약 해제와 관련해 "매수인이 잔금을 내기 전까지 매도인은 계약금의 배액을 배상하고, 매수인은 계약금을 포기하고 계약을 해제할 수 있다."라는 내용이 포함돼 있습니다.

배액배상 기준은?

부동산 매매계약을 할 때 매수인은 계약금을 한 번에 다 내지 않습니다. 우선 매매가격의 10%를 가계약금 명목으로 내고, 계약금, 중도금, 잔금 등의 순서대로 냅니다. 거래 과정에서 매도자가 일방적으로 계약을 해제하면 가계약금의 배액만을 상환하고, 계약을 해제하는 경우가 많습니다.

예를 들어 한 매수자가 매매가격 5억 원 중 계약금을 5,000만 원으로 하고, 가계약금 1,000만 원을 매도자에게 보냈다고 가정하겠습니다. 매수자는 계약 당일 가계약금 1,000만 원을 매도자에게 보냈고, 나머지 계약금 4,000만 원을 다음 날 보내기로 했습니다. 하지만 다음 날 매도자가 일방적으로 계약을 해제하겠다며 2,000만 원을 보내주겠다고 합니다.

매도자가 2,000만 원을 배상하면 계약을 해제할 수 있을까요? 결론부터 말씀드리면 계약을 해제할 수 없습니다. 대법원 판례에 따르면 배액배상 기준은 이미 받은 가계약금 1,000만 원이 아닌 약정 계약금 5,000만 원입니다. 약정 계약금의 배액인 1억 원을 배상해야 계약을 해제할 수 있는 것입니다.

대법원은 지난 2015년 배액배상 기준을 실제 받은 금액으로 정하면 계약 당사자의 의사에 반할 뿐만 아니라 계약의 구속력이 약화하는 결과를 낳기 때문에 배액배상 기준을 약정한 계약금으로 보는 것이 타당하다고 판결했습니다. 부동산 계약을 자유롭게 해제하는 등 계약의 구속력 약화를 방지하겠다는 취지입니다.

계약금은 부동산 계약 체결의 증거이자, 매매계약을 해제하지 않겠다는 일종의 약속입니다. 일방적으로 계약을 해제하는 건 약속을 어기는 행위입니다. 피치 못할 사정으로 약속을 어길 수 있지만, 반드시 책임이 뒤따릅니다. 배액배상은 약속을 어긴 것에 대한 책임입니다. 부동산 거래는 예상하지 못한 변수가 많아서 늘 신중해야 합니다.

14
빌트인 가전·가구 소유권은
누구에게 있나?

#'내돈내산' 빌트인 제품, 내 것이 아니다? #부합물
#사전 협의 필수 #계약 해제 사유

   빌트인(built-in)은 흔히 말하는 '붙박이' 형태의 가전·가구를 의미합니다. 통상 빌트인 가전·가구는 주택에 고정하는 방식으로 설치합니다. 외관에 필요한 기능만 남기고, 나머지는 주택 내부에 부착합니다. 주택 벽면이나 천장에 묻거나 부착하는 냉장고와 에어컨, 세탁기 등 가전제품과 옷장, 신발장 등 가구가 대표적입니다. 안방이나 주방의 크기와 위치, 동선 등에 맞춰 가전·가구를 설치하다 보니 공간 활용도가 높고, 인테리어 색상이나 질감 등을 조화롭게 하는 등 장점이 있습니다.

   2000년대 초반을 시작으로 주택시장의 고급화·대형화 바람이 거세게 불면서 빌트인 가전·가구 제품을 무상으로 설치해주는 게 일종의 관행이었습니다. 건설업체들이 아파트를 분양할 때 빌트인 가전·가구를 기본사양이나 선택사양으로 구분하고, 가전·가구 업체들이 다양한 빌트인 제품을 내놓으면서 빌트인 문화가 자리 잡았습니다.

국내 인테리어·가구 시장 규모는 2020년 기준으로 40조 원으로 추산합니다. 건설업체와 가전·가구 업체의 이해관계가 맞아떨어지면서 빌트인 가전·가구 시장이 가파르게 성장했습니다. 건설업체는 경쟁사 아파트와 차별화하고, 더 많은 주택 수요를 끌어들이기 위해 빌트인 가전·가구를 앞세웠습니다. 가전·가구 업체는 적게는 수백, 많게는 수천 가구에 들어가는 제품을 대량 수주할 수 있다 보니 이해관계가 맞아떨어졌습니다. 아파트에 대규모로 공급하는 빌트인 가전·가구를 흔히 '특판 가전·가구'라고 합니다.

하지만 분양가를 높이는 수단으로 악용된다는 지적이 잇따르면서 정부는 2004년부터 옵션제도를 도입했습니다. 빌트인 가전·가구를 일방적으로 적용하지 않고 필요한 사람만 추가 비용을 내고 선택하도록 했습니다. 하지만 시행 1년 만에 기본품목과 선택품목의 경계가 모호하다는 비판을 받으며 폐지됐습니다. 2007년 분양가상한제가 시행되면서 발코니(난간) 확장만 선택사항으로 바뀌었습니다. 2012년에는 붙박이 가구를 시작으로 신발장과 수납장, 냉장고, 식기세척기, 김치냉장고 등으로 점차 확대했습니다. 분양시장에 따라 에어컨과 김치냉장고, 식기세척기부터 오븐 일체형 레인지 후드 등 빌트인 가전·가구 제품을 무상으로 제공하기도 합니다.

계약서에 도장 찍었다면
빌트인 가전·가구 소유권은 매수자에게

　주택 매매 과정에서 빌트인 가전·가구에 대한 소유권을 두고 매도자와 매수자 간 갈등이 자주 발생합니다. 빌트인 가전·가구 철거와 이전 등이 갈등의 원인입니다. 통상 주택 매매계약을 체결한 뒤 매도자가 빌트인 가전·가구를 가지고 가겠다고 통보하면서 갈등이 불거집니다. 매도자는 자신이 돈을 들여 직접 설치했기 때문에 소유권이 자신에게 있다고 주장합니다. 반면 매수자는 계약서를 작성할 때 별다른 말이 없었고, 빌트인의 소유권은 주택 매매 절차에 따라 자신에게 넘어왔다고 맞서면서 법적 분쟁으로까지 비화하는 일도 있습니다.

　빌트인 가전·가구에 대한 소유권은 누구에게 있는 걸까요? 민법 제256조는 "부동산의 소유자는 그 부동산에 부합한 물건의 소유권을 취득한다. 그러나 타인의 권원에 의하여 부속된 것은 그러하지 아니하다."라고 정하고 있습니다. 민법에서 말하는 '부합한 물건'을 흔히 '부합물'이라고 통칭합니다. 부동산에서 부합물은 싱크대를 비롯해 빌트인 가전·가구를 말합니다. 물리적으로 제거했을 때 부동산의 가치를 심하게 훼손하거나 과도한 원상복구 비용이 드는 시설이나 제품 등을 부합물로 간주합니다. 또 구조와 용도, 기능적인 측면 등에서 기존 부동산을 훼손하지 않고, 독립적 가치를 지녔는지도 판단 기준입니다. 쉽게 설명하면 집에 붙어 있는 빌트인 가전·가구는 부합물입니다. 부합물은 현행법에 따라 약정한 금액을 내고, 주택 매매계약을 체결한 매수자에게 소유권이 있다고 보는 것이 타당합니다.

내 돈으로 설치한 빌트인 식기세척기 이사 때 가져가려면?

매도자로서는 억울할 수 있습니다. 내 돈으로 산 소파나 TV는 이사할 때 마음대로 가져갈 수 있는데, 왜 똑같이 내 돈으로 산 빌트인 식기세척기 등 붙박이 가전·가구는 가져갈 수 없다고 하는지 이해하기 어려울 겁니다. 빌트인 가전·가구 제품을 비교·설치하는 동안 공들인 노력이 물거품이 되는 상황인데, 그 심정이 오죽하겠습니까? 이해는 합니다만, 그래도 현행법에서는 빌트인 가전·가구 제품은 부동산의 부합물로, 부동산의 일부로 판단합니다. 똑같이 내 돈으로 산 소파와 침대와는 다른 개념입니다.

방법이 아예 없는 건 아닙니다. 매도자가 자신이 설치한 빌트인 가전·가구 제품을 이사 때 가지고 가려면 주택 매매계약서를 작성하기 전 공인중개사와 매수자에게 충분히 설명해야 합니다. 공인중개사에게 매물을 내놓기 전 내 돈으로 설치한 빌트인 가전·가구 제품 가운데 이사 때 가지고 갈 목록을 건네주고 상의하면 좋습니다. 공인중개사가 매수자에게 전후 사정을 설명하면 오해의 소지가 줄어듭니다.

매도자는 매수자가 직접 집을 보러 왔을 때, 이사 때 가지고 갈 빌트인 가전·가구 제품에 대해 구체적으로 말해야 합니다. 무엇보다 매수자와 협의가 가장 중요합니다. 매도자와 매수자가 사전에 충분히 협의해 주택 매매계약서에 특약사항으로 "매도자가 개별적으로 설치한 빌트인 가전·가구 제품을 가져가려면 기존 제품 등으로 원상회복한 뒤 주택을 인도해야 한다." 등의 내용을 추가하면 됩니다.

빌트인 가전·가구 소유권 갈등, 계약 해제 사유일까?

이미 주택 매매계약을 체결한 상태에서 빌트인 가전·가구 소유권 문제로 발생한 매도자와 매수자 간 갈등이 커져서 계약 해제로 이어지는 일도 있습니다. 결론부터 말하자면 계약을 해제할 수 있습니다. 하지만 해제 절차가 까다롭고, 나중에 다양한 문제들이 발생할 수도 있습니다.

위에서 언급한 것처럼 주택 매매계약을 체결하면 부동산을 포함한 부합물의 소유권은 매수자에게 모두 넘어갑니다. 내 돈으로 설치한 빌트인 가전·가구 제품이더라도 계약서에 도장을 찍었다면 소유권은 매수자로 넘어갑니다. 계약 해제 후 계약금을 돌려받는 것으로 끝나지 않습니다. 계약금만 돌려주고 계약 해제를 할 수 있으면 좋겠지만, 계약 해제에 따른 배상 책임이 뒤따릅니다. 사전에 충분히 소통하고, 협의하는 게 가장 좋은 방법입니다.

15
아파트를
교환매매 한다고?

#부동산 소유권 교환   #차액만큼 현금으로
#세법상 부동산 거래   #양도소득세 비과세

"시세 12억 원 아파트 맞교환하실 분 구합니다."

일시적 2주택자인 김성민(가명) 씨는 기존 아파트를 처분하기 위해 공인중개

업소 여러 곳에 매물로 내놨지만, 집을 보러 오는 사람이 거의 없었습니다.

몇 달이 지나도 거래가 이뤄지지 않았습니다. 양도소득세 비과세 혜택을 받

기 위해서는 기한 내 기존 아파트를 처분해야 하지만, 거래가 성사되지 않아

조바심이 났습니다.

김 씨는 온라인 부동산 커뮤니티를 보다가 우연히 아파트 '교환매매'를 알게

됐습니다. 다른 것도 아닌 수억 원에 달하는 아파를 교환매매 한다는 게 처음

엔 믿을 수 없었습니다. 하지만 아파트 조건과 희망가격 등을 제시한 글들이

심심치 않게 올라오면서 관심이 커졌습니다.

김 씨는 "자신이 소유한 아파트를 다른 지역 아파트와 바꾼다는 게 좀처럼 믿기지 않았다"라며 "공인중개사를 끼지 않고 거래하는 아파트 교환매매가 안전한지 의심이 든다"라고 말했습니다.

물물교환은 가치를 서로 교환하는 방식으로, 일종의 거래 행위입니다. 과거에는 서로에게 필요한 가치와 일정 조건들이 충족하면 물물교환이 이뤄졌습니다. 하지만 실제 물물교환은 말처럼 쉽지 않고, 득보다 실이 많을 수도 있습니다.

물물교환은 거래 과정이 복잡합니다. 나에게 꼭 맞는 거래 대상을 찾기가 쉽지 않습니다. 자신이 원하는 물건을 누가 가졌는지 스스로 찾아야 합니다. 찾았다고 해서 교환이 바로 이뤄지지 않습니다. 상대방이 자신이 가진 물건을 원하는지, 필요한지 등을 확인해야 합니다. 내가 원하는 물건을 상대방이 가졌더라도, 상대방이 내가 가진 물건을 원하지 않는다면 교환 거래가 이뤄지지 않습니다.

물건의 가치를 스스로 증명해야 하는 일도 여간 번거로운 일이 아닙니다. 자신이 가진 물건을 직접 보여주며, 상대방에게 가치를 증명해야 합니다. 물건이 크고 무겁다면 보관과 이동 비용이 더 많이 들 수 있습니다. 배보다 배꼽이 더 클 수 있습니다.

아파트 교환매매 합법일까, 불법일까?

아파트 교환매매는 아직 낯선 개념입니다. 아파트를 물물교환하듯 거래한다는 게 선뜻 이해하기 어렵습니다. 더욱이 부동산 거래를 중개하는 공인중개사를 끼지 않고, 최소 수억 원에 달하는 거래를 한다는 게 위험하고, 도무지 믿기지 않을 겁니다. 하지만 온라인 부동산 커뮤니티나 카카오톡 오픈채팅방에는 아파트 교환매매와 관련한 글들이 심심찮게 올라옵니다.

아파트 교환매매는 거래 당사자들끼리 거래 수단으로 돈이 아닌 아파트 소유권을 주고받은 일종의 물물교환 행위입니다. 기존 부동산 거래처럼 집값을 주고받는 형태가 아닌 부동산 소유권을 교환하는 것으로, 당장 큰돈이 필요하지 않습니다. 집을 살 때 필요한 대출 부담도 덩달아 줄어듭니다. 매도와 매수가 동시에 일어나기 때문에 시간과 비용을 줄일 수 있습니다. 중개수수료는 두 매물 중 가격이 높은 매물을 기준으로 한 번만 내기 때문에 비용이 절감됩니다. 다만 교환 거래는 거래 기간이 짧아 아파트 하자와 관련해 충분한 협의가 필요합니다.

그럼 아파트 교환매매는 불법이 아닐까요? 합법적인 거래입니다. 아파트를 사고팔지 않고 서로 맞교환하는 것으로, 일반적인 부동산 매매나 증여처럼 가능한 거래 방식입니다. 거래 방식은 일반적인 물물교환 방식처럼 동등한 가치를 지녀야 이뤄집니다. 두 매물 간 가격이나 가치 차이가 있다면, 그 차액만큼 현금으로 내는 방식으로 거래할 수 있습니다.

아파트 교환매매 방식

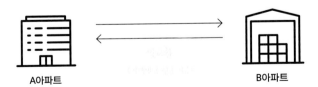

A아파트   B아파트

양도세 비과세 혜택 누리는 아파트 교환매매

아파트 교환매매가 늘어나고 있습니다. 한국부동산원에 따르면 2022년 기준 전국 아파트 교환매매 거래는 796건으로, 2021년에 비해 84.7%(431건)나 급증했습니다. 통상 교환매매는 땅이나 상가 등 자산의 가치를 현금화하는 가능성을 나타내는 환금성이 떨어지는 부동산을 처분하는 방법으로 통용됐습니다.

아파트 교환매매 건수가 증가한 것은 세금을 줄이기 위해서입니다. 일시적 1가구 2주택자가 양도소득세 비과세 혜택을 받기 위한 목적이 가장 큽니다. 일시적 1가구 2주택자는 1주택을 보유한 한 가구가 대체 주택을 매입했거나, 상속이나 혼인, 직장 등의 이유로 일시적으로 2주택을 보유한 것을 말합니다. 여러 주택을 보유했기 때문에 각종 세금이 중과됩니다.

기존 주택에 2년 이상 실거주한 규제지역 1가구 2주택자 중 신규 주택을 취득한 날로부터 1년 내 기존 주택을 팔면 1주택자와 동일하게 12억 원까지 양도세 비과세 혜택을 받습니다. 아파트 교환매매도 세법상 부동산 거래이기 때문에 양도세 비과세 적용을 받을 수 있습니다. 일시적 1가구 2주택자가 처분 기한을 넘기면 매도할 때 양도세를 내기 때문에 기한 내 집을 파는 게 세금을 덜 내는 방법입니다.

성냥갑에서 부의 상징으로: 대한민국 아파트 변천사

우리나라는 '아파트 공화국'이라고 빗댈 만큼 아파트가 많습니다. 고개를 들고 주위를 둘러보면 마치 자로 그은 듯 네모반듯한 '성냥갑' 형태의 아파트들이 마치 병풍처럼 스카이라인을 그리고 있습니다. 도심 곳곳에서는 하나의 틀로 찍어낸 듯 비슷한 크기와 모양의 상자들이 다닥다닥 붙어 있습니다. 한강처럼 풍광이 뛰어난 곳들은 이미 아파트들이 차지했습니다.

프랑스 지리학자 발레리 줄레조(Valerie Gelezeau)가 "주택이 유행 상품처럼 취급되는 것은 놀라운 일"이라며 우리나라의 획일적인 아파트 주거 문화에 대해 지적한 바 있습니다. 1993년 이후 서울의 아파트를 연구해온 파란 눈의 학자는 2007년 『아파트 공화국』이라는 책을 출간하며 '대단지 아파트는 서울을 오래 지속할 수 없는 하루살이 도시로 만들고 있다'고 결론 내렸습니다. 당시 사방이 아파트로 둘러싸인 빽빽한 아파트 숲을 보고 꽤 충격을 받은 것 같습니다.

하지만 수십여 년 전 프랑스 지리학자의 지적이 현재는 유효하지 않은 듯합니다. 아파트는 하루살이처럼 짧은 생을 마감한 것이 아니라 지속 가능한 형태로 진화를 거듭하고 있습니다. 최근에 새로 지은 아파트들의 공간과 구조 설계는 말할 것도 없고, 단지 내 문화시설과 커뮤니티는 감탄이 절로 나올 정도입니다.

아파트에서 태어나 아파트에서만 사는 사람들이 기하급수적으로 늘었습니다. 1970년대에는 모든 주택 가운데 아파트가 차지하는 비중이 0.8%에 불과했습니다. 현재는 모든 주택의 3분의 2가 아파트입니다. 우리나라 사람 절반 이상이 아파트에 삽니다. 어림잡아도 아파트 단지가 2만 개가 훌쩍 넘습니다.

아파트 공화국이라는 오명은 더는 오명이 아닙니다. 가히 아파트 공화국이라 불릴 만합니다. 현재 서울 아파트값이 1986년에 비해 6배 이상 올랐습니다. 굳이 값으로 가치를 매기지 않더라도, 아파트 선호 현상은 이미 대세로 굳어졌습니다.

아파트는 대한민국 역사와 궤를 같이했습니다. 한강의 기적을 비롯해 산업화, 베이비붐 등 현대사에 굵직한 한 획이 그어질 때마다 아파트는 어김없이 등장합니다. 아파트 역사가 곧 현대사의 상징이라고 해도 과언이 아닙니다. 아파트는 우리의 현대사를 온전히 품고 있습니다.

우리나라 아파트의 시작은 보는 관점에 따라 조금 다릅니다. 일제강점기인 1937년에 준공된 서대문구 충정로3가에 위치한 '충정 아파트'를 아파트의 시작으로 보는 것이 가장 유력합니다. 철근 콘크리트로 지어진 우리나라 최초의 아파트는 이제 역사의 뒤안길로 사라집니다. 그 자리에는 28층 높이, 192가구의 새로운 아파트가 들어섭니다.

광복 이후 1985년 국내 건설사가 최초로 한국식 아파트인 '종암 아파트'를 지었습니다. 획기적인 주거시설로 유명세를 치렀습니다. 당시 수세식 변기가 설치된 화장실은 선망의 대상이었습니다. 이 아파트의 정식 명칭은 '종암 아파트먼트 하우스'였습니다. 이때부터 아파트라는 명칭이 사용됐다고 전해집니다.

1960년대 초반 아파트 시대가 본격적으로 열렸습니다. 당시 서울 인구는 해마다 10% 이상 증가했습니다. "사람은 태어나면 서울로 보내고 말은 태어나면 제주도로 보내라"라는 말을 실감할 정도였습니다. 당시 턱없이 비싼 물가와 주거비를 감당하지 못한 서울 이주민들은 공터마다 나무판자에 널따란 스티로폼 등으로 판잣집을 지었습니다. 그때부터 서울의 빈 땅만 있으면 판자촌이 우후죽순으로 생겼습니다.

폭발적으로 늘어나는 사람에 비해 주거지가 턱없이 부족하면서 주거 문제 해결을 위해 아파트가 대안으로 떠올랐습니다. 한국토지주택공사(LH)의 전신인 대한주택공사가 1962년 대단지 개념의 아파트인 마포아파트를 선보였습니다. 마포아파트는 임대아파트로 공급됐습니다. 새로운 주거 문화의 전환점이었습니다. 하지만 당시 아파트를 꺼렸습니다. 아파트에는 고추장이나 된장, 간장을 담은 장독대를 보관하는 장소가 마땅하지 않은 데다 수세식 변기는 자주 막혀 골칫거리였습니다. 여기에 높은 곳에서 자면 고공병이 걸린다는 괴소문까지 퍼지면서 아파트를 선호하지 않았습니다.

1970년대 급격한 산업화와 맞물리면서 서울에 아파트가 급증합니다. 서울시가 주택난을 해결하기 위해 아파트를 대량 공급하는 '시민아파트 사업'을 펼칩니다. 당시 400여 동에 달하는 아파트 건설사업을 추진했지만, 불과 1년 만에 중단됐습니다. 1970년 4월 8일 와우아파트 붕괴사고로 33명이 숨지고 40명이 다치는 사고가 발생했습니다. 이후 시민아파트 사업이 사라지고, 그 자리는 33㎡ 규모의 시범아파트와 165~198㎡의 고급 아파트들이 채웠습니다.

1977년 무주택 서민을 위한 주택 청약제도가 시행됐습니다. 신도시 등 전국적으로 아파트 건설 붐이 일었습니다. 시세보다 낮은 분양가에 지금처럼 시세차익을 노리는 투기세력이 활개를 치면서 이른바 '떴다방' 등 불법 부동산 중개 행위가 기승을 부렸습니다.

1981년 서울 올림픽 유치를 기점으로 도시정비사업이 급물살을 타면서 아파트 역사의 획기적인 전환점을 맞습니다. 전환점은 1988년 올림픽선수촌 아파트 준공입니다. 기존에 없던 부채꼴 형태의 독특한 설계가 주목을 받았습니다. 당시 아파트는 중산층으로 도약이자, 내 집 마련의 상징적인 존재였습니다.

지금은 지상에 차가 없는 공원과 외부 상업시설과 견주어도 손색없는 커뮤니티 시설을 넘어 인공지능과 사물인터넷(IoT) 등 최첨단 스마트 기술을 입힌 아파트들이 속속 등장하고 있습니다. 입주민의 라이프스타일에 맞는 주거환경과 서비스를 굳이 말하지 않아도 알아서 척척 제공할 정도입니다. 아파트는 단순한 주거의 개념을 넘어 자신의 가치를 드러내는 또 하나의 상징성을 지닙니다. 아파트 선호 현상을 더는 논할 바가 아닙니다. 이미 대세이자 거스를 수 없는 큰 흐름입니다.

아파트는 성냥갑 혹은 닭장이라는 비아냥으로 시작했으나 중산층의 도약, 선망의 대상으로 거듭났습니다. 현재는 재산 증식의 필수 조건이자 부의 상징으로 신분을 달리하고 있습니다. 아파트는 주거의 개념을 뛰어넘어 현재를 사는 우리의 삶에 상당 부분을 차지하며 하나의 문화로 자리매김하고 있습니다. 아무튼 이젠 우리나라 국민 절반이 아파트에 삽니다.

모르면 호구 되는 부동산상식

PART 03

무주택자의
청약 성공 전략

청약

1
내 집 마련 첫걸음, '청약제도' 완전 정복

#누더기 청약제도 #전문가도 손사래
#청약통장 개설 #줍줍시대 #전매제한 대폭 줄어

내 집 마련을 위한 방법은 다양합니다. 당장 돈이 많으면 매매를 통해 내 집을 마련하는 게 가장 쉽고 편한 방법입니다. 하지만 천정부지로 오른 집값을 감내할 자산가는 그리 많지 않습니다. 대부분 사람은 내 집 마련의 꿈을 이루기 위해 종잣돈을 차곡차곡 모으고, **주택청약 종합저축**에 가입합니다. 청약통장에는 언제일지 알 수 없으나, 꼭 당첨될 것이라는 무주택자의 기대와 희망이 담겼습니다.

청약통장을 흔히 '국민 통장'이라고 합니다. 그도 그럴 것이 청약통장 가입자 수는 2023년 7월 말 기준으로 약 2,583만 7,293명에 달합니다. 대한민국 인구의 절반 이상이 청약통장이 있습니다. 성인이라면 누구나 다 가지고 있는 셈입니다. 이 중에서 1순위만 약 1,400만 명입니다. "내 집을 마련하려면 청약통장이 꼭 필요하다"라는 말이 괜히 나온 게 아닙니다.

복잡해도 너무 복잡한 주택 청약제도

청약은 주변 시세보다 저렴하게 내 집을 마련할 수 있는 제도로, 정부가 주택을 공급하면서 조건과 절차, 방법 등을 정한 것입니다. 한정적인 주택을 가장 공정하고 합리적으로 분배하기 위한 기준입니다.

주택 청약제도는 1978년 처음 탄생했습니다. 주택 공급이 부족하던 시절 투기를 원천 차단하고, 국민 주거 안정을 위해 도입됐습니다. 정부가 청약제도를 통해 주택 공급에 적극적으로 개입한 것은 한정된 토지를 효율적으로 활용하고, 집이 꼭 필요한 무주택자에게 우선 공급하기 위해서입니다.

정부는 1970년대 도시 인구가 급격하게 늘어나 주택 부족 문제가 심각해지자, '주택건설촉진법'을 근거로 1977년 8월 '국민주택 우선 공급에 관한 규칙'을 신설했습니다. 지금의 주택청약종합저축과 비슷한 국민주택청약부금 가입자가 주택을 우선 분양받을 수 있도록 했습니다. 당시 청약은 공공주택에만 적용했습니다.

청약제도는 이듬해 1978년 5월 기존 공공주택에서 민영주택까지 범위를 확대한 주택 공급 규칙을 새로 만들었습니다. 당시 제정한 주택 공급에 관한 규칙이 현재까지 적용되고 있습니다. 청약제도는 지난 40년 동안 139차례나 변경됐습니다. 그간 주택시장 상황과 변화에 따라 변경됐다고 하더라도, 복잡해도 너무 복잡합니다. 전문가조차 손사래를 칠 정도입니다. 청약 당첨자 10명 중 1명꼴로 부적격 당첨이 나올 정도이니 오죽하겠습니까? 난생처음 내 집 마련의 부푼 꿈을 안고 청약에 나선 개인의 잘못으로 몰아가기에는 석연치 않습니다. 누더기 청약제도라는 오명이 괜한 게 아닙니다.

청약제도가 숱하게 바뀌면서 여러 번 부침을 겪었습니다. 정권이 바뀔 때마다 매번 자신들의 입맛에 따라 덧대고 덧붙였습니다. 원칙이 흔들리니 결과는 뻔합니다. 청약제도가 너무 자주 바뀌면서 예비 청약자는 갈피를 못 잡고 혼란스럽습니다. 청약 부적격자도 급증했습니다. 애꿎은 실수요자가 오히려 피해를 본다는 웃지 못할 볼멘소리가 터져 나옵니다. 무주택 실수요자의 내 집 마련을 지원한다는 청약제도의 본래 취지가 흔들리지 말아야 할 기준입니다.

내 집 마련의 시작, 청약통장 개설하기

치열한 경쟁을 뚫고 어렵게 당첨되더라도 사소한 실수 때문에 부적격자 판정을 받고, 분양권을 날리는 사례가 적지 않습니다. 청약제도가 복잡하고 내용이 어렵더라도 지레 겁먹을 필요는 없습니다. 하지만 부적격자가 되지 않기 위해 청약제도에 관해 확인하고, 또 확인하는 수고로움이 필요합니다. 언제 올 줄 모를, 다시 못 올 내 집 마련의 기회를 놓쳐서는 안 됩니다.

청약하기 위해 가장 먼저 할 일은 청약통장을 만드는 것입니다. 청약통장은 나이와 관계없이 누구나 개설할 수 있습니다. 청약통장은 KB국민은행, 신한은행, 우리은행, KEB하나은행, NH농협은행, IBK

기업은행, DGB대구은행, BNK부산은행, 경남은행 등 시중은행 9곳에서 취급합니다. 1인 1계좌만 개설할 수 있습니다. 매달 2만 원에서 50만 원까지 자신이 정한 금액을 넣을 수 있습니다. 청약통장에 가입했더라도 실제 청약은 만 19세 이상부터 할 수 있습니다. 국내 거주 외국인도 청약통장 가입이 가능하지만, 공공분양이나 5·10년 임대주택 등 국민주택은 청약할 수 없습니다.

청약통장 종류는 청약예금과 청약부금, 청약저축, 주택청약종합저축 등이 있습니다. 2009년부터 주택청약종합저축으로 단일화했습니다. 청약통장으로 국가와 지방자치단체, 한국토지주택공사(LH) 등과 같은 공공기관이 짓는 공공주택과 삼성물산과 현대건설 등 민간 건설사들이 짓는 민영주택 모두 청약이 가능합니다.

실제 청약은 한국부동산원이 운영하는 청약홈 홈페이지와 한국토지주택공사 등 청약 기관 홈페이지에서 신청하면 됩니다. 청약에 당첨되면 청약가점과 무주택 기간, 부양가족 수 등에 따라 적격 여부를 심사합니다. 적격 당첨자로 확인되면 아파트 분양을 받습니다. 이후 중도금과 잔금을 다 내면 입주할 수 있습니다. 내 집 마련의 꿈이 실현되는 것입니다. 다만 당첨 후 부적격자로 판명되면 1년간 청약을 할 수 없습니다.

일반공급 · 우선공급 · 특별공급 차이는?

주택 공급 방법은 일반공급과 우선공급, 특별공급 등 세 가지로 나뉩니다.

일반공급은 가장 보편적인 주택 공급 방법으로, 청약통장 가입 기간과 납입금 등에 따라 당첨자를 선정합니다. 일반공급 대상자를 보면 공공분양은 아파트를 짓는 지역의 거주자와 성년자인 무주택자, 세대구성원, 민간분양은 해당 지역 거주자와 성년자 등입니다.

우선공급은 일반인과 경쟁하지만, 특정 조건에 해당하는 사람에게 우선 분양권을 주는 유형으로, 일반공급과 특별공급의 중간 형태입니다. 아파트를 짓는 지역의 거주 여부와 거주 기간 등을 따져 당첨자를 뽑습니다. 대상자는 시군이 통합할 경우 군주택건설지역 거주자, 주상복합건축물의 건설부지 소유자, 임대사업자 또는 공공주택 사업자, 직장주택조합의 조합원 및 대규모 택지개발지구 내 거주자 등입니다.

특별공급은 다자녀가구 신혼부부, 국가유공자 등 사회·정책적 배려가 필요한 계층 가운데 무주택자의 내 집 마련을 지원하기 위한 주택 공급 방식입니다. 공급하는 주택 전체 물량 가운데 일정 비율을 특별공급 대상자에게 우선 분양하거나 임대합니다. 다른 일반인과 경쟁하지 않아 당첨 확률이 높습니다. 특별공급 당첨 횟수는 1세대당 1회로 제한합니다. 1세대당 1인만 신청할 수 있고, 1인이 2건을 신청하면 모두 무효가 됩니다. 1인이 일반공급과 특별공급을 모두 신청할 수 있습니다. 다만 특별공급에 당첨되면 일반공급 당첨자 선정에서 제외됩니다. 대상은 기관추천과 신혼부부, 다자녀가구, 노부모부양, 생애최초 주택 구입, 이전기관 종사, 외국인 등입니다.

집이 있어도 청약기회가 있다: 무순위 청약이란?

국토교통부는 2023년 4월 주택 공급에 관한 규칙을 개정해 청약 규제를 전반적으로 완화했습니다. 정부는 이른바 '줍줍'으로 불리는 무순위 청약 조건을 완화하고, 추첨제 물량을 대폭 확대했습니다. 무순위 청약은 청약이 끝난 뒤 미분양이나 계약 취소분 등 남은 물량을 추첨을 통해 당첨자를 뽑는 것입니다. 기존에는 해당 지역에 거주하는 무주택자만 청약할 수 있었지만, 현재는 주택 소유나 거주지역에 상관없이 누구나 청약할 수 있습니다.

추첨제 물량이 증가했습니다. 이전에는 투기과열지구에서 전용면적 $85m^2$ 이하는 가점제 100%, 전용면적 $85m^2$ 초과는 가점제 50%, 추첨제 50%를 적용했습니다. 현재는 전용면적 $60m^2$ 이하에 추첨제 60%, 전용면적 $60\sim85m^2$에 추첨제 30%가 적용됩니다. 중소형 평형 추첨 물량을 확대하면서 청약가점이 상대적으로 낮은 2030세대의 당첨 가능성이 커졌습니다. 대신 전용면적 $85m^2$ 초과 평형의 가점제 비중이 기존 50%에서 80%로 확대됐습니다.

또 청약 당첨 1주택자의 기존 주택 처분 의무가 폐지됐습니다. 청약 당첨이 되더라도 기존 주택을 처분하지 않아도 됩니다. 다만 일시적 1가구 2주택 비과세 혜택을 받으려면 처분 기한이 기존 2년에서 3년으로 연장된 만큼 당첨된 아파트가 완공 후 3년 이내에 기존 주택을 처분해야 합니다.

전매제한 기간도 최대 10년에서 3년으로 대폭 줄었습니다. 수도권은 최대 3년, 비수도권은 최대 1년입니다. 수도권 가운데 투기과열지구 3년, 과밀억제권역 1년, 기타 6개월간 분양권 전매를 할 수 없습니다. 규제지역인 강남·서초·송파구 등 이른바 강남3구와 용산구는 3년, 이외 지역은 1년 이후로 전매제한 기간이 완화된 것입니다.

기존 특별공급은 분양가 9억 원 이하에서만 공급됐습니다. 하지만 현재 분양가가 9억 원을 넘는 아파트 단지에서도 특별공급을 할 수 있습니다. 집값이 비싼 강남에서도 특별공급 물량이 나올 수 있습니다.

2024년 2월 29일, 분양가상한제 아파트에 대한 실거주 의무를 3년 동안 유예하는 법안이 국회 본회의를 통과했습니다. 이에 따라 분양가상한제 아파트 실거주 의무 시작 시점이 현재의 '최초 입주 가능일'에서 '최초 입주 후 3년 이내'로 달라졌습니다.

2
내 집 마련 때까지
청약홈은 떠나지 말자!

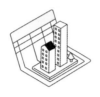

#수능보다 어려운 청약   #청약 정보가 궁금해?
#청약가점 자동 계산   #만물상이 왜 필요해?

경기도 안양에 사는 최민영(가명) 씨는 요즘 아파트 청약 때문에 골머리를 앓고 있습니다. 최 씨는 매일 안양에서 회사가 있는 서울 광화문으로 1시간 30분 넘게 출퇴근을 하고 있습니다. 출퇴근 시간을 줄이기 위해 대출을 받아 서울의 다른 아파트로 갈아탈지, 청약을 통해 새 아파트를 분양받을지, 분양권을 살지 고민하고 있습니다. 하지만 일반분양 청약부터 무순위 청약까지 경쟁률이 치솟으면서 머릿속이 더욱 복잡해졌습니다.

최 씨는 가뜩이나 청약 경쟁률이 하늘 높은 줄 모르고 치솟은 데다 청약 절차가 너무 복잡하고 어려워 어디서부터 어떻게 시작해야 할지 막막하기만 합니다. 낯선 용어를 수시로 마주해야 하고, 청약 신청부터 가점 계산에 부적격 판정까지, 챙겨야 할 것들이 차고 넘칩니다. 청약 과정이 여간 까다로운 게 아니다 보니 지금이라도 청약을 포기하고 싶은 마음이 굴뚝같습니다.

최 씨는 "당장 내가 청약가점이 얼마인지 헷갈릴 정도로 청약 절차가 너무 복잡하고 어렵다"라며 "청약을 하려고 여기저기 알아보다가 도저히 엄두가 안 나서 그냥 살던 대로 살아야 하나 싶다"라고 토로했습니다.

우리나라 대입제도는 복잡하기로 따지면 단연 압도적입니다. 세계 어느 나라와 견줘도 뒤지지 않습니다. 대학 입학전형은 어림잡아 1,000가지가 넘습니다. 진학지도 교사조차 이런 전형이 있나 싶을 정도입니다. 진학지도 교사도 입학전형 유형과 내용을 정확히 알지 못하는데, 수험생과 학부모는 오죽하겠습니까? 복잡하고 어려운 입학전형 탓에 시간당 수십만 원을 내고 입시 컨설팅을 받아야만 대학 문턱을 겨우 넘을 수 있습니다. 입시 철마다 매번 반복되는데도 좀처럼 달라지지 않아 수험생과 학부모는 여간 곤혹스러운 게 아닙니다.

주택 청약제도도 대입제도와 별반 다르지 않습니다. 1978년 도입된 청약제도는 시간이 가면 갈수록 더욱 복잡해졌습니다. 내 집 마련의 대표적인 수단인 청약제도는 정권이 바뀔 때마다, 분양시장 온도에 따라 덧대고 덧대 누더기가 된 지 오래입니다. 이런저런 조건들을 하나둘 붙이다 보니 "청약제도를 전문적으로 가르치는 학원이 필요하다"라는 우스갯소리가 나올 정도입니다. 시도 때도 없이 덧대다 보니 전문가들조차 혀를 내두를 정도입니다. 우스갯소리가 예사로 들리지 않습니다.

당첨 이후에 억울한 당첨 취소 없도록 시스템 개편

이전에는 아파트 청약할 때 입주자모집공고를 우선 확인하고, 모델하우스를 방문한 뒤 금융결제원이 운영했던 '아파트투유'라는 시스템을 이용했습니다. 아파트투유에서는 재당첨 제한 여부와 청약통장 가입 여부만 확인할 수 있었습니다. 무주택 기간과 부양가족 수 등 청약 가점을 계산하는 데 필요한 수치를 청약 신청자가 직접 계산한 뒤 입력했습니다. 금융결제원에는 민감한 개인정보를 열람할 법적 권한이 없다 보니 청약 과정에서 한계가 드러났습니다.

아파트 청약 과정이 워낙 어렵고, 복잡하고, 청약 신청자가 직접 입력하다 보니 잘못된 정보를 입력하는 게 부지기수였습니다. 당첨된 이후 취소되는 사례가 끊이지 않았습니다. 하루아침에 숫자 하나 때문에 당첨의 희비가 엇갈리면서 억울함을 호소하는 일도 반복됐습니다.

결국 아파트투유는 역사 속으로 사라졌고, 현재는 새 청약 시스템인 '청약홈'이 운영 중입니다. 새 아파트 청약 시스템인 청약홈은 지난 2020년 2월 3일 첫선을 보였습니다. 청약 업무가 금융결제원에서 현재 국토교통부 산하기관인 한국부동산원(당시 한국감정원)으로 이관되면서 청약 시스템도 새롭게 개편된 것입니다.

없는 거 빼고 다 있는 청약홈

청약제도는 무주택자에게 내 집 마련의 기회를 보장합니다. 정작 청약통장이 있지만, 무주택 기간이나 부양가족 수, 통장 가입 기간 등 청약가점이 얼마인지, 청약 절차가 어떻게 진행되는지, 청약에 꼭 필요한 정보를 제대로 알지 못하는 사람들이 예상보다 많습니다. 청약 신청으로 내 집 마련을 꿈꾸는 사람이라면 꼭 알아야 하지만, 청약제도가 복잡하기 때문에 모든 정보를 알기란 현실적으로 쉽지 않습니다.

그래도 괜찮습니다. 고등학생들에게『수학의 정석』이라는 책이 있듯이, 청약 신청자에게는 청약제도에 대한 정보 제공과 궁금증을 해결할 '청약홈'이 있습니다. 청약홈에서는 청약 신청자의 청약자격을 미리 제공합니다. 기존에는 무주택 기간부터 청약통장 가입 기간, 부양가족 수 등 청약에 필요한 정보를 직접 계산해 가점을 입력했지만, 청약홈에서는 자동으로 계산합니다.

또 세대원을 등록한 뒤 정보 제공 절차에 동의하면 청약자격 여부를 알 수 있습니다. 특히 청약 신청자가 알아야 청약자격부터 일반공

청약홈 홈페이지에서 청약 정보 찾아보고 내 자격 확인해보기

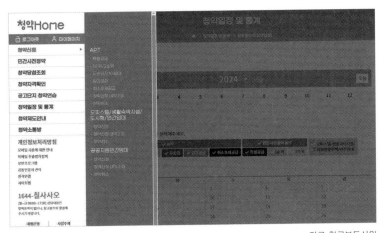

자료: 한국부동산원

급 및 특별공급 요건, 사전청약 요건 등 청약과 관련한 다양한 정보도 확인할 수 있습니다. 청약홈이 대법원 전자가족관계등록시스템이나 정부 민원24 등 다른 행정 시스템과 연계돼 있어 가능한 것입니다. 청약 신청자가 가점을 제대로 써냈는지 일일이 따져봐야 하는 번거로움이 줄어들었습니다.

이전에는 청약 신청부터 마무리까지 총 10단계의 절차를 거쳐야 했지만, 청약홈에서는 5단계로 축소됐습니다. 게다가 스마트폰 앱으로도 청약 신청을 할 수 있습니다. 이와 함께 청약 예정 단지 목록부터 인근 아파트 정보와 시세 정보, 분양이 끝난 단지의 분양가와 청약 경쟁률 정보를 지리정보체계(GIS) 기반으로 제공합니다.

청약홈 홈페이지에는 청약신청, 민간사전청약, 청약당첨조회, 청약자격확인, 공고단지 청약연습, 청약일정 및 통계, 청약제도안내, 청약소통방 등 카테고리가 일목요연하게 분류돼 있습니다. 무엇보다 청약 신청자들이 가장 관심 있는 입주자모집공고도 확인할 수 있습니다. '청약 알리미'를 사전에 신청하면 새 아파트 단지 입주자모집공고 안내 알림 문자를 받을 수 있습니다. 청약홈에는 청약과 관련한 정보가 없는 거 빼고 모두 다 있습니다. 청약홈은 청약 신청자에게 꼭 필요한 만물상과 같습니다.

03
청약 백과사전
'입주자모집공고' 뜯어보기

약국에서 처방전 없이 판매하는 약에는 깨알 같은 글씨가 적힌 설명서가 들어 있습니다. 언뜻 봐서는 보이지도 않을 정도로 작은 글자가 빈틈없이 빼곡하게 적혀 있습니다. 설명서에는 약의 효능과 효과부터 용법·용량, 사용상의 주의사항, 저장 방법, 제조사, 기타 사항 등이 상세하게 표시돼 있습니다. 특히 부작용은 하나부터 열까지 빼놓지 않고 세세하게 나열합니다.

설명서를 꼼꼼하게 모두 읽는 사람은 극히 드뭅니다. 깨알 같은 글씨가 적힌 설명서는 읽기 어려울뿐더러 평소에 접하지 않은 낯선 용어들은 몇 번을 다시 읽어봐도 도무지 이해가 안 됩니다. 결국 식후나 식전에 하루 몇 번 먹으라는 약사 설명에 의존합니다. 약품 성분과 효능, 부작용이 무엇인지 잘 모른 채 대수롭지 않게 약을 먹습니다.

청약 백과사전이라고 불러도 과언이 아닌 **입주자모집공고**도 비슷합니다. 청약으로 내 집 마련의 꿈을 이루겠다는 예비 청약자들도 깨알같은 글씨가 차고 넘칠 정도로 많은 입주자모집공고를 잘 읽지 않습니다. 분양 때마다 으레 나눠주는 것쯤으로 여깁니다. 구겨서 쓰레기통에 버리는 일도 허다합니다.

예비 청약자들이 모델하우스에서 나눠주는 홍보물만 보고 청약하는 경우가 적지 않습니다. 잘 읽히지도, 눈에 보이지도 않는 입주자모집공고 따위보다 모델하우스의 화려한 조명과 인테리어에 눈이 더 갑니다. 하지만 입주자모집공고를 꼼꼼히 확인하지 않고 청약했다가 중도금 대출이 되지 않아 계약을 포기하거나, 부적격 당첨으로 소중한 내 집 마련의 기회를 날리는 사례가 많습니다.

입주자모집공고에 아파트 분양 정보 한가득

입주자모집공고는 주택 공급 사업주체(건설사)가 입주자를 모집할 때 주택의 위치와 규모, 면적, 분양가 등 주택에 관한 정보를 비롯해 입주자 모집 시기 및 자격 요건, 절차, 입주금 납부 방법 등을 자세하게 설명한 일종의 분양 안내문입니다. 입주자모집공고에 담긴 내용은 현행법으로 규정하고 있습니다. 사업주체도 송사(訟事)에 휘말리지 않게 가능한 모든 정보를 담습니다.

청약과 관련한 가장 정확한 정보를 얻을 수 있는 게 입주자모집공고입니다. 입주자모집공고에는 어느 것 하나 빼놓지 않고 청약 정보가 모두 다 담겼습니다. 그래서 입주자모집공고를 흔히 청약 '백과사전'이라고 부릅니다.

사업주체는 분양승인을 받은 후 관할 시·군·구 홈페이지와 시공사 홈페이지, 주택 청약 홈페이지 '청약홈' 등을 통해 입주자모집공고를 공지해야 합니다. 수도권이나 광역시에서 100가구 넘는 아파트 단지를 분양할 때는 청약 신청 5일 전 신문을 통해 알려야 합니다. 아파트 입주자모집공고 기간은 기존 5일에서 10일로 늘어났습니다.

청약 전 입주자모집공고에서 청약자격 확인

입주자모집공고에는 분양 아파트와 관련한 모든 정보가 담겼습니다. 아파트 규모를 비롯해 분양금액, 청약 및 계약 조건, 중도금 납부 일정, 분양보증 등 다양한 정보가 포함돼 있습니다. 심지어 분양 아파트 인근 혐오시설 위치나 소음 정도 등 사업주체가 분양 전 감추고 싶은 불리한 정보까지 입주자모집공고에서 확인할 수 있습니다.

입주자모집공고에 내용이 많더라도 꼼꼼하게 확인해야 훗날 낭패를 보지 않습니다. 우선 청약자격과 공급 일정을 확인합니다. 청약통장과 1·2·3순위 자격, 접수 일자, 장소·시간, 당첨자 발표일 등에 대한 정보를 확인한 뒤 청약 계획을 세워야 합니다.

특별공급과 일반공급 자격과 일정, 구비 서류 등도 꼼꼼하게 따져 봐야 합니다. 청년·신혼부부 등 특별공급과 우선공급 물량과 조건 등도 빼놓지 말아야 합니다. 청약자격을 제대로 확인하지 않거나, 필요한 서류를 제때 제출하지 않으면 당첨이 취소될 수 있습니다.

중도금 대출과 관련한 정보도 필수 확인사항입니다. 과거에는 분양가 9억 원 이하만 중도금 대출을 허용했습니다. 이후 2022년 11월 12억 원 이하로 완화했고, 2023년 3월부터는 분양가와 관계없이 중도금 대출을 받을 수 있습니다. 또 1인당 최고 5억 원이던 중도금 대출 한도도 사라졌습니다. 일부 지역 아파트 단지는 은행과 사전 협약을 맺고, 중도금 대출 및 이자 등을 정하고, 입주자모집공고를 통해 안내합니다. 중도금 대출의 조건과 후불제 여부 등도 입주자모집공고에서 확인할 수 있습니다.

대금 납입 일자도 확인해야 합니다. 통상 아파트 분양대금은 10~20%의 계약금과 60%의 중도금(6회 분납), 30~40%의 잔금으로 나뉩니다. 계약금은 계약 당시에, 중도금은 정해진 기간에, 잔금은 입주일에 내면 됩니다.

입주자모집공고를 끝까지 읽어야 하는 이유

입주자모집공고를 통해 **전용률**을 꼼꼼히 살펴봐야 합니다. 전용률은 아파트 공급면적에서 전용면적이 차지하는 비율을 말합니다. 아파트는 입주자가 현관문 안쪽부터 단독으로 사용하는 전용면적과 공용계단, 복도 등의 공용면적으로 나뉩니다. 전용면적과 공용면적을 합쳐 공급면적이라고 합니다. 예를 들어 분양면적(공용면적 포함) 50평(1평당 $3.3m^2$)에 전용면적이 25평이면 전용률 50%입니다. 전용률이 높으면 실제 사용 면적이 그만큼 넓은 것을 의미합니다. 같은 평형이라도 공용면적에 따라 실제 사용 면적이 달라집니다. 청약통장 사용과 향후 재산세 등의 기준은 전용면적입니다.

추가선택 품목(옵션)도 확인해야 합니다. 모델하우스는 기본품목과 추가품목을 함께 전시합니다. 추가품목은 별도로 표시하지만, 모델하우스에 방문객이 많으면 일일이 확인하기가 어렵습니다. 입주자 모집공고에는 발코니 확장부터 시스템 에어컨, 빌트인 가전제품 등 추가품목 항목과 비용 등이 적혀 있습니다.

끝으로 유의사항 항목도 꼼꼼하게 확인해야 합니다. 유의사항 항목에는 지반 붕괴를 막기 위해 만든 옹벽이나 묘지, 혐오시설 여부 등의 내용이 적혀 있습니다. 또 마감재 변경이나 설계 변경, 누수 발생 등 시공 과정에서 발생하는 하자 유형과 해결 방법 등도 포함돼 있습니다.

04
내 청약가점
계산하는 법

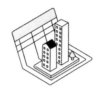

#1순위 청약자격 #청약가점 84점
#무주택 기간, 부양가족 수, 청약통장 가입 기간 확인

국민 절반 가까이 무주택자입니다. 애석하게도 내 집 마련한다는 게 그만큼 어렵습니다. 내 집이 없는 무주택자 설움은 '영끌(영혼까지 끌어모아 대출)'과 '패닉바잉(공황매수)', '벼락거지' 등 생소한 줄임말과 신조어에 고스란히 묻어납니다. 내 집 마련이 얼마나 어려운지 다시 한번 실감할 수 있습니다.

그런데도 포기할 수 없는 게 내 집 마련입니다. 소득의 절반가량을 대출금을 갚는 데 쓰더라도, 무주택자의 북받치는 설움에 비힐 바가 아닙니다. 집 없는 설움은 겪어보지 않은 사람은 그 마음을 헤아리기 어렵다는 말이 있습니다.

한참을 올랐으니 이제 쉬어갈 때가 됐는데도 집값은 좀처럼 내려가지 않습니다. 빚을 내서 내 집을 사야 하는 게 현실이지만, 빚을 내고 이자를 물더라도 내 한 몸, 마음 편히 뉠 내 집보다 더 좋은 게 없습니다. 조금 더 보태면 훗날 집값이 더 오르길 바라는 게 무주택자의 솔직한 마음일 겁니다.

어느 정부나 무주택자의 내 집 마련을 위한 정책에 공을 들입니다. 우리나라에서 부동산 문제만큼 예민하고 중요한 사안도 없기 때문입니다. 역대 어느 정부나 가장 관심을 둔 분야가 부동산일 것입니다. 그 관심은 청약제도에 빠짐없이 반영됐습니다. 청약제도는 당시 부동산 상황에 따라 수시로 변했습니다. 청약제도가 주택 보급률 상승에 기여했지만, 지나치게 자주 바뀌면서 내 집 마련을 꿈꾸는 무주택자는 혼란스럽습니다.

무주택자 내 집 마련 디딤돌 '청약'

지금과 같은 청약제도는 2007년에 정착했습니다. 이전에는 추첨을 통해 당첨자를 선정하다, 2007년부터 각종 자격 요건을 점수로 환산해 합산한 **청약가점제도**로 바뀌었습니다. 무주택 기간과 청약통장 가입 기간 등 지금의 청약가점 항목이 이때부터 생겨났습니다. 2009년에는 공공주택과 민영주택으로 나뉜 청약통장이 **청약종합저축**(청약저축·청약예금·청약부금)으로 통합했습니다.

청약제도의 기본 원칙은 무주택자의 내 집 마련 지원입니다. 무주택자에게 청약은 내 집 마련의 유일한 수단입니다. 집값이 월급보다 혹은 차곡차곡 모아둔 적금보다 더 많이 오르다 보니 기존 주택을 사는 건 엄두가 나지 않습니다. 청약은 무주택자의 경제적 부담을 덜고, 전월세 설움에서 벗어나 내 집 마련의 꿈을 이룰 수 있는 일종의 디딤돌입니다.

당장 뚝딱뚝딱 아파트를 지어 무주택자 누구나 내 집 마련을 하도록 주택을 충분히 공급하면 좋겠지만, 현실적으로 쉬운 일이 아닙니다. 주택 공급은 한정적입니다. 한정된 주택을 어떻게 배분할지, 우선순위를 어떻게 정할지 기준이 필요합니다. 그 기준에 따라 청약 우선순위를 정하고, 당첨자를 결정합니다.

공공분양과 민간분양 청약 모두 특정 조건에 따라 우선 당첨자를 선정하는 특별공급제도가 있습니다. 신혼부부, 생애최초 청약, 노부모부양, 다자녀, 기관추천 특별공급이 있습니다. 민간분양 청약은 가점제도와 추첨제도로 당첨자를 선정합니다. 가점제도는 일정 기준을 정해 가산점을 부여해 당첨자를 선정하는 방식입니다. 추첨제도는 청약자 가운데 추첨을 통해 당첨자를 뽑습니다. 추첨제는 말 그대로 복불복입니다.

청약통장 1순위 자격을 얻으려면?

주택청약통장에 돈만 넣는다고 청약할 수 없습니다. 1순위 청약자격을 얻어야 당첨 확률이 높고, 내 집 마련 시기를 앞당길 수 있습니다. 1순위는 공공분양과 민간분양, 조정지역과 비조정지역에 따라 기준이 다릅니다. 공공분양의 1순위 기본 조건은 매월 연체 없이 납입횟수가 조정지역 24회, 수도권 지역 12회, 비조정지역 6회입니다. 공공분양 청약 1순위 자격을 얻으려면 납입 횟수와 납부 금액을 오랜 기간 유지하면 유리합니다. 민간분양 1순위 자격은 투기과열지구와 청약과열지구는 청약통장 가입 후 2년이, 수도권 지역은 1년, 수도권 아닌 지역은 6개월이 지나야 합니다.

청약통장이 1순위 요건을 갖추려면 가점을 확보하는 게 중요합니다. 청약가점은 84점이 만점입니다. 무주택 기간(32점 만점)과 부양가족 수(35점 만점), 청약통장 가입 기간(17점 만점)을 산정해 계산합니다.

무주택 기간이 1년 늘어날 때마다 2점이 추가되고, 최대 점수는 32점입니다. 무주택은 입주자모집공고일을 기준으로 청약통장 가입자가 포함된 주민등록상에 배우자, 직계존속, 직계비속과 배우자의 직계존속 등 가구원 전원이 무주택이어야 합니다. 무주택 기간은 만 30세부터, 청약통장 가입 기간은 만 20세부터 가점을 계산합니다. 부양가족 수는 부양가족이 1명 늘어날 때마다 5점씩 추가합니다. 4인 가족 기준으로 20점, 최대 점수는 35점입니다. 가입 기간은 15년 이상이면 만점을 받습니다.

부적격 당첨을 예방하기 위해 자신의 청약가점에 대해 정확한 계산이 필요합니다. 가점제가 워낙 복잡하고, 단지별로 입주자 자격이 다르다 보니 무주택 기간이나 부양가족 수 등을 잘못 계산하거나, 부

청약점수 계산해보기

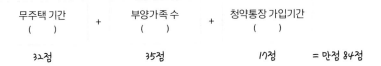

무주택 기간 + 부양가족 수 + 청약통장 가입기간
( ) ( ) ( )
32점 35점 17점 = 만점 84점

정확한 정보를 입력해 당첨 후 취소되는 사례가 많습니다. 부적격 당첨 사실이 확인되면 수도권이나 투기과열지구, 청약과열지구에서는 당첨일로부터 최대 1년 동안 당첨이 제한됩니다. 비규제지역에서는 당첨 제한 기간이 6개월, 청약위축지역에서는 3개월입니다. 부적격자 판정이 나면 내 집 마련을 위해 10년 넘게 쌓아온 노력이 한순간에 물거품이 될 수도 있습니다.

　　내 청약가점이 궁금하면 청약홈 홈페이지에서 확인할 수 있습니다. 청약홈 접수 후 '청약자격확인'을 누르면 세대구성원 등록 및 조회부터 청약제한사항확인, 주택소유확인, 청약통장, 청약자격진단 등의 항목을 통해 자신의 청약자격과 가점을 확인할 수 있습니다. 또 공고단지 청약연습, 청약가점계산기를 순서대로 누른 뒤 무주택 기간, 부양가족, 청약통장 카테고리별로 정보를 입력하고, 가점 계산하기를 누르면 자동으로 가점이 계산됩니다. 실제 청약에 앞서 청약홈에서 자신의 청약자격과 가점 등을 확인해야 부적격 당첨을 예방할 수 있습니다.

05
청약통장에는 매달 얼마씩 넣는 게 좋을까?

#많이 부어야 당첨될까?   #청약 1순위
#공공주택 청약은 10만 원   #민간주택 예치금 한 번에

30대 직장인 전준오(가명) 씨는 2년 전 은행 직원의 권유로 주택청약종합저축통장을 개설했습니다. 연봉 4,000만 원 정도인 자신의 수입으로 직장이 있는 서울에서 내 집 마련하기가 힘들다고 판단한 전 씨는 청약통장에 마지못해 매달 2만 원씩 넣었습니다.

전 씨는 일찌감치 내 집 마련을 체념한 탓에 평소 청약통장에 큰 관심을 두지 않았습니다. 하지만 최근 결혼을 전제로 만나는 여자친구가 생기면서 내 집 마련에 관한 관심이 부쩍 커졌습니다. 평소에 거들떠보지도 않던 청약통장에 자연스레 손이 가고, 아파트 분양뉴스나 광고도 눈여겨보고 있습니다.

전 씨는 청약통장에 매달 2만 원밖에 넣지 않아서 마음이 조급하다고 합니다. 전 씨는 "주위에서 청약통장에 매달 2만 원씩 넣으면 청약 당첨 확률이 낮아 있으나 마나라는 말을 자주 들었다"라며 "청약통장에 매달 10만 원을 부어야 당첨 확률이 높아진다는데, 사실인지 궁금하다"라고 말했습니다.

"청약통장에 매달 2만 원씩 넣은 사람은 10만 원씩 내는 사람보다 당첨 확률이 떨어집니다."

내 집 마련을 위한 하나의 방법으로 청약을 꿈꾸는 사람이라면 누구나 한 번쯤 들어본 말입니다. 당첨 확률을 높이기 위해 될 수 있으면 매달 더 많은 돈을 청약통장에 부으라는 얘기입니다. 영 틀린 말은 아니나, 그렇다고 꼭 맞는 말도 아닙니다.

청약통장은 누구나 가입할 수 있습니다. 미성년자와 주택 보유자는 물론이고, 세대주가 아니라도 가입할 수 있습니다. 최소 2만 원부터 최대 50만 원까지 자신의 경제적 상황에 맞게 예치금을 정할 수 있습니다. 청약통장에 가입하면 매달 정기적으로 일정 금액을 예치합니다. 청약통장은 일종의 적금입니다. 또 정기적인 적금 형태가 아닌 일시적으로 한꺼번에 예치금을 내는 방법도 있습니다.

청약통장은 내 집 마련을 위해 차곡차곡 저축하는 상품입니다. 국민주택과 민영주택 청약을 위해 만든 일종의 금융 상품입니다. 자신이 정한 금액을 일정 기간 내면 국민주택과 민영주택 청약자격이 주어집니다. 국민주택은 국가나 지방자치단체에서 짓는 주택, 민영주택은 민간 건설업체가 짓는 주택입니다.

2만 원도 좋지만, 이왕이면 10만 원

청약통장 예치금 액수를 두고 말이 많습니다. 예치금은 청약통장에 넣어둔 돈의 액수를 말합니다. 적은 액수라도 매달 꾸준히 넣는 게 좋다는 주장과 될 수 있으면 많이 부어야 한다는 의견이 엇갈립니다. 청약통장 가입자들은 누구 말을 들어야 할지 혼란스럽습니다. 혹시 돈을 적게 넣어 당첨 확률이 낮아지는 건 아닌지, 많이 붓는다고 당첨 확률이 높아지는 건지 궁금한 게 한두 가지가 아닙니다.

청약통장 예치금은 청약자격을 얻기 위한 최소한의 기준입니다. 청약통장에 많은 돈을 넣는다고 해서 반드시 당첨된다는 보장이 없습니다. 당첨 여부는 아무도 알 수 없습니다. 청약 당첨자는 매달 내는 예치금뿐만 아니라 가입 기간, 부양가족 수 등 다양한 변수들을 종합적으로 심사해 결정합니다. 또 1순위 청약자격을 갖췄더라도, 1순위 지원자들이 많다면 경쟁이 치열해집니다.

청약통장 예치금은 자신이 원하는 주택형과 지역을 선택한 뒤 액수를 정하는 게 합리적입니다. 공공주택 청약 1순위 대상자는 '수도권 기준으로 매월 약정납입일에 월납입금을 12회 이상 낸 자'로 규정하고 있습니다. 실제 청약 과정에서 당첨자를 뽑을 때 전용면적 $40㎡$ 이하 주택은 총 납입 횟수가 많은 순서로, 전용 $40㎡$ 초과 주택은 총 납입 금액이 많은 순서로 선정합니다.

공공주택 청약을 노린다면 매월 10만 원을 넣어야 유리합니다. 매달 10만 원씩 넣으면 1년에 120만 원, 10년이면 1,200만 원, 15년이면 1,800만 원이 모입니다. 공공분양 중 이른바 로또 분양으로 꼽히는 국민주택의 대략적인 당첨 기준이 1,200만 원에서 1,500만 원 수준입니다. 예를 들어 25세 때 청약통장에 가입해 매달 10만 원씩 넣었다면 40대에 국민주택 청약에 1순위자로 도전할 수 있습니다. 미성년자는 만 17세부터 19세까지 2년간 최대 240만 원까지만 예치금을 인정합니다.

민영주택은 주택청약종합저축 가입 2년이 지나고, 예치 기준금액을 충족하면 청약 1순위 자격이 주어집니다. 민영주택 청약은 지역과 전용면적별로 예치금이 다릅니다. 지자체에서 정한 예치금 기준을 모두 채워야 청약자격을 얻을 수 있습니다.

서울·부산의 전용면적 $85m^2$ 이하의 청약통장 예치금은 300만 원, 기타 광역시는 250만 원, 기타 시군은 200만 원입니다. 전용면적 $102m^2$ 이하는 서울·부산 600만 원, 기타 광역시 400만 원, 기타 시군 300만 원입니다. 전용면적 $135m^2$ 이하는 서울·부산 1,000만 원, 기타 광역시 700만 원, 기타 시군 400만 원입니다. 지역은 입주자모집공고일을 기준으로 주택 공급 신청자의 주민등록표에 따른 거주지역을 말합니다.

민영주택 청약을 원하면 청약통장을 개설할 때 2만 원을 우선 넣은 뒤 그 이후에 매달 돈을 넣지 않아도 괜찮습니다. 입주자모집공고 일주일 전 원하는 예치금을 한 번에 넣어도 청약 1순위 자격이 주어집니다. 최대 1,500만 원까지 한 번에 넣을 수 있습니다. 예를 들어 청약통장을 개설한 뒤 매달 2만 원씩 넣었다가, 서울 민간주택 청약에 관심이 생겼다면 한 번에 예치 기준금액을 넣으면 1순위 자격이 생깁니다. 민영주택은 예치금을 기준으로 청약 순위를 정합니다.

청약통장에 예치금을 넣는 또 다른 이유

청약통장은 하루라도 빨리 가입하는 게 유리합니다. 가입 기간이 길면 길수록 당첨 확률이 그만큼 높아집니다. 청약통장 가입은 나이 제한이 없습니다. 한 살이라도 어렸을 때 가입해야 한다는 말이 맞지만, 그렇다고 너무 서두를 필요는 없습니다. 미성년자 청약통장 가입 기간은 최대 2년까지 인정하기 때문입니다. 한 살 때 가입하든 만 17세 때 가입하든 인정 기간은 모두 2년으로, 총 24회차 납입만 인정합니다. 일찍 가입하면 납입 횟수가 늘어나 청약 1순위자가 될 수 있지만, 그 이후에 가입해도 최장 15년 기간을 채우면 됩니다.

결론적으로 자녀 청약통장은 만 17세 때 가입하는 것을 추천합니다. 2024년 1월 1일부터 미성년자 청약통장 가입 기간을 최대 5년으로 늘리고 납입 인정 금액도 200만 원에서 600만 원으로 확대하는 '주택 공급에 관한 규칙' 개정안이 시행됐습니다. 만 14세에 청약통장에 가입하면 만 29세 때 총 납입 기간이 15년 이상으로 청약통장 가

민간주택 청약 지역 · 전용면적별 예치금액

(단위: 만 원)

구분	서울 · 부산	기타 광역시	기타 시군
85㎡ 이하	300	250	200
102㎡ 이하	600	400	300
135㎡ 이하	1,000	700	400
모든 면적	1,500	1,000	500

자료: 한국부동산원

입 기간 만점(17점)을 받게 됩니다.

청약통장을 일종의 재테크 수단으로 활용하는 사례도 있습니다. 총급여액이 7,000만 원 이하인 무주택자는 연 납입액 240만 원 한도 내에서 최대 40%까지 소득공제를 받을 수 있습니다. 예를 들어 매월 20만 원씩 내면 연말정산에서 최대 96만 원의 소득공제 혜택을 받을 수 있습니다.

또 만 19세 이상 29세 이하(병역 기간은 별도로 인정)이면서 소득이 연 3,000만 원 이하인 무주택 세대주가 가입 대상인 청년우대형 청약통장은 가입 기간이 2년 이상 지나면 원금 5,000만 원까지 연 최대 3.3% 금리(최대 10년까지)와 이자소득 비과세 혜택을 받을 수 있습니다. 청약통장으로 청약자격도 얻고, 돈도 모으는 '일석이조' 효과를 누리는 것입니다.

06
공공주택 특별공급
한 번에 정리하기

#청년 #신혼부부# 생애최초 #다자녀 #노부모부양
#정책적 배려가 필요해 #청년과 서민의 내 집 마련 기회 확대 #공공주택 50만 호 공급

공공분양주택 특별공급은 청년과 신혼부부, 다자녀가구 등과 같이 정책적 배려가 필요한 사회계층을 대상으로 주택을 분양하는 제도입니다. 공공주택은 정부가 주변 시세보다 저렴하게 제공하는 국민주택 중 하나입니다. 그간 청약 사각지대였던 미혼 청년을 위한 특별공급도 추가됐습니다. 정부가 오는 2027년까지 공공주택 50만 호를 공급합니다. 청년과 서민의 내 집 마련 기회를 확대하기 위해서입니다. 이 중 34만 호를 2030 청년층에게, 5만 2,500호를 미혼 청년에게 특별공급합니다. 나머지 16만 호는 4050세대 중장년층에게 공급 예정입니다.

유형별로 신혼부부 공급은 15만 5,000호, 생애최초 공급은 11만 2,500호, 일반 무주택자를 대상으로도 18만 호를 공급합니다. 지역별로 서울에 6만 호, 수도권에 36만 호, 비수도권에 14만 호를 공급합니다. 국공유지를 비롯해 수도권광역급행철도(GTX) 인근 택지, 공공·민간 도심복합사업, 정비사업, 도시재생 등 역세권·도심 등의 물량을 활용합니다.

공공분양은 나눔형(25만 호)과 선택형(10만 호), 일반형(15만 호) 등 총 세 가지 유형으로 공급됩니다. 나눔형은 주변 시세의 70% 수준으로 분양합니다. 5년 의무 거주 기간이 있습니다. 이후 공공기관에 주택을 팔면 발생하는 이익의 70%를 분양자가 받습니다. 분양가의 최대 80%를 장기 모기지로 지원해 초기 부담을 줄입니다. 예를 들어 시세 5억 원 주택을 분양받으면 분양가는 7,000만 원 수준입니다.

선택형은 민간이 운영하는 '내 집 마련 리츠'를 공공에 적용했습니다. 선택형은 6년간 임대 거주한 뒤 분양 여부를 선택할 수 있는 주택

공공분양주택 청약자격 및 소득 요건

청년	주택 소유 이력 없는 만 19~39세 미혼 청년	1인 가구 월평균 소득 140% 이하 순자산 2억 6,000만 원 이하
신혼부부	예비 신혼부부 또는 혼인 7년 이내 신혼부부	월평균 소득 130% 이하(맞벌이 140%)
	6년 이하 자녀 부부 또는 한부모가족(6세 이하)	순자산 3억 4,000만 원 이하
생애최초	주택 소유 이력 없는 배우자 또는 미혼 자녀가 있는 소득세 5년 치 납부자	월평균 소득 130% 이하 순자산 3억 4,000만 원 이하
중장년층	다자녀 및 노부모부양	월평균 소득 120% 이하 순자산 3억 4,000만 원 이하

자료: 국토교통부

형입니다. 분양전환을 하지 않는다면 최대 10년까지 거주할 수 있습니다. 분양전환 가격은 입주 시 감정가와 분양 시 감정가의 평균 가격으로 산정합니다. 예를 들어 입주 당시 감정가가 4억 원이고, 6년 후 분양전환을 결정한 때 감정가가 8억 원이라면 분양전환 가격은 6억 원으로 정합니다.

일반형은 분양가상한제가 적용돼 시세 대비 80% 수준에 공급됩니다. 추첨제(20%)를 적용해 청년층의 당첨 기회를 확대합니다. 4050세대 등 기존 주택 구입 대기 수요를 고려해 일반공급 물량도 늘립니다. 일반형에 대해서는 기존 기금 대출(디딤돌)을 지원하고, 청년층 등에 대해서는 대출 한도와 금리를 우대 적용합니다.

무주택 청년이라면 공공주택을 '똑똑'

정부는 공공분양 나눔형과 선택형에 무주택 청년 특별공급을 신설했습니다. 또 기존에 있던 일반형에는 추첨제를 적용해 상대적으로 청약가점이 낮은 청년층의 당첨 기회를 확대했습니다. 청년층의 내 집 마련 지원과 주거 안정은 우리나라의 미래를 위해 꼭 필요한 사회적 배려 정책입니다.

무주택 청년 특별공급 청약 조건은 19세 이상 39세 이하인 미혼자여야 합니다. 주택 보유 이력이 없어야 하고, 6개월 이상 주택청약종합저축에 가입한 이력이 필요합니다. 또 본인의 소득과 자산 기준, 부모의 순자산 기준 등을 충족한 청년에게 청약자격이 주어집니다.

소득 기준은 본인 소득 도시근로자 월평균 소득액의 140%(2022년 기준 449만 원) 이하 및 본인 순자산 2억 6,000만 원 이하여야 합니다. 아울러 부모 순자산이 상위 10%(약 9억 7,000억 원)에 해당하지 않아야 합니다. 무주택 청년 특별공급은 나눔형과 선택형 유형에 각각 15%씩 우선 배정합니다.

신혼부부 특별공급 합산 소득 200%로 확대

신혼부부 특별공급의 경우 도시근로자 가구당 월평균 소득의 130%(846만 원), 맞벌이는 140%(911만 원) 이하여야 청약할 수 있습니다. 하지만 결혼 이후 연소득 기준이 현실과 달리 턱없이 낮아 '신혼부부 페널티'라는 비판을 받았습니다. 아이러니하게도 신혼부부 특별공급 청약을 위해 혼인신고를 미루는 어처구니없는 일이 벌어졌습니다.

비판 여론이 수그러들지 않자, 국토교통부는 2023년 8월 29일 '저출산 극복을 위한 주거지원 방안'을 통해 부랴부랴 진화에 나섰습니다. 주거지원 방안의 골자는 2024년 3월부터 결혼과 상관없이 신생아를 출산하면 공공분양 특별공급 대상으로 선정합니다. 또 신혼부부의 합산 소득을 기존 140%에서 200%로 확대했습니다.

신혼부부 가운데 출산 가구에 연 7만 가구를 우선 공급합니다. 공공분양주택인 '뉴:홈'에 신생아 특별공급을 추가했습니다. 임신했다면 입주하기 전 출산 자격을 증명하면 청약자격이 주어집니다. 소득은 도시근로자 월평균 소득의 150%, 자산은 3억 7,900만 원 이하여야 합니다.

생애최초 특별공급에 도전하려면?

생애최초 특별공급은 청약을 통해 처음으로 내 집 마련을 하는 무주택자를 위한 공급정책입니다. 생애최초 청약자격은 주택 소유 이력 없는 배우자와 미혼 자녀가 있고, 소득세를 5년 이상 납부해야 합니다. 신혼부부와 마찬가지로 월평균 소득이 130% 이하여야 합니다. 자산 기준은 나눔형과 선택형 모두 3억 7,900만 원 이하여야 합니다.

세대원 가운데 단 한 사람이라도 분양권을 포함해 이전에 주택을 소유한 사실이 있다면 생애최초 특별공급 청약자격이 주어지지 않습니다. 다만 주택 공급에 관한 규칙에 부합하는 무주택으로 인정받은 주택을 소유했다면 무주택자로 간주하고, 생애최초 청약자격을 받을 수 있습니다. 예를 들어 동일 세대의 직계존속이 현재 주택을 소유했거나, 과거 소유했더라도 입주자모집공고일 기준으로 만 6세 이상이라면 무주택으로 인정합니다.

두 자녀 가정도 다자녀 특별공급 청약 가능

정부가 **다자녀 특별공급**의 문턱을 낮췄습니다. 다자녀 특별공급 대상으로 두 자녀 가정을 포함했습니다. 2023년 11월부터 다자녀 특별공급 기준이 기존 3자녀에서 2자녀로 바뀌었습니다. 자녀 수에는 출생 전 태아와 입양 자녀도 포함됩니다. 함께 거주 중인 직계존속을 포함한 모든 가구 구성원이 무주택자여야 합니다. 공공분양은 소득이 전년도 도시근로자 가구당 월평균 소득의 120% 이하여야 합니다.

2023년 3월 28일 이후 출산한 자녀가 있는 가구가 공공주택에 청약할 때 미성년 자녀 1인당 10%p, 최대 20%p(2자녀 이상)까지 완화된 소득·자산 요건을 적용합니다. 기존 다자녀 배점 기준은 3명 30점, 4명 35점, 5명 40점이었지만, 현재는 2명 25점, 3명 35점, 4명 이상 40점으로 달라졌습니다. 배점 만점 기준은 40점입니다.

공공임대주택 입주자 선정 시 배점이 동점이면 만 1세 이하 자녀가 있는 가구를 우선해 공급하고, 공공임대주택의 공급면적 기준도 세대원 수를 고려해 마련됩니다. 자녀가 많은 가구가 더 넓은 면적의 공공주택에 거주할 수 있도록 배려한 것입니다. 예를 들어 3인 가구가 $45m^2$ 초과 공공주택 입주를 희망하면 기존에는 1~2인 가구와 경쟁해야 했지만, 이제는 3인 이상 가구와만 경쟁합니다.

노부모 3년 이상 모셨다면?

노부모부양 특별공급은 만 65세 이상 부모님이 같은 세대별 주민등록상에 등재되고, 최소 3년 이상 부양하면 자격이 주어집니다. 원하는 청약 예정단지가 있다고 부모님을 주민등록상에 같은 세대로 묶고, 청약한 뒤 당첨되더라도 부적격 처리됩니다.

예를 들어 1년은 함께 살고, 1년은 따로, 다시 1년을 같이 살아도 청약자격이 주어지지 않습니다. 노부모부양 특별공급 자격을 갖추려면 같은 세대로 묶인 후 3년이 지나야 합니다. 청약통장 가입 후 24개월 이상이면 청약할 수 있습니다. 모든 세대원이 무주택자여야 합니다. 배우자의 직계존속도 포함합니다.

공공분양 특별공급에서 유일하게 미혼도 청약할 수 있는 유형입니다. 공급 물량이 민간분양은 3%, 공공분양은 5% 수준으로 비교적 적은 편입니다. 공급 물량이 다른 유형의 특별공급 물량에 비해 적지만, 청약자격 조건을 모두 갖춘 예비 청약자들이 상대적으로 적어 당첨 확률이 높습니다. 국민주택은 전용면적 $40m^2$ 초과 주택은 청약저축 총액이 많은 순서대로, 전용면적 $40m^2$ 이하는 납입 횟수가 많은 순서대로 각각 정합니다.

7

희망타운 or 특별공급,
신혼부부의 선택은?

#이익공유 신희타 　#소득 낮고, 자녀 있으면 특공
#신혼부부를 배려하자

서울에 사는 신혼부부인 이상민(가명), 박지현(가명) 씨는 당분간 아이를 가질 생각이 없습니다. 결혼한 지 3년이 넘었지만, 임신을 내년 혹은 내후년으로 미룰 계획입니다. 부부가 그간 모은 돈에 비해 살고 싶은 지역의 집값이 너무 높은 데다 금리마저 오르면서 경제적 여유가 없기 때문입니다. 더욱이 임대 보증금을 맡기고 매월 월세를 내는 보증부월세 부담이 만만치 않은 데다 빠 듯한 살림살이 역시 임신을 미루는 이유입니다.

이들은 "결혼 당시 모은 돈과 대출금을 합쳐 회사 근처 작은 아파트라도 매 입할 계획이었는데, 집값이 천정부지로 치솟으면서 계획을 미뤘다"라며 "이러다 더 늦어지면 영영 내 집 마련을 못 할 것 같다"라고 토로했습니다.

이어 "당장 임신과 출산을 하기보다는 내 집 마련을 하고, 경제적으로 안정되면 임신을 하는 게 더 좋을 것 같다"라며 "하루라도 빨리 내 집 마련을 위해 빚을 내서라도 청약이든 구축 매수든 뭐라도 하려고 하고, 공공분양주택 문도 수시로 두드리고 있다"라고 말했습니다.

오래전 일입니다. 신혼집은 단칸방 월셋집이나 전셋집이 일종의 '불문율'이었습니다. 우리 때는 신혼부부가 단칸방에서 첫 살림을 시작하는 게 당연했다고 말하는 사람이 있습니다. 사랑 하나만으로 결혼했고, 단칸방에서 알콩달콩 살면서 돈을 모아 내 집 장만에 성공했다는 무용담도 빠지지 않습니다.

신혼집을 전셋집으로 마련하고, 전세금을 종잣돈 삼아 월급을 차곡차곡 모아 내 집을 마련한 게 불과 십수 년 전인데, 현재는 상상도 할 수 없습니다. 요즘 신혼부부들에게는 씨알도 안 먹히는 소리입니다. 양쪽 부모의 도움 없이는 전셋집 마련하기도 벅차고, 월급을 한 푼도 쓰지 않고 12년을 모아야 아파트를 장만할 수 있는 게 현실입니다. 대하소설 버금가는 무용담이 달갑지 않은 게 당연합니다.

월급보다 집값이 빠르게 치솟으면서 수많은 청년과 신혼부부가 '영영 내 집을 마련하지 못할 수도 있다', '자고 나면 오르는 집값에 지금 당장 집을 사지 않으면 앞으로 내 집 마련을 못 할 것'이라는 불안감 때문에 결국 '영끌'을 택했습니다. 또 가능한 모든 수단을 동원해 집을 사는 이른바 '패닉바잉'으로 이어졌습니다. 이후 금리가 가파르게 오르면서 영끌족은 고금리에 허덕이고 있습니다.

신혼부부 주거가 불안하면 출산율이 '뚝'

이제 막 결혼생활을 시작하는 신혼부부들의 가장 큰 고민은 주거입니다. 엄밀히 말하면 내 집 마련입니다. 내 집 마련은 주거 안정과 경제적 자유를 의미하는 동시에 신혼부부가 가장 이루고 싶은 소망일 것입니다. 하지만 현실은 녹록지 않습니다. 이사 걱정 없이, 집값 걱정 없이 마음 편히 거주할 수 있는 집에 대한 걱정을 쉽게 떨쳐내지 못하는 게 현실입니다.

신혼부부의 주거 불안은 단순히 주거 문제로 끝나지 않습니다. 집값과 주거비 부담 탓에 출산을 미루거나 포기하는 일이 적지 않습니다. 2022년 기준 출생아 수는 24만 9,000명으로, 사상 처음 25만 명 아래로 떨어졌습니다. 합계출산율은 0.78명. 경제협력개발기구(OECD) 회원국 중 꼴찌입니다.

심각한 저출산 문제의 시작이 신혼부부의 주거 불안입니다. 맞벌이 신혼부부라도 내 집 마련이 워낙 어려워 출산을 미루거나 아예 포기합니다. 또 대출이자 부담에 출산을 미루는 악순환이 반복됩니다. 집값이 1% 오르면 최장 7년까지 출산율에 영향을 미치고, 합계출산율은 약 0.014명이 감소한다는 연구 결과가 있을 정도입니다.

신혼희망타운 시세 대비 저렴한 분양가, 이익 절반은 공유

정부는 신혼부부들이 주거 문제로 임신과 출산을 주저하지 않도록 신혼부부 대상 다양한 주거 복지 정책을 시행하고 있습니다. 대표적으로 신혼희망타운과 신혼부부 특별공급이 있습니다. 신혼부부에게 더 많은 당첨 기회를 보장하고, 내 집 마련 기회를 확대하기 위한 정책입니다.

신혼희망타운은 신혼부부나 예비 신혼부부, 한부모가족에게 우선 공급하는 특화형 공동주택입니다. 주변 시세보다 20~30% 저렴하게 아파트를 공급합니다. 혼인 기간 7년 이내의 신혼부부나 예비 신혼부부, 6세 이하 자녀를 둔 한부모가족만 청약할 수 있습니다.

신혼희망타운은 분양형과 임대형으로 나뉩니다. 분양형은 공고일로부터 입주할 때까지 무주택세대구성원이어야 합니다. 주택청약종합저축 가입 6개월이 지나고, 6회 이상 납입해야 청약자격이 주어집니다. 소득 기준은 전년도 가구당 도시근로자 월평균 소득 130%(3인 기준 월 807만 원 수준) 이하여야 합니다. 배우자가 소득이 있다면 140%까지 인정됩니다. 총자산은 2억 4,100만 원 이하여야 합니다. 임대형(행복주택)의 소득 기준은 전년도 도시근로자 가구원 수별 가구당 월평균 소득이 100% 이하(맞벌이 120%, 국민임대 70% 이하)여야 합니다.

신혼희망타운은 연 1.3% 고정금리로 최장 30년, 집값의 70%까지 4억 원 한도 내에서 대출해주는 전용 모기지 상품으로 초기 주거 부담을 줄여주는 대신 나중에 주택을 팔 때 시세차익의 최대 50%를 주택도시기금이 가져갑니다. 예를 들어 분양가 5억 원인 신혼희망타운 아파트가 10억 원으로 올랐다면 시세차익 5억 원의 절반인 2억 5,000만 원을 주택도시기금이 가져가는 구조입니다. 자녀를 낳으면 공공이 가져가는 정산 비율이 10%씩 줄어들고, 대출 기간이 길면 길수록 회수해가는 비율도 줄어듭니다. 2023년 8월 연 1.3% 고정금리가 1.6%로 인상됐습니다.

신혼희망타운의 가장 큰 장점은 시세의 70~80% 수준으로 책정되는 저렴한 분양가입니다. 분양가의 최대 70%까지 대출을 받을 수 있어 초기 자금이 부족한 신혼부부에게 유리합니다. 단, 전용면적 $60m^2$($55m^2 \cdot 46m^2$) 이하로 제한된 좁은 평형과 주택을 팔고 난 뒤 공공기관과 시세차익의 절반 수준을 나눠야 한다는 게 단점입니다.

소득이 낮고 자녀 있다면 신혼부부 특별공급이 유리

신혼부부 특별공급은 평생 단 한 번뿐인 내 집 마련 기회입니다. 다른 세대에 비해 가점이 낮은 신혼부부들의 내 집 마련 기회를 확대하기 위해 특별공급 물량을 늘리고 소득 기준을 완화했습니다. 신혼부부 특별공급 청약자는 일반공급 청약자와 경쟁하지 않아 상대적으로 당첨 확률이 높습니다.

신혼부부 특별공급은 크게 민영주택과 국민주택, 공공분양(일반형·나눔형)으로 나뉩니다. 입주자모집공고일 기준으로 청약통장에 가입하고, 일정 기간 예치금을 납입한 무주택 저소득 신혼부부에게 1회에 한해 공급하는 유형이 신혼부부 특별공급입니다. 신혼부부 특별공급 대상 주택은 전용면적 $85m^2$ 이하입니다. 민영주택은 전체 공급 물량의 18%를 신혼부부 특별공급으로 제공해야 합니다. 또 국민주택은 전체 공급 물량의 30%, 공공분양 일반형은 20%, 나눔형은 40%를 신혼부부 특별공급 물량으로 배정합니다.

신혼부부 특별공급은 자격 요건이 까다롭지 않습니다. 입주자모집공고일 기준으로 현재 혼인 기간이 7년 이내로, 세대구성원 모두 무주택자여야 합니다. 또 청약통장에 가입한 지 6개월이 지나야 하고, 매월 약정납입일에 예치금을 6회 이상 납입해야 합니다.

당첨자 발표일이 같은 주택 전체에 대해 1세대에서 1인만 청약할 수 있습니다. 1인 2건 이상 청약 신청하면 모두 무효 처리됩니다. 단, 동일 주택에 대해 1인이 특별공급과 일반공급을 함께 청약할 수 있습니다. 이때는 특별공급 당첨자로 선정되면 일반공급 당첨자 선정에서 제외됩니다.

민영주택은 지역별, 면적별 납입 인정금액을 예치해야 청약자격이 주어집니다. 민영주택의 소득 기준은 해당 세대의 월평균 소득이 전년도 도시근로자 가구당 월평균 소득의 140%(맞벌이 소득 160%) 이하여야 합니다. 단, 맞벌이면 한 사람의 소득이 140% 이하여야 합니다. 이들 신혼부부는 소득 우선공급(70%) 자격으로 청약을 신청할 수 있습니다. 소득 기준을 초과하지만 해당 세대가 소유하고 있는 부동산(토지 및 건물)의 합계액이 3억 3,100만 원 이하인 사람은 순위 없는 추첨제(30%) 자격으로 청약할 수 있습니다.

국민주택의 소득 기준은 민영주택과 같습니다. 기준소득에 해당하는 신청자에게 신혼부부 특별공급 배정 물량의 70%를 우선 공급합니다. 같은 순위에서 경쟁이 있을 때는 해당 주택건설지역 거주자와 미성년 자녀 수(임신·입양 자녀 및 재혼한 경우 전 배우자와의 사이에서 출산한 자녀 포함)가 많은 자 등을 기준으로 당첨자를 정합니다. 미성년 자녀 수가 같다면 추첨을 통해 당첨자를 뽑습니다.

신혼부부 특별공급 공공분양(일반형·나눔형) 대상자는 입주자모집공고일 기준 현재 혼인 기간이 7년 이내이거나 만 6세 이하(만 7세 미만) 자녀가 있는 신혼부부와 혼인을 계획 중이거나 해당 주택의 입주 전까지 혼인 사실을 증명할 수 있는 사람, 만 6세 이하(만 7세 미만)의 자녀를 둔 한부모가족 등입니다. 소득 기준은 해당 세대의 월평균 소득이 전년도 도시근로자 가구당 월평균 소득의 130%((예비)부부 모두 소득이 있는 경우 140%) 이하여야 합니다.

8

헷갈리는
분양권과 입주권 차이는?

#새 아파트에 입주할 권리   #청약 당첨되면 분양권
#재개발·재건축 조합원 입주권   #입주 보장하는 보증수표라고?

아파트를 분양받고, 입주일이 며칠 남지 않았다고 상상해보세요. 새 아파트에 들어가는 기쁨과 설렘은 이루 말할 수 없습니다. 새 아파트에 들어가는 방법은 크게 두 가지입니다. 청약하고 아파트 **분양권**을 얻는 것과 재개발·재건축 등 정비사업지의 조합원으로부터 **입주권**을 사는 것입니다. 분양권과 입주권 모두 주변 시세보다 저렴하게 새 아파트에 입주할 수 있는 장점이 있습니다. 분양권과 입주권을 통한 내 집 마련에 관심이 많은 이유입니다.

분양권과 입주권은 아파트 분양시장이 과열되고, 청약 경쟁률이 치솟을 때 부동산 뉴스나 인터넷 커뮤니티에서 자주 언급됩니다. 다만 새로 지은 아파트에 비교적 저렴하게 입주할 수 있다는 점이 비슷해 분양권과 입주권 두 단어가 혼용 사용됩니다. 두 단어를 구분 없이 사용하는데, 알고 보면 두 단어의 차이가 큽니다. 청약으로 내 집 마련을 꿈꾸는 예비 청약자라면 두 단어의 개념을 정확하게 알아야 합니다.

청약 당첨자는 분양권, 재개발·재건축 조합원은 입주권

분양권과 입주권 모두 새 아파트에 입주할 권리를 말합니다. 분양권과 입주권은 초기 투자 비용과 등기 여부, 세금 납부 기준이 완전히 다릅니다. 제대로 구분하지 못하면 시간적·경제적 손실이 몇 배로 커질 수 있어 주의해야 합니다.

분양권은 아파트 청약에 당첨되면 받는 입주 권리입니다. 일반적으로 조합원에게 배정된 물량을 제외한 나머지 물량에 대해 사업주체인 건설사와 분양계약을 체결해 새 아파트에 들어갈 수 있는 권리를 취득하는 것입니다. 분양권은 입주권을 가진 조합원에게 우선 공급합니다. 분양권이 있는 수분양자의 동호수는 잔여 세대 중 임의로 배정받을 수 있습니다.

입주권은 재개발·재건축 조합원이 새 아파트에 들어갈 수 있는 권리입니다. 입주권은 사업시행인가를 거쳐 관리처분계획인가 시점에 발생합니다. 기존 주택의 철거 여부와 상관없이 해당 정비사업 조합원들에게만 주어집니다.

관리처분인가가 끝나면 입주권이 확정됩니다. 관리처분인가는 재건축 아파트 등 정비사업 시행 이후 건물과 대지에 대한 조합원 간 자산을 배분하는 중요한 절차입니다. 일반적으로 관리처분인가가 끝나면 입주민의 이주가 시작되고, 본격적인 공사가 시작됩니다. 기존 주택을 허물고 새로 아파트를 짓는 정비사업 조합의 조합원들이 아파트 완공 뒤 입주할 수 있는 권리가 입주권입니다. 입주권이 있다면 단지 내 세대 가운데 선호도가 높은 동과 호수를 미리 정할 수 있습니다. 또 발코니 확장과 이주비 이자 지원 등의 혜택이 주어집니다.

분양권·입주권 모두 세금 부과 대상, 양도세율은?

분양권과 입주권 모두 주택 수에 포함됩니다. 양도소득세 등 세금 부과 대상입니다. 다만 오피스텔의 경우 취득 후 실제 사용하기 전까지 주거용인지, 상업용인지 확정되지 않아 오피스텔 분양권은 주택 수에 포함되지 않습니다.

2021년 1월 1일 전에 아파트 분양권을 취득했다면 주택 수에 포함되지 않습니다. 이후에 취득한 분양권은 주택 수에 포함됩니다. 주택 수에 포함돼 양도소득세 등 세금 부과 기준이 달라집니다. 1주택자가 분양권이 있다면 1가구 2주택자로 간주합니다. 1가구 2주택자는 다주택자로 양도소득세 중과세율을 적용합니다.

같은 해 6월부터 다주택자에 대한 중과세율이 적용했습니다. 1주택자가 분양권을 사면 다주택자로 간주하고, 기본세율(6~45%)에 가산세율 20%를 더합니다. 분양권을 1년 미만 보유했다면 양도차익의 70%, 2년 이상 보유했을 경우 60%의 세율이 적용됩니다. 부동산 투기를 방지하기 위한 취지입니다. 단기 투자 목적으로 분양권을 사면 세금을 더 많이 내는 구조입니다.

현재 다주택자가 조정대상지역에서 주택을 팔면 2주택자는 기본세율에 20%, 3주택자는 30%의 양도세율이 중과됩니다. 기본세율에 가산세율까지 합하면 많게는 75%까지 세금을 내야 합니다. 또 지방소득세(양도소득세의 10%)를 별도로 부과합니다.

주택 보유자가 기존 주택을 팔고 1년이 지나 분양권을 사면, 분양권 취득일로부터 3년 이내에 비과세 요건을 갖춘 주택을 양도하면 비과세 혜택을 받을 수 있습니다. 다만 아파트가 준공되지 않아 분양권 취득일로부터 3년 이내에 기존 주택을 양도하지 못하면 특례 규정을 적용합니다. 분양권으로 취득한 주택의 완공 전이나 완공 후 2년 이내 기존 주택을 양도하고, 주택 완공 2년 이내 세대원 전원이 새 아파트로 전입한 뒤 1년 이상 거주하면 기존 주택은 비과세를 적용합니다.

다주택자 양도소득세 중과 한시 배제 기간이 2024년 5월 9일까지 1년간 연장됐습니다. 일시적 2주택 양도세·종부세 특례를 적용받는 처분 기한도 2년에서 3년으로 늘어났습니다. 기간 내에 주택을 처분하는 다주택자는 최고 82.5%(지방세율 포함)의 중과세율이 아닌 기본세율을 적용합니다.

입주 보증수표가 아닌, 전매제한 대상이라고?

전매제한은 분양권이나 입주권과 같은 새 아파트에 입주할 수 있는 권리를 일정 기간 다른 사람에게 파는 행위를 제한하는 것을 말합니다. 전매(轉賣)는 '샀던 물건을 도로 다른 사람에 팔아넘긴다'는 의미로, 실제 주택이 아니라 자신의 주택 입주 권리를 다른 사람에게 되파는 행위입니다. 전매제한은 분양시장의 투기 수요를 차단하고 실수요자 위주로 재편하기 위한 제한 조치입니다. 전매제한은 분양가상한제나 실거주 의무 등과 같이 분양시장의 대표적인 규제로 꼽힙니다.

2023년 4월 아파트 분양권 전매제한 기간이 수도권은 최대 10년에서 최대 3년으로, 비수도권은 최대 4년에서 최대 1년으로 줄었습니다. 이전 분양권 전매제한 기간은 수도권 기준으로 투기과열지구 5년, 조정대상지역 3년이 적용됐습니다. 분양가상한제를 적용한 단지는 투기과열지구의 경우 분양권 전매가 5~10년, 기타 공공택지는 3~8년을 적용했습니다. 민간택지는 성장관리권역과 과밀억제권역의 전매제한을 3년으로 못 박았습니다. 사실상 분양권 거래를 할 수 없었습니다. 규제 완화로 수도권에서 전매제한 기간이 공공택지나 규제지역은

분양권과 입주권의 차이

	분양권	입주권
개념	청약 당첨자 입주 권리	재건축·재개발 사업 조합원 입주 권리
이전등기	토지+건물	건물
주택 수 산정	포함(2021년 1월 1일부터 적용) 1가구 1분양자 = 다주택자	포함
취득세	아파트 완공 후	입주권 매수 시 토지 취득세 아파트 완공 후 건물 취득세
양도세율	1년 미만 보유: 양도차익 기준 70% 1년 이상 보유: 양도차익 기준 60%	1년 미만 보유: 양도차익 기준 70% 1년 이상 ~ 2년 미만 보유: 양도차익 기준 60% 2년 이상 보유: 기본세율(6~45%)

자료: 국토교통부·기획재정부

3년으로, 과밀억제권역은 1년으로 대폭 줄었습니다.

분양권과 입주권은 아파트 입주에 대한 권리일 뿐입니다. 실제 입주까지는 변수가 많습니다. 그래서 신중한 접근이 필요합니다. 분양권을 사면 주택 소유권을 확보했다고 생각하는 건 오해입니다. 중도금과 잔금을 치르고 소유권이전등기를 끝내야 비로소 소유권을 확보하는 것입니다. 이 과정에서 집값이 오를지, 내릴지 아무도 모릅니다. 또 입주권은 관리처분인가가 끝나면 확정되지만, 어디까지나 권리입니다. 정비사업 특성상 수많은 건물을 다 지을 때까지 변수가 많다는 점을 간과해서는 안 됩니다. 분양권이나 입주권은 새 아파트 입주를 보증하는 보증수표가 절대 아닙니다.

09

무순위 청약 '줍줍'
잘못하면 체한다

#줍고 또 줍는다 #무작위 추첨 #거주지·주택 보유 수 상관없어
#로또 줍줍이라고 #묻지마 청약의 최후는?

부동산 뉴스를 보다 보면 '줍줍'이라는 단어를 종종 볼 수 있습니다. 이는 '줍고 또 줍는다'는 의미를 지닌 신조어이자, 준말입니다. 줍줍의 어원은 수확이 끝난 논 곳곳에서 벼 이삭을 반복적으로 줍는 모습에서 유래한 것으로 전해집니다. 이른바 MZ세대로 불리는 2030세대에서는 인터넷 게임에서 몬스터(괴물)를 사냥하고, 바닥에 떨어진 아이템을 연속으로 줍는 행위에서 파생한 신조어로 알려져 있습니다.

우리 사회에서 부동산과 집값은 빼놓을 수 없는 화두이다 보니 부동산 관련한 신조어가 유독 많고, 뉴스뿐만 아니라 일상적인 용어로도 쓰입니다. 신조어는 시대를 반영합니다. 줍줍 역시 부동산 시장의 현재를 고스란히 반영하고 있습니다.

부동산 뉴스에서 줍줍은 미분양 물량에 대한 청약인 '무순위 청약'을 표현할 때 주로 쓰입니다. 줍줍이라는 신조어만으로도 무순위 청약의 특성을 한눈에 파악할 수 있습니다. 줍줍은 청약 과정에서 **미계약 물량**을 낱알 줍듯이 줍고 또 줍는다는 뜻입니다. 즉 일반분양 당첨자 계약 이후에 계약 포기자나 청약 당첨 부적격자로 나온 미계약분 잔여 세대에 대해 무작위 추첨으로 당첨자를 뽑는 방식입니다.

미계약 물량이 나오면 무순위 청약

아파트 청약은 당첨자 변화에 따라 순서대로 진행합니다. 분양계약은 순서에 따라 후순위 청약 당첨자에게 넘어갑니다. 최초 청약 당첨자와 계약하는 '정당계약'이 우선입니다. 아파트를 분양할 때 1순위 청약에서 당첨된 당첨자와 실제 계약 체결 기한 내 계약을 맺는 것을 정당계약이라고 합니다.

최초 청약 당첨자와 계약을 마쳤는데도 미계약 물량이 나오면 다음 단계로 넘어갑니다. 주택 공급 규칙에 따라 전체 공급 물량의 5배수로 뽑힌 예비당첨자와 분양계약을 진행합니다. 사전적으로 정의된 단어는 아니지만, 이를 '예당계약'이라고 합니다. 이 과정에서 예비당첨자들도 계약을 포기해 미계약 물량이 발생하면 소위 줍줍으로 불리는 **무순위 청약**으로 이어집니다.

무순위 청약은 이전부터 있었습니다. 무순위 청약은 1·2순위 청약이 끝난 후 사업주체인 개별 건설사가 공지를 띄우고, 자체적으로 분양하는 형태로 이뤄졌습니다. 당시 대리 줄서기와 번호표 판매, 공정성 시비 등으로 말도 많고 탈도 많았습니다. 정부는 2019년 2월부터 규제지역(투기과열지구·조정대상지역) 내 아파트 단지를 분양할 때 20가구 이상의 미계약 물량이 발생하면 무순위 청약을 청약 사이트를 통해 진행하도록 규정을 바꿨습니다.

흑석자이 무순위 청약에 90만 명이 몰린 이유는

집값 상승기에는 내 집 마련을 간절히 원하는 무주택자와 시세차익을 기대하는 투자자가 한꺼번에 몰려 분양시장을 뜨겁게 달굽니다. 집값이 급등하며 과열 조짐을 보이면 이른바 '선당후곰'이 고개를 내밉니다. 이 말은 먼저 당첨된 뒤 고민한다는 뜻의 줄임말입니다. 다른 표현으로 이른바 '묻지마 청약'이라고 합니다.

아파트 분양시장이 뜨거우면 줍줍 열기 역시 상당할 수밖에 없습니다. 2023년 6월 무순위 청약을 진행한 서울 동작구 흑석동 '흑석리버파크자이(흑석자이)'가 대표적인 사례입니다. 흑석자이 무순위 청약에 93만 명이 몰려 단일 아파트 단지로 역대 최대 규모를 기록했습니다. 흑석자이 무순위 청약에 나온 전용면적 59㎡ 1가구에는 82만 9,804명이, 계약 취소 물량으로 나온 전용면적 84㎡ 1가구에는 10만 4,924명이나 몰렸습니다. 청약홈 홈페이지가 처음으로 접속 장애를 일으킬 정도로 열기가 대단했습니다.

82만 대 1. 상상할 수 없을 정도로 경쟁률이 치솟은 데는 두 가지 원인이 있습니다.

첫째, 무순위 청약 요건이 대폭 완화됐습니다. 기존에는 주택 건설지역에 거주하는 무주택자만 신청할 수 있었지만, 지금은 거주지역이나 보유 주택 수와 상관없이 만 19세 이상 성인 누구나 무순위 청약을 할 수 있습니다. 지방 사람도 서울 무순위 청약에 나설 수 있고, 청약 통장이 없어도 괜찮습니다.

둘째, 수억 원의 시세차익을 기대할 수 있습니다. 무순위 청약은 몇 년 전 분양가로 분양받아 현재 시세보다 저렴한 데다 무엇보다 당첨만 되면 수억 원의 시세차익을 챙길 수 있습니다. 흑석자이 분양가는 전용면적 59m^2가 6억 4,650만 원, 전용면적 84m^2가 9억 6,790만 원 선이었습니다. 무순위 청약 당시 이 단지의 매물 호가는 전용면적 59m^2와 84m^2가 각각 12억 원 선, 15억~20억 원대였습니다. 당첨만 되면 최소 5억 원이 넘는 시세차익을 볼 수 있다 보니 무순위 청약 수요가 몰렸습니다. 그래서 무순위 청약을 이른바 '로또 줍줍'이라 부릅니다.

무순위 청약이 '로또 줍줍'이라고?

국토교통부는 2023년 3월 무순위 청약에 무주택·거주지 요건을 폐지하고, 다주택자들이 서울 규제지역에서 집을 살 때 주택담보대출을 받을 수 있도록 주택 공급에 관한 규칙 일부를 개정했습니다. 이에 따라 청약 당첨 시 기존 소유 주택을 2년 이내에 처분해야 했던 1주택자의 처분 의무가 없어졌습니다. 또 기존 분양가 9억 원 이하였던 투기과열지구 특별공급 기준도 사라져, 특별공급 유형에 분양가 9억 원이 넘는 대형 평형 공급도 가능해졌습니다. 무엇보다 지역과 보유 주택 수에 상관없이 국내에 거주하는 성인이라면 누구나 무순위 청약을 할 수 있습니다.

하지만 무순위도 종류마다 자격 요건이 다릅니다. 무턱대고 묻지마 청약에 나섰다가는 낭패를 볼 수 있어 주의해야 합니다. 미분양이나 미계약 물량은 성인이라면 거주지와 주택 보유와 상관없이 청약할 수 있습니다. 반면 불법전매 등 주택법 위반으로 회수한 주택은 해당 지역에 거주하는 성인 무주택자로 청약 요건이 제한됩니다.

무순위 청약은 청약 시점부터 잔금을 내야 하는 시간이 상대적으로 짧아 사전에 자금 마련 계획을 세워야 합니다. 일반적인 분양 절차에 따라 24개월에서 36개월 사이에 계약금부터 잔금을 나눠서 내는 것과 달리 단기간에 자금을 마련해야 하는 부담이 있습니다. 흑석자이 무순위 청약 당첨자 발표는 2023년 6월 30일, 실제 계약은 7월 7일에 진행했습니다. 당첨자 발표 이후 일주일 만에 계약금 1억 3,000만 원가량을 내야 했습니다. 단기간에 자금조달을 할 수 없으면 당첨이 취소됩니다.

무순위 청약에 관한 관심이 집중된 이유는 시세차익을 기대할 수 있어서입니다. 최초 분양 당시 분양가로 공급하다 보니 주변 시세 대비 최소 수억 원가량 저렴합니다. 부동산 규제 완화로 거주지나 주택 보유 수, 청약통장 유무도 따지지 않다 보니 로또 줍줍이라고 합니다. 하지만 무순위 청약을 반드시 로또 줍줍이라고 보장할 수 없습니다. 겉으로는 무순위 청약 아파트이지만, '나 홀로 단지'나 분양가가 상대적으로 비싼 숨은 복병들이 적지 않습니다.

무순위 청약 재당첨 제한도 충분히 고려해야 합니다. 무순위 청약에 당첨되면 투기과열지구는 10년, 조정대상지역은 7년으로 재당첨

제한이 묶여 있습니다. 무주택자의 내 집 마련 기회를 좀 더 보장하겠다는 취지입니다. 시세차익만을 기대하고, 무턱대고 주웠다간 낭패를 볼 수 있습니다. 청약은 "돌다리도 두들겨보고 건넌다"라는 속담처럼 조심하고, 신중해야 합니다.

10
우리 집은 괜찮을까?
아파트 입주 전 사전점검 TIP

#새집 입주 설레는 마음은 잠시 접고
#하자보수 의무   #사전점검은 여럿이 함께

경기도 수원시 한 아파트 입주 예정자인 고재훈(가명) 씨는 최근 입주 전 사전점검을 하기 위해 아파트를 방문한 뒤 할 말을 잃었습니다. 입주까지 한 달도 채 남지 않았는데, 화장실 바닥이랑 벽면 타일 틈새가 곳곳이 벌어졌고 욕조는 깨져 있었습니다. 또 창호가 창틀에 맞지 않아 창문을 열 수 없었고, 주방 싱크대는 실리콘 마감이 아예 안 돼 있었습니다. 사전점검표가 꽉 찰 정도로 하자가 많았습니다.

아파트 단지 내부에서도 하자가 발견했습니다. 외벽 곳곳이 갈라져 있었고, 전선 배관이 그대로 드러나 있었습니다. 지하주차장과 비상계단 등 공용부문에는 대리석 균열과 물고임 현상 등 하자는 차마 눈 뜨고 볼 수 없을 지경이었습니다.

고 씨는 "사전점검 날에도 아파트 단지 곳곳에서 공사가 진행 중이었고, 하자가 너무 심해 입주 예정자들이 단톡방까지 만들어 불만을 쏟아냈다"라며 "시공사에서 하자는 모두 보수하겠다고 했지만, 외벽 장식이 손으로 쉽게 뜯길 정도로 부실하게 시공한 시공사에 하자보수를 맡겨야 하는 상황이 믿기지 않는다"라고 불만을 토로했습니다.

수백 대 1의 어마어마한 청약 경쟁률을 뚫고 당첨자가 되고, 입주일이 가까워지면 새집에 대한 설렘으로 밤잠을 설칠 정도입니다. 새 아파트에 입주하는 것만큼 설레는 일이 없습니다. 처음으로 내 집 마련의 꿈을 이뤘다는 뿌듯함도 이루 말할 수 없습니다. 내 명의의 집이 있다는 건 이제는 집주인 눈치를 안 봐도 되고, 내일의 희망을 품을 수 있는 큰 행복입니다. 예나 지금이나 내 집 마련은 누구에게나 동경과 부러움의 대상입니다.

하지만 새 아파트에 입주했는데, 하자가 있는 것만큼 속상한 일도 없습니다. 새로 지은 아파트라도 벽지나 장판이 들뜨거나 화장실 타일이 떨어지고 벽이 갈라지는 등 크고 작은 하자가 적지 않습니다. 시공사가 하자를 보수하겠다고 하지만, 입주를 앞둔 입주 예정자는 부실 공사가 아닌지 불안합니다. 입주한 뒤에도 하자보수를 받을 수 있지만, 보수하는 과정에서 가구를 옮기거나, 심지어 집을 통째로 비워줘야 하는 등 불편을 겪어야 합니다.

시공사는 하자보수 의무 지켜야

예비 입주자는 단 하루라도 빨리 내 집에 입주하고 싶은 마음이 굴뚝같습니다. 하지만 입주 전 반드시 해야 할 절차가 있습니다. 우리나라 아파트는 일반적으로 선분양 후시공 방식으로 지어집니다. 수분양자가 착공 전이나 시공 중일 때 사업주체와 분양계약서를 작성하지만, 실제 완공하기 전까지 아파트의 품질을 확인할 수 없습니다. 수분양자는 아파트가 완공되고, 입주를 앞두고서야 부실시공이나 하자 등을 직접 눈으로 확인할 수 있습니다.

사전점검제도는 아파트 입주 예정자가 입주 전 아파트를 직접 방문해 시공 상태를 확인하는 절차입니다. 사업주체는 주택법 제48조 2항에 따라 사용검사를 받기 전 입주 예정자가 해당 주택을 방문해 공사 상태를 미리 점검할 수 있게 해야 합니다. 이를 법률 용어로 '사전방문'이라고 합니다. 입주 예정자는 사전점검을 통해 시공사에게 하자나 기타 불편사항에 대한 보수나 개선을 요구할 수 있습니다. 시공사는 하자에 대해 보수해야 할 의무가 있습니다.

철근콘크리트 균열과 철근 노출, 침하, 누수 및 누전, 승강기 작동 불량 등 중대한 하자는 사용검사를 받기 전까지 시공사가 적절한 조치를 취해야 합니다. 입주 전 하자에 대해서는 입주 전까지 보수공사 등을 해야 하고, 조치계획에 따라 보수하지 않으면 500만 원의 과태료가 부과됩니다. 또 사용검사 전 중대한 하자가 해결되지 않으면 사용검사권자는 사용승인을 내주지 않을 수도 있습니다.

사업주체는 사전방문 기간 시작일 1개월 전까지 사전방문 계획을 짜서 사용검사권자인 시장이나 군수, 구청장에게 제출해야 합니다. 또 입주 예정자에게 사전점검 날짜와 내용을 서면으로 통보해야 합니다. 사업주체는 입주자모집공고에 포함된 입주예정일을 기준으로 실제 입주가 가능한 날부터 2개월 전에 입주예정월을, 실제 입주가 가능한 날부터 1개월 전에 실제 입주가 가능한 날을 알려야 합니다. 원활한 입주를 위해 입주가 가능한 날부터 60일 이상의 입주 지정 기간을 설정해야 합니다. 다만 500호 또는 500세대 미만의 주택을 공급하는 경우에는 45일 이상으로 할 수 있습니다.

사전점검 때 최대한 많은 하자를 찾아라

입주를 앞둔 새 아파트에 크고 작은 하자가 있는 것만큼 속상한 일이 있을까요? 입주 전 사전점검을 통해 발견한 하자를 보수하거나 고칠 수 있습니다. 사업주체는 사전점검 이후 드러난 하자에 대해 보수할 의무가 있습니다. 또 입주자의 동의를 얻어야만 준공할 수 있습니다. 준공이 미뤄지면 미뤄질수록 시공사의 금전적 손해가 눈덩이처럼 불어납니다.

사전점검 전 새 아파트에 입주한다는 설레는 마음은 잠시 내려놓아야 하자가 보입니다. 아이러니하게도 사전점검 때 최대한 많은 하자를 찾아야 합니다. 현행 주택법은 하자의 유형을 세분화하고, 입주 후 최대 10년까지 시공사가 하자보수를 책임지도록 규정하고 있습니다. 하지만 입주 후 발생하는 하자에 대한 책임 소재가 애매해 자칫 지루한 소송전으로 번질 수도 있습니다.

사전점검은 입주예정일을 1~2개월 앞두고, 2~3일간 진행합니다. 일부 시공사는 입주 예정자가 사전점검 날짜를 직접 정하도록 사전점검 예약제를 시행합니다. 시공사는 사전점검 때 입주 예정자에게 지적(하자)사항 점검표(체크리스트)와 하자 표시 스티커를 나눠줍니다. 사전점검은 입주 예정자가 하자가 있는 곳에 하자 표시 스티커를 붙이고, 점검표에 하자사항을 자세하게 기재해 시공사에 제출하면 시공사는 입주 전까지 보수하는 방식으로 이뤄집니다.

모델하우스에서 본 것과 너무 다른데?

아파트 입주 전 사전점검은 필수입니다. 입주 예정자 사전점검은 감리 대상에서 제외되는 도배나 도장, 벽지, 조경 등 11개 공사에 대해 하자 여부를 미리 검증하는 것입니다. 입주 예정자는 사전점검에서 하자 여부를 꼼꼼하게 확인해야 합니다. 사전점검에는 큰 어려움이 없습니다. 시공사에서 점검 요령을 알려주고, 일목요연하게 정리된 점검표를 나눠줍니다. 최근에는 건설현장에서 잔뼈가 굵은 건설회사 직원을 비롯해 변호사 등으로 구성된 사전점검 대행업체가 많습니다. 대행업체는 열화상 카메라를 비롯해 각종 첨단장비까지 동원해 하자를 확인합니다.

사전점검을 꼼꼼하게 하기 위해서는 혼자보단 둘이 낫고, 둘보단 셋이 나은 것처럼 여럿이 함께하면 좋습니다. 혼자 사전점검을 하다 미처 확인하지 못한 하자를 다른 사람이 찾을 수 있습니다. 가족이나 친지, 친구와 함께 사전점검하는 것을 추천합니다.

사전점검 당일에는 분양계약서와 모델하우스에서 받은 카탈로그를 챙겨야 합니다. 분양 당시 카탈로그에 표시했거나, 모델하우스에서 봤던 가구나 마감재 등이 실제 아파트에 시공했는지 확인하기 위해서입니다. 모델하우스에서 확인한 것과 다른 제품이나 품질이 낮은 제품이 시공됐다면, 사진으로 남긴 뒤 시공사에 사실 여부를 확인합니다. 시공사에 교체나 보수를 요구하고, 시공사가 이에 응하지 않는다면 입주자협의회를 통해 입주 예정자들이 함께 민사소송을 진행합니다. 실제 마감재를 다르게 시공한 시공사가 입주 예정자들이 제기한 소송에서 저 위약금을 물어준 사례가 많습니다.

사전점검은 현관과 거실, 주방, 화장실, 발코니 등으로 구역을 나눠 진행해야 합니다. 우선 현관문이 잘 열리는지, 잠금장치가 잘 작동하는지 확인합니다. 또 문틀과 문 도장 상태 등도 살펴보고, 현관문 안쪽 문틀 도배 마감 상태를 비롯해 신발장 높이와 마감 상태 등도 빠짐없이 점검합니다. 현관 바닥의 타일 위치와 파손 여부, 조명 상태와 스위치 위치 등도 꼼꼼히 살펴봐야 합니다.

아파트 내부 균열이나 도배, 바닥 시공 상태도 점검 대상입니다. 천장 벽 마감 상태와 바닥 수평(기울기), 유리창 문틀 고정 및 파손 여부, 도배지 요철 여부 및 접착 상태, 도배지 오염 및 훼손 등도 직접 눈으로 확인합니다.

주방과 화장실은 배관이 지나고 누수 현상이 사주 발생하는 곳이다 보니 더욱 주의해야 합니다. 주방은 싱크대와 서랍 설치 상태와 가스레인지 후드 작동 여부 및 연결 상태 등을 확인해야 합니다. 또 주방 타일 파손 및 오염, 음식물처리기·식기세척기 등 빌트인 주방가전 작동 여부, 수도꼭지 누수 등이 점검 대상입니다.

화장실에서 무엇보다 누수 확인이 중요합니다. 누수로 인해 천장에 곰팡이가 없는지, 전체적으로 벽과 바닥의 타일 상태 등을 꼼꼼히 확인합니다. 또 줄눈 시공, 양변기와 세면기 욕조의 설치 상태, 수납장 마감 상태, 수도꼭지·거울·수건걸이·휴지걸이 위치와 설치 상태 등도 점검합니다.

하자를 발견하면 점검표에 기록하고, 스티커로 표시해놓아야 합니다. 또 하자는 사진으로 남겨둬야 합니다. 입주 직후에 하자가 제대로 보수됐는지 다시 한번 꼭 확인해야 합니다. 보수가 제대로 이뤄지지 않았다면 추가로 보수를 요청합니다.

11
MZ세대 필수품
'청년우대형 청약통장' 만들자

#청년에게 목돈은 내일의 희망
#연 3.6% 우대금리 #비과세 혜택 #소득공제는 덤

    2030 청년들이 내 집 마련을 위해 주택 청약통장을 준비합니다. 집값이 하루가 멀다고 상승하고 있는 데다 기준금리마저 오르면서 상대적으로 자금이 부족한 2030 청년들의 내 집 마련 부담이 갈수록 커지고 있습니다. 집값이 감당할 수 없는 수준까지 치솟으면서 내 집 마련을 위해 기존 주택을 사는 건 엄두가 나지 않습니다. 이른바 '부모님 찬스(?)'가 없으면 꿈도 꾸기 어렵습니다. 오죽하면 영혼까지 끌어 모은다는 '영끌'이라느 말이 나왔을까요?

    청년들에게 그나마 문턱이 가장 낮은 청약이 내 집 마련을 위한 유일한 방법입니다. 비록 '월급을 차곡차곡 모아서 언제 집을 살 수 있느냐?'는 싸늘한 시선과 수군거림이 있지만, 내 집 마련의 꿈을 쉽게 포기할 수 없습니다. 누구나 마찬가지지만, 청년들에게도 이사는 귀찮고, 서럽고, 힘든 일입니다.

주택 청약부터 소득공제, 목돈까지 '일석삼조'

정부가 2030 청년들의 내 집 마련을 돕기 위해 '청년우대형 주택청약종합저축(청약통장) 제도'를 운영하고 있습니다. **청년우대형 청약통장**으로 불리는 이 제도는 다른 청약통장과 마찬가지로 주택에 청약할 기회를 부여하고, 목돈을 마련할 수 있는 혜택이 추가된 저소득 무주택 청년을 위한 저축 상품입니다.

청년우대형 청약통장의 금리가 시중은행의 정기적금 금리보다 높고 세제 혜택도 많아 소득이 적고 모아둔 돈이 별로 없는 청년들의 자산 형성과 목돈 마련에 도움을 주고 있습니다. 일반 주택청약종합저축의 청약 기능은 물론, 소득공제 혜택에 목돈까지 마련할 수 있어 '일석삼조'의 효과를 발휘합니다.

청년우대형 청약통장은 청년들의 목돈 마련을 지원하는 정책금융 상품입니다. 정부의 정책적 지원을 토대로 청년들이 목돈을 모을 수 있도록 설계한 일종의 '청년 목돈 모으기' 사업입니다. 재형저축(財形貯蓄) 성격이 강합니다. 청년들이 자신의 소득 중 일부를 일정 기간 저축하고, 주택이나 목돈 등 재산을 형성할 수 있도록 정부나 금융기관 등이 지원하는 저축 상품을 재형저축이라고 합니다.

청년들의 내 집 마련과 주거 안정을 위해서는 필요한 게 두 가지입니다. 우선 청약 기회 확대는 기본이고, 목돈이 꼭 필요합니다. 청년들에게 목돈은 고단한 현실의 짐을 조금이라도 덜어내고, 미래를 꿈꿀 수 있는 희망입니다.

연 3.6% 우대금리로 이자 '쏠쏠'

청년우대형 청약통장은 일반 주택청약종합저축보다 금리가 높습니다. 주택청약종합저축의 기본금리 2.1%에 우대금리 1.5%를 더해서 최대 3.6%의 금리를 적용합니다. 청년우대형 청약통장 가입 2년 미만 기간까지는 기존 주택청약종합저축의 금리와 별반 차이가 없습니다. 하지만 2년 이상 10년 이내 구간은 우대금리 1.5%가 적용돼 연 3.6% 금리로 이자를 받을 수 있습니다. 기준금리 인상으로 덩달아 오른 시중은행의 예적금 금리와 비교해도 별반 차이가 나지 않습니다.

우대금리는 납입 원금 5,000만 원 한도 내에서 신규 가입일로부터 2년 이상인 경우, 가입일로부터 10년 이내 무주택자인 경우에 한해 우대를 받을 수 있습니다. 일반적으로 청약을 위해 청약통장 유지 기간을 2년 이상 유지한다는 점에서 청년우대형 청약통장에 가입한 청년 대부분이 우대금리 혜택을 받을 수 있습니다.

청년우대형 청약통장은 비과세 혜택도 주어집니다. 2년 이상 가입 기간을 유지하면 이자소득의 500만 원, 원금 600만 원까지 비과세 혜택을 받을 수 있습니다. 비과세 혜택을 받으려면 청년우대형 청약통장 가입 당시 청년(만 19~34세, 병역 기간 인정)에 해당하고, 주택을 소유하지 않은 세대의 세대주여야 합니다.

소득공제 혜택도 빼놓을 수가 없습니다. 직전 과세 기간의 총급여액이 3,600만 원 이하인 근로소득자나 종합소득과세표준에 합산되는 종합소득금액이 2,600만 원 이하여야 합니다. 직전 과세 기간의 총급여액이 3,600만 원을 초과하는 근로소득이 있거나 비과세 소득만 있으면 제외됩니다.

주택청약종합저축과 청년우대형 청약통장 중복 가입 가능?

청년우대형 청약통장의 가입 요건은 만 19세에서 34세입니다. 나이를 산정할 때 병역 기간을 최대 6년 제외합니다. 소득 요건은 직전 과세 기간 총급여액 3,600만 원 이하 무주택 세대주(가입 후 3년 내 세대주 예정자와 무주택 세대의 세대원도 가능)만 가입할 수 있습니다. 이는 2023년 12월 31일까지의 가입 기준입니다.

청년우대형 주택청약통장에 가입하려면, 우선 소득입증서류(청년우대형 가입 및 과세특례 신청용)가 필요합니다. 또 무주택 및 세대주를 입증할 서류도 내야 합니다. 무주택 세대주는 최근 3개월 내 발급한 주민등록등본을 내면 됩니다. 또 무주택 세대주 예정자는 통장 해지 전까지 주민등록등본을 제출하고, 무주택 세대의 세대원은 최근 3개월 내 발급한 주민등록등본과 세대원 전원의 지방세 세목별 과세증명서를 제출하면 됩니다. 다만 가입자격에 따라 제출 서류가 달라질 수 있어 사전에 취급 은행에 문의해 필요한 서류를 확인하면 됩니다.

청년우대형 주택청약통장 가입이 가능한 시중은행은 KB국민·신한·우리·KEB하나·NH농협·IBK기업·DBG대구·BNK부산·경남은행 등 총 9곳입니다.

주택청약종합저축에 가입한 사람은 청년우대형으로 전환해서 가입할 수 있습니다. 이전에 부모님이 본인 명의로 주택청약종합저축에 가입했다면, 기존 청약통장을 해지하고 청년우대형 청약통장에 신규 가입하면 됩니다. 신규 가입이라도 청약자격과 순위에 영향을 주는 납입 금액과 납입 횟수를 그대로 인정합니다.

12
서울시 청년안심주택에
살고 싶어요

#청년에게 서울살이는 고단한 현실
#주거환경 열악 '지옥고' #청년형과 신혼부부형 차이는

"보증금 1,000만 원에 월세 50만 원 정도요."

친구와 함께 공인중개업소를 찾은 주인공이 공인중개사에게 말을 건네자, "이 동네 원룸은 많지 않다"라는 퉁명스러운 대답이 돌아왔습니다. 이후 주인공이 원룸이 아닌 투룸이라고 말을 보태자, 공인중개사는 어이없다는 표정으로 "아무리 서울 변두리여도 그렇죠, 서울은 서울이에요"라고 핀잔을 주었습니다.

서울시 청년정책 웹드라마 〈서울에 삽니다〉의 한 대목입니다. 〈서울에 삽니다〉는 취업과 주거, 금융 등 서울에 사는 청년이면 누구나 고민하고 겪는 일화를 정책과 접목한 형태의 웹드라마입니다. 서울에서 살면서 실제 경험하고 마주해야 하는 팍팍한 청년의 삶을 현실감 넘치게 그려냈습니다.

청년층에게 서울살이는 고난의 연속입니다. 최근 청년층이 사는 주거 공간을 '지옥고'라고 합니다. 지옥고는 반지하, 옥탑, 고시원을 합친 말입니다. 지옥고는 더위와 추위, 습기와 결로, 곰팡이에 취약합니다. 이것뿐만이 아닙니다. 침수와 같은 자연재해는 물론, 범죄와 같은 위협도 도사리고 있습니다. 집값은 하늘 높은 줄 모르고 임대료는 하루가 다르게 오르는데 어쩔 도리가 없습니다. 지옥고가 위험하고 불편한 줄 알면서도 선택의 여지가 없습니다. 서울에서 혼자 사는 청년의 절반 가까이(37%)가 지옥고에 삽니다.

청년층 주거 문제는 비단 주거 문제로 끝나지 않습니다. 가뜩이나 소득이 적은 청년층에게 높은 주거비는 많은 것들을 단념하게 합니다. 주거비 부담은 결혼과 출산을 포기하는 악순환으로 이어집니다. 청년이 주거 문제로 결혼과 출산을 고민하지 않도록, 내 집 마련의 꿈을 포기하지 않도록 정책적 배려와 관심이 필요합니다.

서울 청년 절반 가까이 지옥고에 산다

"만만치가 않네. 서울 생활이란 게. 이래 벌어가꼬 언제 집을 사나. 답답한 마음에 한숨만 나오네. 월세 내랴 굶고 안 해본 게 없네. 이래 힘들라꼬 집 떠나온 것은 아닌데. 점점 더 지친다 이놈에 서울살이…"

밴드 장미여관의 노래 〈서울살이〉의 한 구절입니다. 청년층의 고달픈 서울살이를 이렇게 표현했습니다. 월급을 꼬박꼬박 모아도 내 집 마련을 장담할 수 없고, 매달 내야 하는 월세가 버겁기만 한 청년층의 고달픈 현실이 담겼습니다.

주거 빈곤에 허덕이는 청년층의 서글픈 실제 현실은 노래 가사보다 더욱 고단합니다. 2020년 서울연구원이 실시한 '서울시 주거실태 조사'에 따르면 서울 청년 평균 거주 기간은 1년 4개월로, 일반가구의 6년 2개월보다 훨씬 짧은 것으로 나타났습니다. 서울 청년 1인 가구의 65.8%가 월세 임차 가구로, 이 중 절반(46.1%)은 월세 40만 원 이하로 거주하고 있습니다. 또 서울 청년 가운데 37.7%가 지옥고 등 열악한 주거환경에서 살고 있는 것으로 조사됐습니다.

청년안심주택에 살어리랏다

서울시가 청년층에게 더욱 쾌적한 주거환경을 제공하고, 경제적 부담을 줄여주기 위해 팔을 걷어붙였습니다. **청년안심주택**은 대중교통이 편리한 역세권에 청년, 신혼부부의 주거 안정과 주거난 해소를 위해 시세 대비 저렴한 공공임대와 민간임대 주택을 제공하는 주거복지 제도입니다. 지난 2017년부터 시작한 '역세권청년주택'이 지금의 청년안심주택으로 이름을 바꿨습니다. 역세권청년주택은 무주택 청년의 주거 안정을 위해 지하철역 350m 이내 대중교통 이용이 편리한 곳을 중심으로 공급하는 임대주택입니다.

서울시는 오는 2030년까지 시세의 75~85% 수준까지 낮춘 청년안심주택 12만 호를 공급합니다. 주변 시세보다 낮은 임대료에 역세권 등에 위치해 교통까지 편리하다 보니 청년층에게 인기가 많습니다. 당초 공급 목표였던 6만 5,000호보다 두 배 가까이 물량을 늘렸습니다. 공급 물량을 대폭 늘리고, 임대료와 관리비 부담을 낮춰 청년 주거비 부담을 줄이겠다는 취지입니다. 또 대상지 역시 역세권뿐만 아니라 대중교통 이용이 편리한 간선도로변까지 확대합니다.

청년안심주택은 현재까지 서울 시내에 4만 5,000호가 공급됐습니다. 1만 2,000호의 입주가 완료됐고, 2만 200호는 착공, 1만 1,000호는 사업 승인을 받고 있습니다. 당초 서울시는 2026년까지 청년주택 6만 5,000호를 공급할 예정이었지만, 수요가 급증하면서 2030년까지 총 12만 호를 공급하기로 목표를 세웠습니다.

서울시는 특히 주변 시세의 85~95% 수준으로 책정된 임대료를 75~85% 수준까지 낮추고, 주택 내 주차장 유료 개방과 임차형 공유 공간 운영 등에서 나오는 수익을 활용해 관리비도 10% 내리기로 했습니다. 또 1인 가구 최소 주거면적을 전용 20㎡에서 23㎡로 확장하고, 가구와 마감 자재의 품질도 향상하기로 했습니다. 사업자마다 달랐던 빌트인 가전의 규격·품질 기준을 정하고, 일정 수준 이상의 비슷한 제품이 들어가도록 했습니다. 주거 평면은 자신이 원하는 형태로 바꿀 수 있는 가변형 평면과 알파(α)룸을 도입합니다.

특히 사업대상지를 역세권으로 한정하지 않고, 대중교통 이용이 편리한 간선도로변까지 확장합니다. 지하철역 주변 역세권에서 버스 등 다른 대중교통 이용이 편리한 간선도로변 50m 안팎까지 확대되는 것입니다. 간선도로 비중이 높은 동북권과 서남권을 중심으로 3만 5,000호를 간선도로변에 공급할 계획입니다. 기존 350m였던 역세권 기준도 250m로 조정합니다.

청년안심주택 입주하고 싶다면 SH 문을 두드려라

청년안심주택은 청년형과 신혼부부형으로 나뉩니다. 청년형과 신혼부부형 모두 만 19세 이상에서 만 39세 이하이면 신청할 수 있습니다. 청년형은 무주택자로, 소득 기준 요건은 월평균 소득 120% 이하, 자산가액 요건은 2억 9,900만 원 이하여야 합니다. 자동차는 소유하지 않아야 하고, 입주 후에도 차량을 소유하거나 운행하면 안 됩니다. 다만 장애인이나 자녀가 있는 경우나 생업용에 한해서만 등록 기준에 맞으면 소유할 수 있습니다.

소득 요건과 자산 요건 모두 기준 이하 무주택자라면 특별공급과 일반공급 둘 다 지원할 수 있습니다. 그러나 만약 소득과 자산 중 하나라도 기준을 벗어난다면 일반공급만 신청할 수 있습니다.

신혼부부형은 배우자의 조건을 따지지 않습니다. 배우자가 만 39세를 넘는다고 하더라도 신청자 본인만 해당합니다. 혼인 후 7년 이내 신혼부부나 예비 신혼부부는 입주 전까지 혼인 사실을 입증하면 지원할 수 있습니다. 또 무주택세대구성원이어야 합니다. 무주택세대구성원은 1가구에 함께 사는 전원이 주택을 소유하고 있지 않은 세대구성원을 말합니다. 본인과 배우자, 부모님, 자녀가 이에 해당합니다. 본인을 포함해서 모든 세대구성원이 무주택자여야 합니다. 소득 기준 요건은 월평균 소득 120% 이하, 자산가액 요건은 3억 6,100만 원 이하여야 합니다.

청년안심주택 신청 방법은 공공임대는 서울주택도시공사(SH) 인터넷청약시스템(https://www.i-sh.co.kr)에서, 민간임대는 해당 민간건

청년안심주택 '청년형'과 '신혼부부형' 신청자격

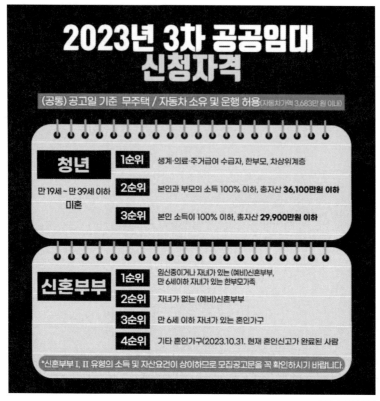

2023년 3차 공공임대 신청자격

(공통) 공고일 기준 무주택 / 자동차 소유 및 운행 허용 (자동차가액 3,683만 원 이내)

청년
만 19세 ~ 만 39세 이하 미혼

1순위	생계·의료·주거급여 수급자, 한부모, 차상위계층
2순위	본인과 부모의 소득 100% 이하, 총자산 **36,100만원 이하**
3순위	본인 소득이 100% 이하, 총자산 **29,900만원 이하**

신혼부부

1순위	임신중이거나 자녀가 있는 (예비)신혼부부, 만 6세이하 자녀가 있는 한부모가족
2순위	자녀가 없는 (예비)신혼부부
3순위	만 6세 이하 자녀가 있는 혼인가구
4순위	기타 혼인가구(2023.10.31. 현재 혼인신고가 완료된 사람

*신혼부부 I, II 유형의 소득 및 자산요건이 상이하므로 모집공고문을 꼭 확인하시기 바랍니다.

자료: 서울특별시

설사 홈페이지에서 신청할 수 있습니다. 모집공고문은 모집 주체에 따라 다릅니다. 공공임대는 SH에서 상반기와 하반기로 나눠 입주자를 모집합니다. 민간임대는 민간사업사가 입주자를 모집합니다. 준공 일정에 따라 재량으로 입주자를 모집하기 때문에 수시로 확인해야 합니다. 또 서울 용산구 삼각지역 인근에는 입주자 편의를 위해 입주 과정 전반을 지원하는 '청년안심주택 종합지원센터'가 있습니다.

청년안심주택 단지에는 공공임대와 민간임대가 같이 있습니다. 공공임대는 전체 세대수의 약 20% 정도이고, 민간임대는 약 80% 정도입니다. 같은 단지라도 사업주체가 공공인지, 민간인지에 따라 보증금과 임대료, 모집 시기와 자격 기준 등이 다를 수 있습니다.

청년안심주택은 하나의 모집공고에 한 번만 신청할 수 있습니다. 공공임대는 여러 개 단지를 묶어 모집공고가 게시되기 때문에 한 단지에만 신청 가능합니다. 민간임대는 단지별로 모집공고가 게시되기 때문에 다른 민간임대 단지와 중복 신청을 할 수 있습니다. 또 같은 단지라도 공공임대와 민간임대 모두 신청이 가능합니다.

청년안심주택 주거비 지원은 임대보증금이 1억 원을 초과하면 임대보증금의 30%가 지원(청년 4,500만 원·신혼부부 6,000만 원 한도)됩니다. 임대보증금이 1억 원 이하이면 50%(최대한도 4,500만 원)를 지원합니다. 또 서울시 임차보증금 지원사업을 통해 최대 1% 금리로 보증금의 90%까지 지원받을 수 있습니다. 임대보증금은 입주(예정)일로부터 3주 전까지 신청해야 합니다. 다만 신규 입주 단지라면 임대사업자와 접수 일정을 협의해 신청 일정을 조정할 수 있습니다. 입주 후에는 신청할 수 없습니다.

서울시는 도시 경쟁력 향상과 경관 개선을 위해 사업 면적 2,000㎡ 이상 청년안심주택을 추진할 경우 건축디자인 공모를 우선하기로 했습니다. '도시·건축 디자인 혁신' 특별건축 공모를 통해 혁신 디자인으로 선정되면 용적률·높이·건폐율 등에서 인센티브를 주는 방식입니다.

13
청약 당첨 후 포기,
청약통장 다시 쓸 수 있나?

#묻지마 청약   #최고 10년까지 1순위 청약자격 박탈
#청약 부적격 판정 예방법

직장인 김대섭(가명) 씨는 얼마 전 서울 성북구에서 분양하는 한 아파트 단지 청약에 당첨됐습니다. 청약 전 모델하우스를 방문하지도 않고, 주변에서 최소 2억 원 이상의 시세차익을 얻을 수 있다는 솔깃한 얘기만 듣고 청약에 나섰습니다. 주변 입소문만 듣고 청약하는 이른바 '묻지마 청약'이었습니다.

하지만 김 씨는 청약 당첨 이후 잠을 설쳤습니다. 분양받은 아파트의 분양가가 비싸고, 직장과도 거리가 멀었습니다. 배정받은 동호수 역시 마음에 들지 않았습니다. 결국 김 씨는 아내와 상의한 끝에 아파트 계약을 포기하기로 결정했습니다.

김 씨는 "자금 여력을 생각하지 않고, 주변 얘기만 듣고 청약했다가 결국 포기했다"라며 "아까운 청약기회만 통째로 날려버렸다"라고 말했습니다.

청약 당첨을 포기하고, 청약통장을 재사용할 수 있을까요?

꿈만 같은 아파트 청약에 당첨됐지만, 추첨을 통해 결정되는 아파트 동호수가 마음에 들지 않거나, 입주자모집공고의 청약 신청자격 요건 가운데 1순위 자격이 없는데도 당첨되는 등 갖가지 이유로 당첨을 포기하는 사례가 많습니다. 분양시장이 과열되고, 시세차익을 노려볼 만하다는 분위기에 휩쓸려 너도나도 무턱대고 청약에 나서는 이른바 '묻지마 청약'이 성행할 때는 당첨 포기 사례가 더욱 많아집니다.

아파트 당첨 부적격자로 판명되면 당첨 취소로 끝나지 않습니다. 불이익이 뒤따릅니다. 우선 이미 청약통장을 쓰고 당첨된 것으로 간주해 청약통장 재사용이 불가능합니다. 여기서 끝나지 않습니다. 앞으로 최소 5년에서 길게는 10년까지 1순위 청약자격을 얻지 못합니다. 청약에 앞서 청약 예정자들의 각별한 주의가 필요합니다.

청약 포기하면 통장은 재사용 불가

청약 당첨은 스스로 포기할 수 있습니다. 다만 이후에 재당첨이 제한되고, 청약통장을 다시 쓸 수 없습니다. 예비당첨자는 청약에 필요한 서류 제출 이후 동호수를 추첨으로 배정받습니다. 사업주체가 임의로 동호수를 부여하지 않습니다. 예비당첨자가 필요한 서류를 제출하지 않았다면, 예비당첨을 포기한 것으로 간주합니다. 이때도 청약통장을 다시 사용할 수 없습니다. 이미 당첨을 포기한 것으로 판단이 끝나면, 필요한 서류를 뒤늦게 제출했더라도 결과를 뒤바꿀 수 없습니다. 이미 결정된 청약 당첨 포기는 번복할 수 없습니다.

청약 당첨을 포기하면 일정 기간 청약통장 사용이 제한됩니다. 일반지역 아파트 청약은 6개월, 수도권과 투기과열지구, 청약과열지구는 1년까지 민간주택 청약을 제한합니다. 청약 당첨 후 자격 요건 미달로 당첨이 취소되면 청약 당첨 부적격자 처분을 받습니다. 부적격 당첨에 쓰인 청약통장을 다시 쓸 수 있습니다. 단, 당첨이 취소된 날부터 1년 이내에 부활 신청을 해야 합니다. 하지만 수도권과 투기과열지구, 청약과열지구에서는 1년간 청약 신청을 할 수 없습니다. 그 외 지역에서는 6개월, 위축지역에서는 3개월이 지나야 청약통장을 다시 사용할 수 있습니다.

재당첨 제한 기한은 지구별로 다릅니다. 투기과열지구나 분양가상한제 적용 주택은 10년간 재당첨이 제한됩니다. 또 청약과열지구는 7년간, 토지임대주택 및 투기과열지구 정비조합은 5년간 재당첨이 제한됩니다. 다만 투기과열지구나 청약과열지구가 아닌 다른 지역에서 공급되는 주택은 재당첨 제한 기한 내에도 당첨될 수 있습니다.

청약 당첨을 포기하고 새로 청약통장을 만들더라도 모든 가점제 혜택에서 제외됩니다. 같은 조건을 유지하더라도 다음 청약 때 생애최초, 국가유공자, 신혼부부 등 특별공급 혜택을 받을 수 없습니다.

부적격 당첨자 판정받으면 내 집 마련 물거품

청약통장을 활용하면 내 집 마련의 꿈을 앞당길 수 있습니다. 하지만 자산과 소득 요건 등 청약자격 조건을 사전에 꼼꼼히 확인하지 않고 청약에 나섰다가, 당첨 부적격 판정을 받으면 자칫 내 집 마련을 영영 포기해야 할 수도 있습니다.

민간주택 일반공급과 특별공급 청약 때 청약 부적격 사유에 해당하지 않도록 주의해야 합니다. 최근 3년간 민간·공공분양 부적격 당첨자가 5만 명 넘게 발생했습니다. 청약가점 계산 오류와 무주택세대 구성원의 중복청약, 자산이나 소득 초과 등 아파트 청약 당첨 부적격 사유가 다양합니다.

한국부동산원과 한국토지주택공사(LH)에 따르면 2020년부터 2022년(7월까지) 주택청약 신청자 중 부적격 당첨자가 총 5만 1,750명으로 집계됐습니다. 민간분양에서 부적격 사유는 청약가점 오류 등 부적격 당첨자가 3만 9,647명으로 가장 많았습니다. 이어 무주택세대구성원 중복청약 당첨 4,744명, 과거 5년간 당첨 사실 1,501명, 재당첨 제한 1,054명, 특별공급 횟수 제한 907명, 가점제 당첨자 2년 이내 가점제 재당첨 413명 등의 순으로 나타났습니다. 공공분양에서도 주택 소유 888명, 소득 초과 687명, 총자산 초과 443명, 과거 당첨 414명 등으로 확인됐습니다. 안타깝지만 청약자격 조건을 꼼꼼히 확인하지 않아 청약 부적격 판정을 받은 것으로, 내 집 마련의 꿈이 깨진 사례들입니다.

청약에 앞서 반드시 입주자모집공고를 꼼꼼히 확인해야 합니다. 입주자모집공고에는 청약자격에 대해 자세하게 나와 있어 청약 전에 반드시 꼼꼼하게 살펴봐야 합니다. 또 청약홈에서 나의 청약가점이 얼마이고 청약하는 데 필요한 서류가 무엇인지 등을 확인하고, 청약 가능 여부도 사전에 알아보는 게 부적격 당첨을 예방하는 방법입니다.

14
공공분양
'뉴:홈'을 아시나요?

#청년이여, 뉴:홈에 청약하라   #시세보다 싸다
#중복청약 가능   #청약 공고문 필독

하루가 다르게 분양가가 오릅니다. 분양가가 고공행진을 거듭하더니, 서울은 물론 비수도권에서도 이른바 '국민평형'이라고 부르는 전용면적 84㎡가 10억 원대를 넘어섰습니다. 분양가가 가파르게 상승하며 상대적으로 소득이 낮고 자산이 부족한 2030 청년층의 내 집 마련 문턱은 갈수록 높아지고 부담도 커지고 있습니다. 자신의 소득만으로 내 집 마련이 어려운 세상입니다.

그렇다고 내 집 마련을 포기할 이유가 없습니다. 정부가 공공분양주택을 통해 청년과 무주택자의 내 집 마련을 지원하고 있습니다. 2023년 내 집이 없는 청년과 무주택자의 시름을 덜어주기 위한 공공분양주택인 **뉴:홈**(https://뉴홈.kr)이 닻을 올렸습니다.

시세보다 저렴하게 내 집 마련 '뉴:홈'

　뉴:홈은 청년과 무주택자에게 시세보다 저렴하게 내 집 마련의 기회를 주는 공공분양주택입니다. 정책적 배려가 필요한 사회계층의 내 집 마련을 지원하기 위해 분양가는 주변 시세의 최대 70% 수준입니다. 정부는 시세보다 저렴하게 내 집 마련을 할 수 있는 공공분양주택 뉴:홈을 2027년까지 총 50만 가구를 공급할 예정입니다.

　뉴:홈은 공공분양주택의 새로운 이름입니다. 뉴:홈(NeW:HOMe)은 말 그대로 '새로운 집' 혹은 '새로운 주거 문화'를 뜻합니다. 뉴:홈은 국민제안과 청년 대상 선호도 조사 등을 거쳐 선정한 이름입니다. 국민 눈높이에 맞는, 차별화한 상품성을 갖춘 공공분양주택을 통해 새로

공공분양 뉴:홈 청약 조건

구분	나눔형	선택형	일반형
물량	25만 가구	10만 가구	15만 가구
특징	시세 70% 이하 분양 시세차익 70% 보장	6년간 임대 거주 후 분양 여부 선택	시세 80% 수준 분양
한도	최대 5억 원 한도 내 LTV 80% DSR 미적용	최대 5억 원 한도 LTV 80% DSR 미적용 임대보증금 80% 전세대출 별도 지원	최대 4억 원 한도 LTV 70% DSR 미적용
금리	1.9~3%	1.9~3% 전세대출 1.7~2.6%	2.15~3%
만기	40년	40년(임대 기간 중)	30년

자료: 국토교통부

운 주거 문화를 제시하고, 청년세대 주거 안정을 위한 정부의 의지가 담겼습니다.

나에게 맞는 뉴:홈은?

미래 세대인 청년층과 무주택 서민의 주거 안정을 위한 공공분양 주택은 정부가 청약부터 입주까지 모두 책임집니다. 뉴:홈은 입지가 우수한 데다 분양가도 저렴합니다. 뉴:홈은 50만 가구의 공공분양주택 대부분을 청년층과 무주택 서민에게 우선 공급합니다. 뉴:홈은 시세보다 저렴하게 내 집 마련이 가능한 정부 주도의 대표적인 주택 공급정책입니다.

뉴:홈은 주택 공급 방식에 따라 나눔형과 선택형, 일반형으로 나뉩니다. 일반적인 분양과는 결이 다릅니다. 오는 2027년까지 나눔형 25만 가구, 선택형 10만 가구, 일반형 15만 가구 등 총 50만 가구의 뉴:홈이 공급 예정입니다.

뉴:홈은 **사전청약제도**로 분양합니다. 사전청약제도는 착공 후 청약 절차를 진행하는 일반 청약과 달리 착공 전 미리 분양합니다. 본청약이 아니므로 당첨되더라도 청약통장을 사용하지 않습니다. 사전청약제도는 주택 공급 불안 심리를 낮추고, 부동산 시장에 지속적인 주택 공급 신호를 보내 집값 안정 효과를 서눌 수 있습니다.

나눔형은 시세의 70% 이하로 분양합니다. 5년 의무 거주 기간을 채우면 공급자인 한국토지주택공사(LH)에 시세대로 되팔 수 있습니다. 수분양자에게 차익의 70%까지 보장합니다. 분양가의 최대 80%

까지 5억 원 한도로 낮은 금리의 전용 모기지를 제공합니다. 40년 만기로, 소득에 따라 1.9~3.0%대의 고정금리를 적용합니다. 나눔형으로는 하남교산(452가구), 안산장상(440가구), 서울마곡10-2(260가구) 등 총 1,152가구가 공급됩니다.

나눔형에는 토지임대부 분양주택이 있습니다. 이는 공공이 토지를 소유하고, 건축물 등의 소유권은 분양받은 수분양자가 취득하는 새로운 주택 유형입니다. 민간분양 아파트에 비해 분양가가 저렴하다 보니 목돈이 부족한 청년층의 관심이 많지만, 매달 일정 금액의 토지 임대료를 부담해야 합니다.

선택형은 6년간 임대로 거주한 뒤 분양 여부를 결정하는 방식입니다. 우선 거주 후 내 집 마련의 선택권을 보장합니다. 시세보다 저렴한 임대료로 6년간 이사 걱정 없이 거주할 수 있습니다. 분양을 선택할 때 물가상승분과 주변 시세 등에 따라 분양가격이 상승할 수 있습니다. 선택형 10만 가구 중 신혼부부 25%, 생애최초 20%, 청년 15%, 일반공급 10%, 다자녀 10%, 기관추천 15%, 노부모 10% 등으로 나눠 공급됩니다.

일반형은 기존 공공분양과 동일합니다. 시세 80% 수준의 분양가로 공급합니다. 일반공급 물량을 기존 15%에서 30%로 확대했습니다. 일반형은 기존 디딤돌대출을 지원합니다. 신혼부부와 생애최초 구입자의 대출 한도가 각각 4억 원, 2억 원으로 올랐습니다. 또 공공임대 거주 청년이 일반형에 청약할 때 0.2%의 우대금리를 제공합니다. 일반형 15만 가구 중 일반공급 30%, 생애최초 20%, 신혼부부 20%, 기관추천 15%, 다자녀 10%, 노부모 5% 등으로 나뉩니다.

뉴:홈 사전청약 자격 조건은?

뉴:홈 사전청약의 공통적인 자격 조건은 기본적으로 주택청약통장 가입자입니다. 또 무주택세대구성원이어야 합니다. 신청자나 배우자 또는 배우자의 주민등록등본에 등재된 신청자의 직계존속 및 직계비속 등이 전원 무주택자여야 합니다. 단, 청년 특별공급은 신청자 본인이 무주택자이면 가능합니다.

또 사전청약 당시 해당 지역에 거주해야 신청할 수 있고, 본청약 시점까지 거주 기간을 충족해야 합니다. 재당첨 제한(세대원 포함) 및 부적격 당첨 등으로 청약제한 기간 중이라면 당첨자로 선정되지 않습니다. 또 사전청약 당첨자와 그 세대원은 다른 주택의 사전청약 당첨자로 선정되지 않습니다.

소득과 자산 요건은 공급 유형에 따라 다릅니다. 나눔형 청약자격 조건은 일반공급과 신혼부부 등 특별공급 모두 무주택자로, 서울이나 인천 등 수도권에 거주해야 합니다. 또 자산이 3억 7,900만 원 이하여야 합니다. 소득 기준은 일반공급과 특별공급 각각 도시근로자 가구당 월평균 소득액의 100%, 130% 이하여야 합니다. 청약저축은 일반공급 1순위 기준으로 12회 이상 납입하고, 특별공급은 6회 이상 납입해야 합니다.

일반형도 무주택자로 수도권에 거주해야 합니다. 일반형 가운데 일반공급(전용면적 60㎡ 이하)은 도시근로자 가구당 월평균 소득액의 100%, 다자녀 120%, 노부모 120%, 생애최초(우선공급 70%) 100% 등입니다.

뉴:홈 사전청약 홍보 이미지와 주요 입지 안내

자료: 뉴:홈 홈페이지

청년 특별공급은 만 19세 이상 39세 이하의 무주택자로 주택 소유 이력이 없어야 합니다. 청약저축에 6개월 이상 납부해야 자격이 주어 집니다. 소득 기준은 월평균 소득액이 도시근로자 평균의 140% 이하여야 합니다. 자신이 보유한 재산 조건은 나눔형과 선택형에 적용합니다. 본인의 총자산은 2억 8,900만 원, 부모의 총자산은 10억 8,300만원 이하여야 합니다. 소득 및 총자산 요건 등 자세한 청약 조건은 뉴:홈 홈페이지 접속 후 공급안내, 청약자격 확인을 순서대로 누르면 유형별 소득과 총자산 요건 등 청약 조건을 확인할 수 있습니다.

당첨자 발표일 다르면 중복청약 가능

사전청약 신청은 단지에 따라 LH나 SH 홈페이지 인터넷청약시스템에서 할 수 있습니다. 공인인증서나 민간인증서를 통해 접속한 뒤 원하는 단지를 선택하고, 청약하기를 누르면 됩니다. 다만 청약 신청을 하기 전 '청약자격 확인'을 통해 청약자격과 조건 등을 확인하고, 나에게 맞는 청약이 무엇인지 찾아야 합니다.

청약 일정에 따라 중복 신청을 할 수 있습니다. 단, 먼저 발표된 당첨만 인정합니다. 또 1세대 내 무주택구성원 중 1인이 동일 블록 내에서 특별공급과 일반공급에 중복 신청이 가능하고, 특별공급 사전청약 당첨자로 선정되면 일반공급 당첨자 선정에서 제외됩니다.

뉴:홈 사전청약 당첨 포기자 및 부적격 당첨자와 해당 세대원은 당첨자 발표일로부터 6개월 동안 당첨이 제한됩니다. 기본적으로 수도권 등 해당 지역에 거주 중이어야 사전청약이 가능합니다. 사전청약 당시부터 본청약 시점까지 해당 지역에 거주해야 합니다. 다만 주택건설지역의 규모, 위치에 따라 청약자격이 달라 청약 공고문을 반드시 확인해야 합니다.

모델하우스를
너무 믿지 마라

청약으로 내 집 마련을 꿈꾼다면 꼭 한번 가는 곳이 있습니다. 그곳은 다름 아닌 모델하우스입니다. 모델하우스는 분양 예정인 아파트 단지와 내부 세대 모형 등을 작은 모형 형태로 전시하는 공간입니다. 흔히 견본주택이라고 부릅니다.

건설사들은 일반적으로 아파트를 완공하기 전 미리 아파트 내·외부를 보여주기 위해 모델하우스를 짓습니다. 건설사가 적게는 20억원에서, 많게는 30억 원에 이르는 비용을 들여 모델하우스를 꾸밉니다. 모델하우스 운영 기간에 안내 도우미부터 상담원 등 투입되는 인력의 인건비도 2억~5억 원에 달합니다.

건설사들은 모델하우스에 심혈을 기울입니다. 모델하우스는 청약률뿐만 아니라 더 중요한 계약률과 밀접한 상관관계가 있기 때문입니다. 예비 청약자가 청약에 관심을 두고 모델하우스를 방문했는데 모델하우스가 허름하거나 무성의하게 꾸며져 있다면 청약이나 계약을 하고 싶은 마음이 사라질 겁니다.

건설사에게 모델하우스는 자존심입니다. 모델하우스를 방문한 뒤 계약을 결심하는 예비 청약자가 많다 보니 그 중요성은 말할 것도 없습니다. 모델하우스를 통해 분양 성적을 엿볼 수 있습니다. 이른바 '완판(완전판매)'이 되면 모델하우스는 바로 철거하지만, 짧게는 3개월에서 6개월, 길게는 1년 이상 운영되는 일이 있습니다. 청약 날짜가 한참이나 지났는데도 모델하우스가 그대로 남아 있다면 그 만큼 분양 성적이 저조하다는 것입니다. 더욱이 모델하우스를 길게 운영할수록 건설사의 운영 비용 부담이 커집니다.

모델하우스의 화려함은 이루 말할 수 없습니다. 모델하우스에 들어서면 한 톨의 머리카락도 삐져나오지 않도록 머리 매무새를 단정하게 정리하고, 흐트러짐 하나 없는 유니폼을 입은 안내 도우미가 상냥한 미소로 예비 청약자를 맞이합니다. 이것뿐입니까? 그럴듯하게 만든 단지 모형과 감탄이 절로 나올 정도로 아름답기까지 한 아파트 내부는 예비 청약자들의 눈길을 사로잡을 만합니다.

모델하우스의 화려함은 예비 청약자에게 내 집이라는, 아니 내 집이어야 한다는 환상을 심어주기에 충분합니다. 이전 모델하우스는 정보 전달에 치중했다면, 최근 모델하우스는 미술관처럼 감상의 개념을 적극적으로 도입하고 있습니다. 내 집이라는 환상을 심어주기 위해서는 시끌벅적한 시장통보다는 미술관이나 전시관처럼 우아하게 작품을 감상하는 쪽이 유리하기 때문입니다. 모델하우스에는 집을 보러 갔다는 개념이 아니라 작품을 보러 갔다는 인상을 심어주기 위해 안간힘을 쏟은 흔적이 역력합니다.

모델하우스는 청약을 통한 내 집 마련을 위해서는 꼭 한번 찾지만, 예비 청약자의 눈과 귀를 홀리는 비밀이 숨어 있습니다. 최대한 넓고 멋있게 보이기 위해 온갖 편법을 동원해 화려하게 치장하는 게 현실입니다. 화려함에 현혹돼 섣불리 결정하면 안 됩니다. 까딱 잘못하면 일생에 한 번뿐인 청약 기회를 허무하게 날릴 수 있습니다. 그래서 모델하우스를 경계해야 합니다.

모델하우스를 방문하기 전 주변 아파트 시세부터 입지 여건 등 다양한 정보를 수집해야 합니다. 수집된 정보를 토대로 새로 분양하는 아파트 분양가가 합리적인지, 아파트 위치와 교통, 편의시설이 잘 갖춰졌는지 등을 꼼꼼하게 비교·분석해야 합니다.

모델하우스의 꽃은 실제 집 내부 모습을 확인할 수 있는 유닛이지만, 먼저 보는 것을 추천하지 않습니다. 최신 가전·가구 제품과 인테리어 소품으로 꾸며진 유닛을 먼저 보면 판단력이 흐려질 수 있기 때문입니다.

모델하우스를 방문할 때 가장 먼저 모형도를 확인합니다. 모형도는 일반적으로 모델하우스 정중앙에 위치합니다. 모형도는 실제 아파트 단지 모습을 일정한 비율로 축소해놓았습니다. 모형도를 통해 단지의 건물 형태와 각 동의 방향, 동 간 거리, 경사도, 지하주차장 출입구, 출입문 위치 등을 확인합니다. 잘 모르겠다면, 모델하우스 안내 도우미나 직원에게 물어보고 확인해야 합니다.

다음은 유닛을 봐야 합니다. 모델하우스는 공간을 커 보이게 하려고 여러 가지 착시 효과를 교묘히 동원합니다. 실측 확인을 위해 줄자를 준비하면 도움이 됩니다. 유닛에서는 현관 수납공간부터 천장의 높이, 주방 가구 등 확인해야 할 게 많습니다. 실내에서는 바닥재·표지·창호 소재 확인, 층고 여부, 수납공간, 에어컨 등 편의시설 매립 여부, 실외기·배수구 위치 확인, 실내 환기와 채광 등을 꼭 확인해야 합니다.

특히 기본 옵션과 유상 옵션의 종류도 꼼꼼히 살펴야 합니다. 각 유닛마다 기본 옵션과 유상 옵션에 대해 안내하고 있지만, 기본 옵션보다 유상 옵션 표시를 상대적으로 작게 하거나 흐리게 하는 사례가 많습니다. 또 간혹 전시용 제품들도 있습니다. 전시용 제품은 전시 용도로만 쓰이고, 실제 입주할 때는 제공되지 않습니다.

확장 여부도 빼놓지 말아야 합니다. 유닛의 공간을 더 넓게 보이기 위해 확장 공사를 한 형태가 대부분입니다. 거실에서 소파나 인테리어 소품, 방에서는 책상 등을 활용해 확정 경계선을 교묘하게 가리는 일도 적지 않습니다. 꼼꼼히 보지 않으면 쉽게 지나칠 수 있어 주의해야 합니다.

비단 이것뿐만이 아닙니다. 유닛에서 보는 가구는 특별히 작게 제작해 배치합니다. 일반가구보다 크기가 작은 가구들을 배치하고, 일반 가정에서 사용하는 조도(照度)보다 더 높은 조명을 사용해 공간을 더 넓게 보이는 착시 효과를 꾀합니다. 유닛의 확장 여부를 제대로 확인하지 않고 입주하면 상대적으로 내부가 유닛보다 좁은 느낌이 드는 것도 이런 이유 때문입니다. 또 새 가구를 써보지도 못하고 돌려보내야 하는 난처한 상황이 발생할 수도 있습니다.

모델하우스에 쓰인 현관문부터 세면대와 변기, 볼트까지 아주 세세한 자재를 실제 아파트에 그대로 적용해야 합니다. 현행 주택법에는 "모델하우스는 사업계획 승인을 받은 같은 자재로 시공·설치해야 한다."라고 규정하고 있습니다. 만약 모델하우스와 같거나 그 이상의 자재로 시공하지 않고, 낮은 품질의 자재로 시공한다면 하자로 간주해 수리나 보상을 받을 수 있습니다. 간혹 더 싼 자재로 바꿔치기를 했다면 시공사를 상대로 손해배상 등을 청구할 수 있습니다.

PART 04

누구나 알지만, 제대로는 모르는
재개발 · 재건축 · 리모델링

정비사업

호구 탈출

닮은 듯 다른 정비사업!
재개발·재건축·리모델링 개념 정리

#헌 집 주면 새집 줄까? #모든 걸 다 바꾸면 재개발
#아파트만 다시 짓는 재건축 #시간·돈 절약하려면 리모델링

"두껍아 두껍아, 헌 집 줄게 새집 다오."

아이들이 모래 놀이하며 흥얼거리는 노래의 한 구절입니다. 어릴 적 놀이터 모래사장에서 친구 여럿이 모여 손등에 모래를 쌓으며 불러본 기억이 있을 겁니다. 손 등에 쌓은 모래를 단단히 다지고, 모래집이 망가지지 않도록 조심스럽게 손을 빼야 합니다. 공들인 모래집이 무너지지 않고 완성되면 마치 새집을 받은 것처럼 뿌듯합니다.

실제 헌 집을 주면 새집으로 바꿀 수 있을까요? 헌 집을 주며 새집을 달라는 심보가 어딘가 모르게 고약하지만, 노랫말과 같은 일들이 으레 일어납니다. 너무 오래되고 낡아 주택으로서 정상적인 기능을 하지 못하는 주택을 헐고 새로 짓는 도시정비사업이 그것입니다. 페인트

재개발·재건축 비교		
구분	재개발	재건축
정의	정비기반시설이 열악하고 노후·불량건축물이 밀집한 지역에서 주거환경을 개선하거나 상업지역·공업지역 등에서 도시 기능의 회복 및 상권 활성화 등을 위해 도시환경을 개선하기 위한 사업	정비기반시설은 양호하나 노후·불량건축물에 해당하는 공동주택이 밀집한 지역에서 주거환경을 개선하기 위한 사업
안전진단	없음	있음(공동주택 재건축만 해당)
조합원 자격	토지 또는 건축물 소유자 및 그 지상권자(당연가입)	건축물 및 그 부속토지 소유자 중 조합 설립에 찬성한 자(임의가입)
주거이전비 등 보상	있음	없음
현금청산자	토지수용	매도청구
초과이익환수제	없음	있음

자료: 국토교통부

칠 일부가 벗겨지고, 색 바랜 외벽의 낡은 아파트 단지 앞에서는 "재건축 사업 승인 축하"라고 적힌 현수막을 자주 볼 수 있습니다.

도시정비사업은 도로나 상하수도, 공원 등 기반시설이 부족하고, 건축물이 낡은 일정 지역이나 공동주택의 주거환경을 개선하기 위해 추진합니다. 말 그대로 헌 집을 도시정비사업 주체에게 맡기면 새집을 줍니다. 그렇다고 기준도 없이, 누구에게나, 아무렇게나 새집을 주지 않습니다. '도시 및 주거환경정비법(도정법)'이 정한 일정한 절차와 기준에 따라 진행합니다.

"싹 다 갈아엎어 주세요!"
주택부터 기반시설까지 모두 새 단장

도시정비사업은 도시 기능을 회복하기 위해 낡은 주택과 도로, 상하수도, 공원 등 기반시설을 새로 짓는 사업입니다. 정비사업의 대표적인 두 축은 재개발과 재건축입니다. 리모델링도 빠지면 안 됩니다. 정비사업은 아파트 단지 전체나 특정 지역의 낡은 주택을 허물고, 새 집을 짓는 것입니다. 재개발과 재건축, 리모델링은 결과적으로 새집을 짓는다는 점에서 비슷하지만, 범위와 방식 등이 다릅니다.

재개발은 도시정비사업 중 가장 오래된 사업입니다. 일정 범위를 정하고, 범위 내 주택과 도로 등 기반시설의 노후도를 종합적으로 고려해 해당 지역의 주거환경을 개선하기 위해 추진합니다. 낙후된 지역 전체의 주택과 도로, 상하수도 등 기반시설 모두를 한꺼번에 바꾸는 사업입니다.

재개발은 일정 지역 전체를 새로 단장하는 개념입니다. 이를 '뉴타운'이라고 합니다. 뉴타운은 도시의 기반시설에 대한 충분한 고려 없이 주택 중심의 민간 주도 개발로 인한 난개발을 막기 위해 지역의 한 단위를 묶어 추진하는 정비사업입니다.

사업 방식은 크게 세 가지가 있습니다. 우선 건물의 노후도가 심하지 않거나 역사적 혹은 문화적으로 보전 가치가 있는 지역을 현재 상태를 유지하면서 기반시설을 중심으로 개선하는 '보전 재개발' 방식이 있습니다. 또 낡은 건물이나 기반시설만 고치는 '수복 재개발', 건물과 주택이 철거가 시급할 정도로 낡고 기반시설이 열악한 지역을 완전히 철거하고 새로 짓는 '전면 재개발' 방식이 있습니다.

재개발은 지역을 중심으로 사업을 진행하다 보니 면적이 넓고 이해관계가 복잡해 시간이 오래 걸립니다. 대표적으로 재개발 지역 내 상가가 있다면 권리금 문제를 두고 다투는 경우가 허다합니다. 또 보상금액이 시세가 아닌 공시지가 기준으로 결정되다 보니 주민들의 동의를 받기도 쉽지 않습니다. 재개발을 최대한 빨리 추진하기 위해 소규모 재개발 방식인 가로주택정비사업이 대안으로 나왔지만, 그 자체만으로 주거환경을 개선하는 데 한계가 있습니다. 재개발은 기존 부동산 전부가 사라지면서 권리가 모두 소멸합니다. 다만 새로운 부동산에 대한 권리를 보장합니다. 이를 '공용환권'이라고 합니다.

낡은 아파트만 허물고 다시 짓는다

재건축은 재개발의 부분집합입니다. 재건축은 도시 기반시설은 양호하지만, 낡은 건축물이나 공동주택이 밀집한 특정 지역에 아파트와 같은 공동주택을 철거하고 새로 짓는 사업입니다. 흔히 낡은 아파트를 허물고 아파트를 새로 짓는 방식입니다.

재건축은 재개발처럼 도정법상 정비구역으로 지정되지 않아도 추진할 수 있습니다. 기존 공동주택 20세대 이상의 주택을 새로 짓는 요건을 갖추면 됩니다. 단, 건축물에 대한 안전진단을 반드시 받아야 합니다. 안전진단은 재건축에 앞서 공동주택에 대한 구조안정성(30%), 주거환경(30%), 노후도(30%), 비용편익(10%) 등을 평가하는 절차입니다. 준공 후 30년인 재건축 가능 연한을 채운 단지 안전진단을 통과해야 정비사업 구역으로 지정돼 재건축을 추진할 수 있습니다. 안전진단은 재건축의 첫 관문입니다.

안전진단 절차는 현장조사인 예비안전진단과 정밀안전진단 순으로 진행합니다. 정밀안전진단은 두 차례 나눠 시행하고, A부터 E까지 등급을 결정합니다. A~C등급(56~100점)을 받으면 재건축을 할 수 없습니다. D등급(31~55점)을 받으면 조건부 재건축 대상으로 한국건설기술연구원과 시설안전공단에서 진행하는 적정성 검토를 한 차례 더 받아야 합니다. E등급(30점 이하)을 받으면 곧바로 재건축을 추진할 수 있습니다. 재건축은 통상 사업 초기 단계인 안전진단 통과부터 착공, 입주까지 최소 7년에서 10년 정도 걸립니다.

건축물을 그대로 두고 증축이나 외관만 바꾸면 리모델링

리모델링은 기존 건축물의 골조를 그대로 남겨두고, 실내를 고치거나 증축하는 방식입니다. 리모델링 대상은 사용승인을 받은 뒤 15년 이상 지난 건축물입니다. 리모델링은 기존 건축물을 허물고 다시 짓는 방식이 아니다 보니 가구 수를 늘리는 데 한계가 있습니다. 현행 주택법은 기존 가구 수의 15% 이내에서 리모델링 증축을 허용합니다.

리모델링 방식은 수평증축과 수직증축으로 나뉩니다. 수평증축은 85m^2 미만이면 전용면적의 40% 이내, 85m^2 이상이면 전용면적의 30% 이내로 확장할 수 있습니다. 수직증축은 14층 이하는 최대 2개 층, 15층 이상은 최대 3개 층까지 층수를 올릴 수 있습니다.

리모델링은 설계나 증축 제한이 있지만, 재건축보다 규제가 느슨해

손쉽게 추진할 수 있습니다. 리모델링은 안전진단 C등급 이상이면 사업을 추진할 수 있습니다. 조합설립을 위한 동의율은 재건축은 75%이지만, 리모델링은 66.7% 이상이면 가능합니다. 리모델링은 재건축보다 시간이 짧고, 비용도 저렴합니다. 다만 재건축과 달리 일반분양을 늘릴 수 없다 보니 조합원이 분담금을 더 많이 내는 사례가 있습니다.

용적률이 300%를 넘는 아파트는 재건축 추진 과정에서 오히려 용적률이 하락할 수 있습니다. 재건축 이후 가구 수가 줄어들 수 있다는 것입니다. 그래서 통상 용적률이 300%와 가깝거나 넘는 아파트 단지에서는 리모델링을 추진합니다.

02

재건축 첫 관문 '안전진단'과
8부 능선 '사업시행인가'

#재건축 빨라야 10년　#조합원이여, 똘똘 뭉쳐라
#산 넘고 물 건너도 끝이 안 보여　#사업성이냐, 공공성이냐?

　　재건축은 절차가 다양하고 복잡합니다. 전문가가 아니라면 알기 어려울 정도입니다. 기본계획 수립부터 안전진단, 조합설립, 사업시행인가, 착공·준공, 분양, 입주까지 뭐 하나 쉬운 절차가 없습니다. 수많은 절차를 진행하다 조합원 간 이해관계가 충돌하거나 갈등이 발생해 사업이 지연되거나 아예 무산되는 사례가 적지 않습니다.

　　서로 다른 생각을 하나로 모으는 게 쉬운 일이 아닙니다. 용적률을 얼마로 정할지, 시공사는 어디로 선정할지 등 절차마다 변수가 너무 많습니다. 그래서일까요? 재건축 사업 초기 단계부터 실제 입주까지 평균 10년 넘게 걸립니다. 평균은 어디까지나 평균입니다. 이보다 더 오래 걸립니다. 재건축을 추진하던 단지가 상대적으로 절차가 덜 까다로운 리모델링으로 선회하는 일도 예삿일입니다.

　재건축 절차 가운데 뭐 하나 중요하지 않은 게 없습니다. 재건축은 크게 정비계획→사업시행→관리처분→사업완료 절차를 거칩니다. 재건축은 정비구역을 지정한 뒤 계획을 수립하고, 재건축추진위원회를 구성합니다. 이후 조합을 설립하고, 시행계획인가와 관리처분계획인가, 이주 후 철거, 준공, 분양 및 입주, 조합해산 절차를 순서대로 진행합니다.

　정비계획 단계는 기본적인 계획을 짜는 등 재건축 사업을 준비하는 과정입니다. 이 단계에서는 재건축의 첫 관문인 안전진단을 받아야 합니다. 안전진단을 통과하면 정비구역을 지정할 수 있습니다. 사업시행 단계에서는 조합을 설립하고, 시공사를 선정합니다. 관리처분 단계에서는 입주민들이 이주한 뒤 기존 아파트를 철거하고, 아파트를 새로 짓기 위한 공사를 시작합니다. 이를 착공이라고 합니다. 분양도 진행합니다. 사업완료 단계에서는 준공 뒤 실제 입주를 완료하고 조합을 해산합니다. 이처럼 복잡한 과정을 거쳐야 비로소 재건축 사업이 끝납니다. 재건축 절차 가운데 주요 단계를 꼼꼼히 살펴보겠습니다.

재건축 첫 관문 '안전진단'

　옷을 입을 때 첫 단추를 잘못 끼면 다음 단추를 잘 낄 수가 없습니다. 옷이 어그러져 입을 수가 없습니다. 재건축 사업도 마찬가지입니다. 첫 단추를 잘못 끼면 사업 자체를 할 수가 없습니다. 안전진단은 재건축 사업을 하기 위한 첫 관문입니다. 안전진단을 통과해야 재건축 사업을 추진할 수 있습니다.

안전진단은 예비안전진단과 1차 정밀안전진단, 2차 정밀안전진단 등 총 세 번에 걸쳐 진행합니다. 안전진단은 A부터 E까지 등급을 나눕니다. E에 가까울수록 위험도가 높습니다. 아파트 준공 후 30년이 지난 뒤 안전진단에서 D등급을 받으면 재건축 사업을 추진할 수 있습니다. E 등급을 받았다면 2차 정밀안전진단을 받지 않아도 곧바로 재건축을 할 수 있습니다.

안전진단은 구조안전성과 주거환경, 설비노후도, 비용편익 등 네 가지 항목을 종합 평가합니다. 구조안정성은 골조나 외벽 등을, 주거환경은 생활환경과 일조권 그리고 층간소음과 주차 여건 등을 확인합니다. 또 설비노후도는 난방과 급수, 배수, 전기·소방시설 등을, 비용편익은 개·보수 비용과 재건축 비용 등을 비교·평가합니다. 평가항목별 비중은 구조안전성 50%, 주거환경 15%, 설비노후도 25%, 비용편익 10%였습니다.

하지만 구조안전성 점수 비중이 워낙 높다 보니 안전진단 통과를 가로막는 요소로 지목되곤 했습니다. 원활한 주택 공급의 걸림돌로 꼽힌 것입니다. 정부는 재건축을 완화하기 위해 2023년 1월 5일 재건축 평가항목 비중을 조정했습니다. 구조안전성 비중은 50%에서 30%로 낮췄습니다. 대신 주거환경 비중은 15%에서 30%로, 설비노후도는 25%에서 30%로 높였습니다. 비용편익 비중은 종전과 같습니다.

재건축 판정 여부를 결정하는 점수 기준도 달라졌습니다. 종전에는 총점수가 30점 이하일 때만 재건축을 할 수 있었지만, 이제는 45점 이하로 대상을 확대했습니다. 또 조건부 재건축 판정을 받으면

재건축 사업 추진 절차

① 정비계획

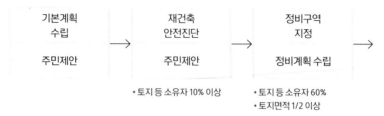

기본계획 수립		재건축 안전진단		정비구역 지정	
주민제안	→	주민제안	→	정비계획 수립	→

　　　　　　　　　　• 토지 등 소유자 10% 이상　　• 토지 등 소유자 60%
　　　　　　　　　　　　　　　　　　　　　　　　• 토지면적 1/2 이상

② 사업시행

조합 설립		사업시행 인가	
추진위원회	→	시공사 선정	→

• 동별 50% 및 전체 소유자 3/4　　• 토지면적 3/4
• 토지 등 소유자 3/4　　　　　　　• 토지면적 1/2 이상

③ 관리처분　　　　　　　　　④ 사업완료

관리처분 계획인가		이주 착공		준공 청산
분양공고	→	철거	→	조합해산

자료: 서울시, 『우리 집 우리 동네 정비사업가이드』

반드시 받아야 하는 공공기관의 적정성 검토 및 2차 안전진단은 의무가 아닌 선택사항으로 달라졌습니다.

03
재건축초과이익환수제는
뜨거운 감자

#불로소득과 사유재산 침해는 한 끗 차이
#3,000만 원에서 1억 원 사이 #재건축 포기해야 하나?

　뉴스에서 '뜨거운 감자'라는 표현을 자주 접합니다. 저 역시 기사를 쓸 때 종종 쓰는 표현입니다. 기사의 주제와 의미를 좀 더 쉽고 간결하게 전달하기 위해 쓰는 표현 중 하나가 뜨거운 감자입니다. 뜨거운 감자의 정확한 뜻을 확인하기 위해 어학 사전을 훑어봤습니다. 뜨거운 감자의 정확한 뜻은 '중요한 문제이지만, 쉽게 다루기 어려운 문제를 비유적으로 이르는 말'입니다.

　도시정비사업의 뜨거운 감자는 단연 재건축초과이익환수제입니다. 재건축초과이익환수제는 도시정비사업에서 빼놓을 수 없을 정도로 중요한 사안이나, 쉽게 다루기가 어렵습니다. 공공재인 토지 위에 지은 주택으로 벌어들이는 불로소득과 개발이익을 환수하는 게 당연하고, 부동산 투기를 제한하는 효과가 있다는 주장과 미실현 이익에 대한 과세의 형평성과 사유재산 침해를 간과한 과도한 규제라는 주장이 맞부딪치면서 갈등과 논란이 끊임없이 계속되고 있습니다.

재건축초과이익환수제를 보통 줄여서 '재초환'이라고 합니다. 재초환은 재건축 등 도시정비사업에 관심이 있는 사람이라면 반드시 알아야 할 제도입니다. 재초환은 재건축 조합원이 새 아파트를 분양받을 때 추가로 내는 분담금과는 성격이 다릅니다. 재건축 조합원들이 기존 아파트를 허물고 다시 짓는 과정에서 발생하는 수익 가운데 일부를 일종의 세금 형식으로 국가에 내는 것입니다.

재초환을 흔히 도시정비사업의 '마지막 남은 대못'이나 '허들'이라고 부릅니다. 재건축 조합원들은 재초환은 사실상 재건축을 하지 말라는 의미와 같다고 합니다. 과도한 재초환 부담금이 도시정비사업의 최대 걸림돌이나 다름없다는 얘기입니다. 세금을 더 내라고 하면 반길 사람이 있을까요? 더욱이 도시정비사업을 통한 초과이익분을 세금으로 더 내야 하는 재건축 조합원에게 달가울 리 없습니다.

주택 공급을 위한 신규 택지가 절대적으로 부족한 서울에서 재초환을 걷어내 주택 공급에 숨통을 틔워줘야 한다는 논리와 무분별한 재건축을 예방하고 개발이익 환수를 통해 서민 주거복지 향상에 사용해야 한다는 논리 모두 일견 타당합니다. 재초환은 도시정비사업의 해묵은 현안이자 뜨거운 감자입니다. 여전히 뾰족한 접점을 찾기가 쉽지 않습니다.

이러지도 저러지도 못하는 '재초환'

재초환은 재건축 사업에서 가장 큰 걸림돌로 꼽힙니다. 재초환은 재건축 조합원이 얻은 이익이 일정 기준을 넘는 등 초과이익이 발생하면 이를 정부가 환수하는 방식입니다. 재건축 조합원 1인당 평균개발이익이 3,000만 원을 초과하면 초과이익에 대해 10~50%를 부담금으로 환수하는 제도입니다.

재건축 사업으로 인해 발생하는 초과이익을 환수해 개발이익의 사유화를 차단하고 집값 안정 등을 도모한다는 취지입니다. 무엇보다 정부가 세금을 들여 조성한 교육 및 문화, 교통 등 기반시설에서 발생한 불로소득을 부담금 형태로 환수해야 한다는 게 주목적입니다. 환수한 초과 개발이익은 서민 주거복지에 쓰입니다.

재초환은 집값이 단기간에 급등하면서 생겼습니다. 2006년 서울 강남에서 지은 지 30~40년이 넘은 노후 단지를 중심으로 재건축 붐이 일면서 집값이 폭등했습니다. 당시 정부는 재건축 사업으로 생기는 개발이익 가운데 일부를 환수하는 재초환 제도를 만들었습니다. 불로소득을 환수하고 소득 분배를 통한 공공의 이익을 실현하기 위해서였습니다.

재초환 제도는 시작부터 부침을 겪어야 했습니다. 재초환은 2006년 시행됐지만, 부동산 시장 침체와 집값 하락 등의 이유로 2013년부터 2017년까지 유예됐습니다. 이후 2018년 1월부터 재시행됐습니다.

2014년 9월 한 재건축 조합에서 과도한 재산권 침해 등의 이유로 헌법소원을 제기했습니다. 앞서 2012년 9월 용산구는 재초환에 따라 한남연립 재건축 조합에 1인당 5,500만 원씩 총 17억 2,000만 원의 부담금을 부과했습니다. 이에 조합 측은 사유재산권 침해라며 헌법소원을 냈습니다.

헌법재판소는 2019년 12월 한림연립 재건축 조합이 서울 용산구를 상대로 제기한 '재건축초과이익 환수에 관한 법률' 헌법소원에 대해 합헌이라고 결론을 냈습니다. 헌번재판소는 "재건축 부담금은 공시지가라는 객관적인 절차를 통해 산정되고, 정상지가 상승분과 개발이익 등을 공제해 피해를 최소화하고 있어 비례의 원칙에 맞고 재산권을 침해하지 않는다."라고 설명했습니다.

재건축 부담금은 재건축 종료 후 주택가격에서 재건축 시작 전 가격과 개발비용 등을 빼고, 재건축으로 인해 증가한 주택 가치를 말합니다. 재건축 단지 주택 가치 상승분에서 같은 기간 주변 단지 시세의 상승분을 제외해 재건축 초과이익을 산정합니다. 초과이익에 따라 최대 50%의 누진세율을 곱해 재건축 부담금을 최종 결정합니다.

재초환이 뜨거운 감자인 이유

재초환 재시행 이후 2023년 8월까지 재건축 부담금 예정금이 통지된 재건축 단지가 전국에 모두 111곳입니다. 지역별로 서울 40곳, 경기·인천 27곳, 지방 44곳입니다. 재건축을 추진하는 조합은 사업시행인가를 받은 이후 지방자치단체로부터 부담금 예정액을 통보받습니다. 예정액은 지역과 단지마다 다릅니다. 하지만 수도권 지역이 아닌

대구나 창원 등 일부 지방 단지에서 부담금 예정액이 1억 원이 넘은 사례가 나왔습니다. 이러니 "재건축을 아예 하지 말라는 거냐?"라는 볼멘소리가 괜히 나온 게 아닙니다.

재초환 재시행 당시 3,000만 원과 현재의 3,000만 원의 가치가 달라졌습니다. 재초환 제도 제정 이후 단 한 번도 개정한 적이 없습니다. 그간 3% 내외의 물가상승률만 적용하더라도 3,000만 원의 가치는 예전과 지금이 확연히 다릅니다. 하지만 그간의 물가상승률은커녕 집 값 상승분도 반영되지 않았습니다.

오랜 기간 사실상 유명무실했던 재초환 제도가 재시행되면서 지역과 집값을 막론하고 전국 대부분의 재건축 조합의 볼멘소리가 커졌습니다. 재초환이 겨냥한 강남뿐만 아니라 1기 신도시를 비롯해 지역의 노후 아파트 단지마다 과하다는 반발이 나옵니다. 상대적으로 사업성이 떨어지는 지방의 일부 단지들은 아예 정비사업을 포기했습니다.

윤석열 정부는 아파트 재건축 과정에서 집값이 상승하면 최대 절반까지 정부가 걷어가는 재초환 규제를 완화했습니다. 이익금이 1억원 이하이면 부담금을 면제하고, 주택을 장기 보유한 실 거주자는 최대 50%까지 감면해주는 게 규제 완화의 골자입니다. 또 재건축 조합원의 부담을 덜어주기 위해 부담금 부과 시점은 기존 추진위원회 구성 승인에서 조합설립인가로 늦췄습니다.

재초환 규제를 완화하기 위해서는 국회 입법이 필요합니다. 정부는 2022년 9월 재건축 부담금 합리화 방안으로 재초환 제도와 관련한 개정안을 국회에 제출했습니다. 하지만 2023년 11월까지 국회 문턱을 넘지 못하고 있습니다. 당시 정부는 법안을 통과하면 2023년 7월

전이라도 시행할 것이라고 밝혔지만, 현재 이 개정안은 국회 국토교통위원회에 계류 중입니다.

일각에선 재초환 제도가 집값 안정을 비롯해 부동산 투기 차단에 효과가 있는지 반신반의합니다. 또 자본주의 국가에서 재산권 침해라는 해묵은 논란도 반복합니다. 다만 재건축을 통한 초과이익은 주택을 소유한 조합원들의 노력이 아닌 정부의 계획이나 승인 등에 의해 발생하는 만큼 환원해야 한다는 기본적인 원칙에는 의견 차이가 없습니다. 찬반 논리가 극명하게 엇갈리는 재초환은 우리 사회의 뜨거운 감자입니다.

콧대 높은 압구정도 반색,
신속통합기획이 뭐길래?

#20년 인고의 세월 보낸 은마아파트
#서울시가 제시한 가이드라인 따라야   #공공성과 사업성 양립할까?

헌 집을 허물고 새집을 짓는 도시정비사업은 그리 간단하지 않습니다. 길고 복잡하고 까다로운 절차 때문입니다. 재건축 과정이 워낙 멀고도 험난해 이게 맞는지 의구심이 생길 정도입니다. 당장이라도 무너질 듯 위태로운 낡은 아파트 단지들이 재건축 과정에서 높은 문턱을 넘지 못하고 무산되는 사례가 허다합니다. 심지어 재건축을 추진한 지 20년이 지났는데도 첫 삽 한번 제대로 뜨지 못한 단지가 수두룩합니다. 오죽하면 "재건축은 아무리 빨라도 10년 이상 걸린다"라는 얘기가 정설로 통할까요?

재건축 하면 떠오르는 대표 단지가 있습니다. 도시정비사업에 관심이 있는 사람이라면 누구나 한 번쯤은 들어보고, 입가에 맴도는 익숙한 단지입니다. 바로 대한민국 재건축의 상징인 은마아파트입니다. 강산이 두 번 바뀐다는 20년이라는 인고(忍苦)의 세월을 견뎌온 강남의 터줏대감 같은 아파트 단지입니다. 은마아파트가 재건축을 준비한 세월만 얼추 20년이 넘었습니다. 그동안 재건축 문을 셀 수 없이 두드렸지만, 번번이 고배를 마셨습니다. 하고 싶은 말과 해야 할 말이 얼마나 많을까요?

은마아파트의 재건축 추진 과정과 좌절의 역사는 대하소설로 써도 될 정도로 방대합니다. 은마아파트는 1996년부터 재건축 사업을 추진했습니다. 아파트 재건축추진위원회는 2003년 조합설립에 나섰습니다. 하지만 재건축 사업의 첫 관문인 '안전진단'에서 세 번이나 떨어졌고, 우여곡절 끝에 2010년에 조건부 재건축이 가능한 D등급 판정을 받았습니다.

안전진단을 통과한 뒤에도 가시밭길이 계속됐습니다. 2017년 최고 층수를 35층으로 제한하면서 49층으로 재건축하려던 계획이 무산됐고, 입주민들 사이에서 갈등과 내분이 이어지다, 결국 2021년 재건축 추진위원회 지도부 전체가 해임되는 초유의 사태를 빚었습니다. 우여곡절 끝에 2023년 9월 재건축정비사업 조합설립인가를 받았습니다.

아파트가 빵이라면 밤을 세워서라도…

도시정비사업은 왜 이렇게 오래 걸리는 걸까요? 규제와 절차가 많고 복잡한 데다 조합원 간 이해관계가 얽히고설켜 시간이 오래 걸릴 수밖에 없습니다. 오랜 시간 지지부진하던 도시정비사업이 번번이 무산되고, 일부 도시정비사업지에서는 조합원 간, 조합과 시공사 간 갈등이 커지면서 소송전으로 비화하기도 했습니다. 도시정비사업을 위해 첫 삽을 뜨기까지 험난한 여정의 연속입니다.

서울에는 대규모 아파트 단지를 새로 지을 땅이 마땅치 않습니다. 전국에서 주택 수요가 가장 많은 서울에서 아파트를 지을 빈 땅이 거의 없다니 아이러니합니다. 그렇다고 서울을 무한대로 늘릴 수도 없는 노릇입니다. 주택 수요에 맞는 적절한 주택 공급을 위해 유일한 방법이 도시정비사업입니다. 재건축과 재개발이 현실적인 대안입니다. 기존 낡은 아파트를 허물고, 그 땅에 아파트를 다시 짓는 도시정비사업이 최선입니다. 수요에 맞는 주택 공급이 원활하게 이뤄지지 않으면 결국 집값 상승과 전세난 등 주거 불안으로 이어질 수밖에 없습니다.

더 큰 문제는 시간입니다. 재건축이나 재개발이 언제 될지 가늠할 수가 없습니다. 주택 수요는 차고 넘치는데 도시정비사업은 기약이 없습니다. 말 그대로 '하세월'입니다. 김현미 전 국토교통부 장관이 2020년 11월 국회에서 "아파트가 빵이라면 제가 밤을 새워서라도 찍어내겠다"라고 발언한 적이 있습니다. 이 발언은 아파트 공급 확대가 단기간에 쉽지 않다는 취지였습니다. 이 발언을 두고 한동안 풍자 섞인 비난이 이어졌습니다. 다만 그의 말처럼 아파트를 새로 짓는 게 쉬운 일이 아닙니다. 더욱이 도시정비사업을 통해 아파트를 새로 짓는 건 시간이 더 오래 걸리고, 험난합니다.

신속통합기획은 재건축·재개발 패스트트랙이다

아파트를 빵처럼 공장에서 순식간에 찍어낼 순 없습니다. 하지만 부동산 시장은 한가하거나 여유롭지 않습니다. 집값 안정을 위해서는 주택 수요에 맞는 적절한 주택 공급이 꾸준히 이뤄져야 합니다. 주택 공급은 예측 가능해야 하고, 실제 공급은 주택 수요자가 체감할 수 있도록 빠르면 빠를수록 좋습니다. 서울에는 아파트를 새로 지을 땅과 공간이 없습니다. 재개발·재건축을 통해 땅을 효율적으로 사용하는 게 중요합니다. 땅을 좀 더 효율적으로 사용하되, 오래 걸리는 도시정비사업 시간을 줄이고, 좀 더 빠르고 원활한 주택 공급이 필요하다는 요구와 기대가 커졌습니다.

신속통합기획 자문사업은 서울시가 2021년 처음 선보인 주택 공급정책입니다. 흔히 '신속통합기획' 혹은 '신통기획'이라고 합니다. 신속통합기획은 서울시가 민간이 주도하는 민간 재건축·재개발 등 도시정비사업 초기 단계부터 참여해 신속한 사업을 추진하도록 지원하는 제도입니다.

신속통합기획의 가장 큰 장점은 사업 기간 단축입니다. 신속통합기획은 정비구역 지정까지 통상 5년 정도 걸리는 기간을 최대 2년까지 줄입니다. 서울시가 정비사업 주체에게 정비계획과 건축설계에 대한 일종의 가이드라인을 제공합니다. 사업주체가 서울시에서 제공한 가이드라인에 맞게 정비계획과 지구단위계획을 동시에 수립하면 심의 과정이 짧아집니다. 일반적인 정비사업은 건축부터 교통, 환경심의 위원회의 심의를 모두 받아야 합니다. 하지만 신속통합기획은 한 번에 통합 심의를 받습니다.

정비사업의 공공성을 강화하는 대신 정비사업에 필요한 행정 절차를 최대한 빠르게 처리하는 게 신속통합기획의 핵심입니다. 정비사업 주체가 신속통합기획으로 정비사업을 추진하면 사업 기간을 단축하고, 사업비를 아낄 수 있습니다. 또 35층 높이 제한이 사라지면서 정비사업 이후 가치 상승을 기대할 수 있습니다. 그만큼 사업성이 높아질 수도 있습니다.

공공성과 사업성 균형은?

신속통합기획이 사업성에만 치중한 게 아닙니다. 서울시는 신속통합기획을 '정비계획 수립 단계에서 서울시가 공공성과 사업성의 균형을 이룬 가이드라인을 제시하고, 신속한 사업 추진을 지원하는 공공 지원 계획'으로 정의합니다. 서울시는 공공성을 담보하기 위해 정비사업 주체가 가이드라인에 따르면 종 상향을 통해 층수를 높여주거나 용적률을 올려주는 등 다양한 혜택을 제공합니다.

신속통합기획은 공공성을 담보하다 보니 사업비 절감과 고급화를 원하는 정비사업 주체와 갈등이 발생합니다. 서울시는 지난 2023년 7월 압구정2~5구역에 대한 신속통합기획을 확정하고, 일반주거지역 용적률을 서울시 조례상 기준인 230%보다 높은 300%까지 허용했습니다. 이후 압구정3구역에 대해 공공보행교와 공공임대주택을 통한 소셜믹스 등이 담긴 가이드라인을 제시했습니다. 하지만 재건축 조합원들은 서울시 가이드라인이 반영하지 않은 설계안을 제시한 설계업체를 선정했습니다. 이 업체는 서울시가 정한 기준인 용적률 300%를 초과하는 360%를 제시한 것으로 알려졌습니다.

서울시와 조합 간 갈등으로 사업 지연이 불가피한 상황입니다. 주요 재건축 단지에서도 이와 비슷한 갈등이 발생할 수 있습니다. 실제 일부 재건축 단지에서 신속통합기획 신청을 철회하기도 했습니다. 헌집을 헐고 새집을 짓는 도시정비사업에서 공공성과 사업성의 균형을 맞추는 일은 쉽지 않은 과제입니다.

05

하세월 재건축, '신탁 방식'이 대안일까?

#조합원은 추가 분담금이 싫어   #자금조달, 투명한 사업비 관리가 관건
#조합원 의견은?   #대단지 재건축 성공 사례가 없다

재건축 조합원이라면 하루라도 빨리 새 아파트에서 살고 싶습니다. 단 하루라도 빨리 재건축을 앞당기는 게 조합원에게도 이익입니다. 도시정비사업이 모두 그렇지는 않겠지만, 정비사업을 진행하다 보면 조합원 간 갈등, 시공사와의 분쟁 등 다양한 이유로 사업이 지연되는 사례가 다반사입니다. 조합원에게 사업 지체는 달가운 소식이 아닙니다. 사업이 지체되면 조합원 분담금이 늘어나고, 사업성도 떨어집니다. 사업 지연으로 늘어난 금융 비용 등 정비사업에 드는 비용 모두 조합원 몫입니다.

단군 이래 최대 재건축으로 불리는 서울 강동구 둔촌주공아파트 (올림픽파크포레온) 재건축 조합과 시공사업단 간 갈등이 불거져 한때 공사 중단이라는 초유의 사태를 겪었습니다. 공사비 증액을 놓고 조합과 시공사업단의 갈등은 공사가 중단된 지 183일 만에 가까스로 봉합됐고, 공사가 재개됐습니다. 공사 중단 사태로 공사 기간이 길어지고, 원자재가격 인상 등으로 도급금액이 기존 3조 2,000억 원에서 4조 3,400억 원으로 늘어났습니다. 공사비 증액으로 조합원 1인당 추가 분담금이 1억 8,000만 원까지 예상됐습니다.

둔촌주공 사태 이후 도시정비사업에 새로운 바람이 불었습니다. 조합과 시공사 간 갈등과 분쟁, 비리가 끊임없이 반복되면서 새로운 대안을 찾는 재건축 단지들이 하나둘 늘었습니다. 진전 없는 재건축·재개발 추진에 지칠 대로 지친 재건축 조합들이 사업을 하루라도 빨리 앞당기고, 조합원들의 이익을 최대한 보장하는 자구책 마련에 힘을 쏟았습니다. 기존 조합 방식으로는 자칫 공사가 지연되고 조합원 분담금이 늘어날 수 있다는 우려와 한계를 경험한 결과입니다.

재건축, 시간이 돈이다

재건축은 시간이 돈입니다. 재건축 조합원들에게 가장 중요한 건 비용입니다. 헌 집을 헐고 새집을 지으려면 공사비가 필요합니다. 공사비는 조합원들의 주머니에서 나옵니다. 이 돈을 분담금이라고 합니다. 재개발·재건축 등 도시정비사업은 사업을 빠르게 추진하는 게 이득입니다. 공사를 단 하루라도 빨리 끝내야 조합원들이 내는 비용을 아낄 수 있고, 그만큼 사업성이 좋아집니다.

도시정비사업 방식은 크게 두 가지로 나뉩니다. 가장 흔한 방식은 조합 방식입니다. 이 방식은 입주민들이 조합설립부터 각종 인허가, 시공사 선정, 분양에 이르는 모든 절차를 주도적으로 진행합니다. 입주민들이 모여 도시정비사업을 직접 이끌어나가는 형태로, 가장 보편적인 방식입니다.

조합 방식은 도시정비사업 추진 과정에서 반드시 지켜야 할 법률 사항을 제외하고, 조합원들이 자유롭게 의사를 결정합니다. 조합 방식은 조합의 이익을 최우선으로 고려하기 위해 조합원들의 의견을 충분히 반영합니다. 또 도시정비사업 이후 발생하는 이익 모두 조합원 몫입니다.

하지만 조합원들 간 의견 충돌이나 갈등으로 사업이 지연되거나 무산되기도 합니다. 또 전문성이 부족하다 보니 시공사에 대한 의존도가 상대적으로 높고, 끌려다니기도 합니다. 심하면 시공사와의 갈등이 법적 분쟁으로 이어지기도 합니다. 무엇보다 사업 초기에 필요한 자금조달 과정에서 문제가 생기거나 투명하지 못한 조합 운영으로 횡령이나 배임 등 고질적인 비리가 반복적으로 발생합니다. 사업 지연에 따른 조합원들의 분담금이 늘어나기도 합니다.

재건축 사업 기간을 단축한다고?

재건축·재개발 사업 과정에서 조합원 간 갈등과 비리 등 고질적인 병폐가 반복하자, 새로운 사업 모델이 떠오르고 있습니다. 전문성과 투명성을 갖춘 신탁 방식을 선택하거나 검토하는 노후 단지가 많아졌습니다. 신탁 방식은 2016년 '도시 및 주거환경정비법' 개정에 따라

조합 방식과 신탁 방식 비교

도시정비사업 시행 주체 (재건축 기준)	조합 방식	신탁 방식
사업 요건	토지 등 소유자 75% 이상 동의 동별 소유자 50% 이상 동의	토지 등 소유자 75% 이상 동의 동별 소유자 50% 이상 동의 토지면적 1/3 이상을 신탁
자금조달	조합 및 조합원 직접 조달	신탁사 조달
공사비	분양대금	신탁사 대출
개발이익	조합에 귀속	1~4% 수수료
시공사 선정	사업시행인가 후 조합 결정	사업시행사 지정 이후
장점	조합원 의견 적극 반영 개발이익 귀속 조합 이익 극대화 목표	자금조달 전문성 확보 투명한 자금 관리 시공사와의 협상 유리 사업 기간 단축
단점	조합원들 간 갈등 발생 시 사업 지연 전문성 부족 시공사 의존도 높아 횡령 및 배임 등 조합 운영 불투명	조합원 의견 수렴 저하 신탁수수료 발생 시행사 이해관계 따라 전횡 경험 및 성공 사례 부족

자료: 국토교통부

처음 도입됐습니다. 부동산 신탁사의 재개발·재건축 직접 시행을 허용한 것입니다.

신탁 방식은 입주민들이 모여 직접 사업을 진행하는 조합 방식과 달리 수수료를 내고 전문성을 갖춘 부동산 신탁사에게 도시정비사업을 맡기는 방식입니다. 일종의 도시정비사업 대행 서비스입니다. 신탁 방식은 크게 두 가지로 나뉩니다. 조합을 설립한 뒤 신탁사에 자금 관리 등 일부 업무만 맡기는 '신탁 대행' 방식과 조합 없이 신탁사가 시행사 역할을 하며 자금조달부터 시공사 선정 등 사업 전반을 맡는 '신탁 시행' 방식이 있습니다.

신탁 방식은 여러 장점이 있습니다. 우선 조합을 설립하지 않아도 됩니다. 재건축추진위원회 구성과 조합설립인가 등 여러 절차를 거치지 않기 때문에 기존 조합 방식 대비 최소 2~4년 정도 사업 기간을 단축할 수 있습니다. 사업 기간을 단축하면 단축할수록 조합원들의 분담금을 낮출 수 있습니다.

또 금융기관인 신탁사가 초기 자금뿐만 아니라 재건축 과정에 드는 모든 비용을 조합보다 손쉽게 조달할 수 있고, 조합의 횡령과 배임 등을 사전에 차단하는 등 자금 운용을 보다 투명하게 합니다. 특히 전문성을 갖춘 신탁사가 시공사 선정부터 공사비 협상 과정 등 시공사와의 협상을 유리하게 이끌 수 있습니다.

단점도 있습니다. 조합 대신 사업 전반을 추진하다 보니 조합원들의 의견이 덜 반영될 수 있고, 신탁사의 이해관계에 따라 사업 방향이 달라질 수 있습니다. 조합 방식은 대의원회를 거쳐 조합원들의 의견을 수렴하고, 총회를 열고 의사결정 과정을 거칩니다. 하지만 신탁 방식은 관리처분계획과 시공사 선정 등 주요 의결에만 참여할 수 있습니다. 실제 신탁사와 입주민들 혹은 조합원들 간 의견 충돌로 사업이 무산되는 사례가 많습니다.

또 분양대금의 일정 비율을 신탁사에 수수료로 내야 합니다. 2016년 당시에는 수수료가 최대 4%에 달했지만, 현재는 수주 경쟁이 치열해지면서 1~2% 내외로 줄었습니다. 정비사업 규모가 크고, 사업성을 확보한 노후 단지는 신탁사 없이도 자금조달이 가능하고, 시공사 협상도 유리하게 이끌 수 있어 군이 비싼 수수료를 내고 신탁사를 선정할 필요성을 체감하지 못합니다.

대단지 재건축, 성공 사례가 없다

신탁사의 도시정비사업 경험과 성공 사례가 아직 부족합니다. 2016년부터 2023년까지 수도권 대규모 재건축 단지 가운데 신탁사가 사업을 성공적으로 끝낸 사례가 없습니다. 경기도 안양시 '한양수자인 평촌리버뷰'와 대전시 동구 'e편한세상 대전에코포레' 등 신탁 방식으로 준공한 단지는 손에 꼽을 정도입니다.

신탁 방식은 전체 도시정비사업의 4% 수준에 불과합니다. 대단지 재건축 사례는 거의 없습니다. 주택 수요가 가장 많은 서울에서는 현재 영등포구 여의도와 양천구 목동 일부 노후 단지가 신탁 방식으로 재건축 사업을 추진하고 있습니다. 하지만 신탁 방식으로 도시정비사업을 성공적으로 끝낸 단지가 아직 한 곳도 없습니다.

서울시가 2023년 7월 1일 조례를 개정해 도시정비사업 조합의 시공사 선정 시기를 기존 사업시행인가에서 조합설립인가 이후로 앞당겼습니다. 조합이 조기에 시공사를 선정할 수 있도록 바뀌면서 조합은 시공사가 낸 입찰보증금을 대여할 수 있고, 초기 자금조달 부담을 덜 수 있게 됐습니다. 사업성을 확보한 노후 아파트 단지가 초기 자금조달을 이유로 신탁사를 선정할 이유가 사라진 것입니다.

신탁사를 선정하려면 신탁사의 도시정비사업 경험과 역량 등을 꼼꼼히 따져봐야 합니다. 계약 관리부터 자금조달 및 관리, 분양에 이르기까지 실제 경험이 있는지, 능력을 갖췄는지 확인해야 합니다. 또 시공사와의 협상력을 갖췄는지도 검증해야 합니다. 시공사가 설계 변경 등 공사비 증액 등을 요구할 때 제대로 검증하고, 협상할 능력이 있는지 점검해야 합니다. 한번 정한 신탁사와의 계약을 해지하기 위해서는 입주민이나 조합원의 100% 동의가 필요합니다. 조합이 주도적으로 의사결정을 하는 조합 방식과 전문성을 갖춘 신탁 방식 가운데 신중한 선택이 필요합니다. 도시정비사업 과정에서 한번 정한 것을 바꾸는 건 상상하는 것보다 어렵습니다.

06
시행사와 시공사
차이가 뭘까?

#모델하우스와 다르다고?   #고래 싸움에 새우 등 터지지 말자
#시행사와 시공사는 공생 관계   #시행사는 정비사업 총괄   #시공사는 건물을 짓는 건설사

실제 사례를 소개하겠습니다. 지난 2008년 있었던 일입니다. 서울 송파구의 한 주상복합아파트 소유주 219명이 분양 당시 받은 카탈로그에 나온 설명과 다르게 시공돼 손해를 봤다며 시행사와 시공사를 상대로 집단분쟁 조정을 제기했습니다. 당시만 하더라도 수분양자보다 시행사와 시공사의 입김이 더 세던 시절이었습니다.

소유주들은 카탈로그에 거실 바닥이 원목 온돌마루라고 표기돼 있었는데, 실제는 합판에 무늬를 입힌 마루가 시공됐다고 주장했습니다. 당시 한국소비자원 소비자분쟁조정위원회는 '광고 내용과 실제 시공이 차이가 난다'며 "시행, 시공사가 차액인 약 2억 5,800만 원을 손해배상액으로 지급하라."라고 결정했습니다. 아파트가 분양 당시의 광고와 다르게 시공됐다면 시행사와 시공사가 배상해야 한다는 결정이었습니다. 그간 관행적으로 이뤄진 건설업계의 허위·과대 광고에 대해 경종을 울린 사례입니다.

아파트의 마감재와 시설 등이 모델하우스나 분양 카탈로그와 다르게 시공됐다면 난감합니다. 시행사와 시공사의 차이를 잘 모르는 수분양자라면 누구에게 책임을 물어야 할지 헷갈립니다. 분명 계약과 다르게 시공해 수분양자가 피해를 봤는데도, 뻔뻔하게도 시행사와 시공사가 서로에게 책임을 떠넘기기에 급급한 일이 자주 발생합니다. 수분양자는 입주 날만을 손꼽아 기다렸는데, 고래 싸움에 새우 등 터지는 격입니다.

모델하우스나 카탈로그에 나온 대로 아파트가 지어지지 않았다면 계약을 제대로 이행하지 않은 것으로 간주합니다. 계약 불이행으로 수분양자의 손해가 발생했다면 시행사가 손해배상 책임을 져야 한다는 법원 판결이 많습니다. 다만 시공사가 설계도면에 맞춰 아파트를 시공했다면, 특별한 결격 사유가 없으면 시공사에게 책임을 묻기가 어렵습니다.

과거에는 건설사들이 시행부터 시공까지 도시정비사업의 중요한 절차와 과정을 모두 도맡아서 했습니다. 지금도 일부 현장에서는 건설사가 시행과 시공을 같이 하는 경우가 있습니다. 최근에는 도시정비사업에 다양한 주체들이 참여합니다. 시행사와 시공사, 신탁사, PF(부동산 파이낸싱) 대주, 분양대행사, 중도금 대출은행 등 분야별 전문성을 갖춘 주체들이 도시정비사업을 추진합니다. 각자 맡은 분야에서 전문성을 발휘합니다. 흔히 부동산개발업체인 '디벨로퍼(Developer)'나 건축 조합이 시행을 맡습니다. 시행사나 조합은 기술력과 브랜드 인지도 등 다양한 평가 요소들을 종합적으로 고려해 시공사인 건설사를 결정하는 방식으로 도시정비사업이 이뤄집니다.

시행사, 정비사업 주체: 정비사업 기획부터 입주까지 총괄

시행사와 시공사는 도시정비사업의 양대 축으로, 비슷하거나 같은 것으로 여기는 사람이 많습니다. 아마도 위에서 언급한 것처럼 건설사들이 오랜 기간 관행처럼 시행과 시공을 모두 도맡아 하면서 틀에 박힌 고정관념이 아닐까 합니다. 도시정비사업 과정에서 시행사와 시공사는 떼려야 뗄 수 없는 공생 관계이지만, 전혀 다릅니다.

아파트를 분양받을 때 모델하우스나 분양 광고에서 시행사와 시공사라는 단어를 자주 봅니다. 어디서 들어본 듯 익숙한데, 평소에 잘 쓰지 않다 보니 무심결에 스쳐 지나갈 만큼 사소한 것쯤으로 여깁니다. 모델하우스에서 봐야 할 게 차고 넘치는데, 시행사와 시공사의 차이가 무슨 대수냐고 그냥 넘겨버리기 일쑤입니다.

이렇듯 시행사와 시공사의 차이를 모르는 경우가 허다합니다. 하지만 아파트 분양을 받을 때 시행사와 시공사의 차이를 정확히 알아야 합니다. 또 시행사와 시공사가 믿을 만한 곳인지 확인하는 것도 필수입니다. 아파트 입주 전 부실한 시행사가 도산하면 입주는커녕 공사 지연으로 경제적 피해를 볼 수 있습니다. 특히 나중에 발생할 하자나 보수 등의 책임 소재를 분명히 하기 위해서도 시행사와 시공사를 구분해야 합니다.

시행사는 공사의 전 과정을 맡아 관리합니다. 토지 매입부터 각종 인허가, 자금조달, 분양, 입주 등을 총괄하는 업무를 맡습니다. 시행사는 초기 단계인 행정 절차부터 입주까지 모든 과정에 관여하고 책임지는 존재입니다. 부동산개발업을 위해 국토교통부에 등록한 부동산개발업자로, 주택법에서는 '사업주체', 건축법에서는 '건축주'라고 지칭합니다. 시공사는 익숙한데, 시행사는 생소한 경우가 많습니다. 부동산개발회사가 대표적인 시행사입니다.

시행사는 시공사인 건설사에 도급건설을 위탁하고, 금융기관으로부터 자금조달 등 정비사업 업무 전반을 담당합니다. 시행사가 시공사 이름으로 아파트를 분양하더라도 아파트 하자나 보수 책임은 모두 시행사에 있습니다. 유명한 건설사와 브랜드를 따지기보다 사업주체인 시행사의 능력과 자금력 등을 확인해야 합니다.

시공사가 아파트를 짓는다

시공사는 실제 아파트를 짓는 회사를 말합니다. 건설면허를 보유하고, 시행사로부터 수주한 공사를 맡아 아파트를 건설합니다. 시행사로부터 발주를 받아 건축물의 설계와 토목 등 실제 건축물을 짓는 활동을 합니다. 삼성물산이나 현대건설, GS건설, 포스코건설 등의 건설사들이 대표적인 시공사입니다. 시공사는 누구나 다 알고 익숙한 아파트 브랜드를 보유하고 있습니다.

시공사는 시행사로부터 실제 공사에 드는 건축비와 이윤 등이 포함된 공사비를 받고, 설계도면에 따라 아파트 공사를 진행합니다. 시공사는 아파트 공사 외에 분양이나 다른 분야에 관여하지 않습니다. 다만 시행사보다 대중적인 인지도가 높은 건설사 이름과 자사가 보유한 아파트 브랜드를 분양에 활용할 수 있도록 협조합니다. 아파트명은 통상 시공사 이름과 자사가 보유한 브랜드로 합쳐 짓습니다.

IMF 외환위기 이전에는 건설사들이 시행과 시공을 도맡아서 했습니다. 건설사가 시행부터 시공까지 모두 하는 '자체개발 사업'과 시행사로부터 발주 받은 공사만 하는 '도급 사업'을 같이 했습니다. 하지만 외환위기 이후 건설사들은 부채 비율을 낮추기 위해 자체개발 사업을 줄이고, 도급 사업 위주로 사업 구조를 재편했습니다.

07
용적률과 건폐율이
높으면 좋을까?

#홍콩 닭장 아파트 #일반분양 늘려야 조합원 분담금 낮아져
#용적률보다 도시 인프라

홍콩은 세계에서 가장 부유한 도시입니다. 동양과 서양의 문화가 공존하는 세계적인 도시인 홍콩에는 디즈니랜드와 오션파크, 빅토리아 하버 등 볼거리가 다양합니다. 풍성한 볼거리 가운데 홍콩 하면 빼놓을 수 없는 한 가지가 더 있습니다. 흔히 '닭장 주택' 혹은 '닭장 아파트'라고 부르는 아파트입니다.

악명 높은 홍콩 아파트의 다닥다닥 붙은 창문들이 흡사 닭장을 연상케 합니다. 아파트 세대별 크기가 $6m^2$가 채 안 됩니다. 크기가 워낙 작다 보니 주방과 거실, 안방 등의 분리가 모호하고, 벽면 가득 잡동사니가 어지럽게 쌓여 있습니다. 몸만 간신히 뉠 정도의 좁은 공간에서 사는 홍콩인이 10만 명이 넘습니다. 집값 비싸기로 유명한 홍콩에서 닭장 아파트 월세가 우리 돈으로 50만~100만 원에 달합니다.

홍콩의 아파트 용적률은 무려 500~1,500%에 달합니다. 땅이 좁은 데다 인구밀도까지 높은 탓입니다. 집값이 천정부지로 치솟고 집이 턱없이 부족하다 보니 고층 고밀도 개발이 불가피한 측면이 있습니다. 한정된 땅에서 더 많은 인구가 살아야 하니 아파트는 빈틈없이 붙이고 높여야 했습니다. 이 와중에 주거환경까지 고려하는 건 사치입니다. 한정된 땅에 가구 수만 늘리다 보니 '닭장 아파트'라는 오명이 쉽게 지워지지 않습니다.

우리나라에도 닭장 아파트 논란을 빚었던 용적률 500%대의 아파트 단지들이 있습니다. 2022년 입주한 경기도 수원시 장안구 정자동 '화서역 파크푸르지오'는 최고 46층에 용적률 499%를 적용한 단지입니다. 이 단지는 병풍 같은 외관에 동 간 거리가 짧아 한낮에도 안쪽 동은 해가 들지 않아 일조량 문제를 두고 논란이 됐습니다.

용적률 500% 이상 단지는 서울시 송파구 문정동 '송파파크하비오 푸르지오'가 대표적입니다. 이 단지는 2016년 준공된 아파트 999세대와 2018년 완공된 오피스텔 3,636세대로 구성된 대단지입니다. 이 단지의 용적률은 599%로, 단지가 빽빽하게 들어서자 화제가 되기도 했습니다.

용적률은 얼마나 높게, 건폐율은 얼마나 넓게

용적률과 건폐율을 이해하기 위해서는 면적에 대해 알아야 합니다. 면적은 용적률과 건폐율을 결정하는 산정 기준입니다. 대지면적은 땅의 면적을 말합니다. 아파트 등 건물을 지을 수 있도록 허가한 땅의 크기로, 수평면상 넓이입니다. 건축면적은 건물 크기로, 가장 넓은 바닥면적이 건축면적으로 보통 가장 넓은 1층 바닥의 면적을 말합니다. 연면적은 대지에 들어서는 건축물 내부의 모든 바닥면적을 모두 합친 크기입니다. 예를 들어 각 층의 바닥면적이 $300m^2$의 지상 5층짜리 건물을 지었다면 연면적은 $1,500m^2(300m^2 \times 5)$입니다.

재건축 조합 등 도시정비사업 주체들의 최대 관심사는 용적률과 건폐율입니다. 기본적으로 용적률이 높으면 높을수록 더 많은 집을 지을 수 있습니다. 일반분양 물량이 많아지고, 조합원의 분담금이 줄어듭니다. 도시정비사업의 사업성이 이전보다 개선되고, 재건축 사업에 뛰어드는 아파트 단지가 늘어날 가능성이 커집니다.

용적률은 아파트 등 건물이 얼마나 높게 올라가는지 확인하는 비율입니다. 대지면적에 대한 연면적 비율입니다. 예를 들어 대지면적이 $100m^2$, 1개 층 바닥면적이 $50m^2$인 5층 건물의 용적률은 250%입니다. 용적률은 산정할 때 지하층의 면적과 지상층의 주차용(해당 건축물의 부속용도인 경우만 해당)으로 쓰는 면적을 비롯해 주민 공동시설의 면적, 초고층 건축물의 피난안전구역의 면적은 제외합니다.

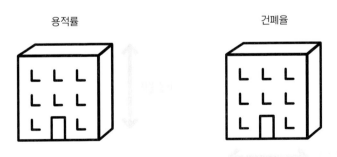

용적률   건폐율

건폐율은 땅의 면적 대비 건물의 넓이를 말합니다. 층수가 아니라 1층 건물을 얼마나 넓게 지을 수 있는지를 비율로 나타내는 것입니다. 예를 들어 대지 $200m^2$에 건물 넓이가 $100m^2$이면 건폐율이 50%입니다. 같은 면적이라도 건폐율에 따라 건물 넓이가 달라집니다. 같은 $100m^2$ 땅이라도 건폐율이 50% 이하라면 $50m^2$, 80% 이하라면 $80m^2$까지 지을 수 있습니다.

무분별한 난개발을 예방하기 위해 '국토의 계획 및 이용에 관한 법률'로 토지 용도지역과 종에 따라 용적률을 제한하고 있습니다. 아파트 등 주택을 지을 수 있는 '주거지역'은 1~3종, 준주거로 나뉩니다. 1종 일반 주거지역은 100~200%, 2종 주거지역은 100~250%, 3종 주거지역은 100~300%, 일부 상업시설이 허용되는 준주거지역은 200~500% 범위에서 지자체가 조례로 용적률을 정합니다. 지자체는 난개발을 막기 위한 도시계획에 따라 조례를 통해 용적률을 제한하고 있습니다.

1기 신도시 용적률 500% 가능할까?

1기 신도시를 비롯한 전국 노후 단지가 들썩이고 있습니다. 정부가 2023년 3월 이른바 '1기 신도시 특별법'이라고 부르는 '노후계획도시 정비 및 지원에 관한 특별법'을 발표했습니다. 이 특별법은 재건축을 추진하는 아파트 단지의 재건축 첫 관문인 안전진단을 완화하고, 용적률을 최대 500%로 올리겠다는 게 골자입니다.

정부가 나서서 재건축 추진의 최대 걸림돌이었던 용적률을 풀어준다고 하니 이미 용적률이 높은 1기 신도시를 비롯한 전국 노후 단지들이 두 손 들고 반색했습니다. 리모델링을 준비하던 일부 단지들이 재건축으로 돌아서기도 했습니다.

2026년 1기 신도시의 모든 아파트 단지가 입주 30년을 넘어갑니다. 재건축 연한이 도래합니다. 1기 신도시는 1종에서 3종 일반주거지입니다. 1기 신도시 용적률은 산본 205%, 평촌 204%, 분당 184%, 일산 169%로 이미 법정 상한선에 근접했습니다. 재건축을 하더라도 용적률을 더는 늘리기 어려워 사업성이 낮다는 평가를 받습니다.

용적률을 최고 500%까지 올리면 재건축이 한결 쉬워지고 사업성이 좋아질 수 있으나, 무조건 좋은 것은 아닙니다. 1기 신도시 내 모든 아파트 단지 용적률을 500%로 올리는 건 현실적으로 불가능합니다. 이미 아파트가 즐비한 신도시를 고밀개발하면 닭장 아파트가 될 게 뻔한 데다 일조권과 조망권 침해, 교통난 등 주거환경이 오히려 나빠질 수 있습니다. 교통망과 상하수도 등 도시 인프라 확장 없는 용적률 상향은 '빛 좋은 개살구'입니다.

08
헷갈리는
아파트 면적 총정리

#85㎡가 특별하다고? #'평'에서 '제곱미터'로 바꿔
#40평 알고 보니 30평?

85㎡에는 특별한 의미가 담겼습니다. 전용면적 85㎡ 이하 평형을 흔히 '국민평형' 혹은 '국민주택'이라고 부릅니다. 지금의 국민평형은 1973년 제정한 건설촉진법과 1982년 국민주택기금 제도로 정해졌습니다. 당시에는 지금의 ㎡ 대신 평형으로 주택 크기를 구분했을 때라 25.7평을 국민평형으로 불렀습니다.

25.7평은 중소형과 대형 아파트를 나누는 기준이었습니다. 지금의 85㎡는 평(坪)으로 바꾸면 25.7평(1평당 3.3㎡)입니다. 1970년대 한 사람이 사는 데 적정한 면적을 5평으로 추산했습니다. 당시 평균 가족수 5명을 곱해 한 가구당 살기 가장 적당한 주택 면적을 25평으로 정했습니다.

한 가지 이상합니다. 과거의 25평을 m^2로 환산하면 82.645m^2입니다. 반올림하면 83m^2로 표시해야 하는데, 85m^2로 표시합니다. 당시에 83m^2로 표시하자니 숫자가 딱 떨어지지도 않고, 뭔가 부족하다고 판단해 85m^2로 결정했습니다. 그렇게 국민평형이 83m^2가 아닌 85m^2로 정해졌습니다. 지금은 전용면적 85m^2 이하 국민주택은 서비스면적과 평면 설계기술 향상으로 중대형 평형 못지않게 공간이 넓습니다. 국민평형 아파트를 사면 주택 취득세에 가산하는 농어촌특별세(농특세)가 붙지 않고, 지방교육세만 부가합니다.

2007년 법정 계량 단위 사용이 의무화되면서 아파트 면적의 단위가 '평'에서 '제곱미터(m^2)'로 바뀌었습니다. 제도가 달라지면서 평을 쓰면 안 되지만, 당시만 해도 아파트 면적 단위가 m^2보다 평이 더 익숙하다 보니 일부 건설사들은 '평' 대신 'PY'라는 약자를 만들어 표기하기도 했습니다.

지금도 아파트 면적 표시 기준이 제각각입니다. m^2와 평을 함께 표기합니다. 더 헷갈리는 건 전용면적, 공급면적, 공용면적, 서비스면적 등 면적을 말하는 용어들입니다. 재건축 아파트 모델하우스나 분양 카탈로그, 부동산 뉴스에서 봐서 익숙하기는 한데, 정확하게 어떻게 구분하는지 모르는 사람이 제법 많습니다. 전용면적, 공급면적, 공용면적, 서비스면적 등을 잘 모르고, 정확하게 이해하지 못해 30평형대를 40평형대로 착각하는 사례가 적지 않습니다.

전용면적, 입주자가 독립적으로 사용하는 공간

흔히 재건축 아파트 모델하우스를 방문하면 전용면적과 공용면적, 서비스면적 등에 대해 안내합니다. 모델하우스 관계자의 설명을 들어도 이해하기 어렵습니다. 또 아파트 면적 관련 용어들이 비슷하면서도 서로 다른 의미를 지니다 보니 헷갈립니다.

면적을 표시하는 기준은 다양합니다. 전용면적, 공용면적, 공급면적, 서비스면적 등이 있습니다. 전용면적은 아파트 등 공동주택 소유주가 독점적으로 사용하는 면적을 말합니다. 실제 거주하는 생활공간으로, 거실과 주방, 욕실, 화장실과 같은 세대 내부 면적을 말합니다.

광교 상록자이 평면도

전용면적에서 발코니는 제외합니다. 통상 발코니 확장은 유료 옵션입니다. 발코니 확장으로 면적이 넓어지면 같은 평형대라도 실내 크기가 더 커 보입니다. 전용면적은 아파트 청약 시 주택 타입(면적)의 기준이 됩니다. 또 등기부등본에 기재돼 과세표준으로 활용합니다. 같은 아파트라도 전용면적에 따라 집의 크기가 달라서 전용면적으로 꼼꼼히 따져봐야 합니다.

공용면적, 입주 세대가 모두 함께 쓰는 공간

공용면적은 여러 세대가 공동으로 사용하는 공간을 말합니다. 공용면적은 주거 공용면적과 기타 공용면적으로 나뉩니다. 주거 공용면적은 건물 출입 현관, 계단, 복도, 엘리베이터 등입니다. 기타 공용면적은 주거 공용면적을 제외한 시설물로, 지하층과 관리사무소, 노인정, 커뮤니티 시설, 보육(유치원) 시설 등이 있습니다.

공용면적은 모든 세대가 함께 사용하는 공간으로, 공용면적이 클수록 전용면적이 줄어듭니다. 주상복합 건물이나 주거용 오피스텔은 공용면적이 크기 때문에 계약면적 대비 전용면적이 좁은 편입니다.

계약면적은 아파트 거래 계약서를 작성할 때 자주 쓰입니다. 계약면적은 주거 전용면적, 주거 공용면적, 기타 공용면적과 지하주차장 면적을 모두 합친 면적을 말합니다. 공동주택 분양계약서에는 모든 면적을 구분해서 표시해야 합니다. 재건축 아파트 분양계약 당시의 면적보다 실제 면적이 부족하다면 계약자는 해당 면적의 비율만큼 대금 감액을 청구할 수 있습니다.

공급면적(분양면적)은 전용면적과 공용면적을 모두 합친 것으로, 분양가를 산정할 때 쓰입니다. 거실과 주방, 침실, 욕실 등 생활공간과 입주자 모두가 함께 쓰는 계단과 복도, 현관까지 모두 포함합니다. 통상적으로 아파트 평수를 말할 때 쓰이는 면적입니다. 실제 거주면적인 전용면적은 전체 공급면적에서 공용면적을 제외한 부분입니다.

서비스면적은 주택을 분양받을 때 건설사가 기본으로 제공하는 전용면적 이외에 제공하는 면적입니다. 일종의 덤으로 제공하는 공간입니다. 분양가에 포함되지 않아 흔히 '공짜 면적'이라고도 합니다. 서비스면적의 대표적인 공간은 창고나 화단, 휴식공간 등입니다. 서비스면적을 확장하려면 확장비를 내야 합니다. 서비스면적을 확장하면 실제 거주하는 공간이 넓어질 수 있으므로 서비스면적도 빼놓지 않고 확인해야 합니다.

09
아파트 '베이'별 장단점은?

#단순 주거공간 시대는 끝났다
#재택근무부터 문화생활까지 #남향 선호 #채광과 통풍

    부동산 뉴스를 접하다 보면 다소 생소한 용어들을 볼 때가 있습니다. 그중 하나가 '베이(Bay)'라는 용어입니다. 흔히 베이를 방이나 베란다 개수쯤으로 알고 있는 사람이 많습니다. 결과적으로 뜻이 통할 수 있으나, 정확한 정의는 아닙니다. 베이라는 단어는 평소 자주 접해 익숙하지만, 그 뜻을 명확하게 아는 사람이 극히 드뭅니다.

    재건축 사업에서 베이는 빼놓을 수 없습니다. 재건축 사업의 성패를 결정짓는 주요 요소 중 하나라고 해도 과언이 아닙니다. 재건축 조합은 기존 아파트를 허물고, 아파트를 새로 짓기 위해 시공사를 선정합니다. 건설사들은 흔히 '수주전(戰)'이라고 불릴 만큼 치열한 수주 경쟁에서 경쟁사를 따돌리고, 시공사로 선정되기 위해 가능한 모든 자원을 총동원합니다. 재건축 조합원들의 갈대와 같은 마음을 사로잡기 위해 아파트 내부 설계에서 안간힘을 쏟습니다.

아파트는 코로나19 팬데믹 이후 완전히 달라졌습니다. 코로나19는 일상생활부터 주거공간까지 삶의 많은 부분을 변화시켰습니다. 집은 단순히 휴식을 취하는 공간을 넘어 재택근무와 운동, 문화생활을 즐기는 다양한 공간으로 진화했습니다. 코로나19 이전 아파트는 '단순 주거공간'이었다면, 이후 아파트는 '다양한 활동을 가능케 한 복합공간'으로 변했습니다.

건설사는 앞다퉈 포스트 코로나 시대를 준비하고 있습니다. 입주자의 라이프스타일과 개인 취향에 맞는 공간 제공을 위해 다수의 특화 평면 설계와 4베이 이상 판상형 설계 등을 속속 선보이고 있습니다. 입주자가 선택하는 선택형 아파트 평면 설계에 심혈을 기울이고 있습니다.

나의 라이프스타일에 맞는 베이는?

베이는 아파트 내부의 기둥과 기둥 사이를 이르는 건축 용어입니다. 벽과 벽 사이를 나눌 때 쓰는 개념입니다. 발코니를 기준으로 아파트의 벽과 벽 사이 공간을 말합니다. 베이는 채광뿐만 아니라 통풍, 환기, 전용률, 공간 활용 등에 많은 영향을 미칩니다. 건설사마다 공간 활용을 극대화하고 상품성을 높이기 위해 공간 설계에 공을 들입니다. 그래서 같은 3베이, 4베이라도 시공사가 어디냐에 따라 구조가 조금씩 다릅니다.

우리나라 사람은 집의 방향 가운데 남향(南向)을 가장 선호합니다. 채광과 통풍을 가장 중요하게 생각하기 때문입니다. 아파트를 남향으로 배치하고 판상형으로 설계하면 채광과 통풍이 우수합니다. 건설사들은 아파트를 되도록 선호가 가장 높은 남향으로 배치합니다. 거실을 비롯해 모든 방을 최대한 남향으로 배치해 채광을 극대화한 평면 설계가 무엇보다 중요합니다.

남향은 베이의 절대적 기준입니다. 햇빛이 들어오는 방향의 거실 대형 창문을 기준으로 방 창문이 몇 개인지에 따라 2베이, 3베이, 4베이 등으로 나뉩니다. 일반적으로 남향으로 배치하는 거실 양옆에 방이 몇 개가 있는지에 따라 아파트 베이를 확인할 수 있습니다.

2베이는 보통 타워형 주상복합아파트에 적용한 설계입니다. 전면부에 거실과 안방을 배치합니다. 2베이는 현관에서 거실이 한눈에 들어오는 구조입니다. 개방감이 좋고, 일반적으로 안방이 넓습니다. 또 가구를 주로 남쪽으로 배치할 수 있습니다. 다만 작은방 2곳의 창이 주로 북쪽을 향해 있다 보니 안방을 제외한 다른 방들이 상대적으로 어둡습니다. 또 거실과 주방 공간의 경계가 불분명해 공간 활용도가 다소 떨어집니다.

3베이는 2000년대부터 최근까지 가장 많이 활용하는 설계입니다. 가장 익숙하고 무난한 구조입니다. 3베이는 거실과 안방, 작은방 등 3개의 공간을 전면부에 배치합니다. 3베이 역시 방향이 남향이라면 채광과 통풍이 뛰어납니다. 일반적으로 거실과 주방이 일직선으로 배치돼 공간 활용도가 뛰어납니다. 다만 2베이에 비해 상대적으로 거실과 방이 좁습니다. 거실을 확장하지 않으면 다소 좁아 보일 수 있습니다. 또 방이 현관을 가리고 있다 보니 현관이 어둡고, 주방 구조가 좌우로 길게 뻗어 조리대나 개수대, 식탁 간 거리가 있습니다.

4베이는 거실과 안방, 작은방 2개를 일렬로 배치하는 구조입니다. 2010년부터 최근 새로 분양되는 아파트는 대부분 4베이 구조로 설계합니다. 4베이는 전용면적 $100m^2$를 넘는 중대형 아파트에만 적용했습니다. 하지만 최근 전용면적 $85m^2$ 규모의 중소형 아파트에도 적용하고 있습니다.

4베이는 거실과 방 3개 모두 채광과 통풍이 뛰어난 게 가장 큰 장점입니다. 햇빛이 워낙 잘 드니 전기세와 관리비, 난방비 등을 줄일 수 있습니다. 또 판상형 구조의 4베이로 설계됐다면 통풍이 우수해 여름에도 시원하고, 거실을 비롯한 모든 방에서 외부 경치를 감상할 수 있습니다. 4베이는 공간 활용도도 뛰어납니다. 거실과 주방 간 공간이 가장 넓어 쇼파 등 대형 가구는 기본이고, 어떤 가구도 쉽게 배치할 수 있습니다. 다만 거실과 방이 모두 한쪽으로 치우쳐 있다 보니 같은 면적 대비 방 크기가 대체로 작습니다. 집이 가로로 긴 복도 형태 구조로, 개방감이 상대적으로 부족합니다.

베이의 단짝 판상형·타워형·혼합형 장단점 비교하기

아파트 베이에 단짝처럼 붙어 있는 용어가 있습니다. 아파트 구조 용어인 '판상형'과 '타워형', '혼합형'이 그것입니다. 판상형은 가장 기본적인 아파트 구조입니다. 모델하우스에서 흔히 볼 수 있는 네모반듯한 성냥갑 모양의 구조입니다. 설계는 가장 단순하지만, 판상형 3베이나 4베이를 우리나라 사람들이 가장 선호합니다. 판상형 아파트는 대부분 'ㅡ' 혹은 'ㄱ'자 형태로 길게 뻗은 아파트입니다. 대부분 남향으로 배치되기 때문에 채광 효과가 우수하고, 맞통풍 구조로 환기도 쉽습니다. 하지만 동 간 거리가 좁고, 일부 세대는 조망권 및 일조권 침해와 사생활 노출이 우려됩니다. 외관이 단조로워 '성냥갑 아파트'라는 수식어가 붙습니다.

주상복합아파트나 오피스텔은 일반 아파트보다 외관이 독특하고, 화려합니다. 용적률이 높은 지역에서 지어지는 구조로, 층수가 높습니다. 또 디자인 설계가 다양합니다. 타워형 구조는 외부에서 보면 'Y'자를 비롯해 'ㅁ', '+' 형태입니다. 실제로 다양한 평면을 구현할 수 있습니다.

타워형은 판상형과 비교해 조망권이 뛰어나고, 건폐율을 늘리는 데도 유리합니다. 또 동 간 거리가 판상형에 비해 멀어 사생활 노출 걱정이 덜합니다. 하지만 맞통풍 환기가 어렵고, 고층으로 짓다 보니 건축 비용이 많이 들고, 관리비가 비싼 편입니다. 아울러 남향 주택을 공급하는 데도 한계가 있습니다.

최근에는 주상복합아파트들도 기존 타워형 구조에서 벗어나 일반 아파트와 유사한 판상형 4베이 구조로 특화 설계합니다. 판상형과 타워형이 결합한 혼합형입니다. 대개 'L'자나 'V'자 형태거나 한 변이 긴 'Y'자 형태 단지가 특징입니다. 서로 다른 설계 구조가 한 단지에 있다 보니 선택의 폭이 넓습니다. 다만 혼합형은 판상형과 타워형의 장단점을 모두 가지고 있습니다.

10
혹시 우리 집도
무량판?

#무량판이 문제일까?   #후진국형 부실 공사가 주범
#평면도를 확인하자

　우리 사회를 떠들썩하게 했던 아파트 붕괴사고가 잇따라 터졌습니다. 짓고 있던 아파트가 갑자기 무너져 내린 사고는 있을 수 없는 일입니다. 갑작스러운 붕괴사고는 우리 사회의 민낯을 고스란히 드러냈습니다. 짐작은 했지만, 되풀이되는 아파트 붕괴사고로, 후진국형 부실 공사의 민낯이 여실히 드러났습니다.

　가리려고 해도 더는 가릴 수도 없습니다. 건설현장에서 반드시 지켜야 할 안전 수칙이, 무엇보다 안전의 골간을 이루는 건설 시스템이 허무하게 무너졌습니다. 도저히 믿을 수 없는 건설 강국 대한민국의 민낯은 순식간에 불안으로 뒤바뀌었습니다.

　불안이 쌓이고 쌓여 결국 분노로 돌변했습니다. 2022년 7명의 사상자가 발생한 HDC현대산업개발의 광주 화정아이파크 외벽 붕괴사고와 2023년 발주처인 한국토지주택공사(LH)와 시공사인 GS건설의 인천 검단신도시 아파트 지하주차장 붕괴사고 이야기입니다. 두 사고 모두 총체적 부실이 낳은 인재(人災)로 밝혀지면서 국민적 공분이 일었습니다. 한 번 일어날까 말까 한 아파트 붕괴사고가 잇따르면서 아파트 안전에 대한 의구심이 커졌습니다.

붕괴사고가 발생한 두 아파트 모두 무량판 구조로 밝혀지면서 무량판 구조가 도마 위에 올랐습니다. 철근 누락으로 인한 부실시공 논란이 일파만파 번졌습니다. '우리 아파트도 무량판 구조로 지은 것 아니냐'는 불안이 전국을 뒤덮었습니다. 혹시나 하는 마음에 현재 거주 중인 아파트가 무량판 구조인지 확인하려는 입주자들이 많아졌습니다. 아파트 관리사무소나 경비실, 공인중개업소 등에는 한동안 전화기에 불이 날 정도로 문의가 쏟아졌습니다. 지금은 아파트 매매계약을 할 때 무량판 구조를 확인하는 게 필수가 됐습니다.

전국의 민간 무량 아파트 427곳 조사해보니

전국의 민간 무량판 아파트가 427곳에 달합니다. 국토교통부는 2023년 8월부터 2개월간 전국 민간 무량판 아파트에 대해 전수조사를 했습니다. 427곳을 현장조사한 결과 설계상 철근(전단보강근)이 빠진 1곳 외에 나머지 426곳은 설계와 시공에 문제가 없는 것으로 확인됐습니다. 1곳도 설계도서에 전단보강근 누락을 발견했지만, 착공 전 설계를 보완해 안전상 우려는 없는 것으로 조사됐습니다.

전단보강근은 무량판 구조에 필요한 철근입니다. 파괴(뚫림)나 붕괴를 예방하기 위해 수평 또는 수직으로 철근을 추가 설치하는 것으로, 주로 기둥에 들어가는 철근을 보강할 때 쓰입니다. 전단보강근은 뼈대를 이루는 주철근은 아니지만, 슬래브(천장)에 들어가는 주철근인 상부 철근과 하부 철근을 수직으로 연결하는 철근입니다. 슬래브에 가해지는 압력을 분산하고 버티는 역할을 합니다.

427곳 중에 현재 시공 중인 단지는 139개 단지, 준공된 단지는 288개 단지로 나타났습니다. 이번 조사는 설계도서 검토, 현장점검, 국토안전관리원 결과검증 등을 순서대로 진행했습니다. 설계도서 검토는 구조기술 분야 전문가가 설계하중 적정성, 기둥·슬래브 전단보강설계 적정성, 구조안전성 등을 확인했고, 현장점검은 비파괴 검사장비를 이용해 콘크리트 강도와 전단보강근 누락 여부를 확인했습니다.

무량판은 결백하다

무량판 구조는 잘못이 없습니다. 무량판 구조는 이미 검증된 공법으로, 외국에서 흔하게 사용할 만큼 충분한 검증을 받았습니다. 초고층, 초고급 주상복합아파트의 시초인 서울 도곡동 타워팰리스도 무량판 구조로 지어졌습니다. 지은 지 20년이 지났습니다. 무량판 구조는 설계대로 정확하게 시공했는지가 가장 중요합니다. 아파트 붕괴사고의 주된 원인이 아닙니다. 구조 자체가 문제가 아니라 설계와 시공, 감리 과정이 부실해 사고가 이어집니다.

우리나라의 아파트 건축 공법은 크게 벽식 구조와 기둥식(라멘) 구조, 무량판 구조 등 세 가지로 나뉩니다. 이 중 아파트에 가장 많이 적용되는 방식은 벽식 구조입니다. 기둥이나 보 대신 벽이 슬래브를 받치는 구조로, 건축비가 저렴하고 공사를 빠르게 진행하는 장점이 있습니다. 또 기둥이 없어 실내 공간을 넓게 쓸 수 있습니다. 하지만 층간소음에 취약하고, 내력벽을 사실상 허물기 쉽지 않아 리모델링이 어렵다는 단점이 있습니다.

기둥식 구조는 기둥에 보를 연결하고 그 위에 슬래브를 얹는 방식입니다. 위층 바닥을 기둥과 기둥 아래의 보가 지탱하다 보니 위층의 바닥 충격 소음을 보와 기둥이 흡수하는 장점이 있습니다. 벽식 구조보다 층간소음 차단 효과가 뛰어나고, 리모델링도 손쉽게 할 수 있습니다. 주상복합아파트에 주로 활용합니다. 다만 공사 기간이 상대적으로 길고, 시공비도 다른 공법에 비해 비쌉니다.

무량판 구조는 보 없이 기둥이 직접 슬래브를 지지하는 구조 공법입니다. 층간소음이 사회적 문제로 커지자, 벽식 구조보다 층간소음에 강하고 기둥식 구조보다 시공비가 저렴한 무량판 구조가 대체재로 떠올랐습니다. 다만 기둥과 슬래브 접합면에 보강이 충분히 이뤄지지 않으면 붕괴할 위험이 있어 기둥이 하중을 견딜 수 있도록 보강 철근을 반드시 넣어야 합니다. 철근을 배치하는 방법과 기둥이 슬래브 무게를 견딜 수 있도록 정확하게 설계해야 합니다. 다른 공법에 비해 다소 까다롭습니다.

말도 많고 탈도 많은 무량판 구조 확인하는 법

현재 거주하고 있는 아파트가 어떤 구조로 지어졌는지 확인할 수 있습니다. 가장 쉬운 방법은 아파트 평면도를 확인하는 것입니다. 이미 지어진 아파트라면 인터넷 검색창에 해당 단지명을 치면 평면도를 볼 수 있습니다. 또 분양 아파트는 분양 안내 사이트에서 평면도를 공개하고 있습니다. 평면도상에 회색 음영으로 표시된 부분이 있다면 무량판 구조입니다. 기둥식 구조는 흰색 네모 박스 안에 'X'자로 표시돼 있고, 벽식 구조는 아무 표시가 없습니다.

아파트를 짓는 시공사인 건설사에 문의하거나 시군구청 건축과에 '정보공개청구'를 하면 구조설계도면을 발급받아 확인할 수 있습니

회색 음영이 표시된 무량판 구조 아파트 평면도

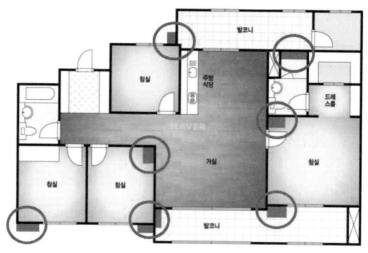

자료: 네이버 부동산

다. 이 방법이 가장 확실하고 정확합니다. 또 '부동산정보 통합 열람' 사이트에서도 확인할 수 있습니다. 해당 사이트에 접속 후 아파트 주소를 입력하면 층별 현황에서 철근콘크리트조, 철근콘크리트 벽식 구조, 평슬래브, 내력벽식 등으로 나옵니다. 다만 벽식 구조는 명확하게 구분되지만, 무량판 구조와 기둥식 구조는 철근콘크리트라고만 표기돼 명확하게 구분하기 어렵습니다.

11
현금 대신 토지로!
'대토보상제' 바로 알기

#LH 임직원 땅 투기 사태   #고양이에게 생선을 맡겼나
#토지를 강제 수용한다고?   #새로운 땅으로 보상

연못에 큰 돌멩이를 던지면 파문(波紋)이 일어납니다. 돌멩이에 맞은 연못에는 크고 작은 물결이 일렁입니다. 예상치 못한 물결에 연못에 사는 개구리는 삶의 터전을 잃거나, 심지어 돌멩이에 맞아 죽을 수도 있습니다. 의도했든 하지 않았든 연못에 사는 누군가는 일방적으로 피해를 봅니다. 연못에 함부로 돌을 던지면 안 된다는 것은 굳이 말하지 않아도 지켜야 할 기본 상식입니다.

파문은 비단 연못에서만 일어나는 일이 아닙니다. 우리 사회에서도 일어납니다. 2021년 한국토지주택공사(LH) 임직원의 땅 투기 파문은 걷잡을 수 없을 정도였습니다. 충격 그 자체였습니다. 신규 택지 확보와 보상 업무를 총괄하는 공공기관인 LH 직원들이 경기 광명·시홍 신도시 지정 전 해당 지역에서 투기 목적으로 토지를 매입했다는 파문이 일파만파 커졌습니다.

특히 LH 내부 보상 규정에는 1,000㎡를 가진 지분권자는 대토보상 기준에 들어갑니다. 이들은 토지를 사자마자 1,000㎡ 이상씩 쪼갠 정황이 드러났습니다. 또 택지 지정 발표 뒤 매입 농지에 나무까지 심었습니다. 보상을 최대한 많이 받기 위한 갖가지 꼼수에 국민적 공분이 일었습니다. 일어나서는 안 될, 아무리 생각해도 이해할 수 없는 일이었습니다.

LH 임직원의 땅 투기 파문은 우리 사회의 현실을 더욱 적나라하게 보여줍니다. 가뜩이나 토지보상에 불만이 많던 토지주들이 "사유재산을 헐값에 가져간 LH가 스스로는 땅 투기를 일삼았다"라며 토지보상 협의를 거부하고, 집단 반발했습니다. 공익사업을 빌미로 사유재산을 헐값에 인수해온 LH가, 그것도 신도시 계획을 짜는 공무원들이 내부 정보를 이용해 자신들 잇속만 챙긴 사실이 들통나자, 국민 불신이 극에 달했습니다.

LH 임직원 땅 투기는 잔잔한 연못에 돌멩이를 던진 행위나 다를 바 없습니다. 연못의 물줄기를 바꿀 수도, 연못을 통째로 갈아엎을 수도 있는 막대한 권한을 쥔 LH의 땅 투기 파문은 우리 사회의 기본 상식을 넘어선 잘못된 행위입니다. 도덕적 해이가 얼마나 심각한지 여실히 보여주는 사례입니다.

국민적 분노가 극에 달하자 LH는 혁신 과제만 67개를 쏟아냈습니다. 전 직원의 재산 등록을 의무화하고, 직무와 관련한 부동산 취득을 하지 못하도록 했습니다. 또 퇴직자가 직무 연관성이 있는 현직 직원과 만나지 않도록 신고제를 도입하고, 퇴직 후 5년 미만의 LH 출신 직원이 회사와는 수의계약을 하지 못하도록 했습니다. 대대적인 혁신안에도 불구하고, "대토보상을 노린 투기꾼들과 별반 다르지 않다", 혹은 "고양이에게 생선을 맡겼다"라는 오명은 사라지지 않습니다.

국가는 개인 토지를 강제 수용할 수 있다?

국가는 개인 소유의 토지를 강제로 수용할 수 있습니다. 공공의 이익에 부합하고, 필요하다고 인정되면 국가가 토지를 취득할 수 있습니다. 서민 주거 안정과 집값 안정을 위해 조성 중인 3기 신도시가 대표적인 예입니다. 충분한 주택 공급을 위해 새로운 토지가 필요하다는 사회적 합의가 공공의 이익에 부합합니다.

자본주의 사회에서 개인의 사유재산을 국가가 강제로 수용하는 게 선뜻 이해가 가지 않을 수도 있습니다. 그렇다고 국가가 마음대로 뺏는 건 아닙니다. 강제 취득 전 토지주와 충분한 사전 협의를 거치도록 법으로 규정하고 있습니다. 이를 '협의취득'이라고 합니다. 국가는 토지주와 사전 협의를 거쳐 토지를 수용하는 방식을 우선해야 합니다. 하지만 협의 절차가 원활하지 않다면 국가는 강제력을 동원할 수 있습니다.

토지 수용 방식은 토지주에게 현금으로 보상하는 방식이 가장 보편적입니다. 또 토지주가 원하면 현금 대신 해당 지역에 공급되는 토지로 보상하는 환지 방식이 있습니다. 두 방식을 혼합한 혼용 방식도 있습니다.

대토보상제도 조건은?

대토보상제도는 택지개발을 하는 공공기관이 토지를 강제로 수용하고, 토지주에게 다른 토지로 보상하는 제도입니다. 개발 목적으로 수용당하는 토지의 감정가격을 정한 뒤 그 가격에 맞는 새로운 땅으로 보상하는 것입니다. 현금 보상금이 해당 택지나 주변 택지에 투기자금으로 유입되는 것을 막기 위해 지난 2007년부터 시행됐습니다.

환지 방식은 현금 대신 토지로 보상을 받는다는 점에서 대토보상제도와 유사하나, 환지 방식은 개발구역 내 조성된 토지(환지)를 주는 토지보상 방법입니다. 주로 민간사업자나 재개발 조합에서 시행하는 방식으로, 소규모 도시개발 사업에 적용합니다. 개발지역의 땅값이 인근보다 비싸서 보상금을 지급하기 어려울 때 쓰이는 방법입니다.

국가에서 토지를 강제 수용하더라도 모두가 대토보상을 받을 수 있는 건 아닙니다. 대토보상 기준은 주거지역 $60\,m^2$ 이상, 상업·공업지역 $150\,m^2$ 이상, 녹지지역 $200\,m^2$ 이상, 기타지역은 $60\,m^2$ 이상의 토지가 해당됩니다.

대토보상은 경작이나 주거용으로 별 가치가 없거나, 들쭉날쭉한 토지 구획을 반듯하게 정리한 뒤 주로 단독택지나 근린생활용지로 공급합니다. 1층에 상가, 2~4층에 주택을 지을 수 있는 복합용지일 경우 수억 원이 넘는 이른바 '프리미엄'이 붙기도 합니다. 건물을 지어 임대사업도 가능하다 보니 택지지구 주변의 공인중개업소나 인터넷에 대토보상 토지를 사고파는 광고를 흔히 볼 수 있습니다.

대토보상 신청 접수 결과 공급 물량을 초과하는 경우 우선순위에 따라 대상자를 정합니다. 1순위는 해당 토지를 소유하고, 실제 거주 중인 주민입니다. 2순위는 현지 주민, 3순위는 실제 거주하지 않고 토지만 가진 소유주입니다. 3순위를 정할 때는 '해당 토지에서 반경 30km 이내 거주' 등의 기준이 있습니다.

용도별 공급 조건을 나눴습니다. 단독이나 공용, 자족용지는 감정평가금액으로 공급되고, 상업시설용지는 감정평가금액에 용도가 유사한 토지 일반공급 평균낙찰률(최대 120%)을 곱한 금액으로 공급합니다. 또 용도별 공급면적 기준은 단독주택 용지는 1세대 1필지만 산정합니다. 공동주택 용지(990㎡ 이하)와 상업시설 용지(33~1,100㎡ 이하), 자족시설 용지는 1인 1필지만 신청할 수 있습니다.

대토보상을 받으면 공익사업 시행자에게 양도한 후 발생한 양도차익은 양도소득세 세액감면 혜택을 받습니다. 2020년부터 토지 보상자에게 더 큰 세액 지원을 위해 양도소득세 감면율을 40%로 올렸습니다. 토지보상을 현금으로 받으면 세액감면이 10%에 불과합니다. 대토보상 혜택은 해당 사업지역에 대한 사업인정고시일부터 2년 전에 취득한 토지로 제한합니다.

대토보상 계약이 체결된 이후 토지에 대한 소유권은 사업시행자로 넘어갑니다. 토지주에게는 대토보상 권리만 주어집니다. 대토보상 신청 기간은 손실 보상 개시일로부터 15일 이내입니다. 이 신청 기간 내에 대토보상 신청서를 제출하지 않으면 대토보상 계약을 체결할 수 없습니다.

2020년부터 토지보상법 개정으로 대토보상권 전매를 금지합니다. 토지보상법 제63조 3항은 "대토보상권리(채권) 전매가 제한되고 위반 시 대토채권은 현금으로 전환되며 용지를 공급받지 못한다."라고 규정하고 있습니다. 간혹 일부 시행사가 토지주에게 접근해 '매매가 아닌 신탁 방식은 문제가 없다'며 전매를 꼬드기는 사례가 많습니다. 시행사 말대로 문제가 없는 게 아니라 명백한 위법입니다. 정당한 권리를 빼앗길 수 있어 주의해야 합니다.

12

지역주택조합은
왜 원수에게 권할까?

#지역주택조합이 토지 매입부터 입주까지 모두 다 책임
#건설사는 아파트 시공만   #지주택 조합원, 아무나 하는 게 아니다

내 집 마련의 꿈을 꾸던 ○○○ 씨는 한 지역주택조합의 조합원이 됐습니다. 2020년 당시 ○○ 씨가 찾은 지역주택조합 홍보관 직원은 "토지확보율이 80% 이상이고 법적 요건도 갖춰 사업이 빠르게 진행될 것"이라며 "2년 뒤 착공해 2025년에 입주할 수 있다"라고 말했습니다.

하지만 직원의 설명과 달리 2년이 지난 뒤에도 아무 소식이 없었습니다. ○○ 씨가 추가 확인을 해보니 직원이 말했던 토지확보율 80%는 '토지소유권'이 아닌 '토지사용 동의서' 비율이었습니다. 또 실제 조합설립인가를 위해 필요한 '토지소유권'은 15%도 채 확보하지 못하고 있었습니다. 아직 담당 구청에 접수조차 하지 못한 상태라는 것을 알게 됐습니다.

이 사례는 서울시가 2023년에 발간한 지역주택조합 피해 사례를 엮은 『조합 가입 전 꼭 읽어봐야 할 지역주택조합 피해 사례집』에서 발췌한 일부 내용입니다. 사례집에는 지역주택조합 사업의 개념부터 조합원 자격 기준, 사업추진 절차, 유형별 피해 사례, 사례별 유의사항 등이 담겼습니다. 조합 가입 전 지역주택조합에 대해 충분히 이해를 돕기 위한 취지입니다.

다양한 도시정비사업 가운데 말도 많고 탈도 많은 게 지역주택조합입니다. 뉴스에서 지역주택조합과 관련한 피해와 사기 범죄를 자주 접합니다. 부동산 경기가 한창 좋을 때는 지역주택조합과 관련해 눈살을 찌푸리게 하는 뉴스가 빠지지 않고 꼭 나옵니다. 허위·과대 광고부터 문서 위조에 사기까지 종류도, 범죄 수법도 다양합니다. "지역주택조합은 원수에게나 추천한다"라는 말이 있을 정도니 오죽할까요? 지역주택조합과 관련한 피해와 각종 비리 사건이 자주 발생합니다.

2023년 10월 내 집 마련을 원하는 지역주택조합원들의 희망을 무참히 짓밟은 사기 사건으로 시끄러웠습니다. 한강이 내려다보이는 역세권 아파트를 분양한다고 속여 400억 원에 이르는 조합 가입비를 빼돌린 지역주택조합 사기 일당이 수사기관에 붙잡혔습니다. 일당은 서울 성동구 옥수동에 34층, 593가구 규모의 아파트를 지어 분양할 것처럼 꾸미고, 피해자 400여 명으로부터 조합 가입비와 분담금 명목 등으로 400억 원을 받아 챙긴 혐의를 받고 있습니다. 이들은 견본주택까지 지어놓고 '토지를 대부분 매입해 곧 사업 승인이 날 것'이라며 피해자들을 속인 것으로 드러났습니다. 하지만 실제 해당 사업지는 제2종 일반주거지역으로, 7층 이상의 주택을 지을 수 없었습니다.

지주택 사업대상 토지 95% 이상 확보해야

지역주택조합은 흔히 '지주택'이라고 합니다. 지주택은 보통 상대적으로 토지 규모가 작아 재개발이나 재건축 등에 적합하지 않은 지역에서 이뤄집니다. 지주택은 특정 지역에 거주하는 무주택자나 전용면적 $85m^2$ 이하 주택을 소유한 1주택자가 주택을 짓기 위해 결성한 조합입니다. 투기과열지구 내에서는 조합설립인가 신청일 1년 전날부터 입주 가능일까지 무주택 세대주여야만 조합원이 될 수 있습니다.

조합이 토지를 직접 매입하고 건축비 등 분담금을 부담하는 지주택 사업은 청약통장 가입 여부와 상관없이 일정 기준의 분담금을 내면 조합원 자격을 부여합니다. 조합원은 주변 시세보다 저렴하게 내 집 마련을 할 수 있습니다.

지주택은 주변 시세보다 20~30% 저렴하게 내 집 마련을 할 수 있는 장점이 있습니다. 상도역 롯데캐슬, 녹양역 힐스테이트, 보라매 자이파크 단지 등이 대표적인 지주택 성공 사례입니다. 성공한 지주택 아파트 단지들은 사업 면적이 크지 않고, 사업 초기 단계부터 토지를 많이 확보했다는 공통점이 있습니다. 또 상가나 종교시설 등이 거의 없었습니다. 하지만 지주택 사업이 성공하기까지 과정이 만만치 않습니다. 지주택 10곳 가운데 1곳만 사업에 성공할 정도로 사업이 지연되거나 무산되는 경우가 허다해 지주택 조합 가입은 신중해야 합니다.

2020년 7월 지주택의 설립 요건을 강화하고, 해산 절차가 담긴 주택법 개정안을 시행했습니다. 지주택 사업은 우선 조합설립인가를 받아야 합니다. 이를 위해서는 최소 20명 이상이 조합추진위원회를 구성하고, 주택건설 예정 가구 수 50% 이상의 조합원을 모집하고, 건설 대지 80% 이상의 토지사용 허락을 받아야 합니다. 또 사업계획 승인을 받으려면 사업대상 토지의 95% 이상을 확보해야 합니다. 95%의 토지를 확보해야 나머지 5%의 토지에 대한 매도청구를 할 수 있습니다. 건설 대지 100% 소유권을 확보한 뒤 착공을 거쳐 일반분양을 진행합니다. 이후 입주와 조합청산, 해산 순으로 진행됩니다.

토지확보율 80% 달성, 허위·과대 광고인지 검증해야

지주택 사업은 곳곳에 위험이 도사리고 있습니다. 사업의 성공은 토지매입이 결정한다고 해도 과언이 아닙니다. 다만 토지를 확보하는 과정에서 변수가 너무 많습니다. 조합설립인가를 받으려면 전체 대지의 15% 이상을 직접 소유해야 하고, 주택을 짓는 토지사용권 80% 이상을 확보해야 합니다. 만약 설립 이후 3년간 승인을 받지 못하면 해산 여부를 결정할 수 있습니다. 토지사용권은 토지를 실제 매입하는 것이 아닌, 주택을 짓는 계획에 동의해달라는 일종의 가계약입니다.

사업계획승인을 받기 위해 사업대상 토지의 95% 이상을 확보하는 과정에서 가장 많이 발생하는 문제가 이른바 '알박기'입니다. 토지확보 절차가 마무리되는 과정에서 토지매입 단가가 시세보다 몇 배로 치솟기도 합니다. 이에 따라 사업이 지연되고, 지연에 따른 비용은 모두 조합원의 몫입니다. 조합원이 처음 생각했던 분담금보다 더 많이 낼 수도 있습니다.

지주택이라면 허위·과대 광고를 빼놓을 수 없습니다. "토지확보율 80% 달성". 지주택 홍보관에서 자주 볼 수 있는 문구입니다. 실상은 매매계약 체결만 했거나, 애먼 사람을 조합원으로 끌어들이기 위해 지나치게 부풀리는 일이 허다합니다. 과대 광고입니다. 흔히 "토지확보율이 높으면 안전하다"라는 말이 있습니다. 이는 사실이 아닙니다. 지주택 추진 과정에서 토지확보율뿐만 아니라 사업 지연이나 무산 등으로 이어지는 변수가 많습니다. 단순히 토지확보율이 높다고 해서 사업이 안전한 게 아닙니다.

일부 지주택은 누구나 다 아는 대형 건설사를 앞세워 홍보합니다. 대형 건설사를 앞세워 더 많은 조합원을 모집하기 위한 일종의 눈속임일 수 있습니다. 대형 건설사의 브랜드만 믿고, 대형 건설사를 지주택 사업 주체로 착각해 덜컥 조합에 가입했다가 낭패를 보는 사람도 많습니다.

건설사는 지주택 사업을 총괄하거나 책임지지 않습니다. 건설사는 지주택 조합으로부터 시공비를 받고 주택을 짓는 역할만 합니다. 아파트 공사 수주를 마다할 일 없는 건설사는 조합과 일종의 시공예정계약을 맺습니다. 시공예정계약은 사업 승인이 나면 우선으로 도급계약을 체결하겠다는 뜻이지, 건설사가 지주택 사업 전 과정을 책임지는 주체를 뜻하는 게 아닙니다.

지주택 조합원 되기 전, 돌다리도 두들겨보고 건너라

지주택 성공 사례는 드뭅니다. 단순히 성공 사례만 보고 내 집 마련을 꿈꾸는 건 도박이나 다름없습니다. 그만큼 변수와 위험 요인이 많습니다. 그래서 지주택 조합 가입은 신중해야 합니다. 사업 지연으로 조합원이 조합 탈퇴를 원하더라도 탈퇴가 어렵고, 기존에 냈던 계약금과 분담금을 환불받지 못하는 사례가 많습니다.

일부 지주택 조합과 대행사는 지주택 조합에 한 번 가입하면 탈퇴할 수 없다거나, 탈퇴비 명목으로 분담금을 돌려주지 않기도 합니다. 모두 사실이 아닙니다. 현행 주택법은 지주택 조합원의 피해를 예방하기 위해 조합 가입 이후 30일 이내에 조합원이 탈퇴할 수 있도록 보장하고 있습니다. 탈퇴 기준이나 자격이 있는 게 아닙니다. 탈퇴 의사를 표시하면 탈퇴할 수 있고, 분담금 전액도 돌려받을 수 있습니다. 다만 2020년 12월 11일 이후 조합에 가입한 조합원에게 적용됩니다.

만약 조합 가입 이후 30일이 지났다면 탈퇴가 불가능할까요? 아닙니다. 조합의 허위·과대 광고 등 위법 사항이 있는지 꼼꼼하게 확인합니다. 조합 계약 당시 허위·과대 광고 등 위법 사항을 입증하면 계약이 취소되고, 계약금과 분담금 모두 환불받을 수 있습니다.

또 지주택 사업 특성상 분담금 규모가 처음 생각한 것보다 커질 수 있습니다. 조합인 시공사 변경 등의 이유로 분담금을 올리고, 계약서를 다시 쓰자고 요구하는 사례가 있습니다. 이미 계약금과 분담금을 낸 조합원은 어쩔 수 없이 계약서를 다시 작성하고, 추가 분담금을 냅니다. 분담금 증액은 사업 추진 과정에서 예견된 것으로, 단순히 분담금만 올렸다고 해서 조합 탈퇴와 분담금 반환이 인정되지 않습니다. 다만 조합이 일방적으로 과도하게 추가 분담금을 올리면 조합 탈퇴는 물론, 계약금과 분담금을 환불해야 한다는 법원 판결이 있습니다.

49층 아파트에
숨은 비밀

"송도의 자부심, 최고 49층 랜드마크 단지", "도시가 한눈에 내려다보는 49층 조망권에서 품격을 만끽하세요".

인천 송도에서 분양하는 아파트 광고 문구들입니다. 탁 트인 하늘에 건물이 빚어내는 스카이라인이 어우러진 모습은 감탄이 나올 정도입니다. 하늘을 찌를 듯 치솟은 마천루(摩天樓)는 압도적인 풍광을 자랑합니다. 초고층 건물을 의미하는 마천루는 '하늘을 긁어내는 듯 높은 건물'이라는 뜻입니다. 마천루는 더 높은 곳에 오르고 싶어 건물을 더 높게 쌓아 올리는 인간의 욕망과 맞닿아 있습니다.

초고층 아파트는 지역의 대표 단지이자, 상징적인 존재입니다. 화려한 외관에 우수한 조망권과 일조권을 누리는 고급 아파트로 통합니다. '21세기 피라미드'인 초고층 아파트는 부의 상징입니다. 초고층 아파트는 그 높이만큼이나 집값도 비쌉니다. 또 지역의 집값을 좌지우지하며 이끌기도 합니다.

초고층 아파트는 기본적으로 우수한 조망권과 일조권을 갖췄습니다. 지상에서 올라오는 소음이나 자동차 배기가스, 먼지 등 각종 유해물질로부터 자유로워 주거환경이 쾌적합니다. 날씨가 더운 여름에도 각종 벌레를 피할 수 있고, 무엇보다 사생활 침해 우려가 상대적으로 적습니다. 장점만 있는 게 아닙니다. 단점도 있습니다. 지진이나 화재 등 천재지변이 발생할 때 대피 시간이 오래 걸립니다.

또 승강기를 기다리는 시간도 다른 일반 아파트에 비해 깁니다.

최근 초고층 아파트들이 경쟁이라도 하듯 서울을 비롯해 수도권 신도시, 인천, 부산 등 지방에서도 속속 들어서고 있습니다. 새로 짓는 초고층 아파트의 외관은 화려하기 이를 데 없습니다. 아파트도 바야흐로 마천루 시대입니다.

초고층 아파트들을 자세히 보다 보면 고개가 절로 갸우뚱합니다. 마치 칼로 베어낸 듯 스카이라인이 엇비슷합니다. 초고층 아파트의 최고 층수가 대부분 49층입니다. 새로 짓는 초고층 아파트들도 별반 다르지 않습니다. 너도나도 약속이라도 한 듯이 최고 층수를 49층으로 짓습니다. 재건축을 추진하는 단지도 마찬가지입니다. 서울의 노후 아파트 단지에서 재건축 계획을 발표할 때마다 '최고 49층 재건축'이라는 표현이 빠지지 않고 등장합니다.

최고층 아파트들은 왜 49층으로 지어질까요? 기술의 한계 때문일까요? 결론부터 말하면 그렇지 않습니다. 우리나라를 대표하는 건설사들의 설계와 우수한 기술력은 세계적으로 인정받고 있습니다. 실제 대한민국 건설사들이 세계적으로 유명한 초고층 건물을 짓는 데 참여한 사례가 많습니다. 현재 세계에서 가장 높은 건축물인 아랍에미리트(UAE) 두바이 '부르즈 할리파'는 삼성물산의 작품입니다. 건물 총길이는 828m, 최고 층수는 162층에 달합니다.

국내로 눈을 돌리면 롯데건설이 서울 송파구 잠실에 123층(555m) 규모의 '롯데월드타워&롯데월드몰'을 준공하며 서울의 스카이라인을 새롭게 수놓았습니다. 국내 최고층이자 세계 5위의 초고층 건물입니다. 건설사들도 자사의 기술력과 시공 능력을 스스로 입증하고, 브랜드를 알리기 위한 고층 건물을 짓습니다.

건설사들이 하나같이 최고 층수 49층으로 아파트를 짓는 이유가 있습니다. 그 이유는 규제와 비용 때문입니다. 2010년 부산의 주상복합아파트 '마린시티 우신골든스위트'에서 대형 화재사고가 발생했습니다. 우신골든스위트는 지하 4층, 지상 38층 규모로 당시 최고층 주거용 오피스텔이었습니다. 하마터면 대형 인명피해로 이어질 뻔한 아찔한 사고였지만, 불행 중 다행으로 인명피해는 사망자 없이 5명의 부상자만 발생하는 데 그쳤습니다.

하지만 4층에서 시작한 불길이 최고 층수인 38층까지 번지는 데 고작 30여 분밖에 걸리지 않았습니다. 아래층에서 최고 층수까지 순식간에 불이 번졌고, 화재 진화 장비가 부족해 불이 난 지 7시간 만에 간신히 불길을 잡았습니다.

화재사고는 초고층 아파트에 대한 경각심을 불러일으켰습니다. 이 사고를 계기로 화재에 취약한 초고층 공동주택에 대한 안전 문제가 도마 위에 올랐고, 결국 안전 규정이 새로 만들어졌습니다. 2011년 3월 '초고층 및 지하연계 복합건축물 재난관리에 대한 특별법'이 제정됐습니다.

사고 발생 이듬해부터 특별법 시행으로 초고층 공동주택의 안전 규정이 한층 강화됐습니다. '초고층 및 지하연계 복합건축물 재난관리에 관한 특별법'은 50층 이상이거나 건물 높이가 200m 이상인 건축물을 '초고층 건축물'로 분류합니다. 또 층수가 11층 이상이거나 1일 수용인원이 5,000명 이상인 건축물로서 지하 부분이 지하역사 또는 지하도 상가와 연결된 건축물 등을 '지하연계 복합건축물'로 규정합니다.

특히 초고층 건축물로 분류되면 까다로운 안전 규정 심의를 통과하도록 했습니다. 30층마다 한 층을 모두 비워 피난안전 구역을 반드시 설치해야 합니다. 또 초고층 건축물 건축 허가를 받기 위해 지진과 테러, 해일 등 40여 개의 심의도 모두 통과해야 합니다.

반면 49층 이하의 준고층(30층 이상 49층 이하) 건축물은 별도의 피난시설을 설치할 의무가 없습니다. 폭 1.2m 이상의 피난 계단을 설치하면 대피공간을 따로 만들지 않아도 됩니다. 2018년 분양 당시 역대 최고 분양가를 기록한 서울 성동구 성수동 '아크로 서울포레스트'도 최고 층수는 49층, 높이는 199.98m였습니다.

50층 이상이면 규제가 까다로워지고, 규제에 맞추기 위해 비용이 더 많이 듭니다. 어떻게 짓느냐에 따라 다르지만, 최대 1.5배까지 공사 비용이 증가한다는 게 건설업계의 전언입니다. 롯데월드타워처럼 초고층이 아니고서야 굳이 비용을 더 들여가며 50층을 넘길 이유가 없습니다. 건설사들은 자사의 시공 능력과 브랜드의 위상을 남길 수 있는 상징적인 초고층 건물을 짓고 싶어 합니다. 하지만 까다로운 규정과 시간, 비용 등 경제성을 따지면 50층 이상 초고층 아파트를 짓는 것보다 49층으로 짓는 게 훨씬 더 합리적입니다. 그래서 우리나라의 초고층 아파트의 최고 층수가 대부분 49층입니다.

PART 05

지금 당장
경매에 눈을 떠라

경매

01
부동산 경매가 처음이라고?
한 번에 이해하는 경매 절차

#최고가 써야 낙찰자 #매각기일에 출석해야 #떼인 돈 받을 때도 절차대로
#은행에서 돈 빌리고, 3개월 연체하면 경매행

경매에는 다양한 재화(財貨)가 나옵니다. 누구나 다 알 만한 예술작품부터 골동품, 명품, 자동차, 시계, 보석, 희귀품까지 경매를 통해 거래됩니다. 예술작품이나 희귀품 거래만 경매로 이뤄지지 않습니다. 최근에는 유명인의 소장품과 한정판 운동화, 아트토이 등도 경매에 오를 정도로 재화의 범위가 넓어지고 있습니다. 재화가 많아지면 진입장벽이 낮아지고, 누구나 쉽게 접근할 수 있습니다. 경매시장을 향한 신규 수요 유입은 경매시장 전체를 확대하는 효과가 있습니다.

세계적인 경매회사에서 최고가 낙찰 기록을 세운 소식은 어김없이 뉴스 1면을 장식합니다. 낙찰자의 국적과 신원이 알려지지 않았지만, 구매력을 갖춘 '큰손(?)'이 일반인이라면 감히 상상할 수 없는 수준의 금액을 낙찰가로 제시했다는 소식은 호사가들의 입을 뜨겁게 달굽니다. 최고가로 낙찰받은 재화의 가치를 비롯해 가격이 앞으로 얼마나 더 오를지를 두고 다양한 이야기가 쏟아집니다.

최고가 낙찰이든, 최저가 낙찰이든 경매에는 변하지 않는 기본적인 원칙이 있습니다. 경매는 재화를 원하는 다수의 입찰자 가운데 가장 높은 가격을 제시한 입찰자에게 소유권이 넘어갑니다. 경매사가 입찰자 간 가격 경쟁을 유도해 가격을 올리는 과정이 있기는 하지만, 경매에 나온 재화는 최고 가격을 제시한 입찰자의 몫입니다. 경매에서 높은 가격을 제시하면 할수록 경쟁에서 우위를 점할 수 있습니다. 이 원칙은 지금도 변함없습니다.

임의경매와 강제경매의 차이는?

부동산 경매는 법적인 강제성이 있습니다. 돈을 빌린 채무자가 빚을 제때 갚지 않거나 빚 갚을 능력이 없으면 법원이 일정한 규정과 절차에 따라 채무자의 부동산을 경매를 통해 강제 매각합니다. 이후 매각대금은 돈을 빌려준 채권자에게 넘깁니다.

부동산 경매 절차는 크게 '**임의경매**'와 '**강제경매**'로 구분합니다. 채무자가 아파트나 상가 건물, 토지 등 부동산을 담보로 은행 등 금융기관으로부터 돈을 빌린 뒤 갚지 못하면 설정한 근저당권 범위 내에서 금융기관이 소송 절차 없이 곧바로 법원에 경매를 신청해 이뤄지는 경매를 임의경매라고 합니다. 통상 임의경매는 빌린 돈을 **3개월 이상** 갚지 못하면 진행합니다. 강제경매는 채무자가 차용증을 쓰고 빌린 돈을 제때 갚지 못해 채권자가 우선 법원에서 대여금 반환 확정판결문을 확보한 뒤 법원에 경매를 신청하는 것을 말합니다.

경매신청은 빌려준 돈 못 받은 채권자가

부동산 경매 절차는 매우 까다롭고 복잡합니다. 부동산 경매 절차는 크게 아홉 단계로 나뉩니다. ① 경매신청 및 경매개시 결정을 시작으로, ② 배당요구의 종기 결정 및 공고, ③ 매각의 준비, ④ 매각 방법 등의 지정·공고·통지, ⑤ 매각의 실시, ⑥ 매각 결정 절차, ⑦ 매각대금의 납부, ⑧ 소유권이전등기 등의 촉탁·부동산 인도명령, ⑨ 배당 절차 순으로 진행합니다.

부동산 경매는 채권자가 관할 법원에 **경매신청**을 해야 이뤄집니다. 채권자는 돈을 갚지 않은 채무자에게 사실 확인을 알린 뒤 관할 법원에 부동산 경매를 신청합니다. 서울은 중앙·동부·서부·남부·북부

부동산 경매 절차

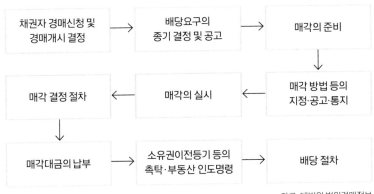

자료: 대법원 법원경매정보

지법 등 총 5개의 관할 법원이 있습니다. 법원은 경매신청서가 접수되면 신청서와 첨부서류를 검토해 경매개시 여부를 결정합니다. 이후 **경매개시**가 결정되면 등기소에 경매개시결정 등기를 촉탁합니다. 법원이 경매 절차를 개시하는 결정과 함께 해당 부동산을 압류합니다. 부동산이 압류되면 채무자가 마음대로 부동산을 처분할 수 없습니다.

법원은 경매에 나온 부동산 물건의 가치를 정한다

법원은 부동산 매각에 필요한 절차를 진행합니다. 경매신청서 검토 이후 문제가 없으면 해당 부동산에 대한 가치를 평가합니다. 시세는 어느 정도이고 점유 관계는 어떠한지 등을 파악하는 과정입니다. 가치 평가는 객관성을 담보하기 위해 법원이 **감정평가기관**에 의뢰합니다. 법원은 감정평가기관의 판단에 따라 **최저 매각 가격**을 정합니다. 또 해당 부동산의 점유 관계와 보증금 액수, 전입신고일이나, 확정일자 등 해당 부동산에 대한 다양한 정보를 수집합니다. 이를 통해 작성한 매각물건명세서, 현황조사보고서, 평가서는 매각기일 또는 입찰개시일 일주일 전까지 법원에 비치해 누구나 볼 수 있도록 합니다.

법원이 부동산의 가치를 평가하는 과정에서 이해 당사자들에게 매각대금을 우선순위에 따라 배분하기 위해 채권자들에게 **배당신청**을 받습니다. 채권자가 임차인이라면 임대차계약서 등 관련 서류를 모아 정해진 기일까지 배당신청을 해야 보증금을 돌려받을 수 있습니다. 법원은 배당신청서를 검토한 뒤 배당표를 작성합니다. 배당표 작성에 따라 매각대금을 배분합니다.

법원은 배당신청이 끝나면 **입찰일**을 정합니다. 통상 경매신청부터 입찰일까지 짧게는 6개월에서 길게는 1년 이상 걸립니다. 입찰일 14일 전에 법원경매정보 사이트와 신문 등에 알립니다. 이후 법원은 기일입찰이나 기간입찰 중 하나로 부동산 매각 방법을 정합니다. 기일입찰은 입찰자가 매각기일에 직접 출석해 입찰표를 집행관에게 제출하고, 입찰 결과를 확인하는 방식입니다. 기간입찰은 입찰자가 정해진 입찰 기간 내 입찰표에 매수가격을 기재한 뒤 집행관에게 직접 또는 등기우편으로 제출하고 매각기일에 입찰 결과를 확인하는 것입니다.

최고가 써야 낙찰받는다

부동산 경매는 입찰에 참여한 많은 입찰자 가운데 가장 높은 금액을 써낸 입찰자를 낙찰자로 선정합니다. 입찰 마감 후 법원 집행관이 입찰 가격을 비교해 공개합니다. 입찰 마감 시간은 법원마다 다르기 때문에 해당 법원 사이트에서 확인해야 합니다.

법원은 특별한 사유가 없으면 입찰일로부터 7일 후 **매각허가결정**을 내립니다. 법원은 매각결정기일을 열고, 이해관계인의 의견을 듣습니다. 법으로 정해놓은 매각불허 사유가 있는지 확인하고, 매각허가결정이나 매각불허가결정을 합니다. 매각허가결정은 일반 법원의 선고(확정판결)와 같습니다.

법원의 매각허가결정이 나면 잔금납부기일이 정해집니다. 통상 1개월 이내에 기일이 정해지고, 법원은 낙찰자(매수인)에게 우편으로 통지합니다. 낙찰자는 보증금을 제외한 잔금을 해당 기간까지 내야 소유권을 취득할 수 있습니다.

　만약 낙찰자가 기한 내에 잔금을 내지 않으면 매수자격이 박탈되고, 앞서 냈던 보증금도 돌려받지 못합니다. 법원은 재매각을 진행합니다. **잔금**은 통상 낙찰받은 날로부터 30~45일 이내에 내야 합니다. 낙찰자가 잔금을 모두 내면 법원은 배당표 순서에 따라 채권자들에게 배당합니다. 이로써 부동산 경매 절차가 끝이 납니다.

02
흙 속의 진주를 찾아라!
알짜 물건 고르는 비법

#좋은 물건을 제대로 보는 안목부터 키워야
#익숙한 동네에서 기회를   #감만 믿고 경매에 뛰어든다고?

흙 속에 숨겨진 진주와 같은 보석이 눈앞에 있더라도 대충 스치듯 지나가면 발견하지 못합니다. 보석은 희귀하고 가치가 쉽게 변하지 않아 비쌉니다. 다른 사람이 가지지 못한 보석을 가졌다는 건 특별한 가치를 소유했다는 것을 말합니다. 희소성을 넘어선 유일한 보석의 가치는 가격 단위로는 환산할 수 없을 정도입니다.

수많은 광물 가운데 보석을 찾기란 쉬운 일이 아닙니다. 보석을 찾을 수 있는 실마리가 보이기는 하지만, 단순히 실마리만 가지고 보석을 찾는다면 큰 낭패를 볼 수 있습니다. 실마리가 제공하는 다양한 단서들에 대한 **객관적인 검증**이 필요합니다. 객관적인 검증은 합리적인 의사결정을 담보합니다. 같은 단서라도 객관적 검증을 거쳐 어떤 의미를 부여하느냐에 따라 결과가 천차만별입니다.

부동산 경매와 보석은 다른 듯 닮았습니다. 부동산 경매에는 매년 수십만 건의 물건들이 쏟아집니다. 수많은 물건 가운데 보석처럼 가치가 있는 물건을 고르는 일이 쉽지 않습니다. 똑같은 물건을 보면서도 가치가 있는지 아닌지를 판별하기 위해서는 객관적인 검증과 합리적인 의사결정 과정을 거쳐야 합니다.

부동산 경매는 누구나 할 수 있지만, 절대 만만치 않습니다. 부동산 경매를 통해 일확천금을 노리는 사람이 많습니다. 주위에서 경매를 통해 소위 '대박'을 터뜨렸다는 말만 듣고, 무작정 경매에 뛰어든 사람이 적지 않습니다. 이들에게는 공통점이 있습니다. 여러 단서를 객관적으로 검증하기보다는 자신의 직관만 믿고, 잘못된 결정을 합니다. 경매에는 예상하지 못한 변수가 다양합니다. 흔히 말하는 감만 믿고 함부로 뛰어들 곳이 아닙니다.

부동산 경매 물건 어디서 확인하나요?

부동산 경매가 처음이라면 막막합니다. 어디서 경매 물건을 확인해야 하는지, 어떤 물건이 좋은 물건인지, 적정한 입찰가가 얼마인지 등 하나부터 열까지 모두 쉽지 않습니다. 좋은 물건을 가장 저렴하게 낙찰받는 게 가장 이상적이지만, 말처럼 쉬운 일이 아닙니다. 좋은 물건을 제대로 보는 안목이 없는데, 위험하지 않으면서 시세보다 저렴하게 낙찰받는 게 가당키나 할까요? 불가능에 가까운 일입니다. 경매는 운이 아닙니다.

법원 경매에 나오는 물건은 **대법원 법원경매정보 사이트**(https://www.courtauction.go.kr)에서 찾을 수 있습니다. 관할 법원이나 주소 등을 입력하면 경매에 나온 물건을 모두 검색할 수 있습니다. 이 중 관심 있는 물건은 등록할 수 있습니다. 또 다수조회물건과 다수관심물건, 지도검색 등의 기능도 있습니다.

경매 초보자들은 대법원 경매 사이트를 수시로 방문해 경매 물건을 검색하는 습관을 갖는 게 좋습니다. 다만 아쉬운 점은 대법원이라는 공공기관이 운영하고, 무료이다 보니 경매에 필요한 가장 기본적인 정보만 담겼다는 점입니다. 정보의 양과 질이 다소 부족합니다. 더 많은 부동산 경매 정보가 필요하다면 경매 유료 사이트를 이용하는 게

대법원 법원경매정보 홈페이지

자료: 대법원 법원경매정보 사이트

도움이 됩니다. 일부 경매 유료 사이트에서는 경매 물건에 대한 분석과 위험도, 적정한 입찰가까지 확인할 수 있습니다.

내가 사는 동네 경매 물건에만 집중하자

부동산 경매 초보자들이 가장 많이 하는 실수 중 하나가 **잘 알지도 못하는** 지역의 물건에 입찰하는 것입니다. 주변 사람들 말에 현혹돼 한 번도 가보지 않았거나 전혀 알지도 못하는 지역 물건 가운데 지나치게 싸거나 유찰 횟수가 많은 물건에 입찰합니다. 최저 입찰 가격이 낮으면 낮은 대로 문제가 있고, 문제가 없다면 치열한 입찰 경쟁을 통해 낙찰가가 올라갑니다. 또 유찰 횟수가 많다는 것은 권리관계가 복잡하거나 문제가 있을 확률이 높다는 것을 의미합니다. 초보자가 어설프게 발을 담갔다가 호되게 당할 수 있습니다.

무엇보다 부동산 경매의 성패는 **권리분석**과 **현장조사**가 결정합니다. 전혀 모르는 지역에서의 권리분석과 현장조사가 제대로 이뤄질 리 있겠습니까? 아는 만큼 보이고, 보이는 만큼 아는 것입니다. 자신이 살고 있거나 익숙한 지역이라면 주변 시세부터 교통, 주거환경, 개발 호재 등 다양한 정보를 좀 더 쉽게 모을 수 있습니다. 부동산 경매는 다양한 정보들을 객관적으로 검증하는 절차인 권리분석과 현장조사를 어떻게 하느냐에 따라 결과가 확연히 달라집니다. 부동산 경매 결과에 대한 모든 책임은 입찰자 몫입니다.

감정가에 주목하라

법원은 경매 물건에 대한 가격을 정합니다. 법원은 공신력이 있는 감정인에게 부동산 경매 물건에 대한 객관적인 가격 평가를 맡깁니다. 이를 통해 흔히 '감정가'라고 부르는 **감정평가액**을 결정합니다. 간혹 감정평가액을 입찰 가격으로 착각해 그 가격 그대로 입찰에 참여하는 입찰자가 있습니다. 감정평가액은 입찰에 참여할 수 있는 **최소한의 금액 기준**입니다. 낙찰가가 아닙니다.

최초 감정가는 통상 시세의 80~90% 수준에서 결정합니다. 부동산 경매는 한 번 유찰될 때마다 최초 감정가에서 20%씩 낮아지고, 1~2회 유찰로 가격이 하락한 뒤 낙찰되는 사례가 많습니다. 그만큼 저렴하게 부동산을 취득할 수 있다는 것입니다. 또 법원의 경매개시결정 이후 매각기일이 잡히기까지 6개월에서 1년 정도 걸립니다. 앞서 책정된 감정가가 시간이 지나면 저평가된 금액일 수 있습니다.

다만 전제 조건이 있습니다. **시세를 정확하게 파악**하는 게 중요합니다. 아파트와 같은 주택은 거래가 많아 시세를 파악하는 데 별 어려움이 없습니다. 하지만 빌라나 토지 등 거래가 상대적으로 적어 시세를 파악하기 힘든 물건이 있습니다. 이때는 발품을 팔아야 합니다. 또 한 가지 방법이 있습니다. 경매 낙찰가를 확인하는 것입니다. 같은 지역의 비슷한 물건을 찾아 얼마에 낙찰됐는지 확인하면 시세를 파악하는 데 도움이 됩니다.

채권자가 은행이라고?

　금융기관은 부동산을 담보로 돈을 빌려줄 때 대출금액의 120~130%를 근저당권 **채권최고액**으로 잡습니다. 원금만 회수하는 것이 아니라 받아야 할 이자까지 부동산의 담보로 요구하기 때문입니다. 근저당권과 채권최고액은 등기부등본에 표시돼 있습니다.

　금융기관의 문턱은 높습니다. 돈 빌리기가 여간 까다로운 게 아닙니다. 금융기관은 부동산 담보에 대한 철저한 검증 절차를 거친 뒤 대출 여부를 판단합니다. 채권자가 금융기관이라면 경매에 나온 물건이 어느 정도 검증된 것입니다. 또 채권최고액이 높으면 높을수록 부동산 담보 가치가 그만큼 높다는 것을 의미합니다. 채권자가 금융기관이고, 채권최고액이 높다면 좋은 물건일 확률이 높습니다.

위험한 물건의 신호, 가처분·유치권·법정지상권

　부동산 경매를 흔히 '하이 리스크, 하이 리턴(high risk, high return)'이라고 합니다. 큰 위험을 감수하면 더 큰 보상을 얻을 수 있다는 뜻입니다. 부동산 경매에서 권리관계가 복잡한 물건일수록 높은 수익을 낼 수 있다는 의미이기도 합니다. 틀린 말은 아니지만, 어디까지나 실타래처럼 엮인 권리관계 문제를 풀어낼 능력을 갖춘 전문가에만 적용하는 말입니다.

　경매 초보자라면 권리관계가 복잡한 물건은 과감하게 포기하는 게 좋습니다. 흔히 권리관계가 복잡한 물건에는 **가처분**과 **유치권**, **법정**

지상권 등 낯선 용어들이 표시돼 있습니다. 가처분은 부동산을 동의 없이 매각하지 못하도록 제한한 조치입니다. 말소기준권리보다 빠른 선순위 가처분은 경매로 소멸되지 않고, 낙찰자에게 인수됩니다. 유치권은 사업자가 건물을 지을 때 공사비를 받지 못하면 공사비를 받을 때까지 그 건물을 반환하지 않을 수 있는 권리입니다. 법정지상권은 토지주가 달라져도 건물주가 계속 점유할 수 있는 권리입니다.

부동산 경매 초보자라면 권리분석이 쉬운 물건부터 도전해야 합니다. 빌라보다는 상대적으로 거래량이 많아 시세 파악이 쉬운 아파트가, 아파트 가운데 부담이 덜한 소형아파트가 덜 위험하고 유리합니다. 낙찰가도 낮고, 세입자의 보증금과 이사 비용 등 명도 비용도 줄일 수 있습니다. 또 입찰 전 부동산의 실제 점유자가 누구인지 확인한 뒤 명도가 상대적으로 쉬운 물건을 골라야 합니다.

임차보증금 전액을 배당받는 임차인이 있다면 좋습니다. 등기부등본에 나오지만 배당에 나서지 않은 임차인이 있는지도 사전에 확인해야 합니다. 또 입찰 전 관리비 체납 확인도 필수입니다. 통상 점유자(채무자)가 내지 않은 관리비는 낙찰자가 부담합니다. 입찰 전 관리비 체납 여부를 확인했을 때 관리비 체납액이 많으면 다른 물건을 찾거나 입찰가에 반영해야 합니다.

03
옥석을 가리는 '경매의 꽃' 권리분석 기초 다듬기

#소멸과 인수를 구분하자   #말소기준권리도 모르고 경매 한다고?
#아무리 싸더라도 유치권 물건은 피하는 게 상책   #낙찰자에게 인수되는 권리는?

다이아몬드는 가장 비싼 보석 중 하나입니다. 그 이유는 희소성 때문입니다. 세계적으로 희귀한 다이아몬드로 꼽히는 '블루 로얄 다이아몬드'가 571억 원이라는 최고가(경매가)를 기록하며 낙찰됐을 정도입니다. 다이아몬드는 변치 않는 부의 상징입니다. 희소 가치가 높고, 가격이 꾸준히 오르면서 재테크 수단으로도 활용합니다.

다이아몬드는 '탄소(C)'라는 딱 한 가지 원소로만 이뤄진 광물입니다. 흔히 연필심으로 쓰는 흑연과 구성 원소가 같습니다. 원자들이 어떻게 배열되느냐에 따라 운명이 달라집니다. 다이아몬드는 땅속 깊은 곳에서 탄소 원자들이 결합해 만들어집니다.

"옥석(玉石)을 가린다"라는 말이 있습니다. 좋은 것과 나쁜 것을 나눌 때 주로 사용하는 말입니다. 옥(玉)과 석(石)은 모두 광물입니다. 보석과 암석을 구분하는 명확한 기준이 없지만, 옥석을 어떻게 구별하느냐에 따라 결과가 완전히 달라집니다. 보석은 수많은 암석을 걸러낸 뒤에야 발견할 수 있습니다. 쉽게 찾기도, 구분하기도 어렵습니다. 그래서 옥석을 가려낼 날카로운 매의 눈이 필요합니다. 수많은 암석 중에서 옥을 골라내는 안목을 키워야 합니다. 부동산 경매에서는 더욱 그렇습니다.

권리분석 첫걸음, 경매지 보는 법

경매는 시세보다 저렴하게 내 집을 마련할 수 있는 하나의 방법입니다. 하지만 경매는 위험합니다. 경매 과정에서 예상하지 못한 변수가 많고, 곳곳에 위험이 도사리고 있습니다. 일반 매매나 청약보다 과정이 복잡하고 까다롭습니다. 주변 시세보다 싸다고 무턱대고 경매에 나섰다가 낭패를 볼 수 있어 주의해야 합니다. 옥석을 가려내는 안목 없이 경매에 뛰어드는 것은 군인이 총도 없이 전장에 나가는 것과 같은 무모한 짓입니다.

경매는 기본적으로 갚지 못한 돈을 회수하는 절차입니다. 채권자들의 채권을 회수하기 위한 절차이다 보니 권리관계가 복잡할 수밖에 없습니다. 권리분석을 제대로 하지 못한 채 낙찰을 받으면 소유권 등 낙찰자의 권리행사에 일부 제약이 생길 수 있고, 경제적 부담도 커질 수 있습니다.

권리분석은 쏟아진 경매 물건 가운데 알짜 물건을 골라내고, 위험

경매 물건 정보 확인하기

자료: 대법원 법원경매정보

을 최소화하는 절차입니다. 매의 눈으로 옥과 석을 구별하는 데 반드시 필요한 방법입니다. 권리분석을 제대로 하지 않고, 경매에 나서는 건 시험공부를 하지 않고, 시험을 보는 것과 같습니다. 그래서 권리분석을 '**경매의 꽃**'이라고 합니다. 권리분석만 잘해도 최소한 경제적 손실을 줄일 수 있습니다.

권리분석의 시작은 정보를 모으는 것부터 출발합니다. 경매 물건에 대한 정보는 대법원 법원경매정보 홈페이지에서 확인할 수 있습니다. 홈페이지에서 사건번호를 직접 입력하거나 관할 법원을 지정하면 모든 경매 물건이 나옵니다. 검색하면 위 그림에서 보는 바와 같이 '2021타경 1705' 사건번호를 비롯해 감정평가액 2억 5,400만 원, 매각기일 등 기본적인 정보들이 나옵니다. 사건번호는 관할 법원에서 일정한 기준에 따라 번호를 정한 것으로, 관심 있는 물건은 관심물건으로 등록을 해놓거나, 사건번호를 따로 저장해놓으면 좋습니다.

법원은 물건이 들어오면 감정평가를 통해 가격을 결정합니다. 이를 감정가라고 합니다. 감정가는 현재 시세와는 전혀 상관이 없습니다. 감정가는 어디까지나 경매의 시작을 알리는 가격입니다. 한 번 유찰되면 서울은 감정가의 20%, 경기·인천은 30%씩 떨어집니다.

소멸과 인수도 모르고 경매를 한다고?

권리분석은 소멸되는 권리와 인수되는 권리를 나누는 과정입니다. 정당한 경매 절차를 통해 낙찰자가 정해지면 기본적으로 모든 등기가 사라집니다. 이를 **소멸**이라고 합니다. 하지만 임차인의 보증금처럼 소멸되지 않고, 인수해야 하는 권리도 존재합니다. 소멸되지 않은 권리가 **인수**입니다.

소멸은 채권자의 책임을 말합니다. 시중은행이 부동산을 담보로 10억 원을 대출했다고 가정하겠습니다. 은행은 (근)저당권으로 12억 원을 설정해놓았습니다. 채무자가 돈을 갚지 않아 시중은행이 담보였던 부동산을 경매로 넘깁니다. 한 낙찰자가 법원 경매를 통해 낙찰가 10억 원에 낙찰받았습니다. 이때 낙찰자는 남은 근저당권과 낙찰가의 차액인 2억 원에 대해 배상하거나 책임질 필요가 없습니다.

인수는 낙찰자가 낙찰을 받은 이후에 책임져야 하는 권리입니다. 일종의 낙찰자가 떠안아야 하는 책임입니다. 권리분석을 제대로 하지 않으면 낙찰금 외에도 추가로 경제적 비용과 시간이 발생할 수 있습니다. 기존 임차인의 보증금이나 명도, 미지급된 공사대금 등이 대표적입니다. 비록 낙찰자가 법원 경매를 통해 낙찰을 받았더라도 권리분석이 미흡했다면 책임져야 할 권리가 있다는 사실을 잊으면 안 됩니다.

말소기준권리가 권리분석을 좌우한다

경매의 꽃은 권리분석입니다. 권리분석이 경매의 결과를 모두 결정한다고 해도 과언이 아닙니다. 경매에 나서는 입찰자들이 가장 어려워하는 게 권리분석입니다. 더욱이 경매 초보자에게 권리분석은 넘을 수 없는 산과 같습니다. 하지만 권리분석을 잘하면 시세보다 저렴하게 물건을 매입할 수 있습니다. 반대로 권리분석을 소홀히 하면 경제적 손실뿐만 아니라 정신적으로 피해가 상당합니다.

경매 권리분석은 예상보다 간단합니다. 낙찰자에게 인수되는 권리가 무엇인지 사전에 확인해 위험을 줄이는 것입니다. 낙찰자에게 인수되는 권리를 확인하기 위해서는 '말소기준권리'를 알아야 합니다. 말소기준권리는 위에서 언급한 소멸과 인수의 기준입니다. 말소의 기준이 되는 권리를 말합니다. 일반적인 법원 경매에서 말소기준권리보다 뒤에 올라온 권리들은 모두 소멸되고, 말소기준권리보다 먼저 설정된

말소기준권리

낙찰자가 인수   말소기준권리   낙찰 이후
모두 소멸

건 낙찰자에게 인수됩니다.

경매 물건 가운데 가장 좋은 물건은 낙찰자에게 인수되는 권리가 되도록 없는 물건입니다. 인수되는 권리가 있는 것은 권리관계가 그만큼 복잡하다는 것을 의미합니다. 이런 물건은 낙찰을 받더라도 온전히 내 것이 아닐 수 있습니다.

낙찰자에게 인수되지 않고 소멸되는 권리

▶ (근)저당권

부동산을 담보로 돈을 빌리면 해당 부동산에 저당권이 설정됩니다. 은행에서 부동산을 담보로 1억 원을 대출받았다면 은행이 등기부등본에 채권액을 1억 원 설정합니다. 이게 저당권입니다. 은행은 연체와 돈을 갚지 못하는 경우를 대비해 채권최고액을 설정하는데, 통상 대출금액의 120~130%로 정합니다. 이는 근저당권입니다. (근)저당권은 말소기준권리를 정할 때 가장 많이 등장하는 용어입니다.

소멸되는 권리와 인수되는 권리	
소멸되는 권리	인수되는 권리
▶ (근)저당권, (가)압류	▶ 유치권·법정지상권·분묘기지권
▶ 말소기준권리보다 뒤에 설정된 지상권·지역권, 배당요구를 하지 않은 전세권, 등기된 임차권, 가처분	▶ 말소기준권리보다 먼저 설정된 지상권·지역권, 배당요구를 하지 않은 전세권, 등기된 임차권, 순위보전을 위한 가등기·가처분
▶ 배당을 요구한 전세권	▶ 후순위 가처분 중 토지 소유자가 지상 건물에 대한 철거를 위해 한 처분금지가처분
▶ 담보가등기	

(가)압류

가압류는 채무자가 보유한 재산을 마음대로 처분하지 못하도록 강제로 제한한 권리입니다. 채권자가 채무자의 부동산 담보를 경매로 넘기기 위해서는 법원 판결이 필요합니다. 채권자는 법원 판결이 나오기 전까지 채무자가 보유한 재산을 처분하지 못하도록 가압류를 법원에 신청할 수 있습니다.

전세권

전세권은 전세보증금을 내고 다른 사람의 부동산을 점유해 용도에 따라 사용하는 권리로, 등기부등본에 올라갑니다. 말소기준권리보다 앞선 전세권이 있다고 하더라도 경매법원에 배당을 요구했다면 낙찰 이후 모두 소멸되는 권리입니다.

담보가등기

담보가등기는 채무자가 자신이 소유한 부동산을 담보로 채권자에게 돈을 빌린 후 약속한 기한 내 돈을 갚지 않으면 채권자가 채무자 소유의 부동산을 자신의 명의로 옮길 수 있도록 한 가등기입니다. 선순위 가등기가 담보가등기이면 가등기권자는 우선 배당받고, 가등기는 소멸합니다.

낙찰자(매수자)에게 인수되는 권리

▶ 유치권

유치권은 채무자가 빌린 돈을 갚을 때까지 채무자의 물건이나 유가증권을 점유할 권리를 말합니다. 경매 물건에 설정된 유치권은 등기 순위에 상관없이 낙찰자(매수인)에게 인수됩니다. 유치권 행사는 통상 건물을 지어준 공사업체가 공사를 끝내고도 공사비를 받지 못할 때 이뤄집니다. 유치권은 등기부등본에 표시되지 않습니다. 경매 초보자라면 유치권 있는 물건은 권리관계가 복잡해 피해야 합니다.

▶ 법정지상권 및 분묘기지권

법정지상권은 토지와 건물의 소유자가 다를 때 건물 소유자가 토지를 사용할 수 있는 권리를 말합니다. 경매나 매매를 통해 토지와 건물 소유자가 달라지더라도 건물 소유자의 토지 이용을 법적으로 보장하는 것으로 말합니다. 분묘기지권은 다른 사람이 소유한 토지 내에 분묘가 설치돼 있어도 해당 묘를 개장하지 않고, 계속 관리할 수 있는 권리입니다. 경매 물건에 설정된 법정지상권 및 분묘기지권은 등기 순위와 관계없이 낙찰자에게 모두 인수됩니다.

▶ 가처분등기

가처분등기는 부동산 거래 과정에서 매수인의 권리를 보장하기 위해 매도인이 다른 사람에게 부동산을 처분하지 못하도록 등기부에 금지사항을 표시하는 제도입니다. 가처분등기는 빌려준 돈을 돌려받는 것이 아니라 현재 상태를 유지하는 것으로, 선순위 가처분등기는 말소기준권리가 아닙니다. 낙찰자가 가처분등기 물건을 낙찰받으면 매매나 임대 등의 행위를 모두 제한합니다.

배당요구 안 한 전세권

배당을 요구한 임차인은 보증금을 돌려받고, 이사를 하겠다는 일종의 의사표시를 한 것입니다. 하지만 배당요구를 하지 않은 전세권이 있다면 전세보증금은 모두 낙찰자가 인수합니다. 예를 들어 5억 원에 주택을 낙찰받았는데, 말소기준권리보다 앞선 전세권이 3억 원 설정돼 있고, 배당요구를 하지 않았다면 낙찰자는 총 8억 원의 비용이 들 수도 있습니다.

04
위험한 경매 물건 피하는
실전 권리분석

#미심쩍은 단서가 하나라도 있다면 돌아서라　#매각물건명세서는 경매 물건 설명서다
#법원에서 의뢰한 감정평가는 객관성이 생명

　앞 장에서 권리분석의 개념과 자주 등장하는 용어 등을 통해 기초를 다졌습니다. 이번 장에서는 실제 경매 입찰에 필요한 권리분석 전반에 걸친 실전 비법을 중점적으로 다루겠습니다. 경매법원에서 농담 반, 진담 반처럼 전해지는 말이 있습니다. "아는 길도 또 묻고, 돌다리도 또 두드리고 건너라"라는 말입니다. 이 말에는 경계의 의미가 함축돼 있습니다. 경매에는 누구도 예상하지 못한 돌발 변수와 위험이 따르기 때문에 그만큼 긴장의 끈을 늦추지 말고, 경계하라는 것입니다.

　권리분석은 아무리 강조해도 지나치지 않습니다. 경매로 나온 부동산 물건에 법적인 문제가 있는지, 권리관계는 복잡하지 않은지, 적정한 입찰가는 얼마인지 등을 꼼꼼하게 확인해야 합니다. 권리분석은 수많은 돌발 변수를 사전에 인지하고 위험도를 낮추는 과정입니다. 아무리 싸더라도 미심쩍은 단서가 하나라도 있다면 과감하게 돌아설 수 있는 결단의 근거가 권리분석입니다.

등기부등본에 '전세권'이라는 단어가 있다면?

부동산 경매 물건에는 애달픈 사연(?)이 없는 물건이 없습니다. 사연이 있는 경매 물건은 저렴합니다. 마음에 드는 경매 물건이, 그것도 시세보다 저렴하게 나왔다고 해서 아무런 준비 없이 경매에 뛰어드는 사람이 너무 많습니다. 저렴하다고 해서 무작정 좋은 물건이 아닙니다. 싼 데는 그만한 이유가 분명 있습니다. 또 그만큼 위험이 따릅니다.

등기부등본과 경매는 떼려야 뗴놓을 수 없는 관계입니다. 등기부등본은 부동산에 관한 권리관계를 국가가 관리하고 작성하는 정식 문서입니다. 등기부등본은 누구나 열람하고 발급받을 수 있습니다. 투명한 부동산 거래를 지원하기 위해 부동산 권리를 모두에게 평등하게 공개하는 것입니다.

등기부등본을 통해 소멸과 인수사항을 확인할 수 있습니다. 말소기준권리 이전에 등기된 다른 권리가 있다면 낙찰받더라도 낙찰자가 인수해야 하고, 반대로 말소기준권리 이후에 올라온 다른 권리는 소멸하는 게 부동산 경매의 기본 원칙입니다. 입찰 전 등기부등본상 인수권리를 파악해야 합니다.

등기부등본상의 모든 권리가 말소기준권리가 되지 않습니다. (근)저당권, (가)압류, 전세권(선순위 임차인), 담보가등기, 경매개시결정 등기 등이 말소기준권리에 해당합니다. 등기부등본의 갑구와 을구를 통해 위에서 언급한 단어들이 표시돼 있는지 우선 확인합니다. 특히 '전세권'이라고 단어가 표기돼 있다면 좀 더 세심하게 살펴야 합니다. 등기부등본에 올라왔지만, **배당에 나서지 않은 '임차인(선순위 전세권)'**이 있다면 낙찰을 받더라도 보증금을 돌려줘야 하는 추가 비용이 발생할 수 있기 때문입니다.

저당권이 은행이라면 비교적 안전한 물건입니다. 은행은 함부로 돈을 대출해주지 않습니다. 담보인 부동산에 대한 가치를 여러 확인 절차를 거쳐 판단합니다. 미심쩍은 부분이 있다면 전문 감정평가기관에 의뢰하고, 나중에 경매로 넘어가더라도 채권 회수가 가능하다는 최종 판단이 서야 돈을 빌려줍니다. 그래서 은행이 저당권을 설정했다면 부동산 경매 물건 가운데 안전한 물건으로 여깁니다.

경매법원의 공식 문서 '매각물건명세서' 보는 법

법원에서는 물건의 권리관계에 대해 공지합니다. 권리관계에 하자가 있다면 그 위험성을 예비 입찰자에게 알려주도록 법으로 정했습니다. 법원은 물건이 넘어오면 현장조사와 전문기관의 감정평가, 등기부등본 등을 기초로 물건에 대해 검증합니다. 검증 결과를 문서로 만든 것을 **매각물건명세서**라고 합니다. 매각물건명세는 집행 법원이 공식적으로 작성한 문서로 신뢰할 수 있습니다. 매각물건명세서는 제품 소개서와 비슷합니다. 매각물건명세서는 부동산의 위치와 점유관계 및 관계의 진술, 부동산에 관한 권리 및 가처분 지상권의 개요, 임의적 기

매각물건명세서

			서 울 중 앙 지 방 법 원					
							2021타경1705	

매각물건명세서

사 건	2021타경1705 부동산강제경매		매각 물건번호	1	작성 일자	2023.11.14	담임법관 (사법보좌관)	강구율
부동산 및 감정평가액 최저매각가격의 표시	별지기재와 같음		최선순위 설정	2020.01.29 압류			배당요구종기	2021.08.09

부동산의 점유자와 점유의 권원, 점유할 수 있는 기간, 차임 또는 보증금에 관한 관계인의 진술 및 임차인이 있는 경우 배당요구 여부와 그 일자, 전입신고일자 또는 사업자등록신청일자와 확정일자의 유무와 그 일자

점유자 성 명	점유 부분	정보출처 구 분	점유의 권 원	임대차기간 (점유기간)	보 증 금	차 임	전입신고 일자·외국인 등록(체류지 변경신고)일 자·사업자등 록신청일자	확정일자	배당 요구여부 (배당요구일자)
		등기사항 전부증명 서	주거 주택임차 권자	점유개시일자 2019.2.1.	192,000,000		2019.2.1.	2020.1.31.	
		현황조사	주거 임차인	미상	미상	미상	2019.02.01	미상	
		권리신고	주거 임차인	2019.02.01~	192,000,000		2019.02.01	2019.01.11	2021.07.23

〈비고〉

※ 최선순위 설정일자보다 대항요건을 먼저 갖춘 주택·상가건물 임차인의 임차보증금은 매수인에게 인수되는 경우가 발생할 수 있고, 대항력과 우선변제권이 있는 주택·상가건물 임차인이 배당요구를 하였으나 보증금 전액에 관하여 배당을 받지 아니한 경우에는 배당받지 못한 잔액이 매수인에게 인수되게 됨을 주의하시기 바랍니다.

등기된 부동산에 관한 권리 또는 가처분으로 그 효력이 소멸되지 아니하는 것

매수인에게 대항할 수 있는 을구 3번 임차권등기(2023.9.6. 등기) 있음. 보증금 전액 배당받지 못하면 잔액은 매수인이 인수함

매각에 따라 설정된 것으로 보는 지상권의 개요

비고란

자료: 대법원 법원경매정보

재사항 등으로 구성돼 있습니다.

　매각물건명세서를 통해 낙찰자가 인수할 권리를 확인할 수 있습니다. '등기된 부동산에 관한 권리(가처분) 중 매각으로 그 효력이 소멸되지 않은 것'이라는 기재란을 확인하면 복잡한 권리관계와 낙찰자가 인수할 권리가 나옵니다. 해당란이 비어 있거나 '특이사항 없음'으로 표기돼 있다면 비교적 안전한 물건입니다.

　매각물건명세서를 통해 임차인의 대항력 여부도 확인할 수 있습니

다. 매각물건명세서에서 '**최선순위 설정일자**'와 임차인의 '**전입신고일자**'를 비교하면 낙찰자가 인수할 권리를 확인할 수 있습니다. 낙찰자가 임차인에게 보증금을 줄 때까지 집을 비워주지 않아도 되는 대항력을 갖춘 임차인이 있다면 낙찰자는 보증금을 책임져야 합니다. 또 말소기준권리 이후에 등기된 권리는 소멸합니다. 아울러 등기부등본상으로 확인하기 어려운 유치권과 가처분, 가등기 등 낙찰자가 인수할 권리가 있다면 매각물건명세서에 공지합니다.

매각물건명세서는 매각 입찰기일 7일 전 누구나 볼 수 있도록 공지합니다. 다만 매각물건명세서가 만능이 아닙니다. 물건에 대한 현황이나 권리관계를 정확하게 파악하기 힘든 사례가 적지 않습니다. 이때는 '**권리관계가 불분명하다**'는 내용이 그대로 담깁니다. 매각물건명세서에 불분명하다고 적혀 있다면 입찰자가 직접 확인해야 합니다.

경매 물건의 가치가 궁금하다면 '감정평가서' 꼼꼼히 봐야

감정평가서 역시 빼놓지 말고 확인해야 할 주요 문서입니다. 법원은 감정평가사에게 해당 부동산의 가치를 평가하도록 합니다. 감정평가사가 해당 물건에 대해 전반적인 검증과 그 결과를 문서로 만든 게 감정평가서입니다.

감정평가서는 대법원 법원경매정보 홈페이지에서 볼 수 있습니다. 또 관할 법원에서도 입찰 전 비치돼 있습니다. 감정평가서에는 감정평가표, 감정평가액의 산출 근거 및 결정 의견, 감정평가 명세표, 감정평가 요항표, 위치도, 지적도, 내부 구조도, 물건 사진이 있습니다.

법원 경매 물건 감정평가서

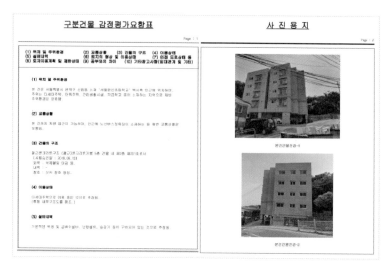

감정평가서에서는 **감정 시점**을 확인해야 합니다. 감정 조사를 언제 했는지, 매각기일이 언제인지 반드시 확인해야 합니다. 통상 감정평가는 입찰 전 6개월에서 1년 전에 이뤄집니다. 또 토지 평가금액과 건축 평가금액, 제시 외 건물 포함 여부 등을 검토하고, 감정가가 적정한지도 확인해야 합니다. 주변에 거래됐던 실거래 가격과 비교해 얼마나 차이가 나는지 기재돼 있습니다. 감정평가액의 산출 근거 및 결정 의견을 참고하면 됩니다.

아울러 감정평가서에는 물건의 위치와 주위 환경, 교통 상황, 이용 형태와 상태, 내부 구조 등이 사진과 함께 자세하게 표기돼 있습니다. 현장조사를 나가기 전 사전 자료로 활용하면 좋습니다.

05
현장조사 없이
법원 정보만으로 입찰한다고?

#경매 입찰 전 임장은 필수   #경매 정보지와 현장은 다르다
#안전한 물건 찾는다면 발품 팔아야   #공인중개사를 내 편으로 만들어야

결혼 8년 차 권승준·김미영(가명) 씨 부부는 주말마다 동네 '임장'을 다닙니다. 부동산 경매로 시세보다 저렴하게 내 집 마련의 꿈을 이루기 위해서입니다. 임장은 '현장에 임한다'라는 뜻으로, 부동산 현장조사나 답사를 다닌다는 의미입니다. 권 씨 부부에게 임장은 어느덧 익숙한 일상이 됐습니다.

권 씨 부부는 평일 퇴근 이후에 부동산 경매 관련 공부를 하고, 평소에 눈여겨본 아파트 단지에서 경매 물건이 나오는지 틈틈이 확인합니다. 주말에 특별한 일정이 없으면 데이트 삼아 동네 곳곳을 누빕니다.

권 씨 부부가 염두에 둔 지역은 현재 직장이 위치한 경기도 안양시를 비롯해 인근 도시인 의왕시와 과천시입니다. 권 씨 부부는 "좋은 경매 물건을 찾으려면 발품을 팔아 공인중개사를 수시로 만나고, 친하게 지내야 많은 정보를 얻을 수 있다"라며 "주말마다 임장을 다니면서 그동안 잘 알지 못했던 정보들을 얻을 수 있었고, 아파트를 보는 눈도 이전과 많이 달라진 것 같다"라고 말했습니다.

최근에 부동산 임장을 취미처럼 즐기는 사람이 많습니다. 부동산 관련 인터넷 카페나 SNS 단체 대화방에서 "주말에 임장 가실 분 구합니다"라는 제목의 글들이 심심치 않게 올라옵니다. 또 주변을 둘러봐도 부동산에 대해 좀 안다는 사람들이 주말마다 임장에 나설 정도입니다. 부동산 프롭테크 기업들은 임장하는 사람들을 위해 다양한 서비스를 제공하고 있습니다. 바야흐로 **임장의 시대**입니다.

부동산 경매 입찰 전 임장은 필수입니다. 인터넷을 조금만 뒤적거리면 부동산 경매에 필요한 정보를 손쉽게 얻을 수 있습니다. 수많은 부동산 경매 물건 가운데 알짜 매물을 찾기 위해 경매 정보지 등 온라인으로 정보를 우선 확인하고, 자료를 모으는 과정이 필요합니다. 나에게 필요한 정보가 많으면 많을수록 그만큼 위험요소가 줄어듭니다.

부동산 경매에서 정보의 양도 중요하지만, 질 또한 빼놓을 수 없습니다. 부동산 경매에는 생전 처음 듣거나 각종 설화(舌禍)와 정보들이 뒤섞여 있습니다. 오히려 차고 넘치는 정보를 골라내는 과정이 필요합니다. 다양한 정보들 가운데 자신에게 꼭 필요한 정보를 고르기 위해서는 충분한 검증 과정을 거쳐야 합니다. 까다로운 사실 확인과 검증을 거친 정보만이 가치가 있습니다.

임장은 정보의 가치와 사실 여부를 확인하는 절차입니다. 주변 지인에게 듣거나, 손품으로 알아낸 정보들을 발품을 팔아 직접 눈으로 확인하고, 검증하는 것입니다. 이 과정을 통해 필요한 정보만을 골라 내야 합니다. 또 법원 정보지나 손품을 팔아 알아낸 정보와 현장은 얼마든지 다를 수 있습니다. 무엇보다 법원 정보지에 표시되지 않은 위험도 발견할 수 있다는 것도 임장의 장점입니다. 그래서 **"발품 팔아야 좋은 물건을 찾을 수 있다"**라는 격언이 여전히 유효합니다.

임장 가기 전 손품 팔아 다양한 정보 수집

임장을 가기 전 손품을 팔아야 합니다. 경매로 나온 물건 가운데 관심이 있는 물건이 있다면 그 물건에 대한 다양한 정보들을 모아야 합니다. 우선 마음에 드는 물건들에 맞춰 동선을 짜야 합니다. 물건 간의 이동 거리와 적절한 이동수단, 비용 등을 인터넷을 통해 사전에 확인합니다. 또 포털사이트나 각종 부동산 앱, 지역 커뮤니티 카페, 블로그 등을 활용해 지역 개발 호재나 악재 등을 확인합니다.

이와 함께 법원 감정가가 적정한지, 낙찰을 받기 위한 합리적인 가

부동산 실거래가 확인하기

자료: 국토교통부 실거래가 공개시스템

격이 얼마인지 확인하기 위해 시세를 확인해야 합니다. 관심 있는 부동산 물건의 거래 가격은 국토교통부 실거래가 공개시스템 홈페이지에서 확인하면 됩니다. 아파트부터 빌라까지 거래된 주택의 가격을 모두 확인할 수 있습니다. 현재 호가는 네이버 부동산에서 아파트 단지명이나 주소 등을 입력하면 확인할 수 있습니다.

현장은 다르다, 수집한 정보를 직접 확인해야

임장이 부동산 경매의 성패를 결정한다고 해도 과언이 아닙니다. 부동산 경매 특성상 법원 정보지와 실제 현장이 완전히 다른 경우가 많습니다. 반드시 발품을 팔며 현장을 꼼꼼하게 확인해 철저한 권리 분석을 해야 하는 이유입니다. 법원 정보지만 믿고 입찰에 나섰다간 입찰보증금을 모두 날릴 수 있어 주의해야 합니다.

임장에서 가장 중요한 것은 경매 물건에 대한 점검입니다. 물건의 입지와 현재 물건의 상태 등이 법원 정보지와 얼마나 다른지 확인합니다. 건물 노후도와 관리 상태, 주변 교통환경 및 생활 인프라 등 물건과 관련된 정보를 모두 점검합니다. 또 버스정류장이나 지하철역, 마트 등 편의시설 등이 얼마나 가까운지도 직접 확인합니다.

경매 물건에 대한 기본적인 정보 확인을 마쳤다면 시세를 확인할 차례입니다. 실거래가나 호가를 알아야 적정한 입찰가를 정할 수 있습니다. 물건과 비슷한 주변 주택의 매매가격과 호가, 전월세 등 임대 가격에 대해 조사합니다. 공인중개업소 2~3곳 이상을 돌며 시세를 비교해야 적절한 입찰가를 정할 수 있습니다.

또 경매 물건의 **점유자**와 **전입세대**가 있는지도 확인합니다. 경매는 낙찰만 받는 것으로 끝나지 않습니다. 낙찰 이후 명도나 매도 등의 다음 절차가 남아 있습니다. 임차인이 있다면 명도 과정에서 갈등이나 다툼이 발생하거나, 소송까지 진행될 수 있습니다. 또 낙찰받은 주택이 제대로 관리가 안 돼 리모델링을 해야 할 경우도 있습니다. 낙찰 이후 일어날 예상하지 못한 위험을 최소화하기 위해 점유자나 전입세대에 대한 정보도 미리 파악해야 합니다.

공인중개사를 내 편으로 만들어라

임장 과정에서 공인중개사를 내 편으로 만드는 게 중요합니다. 공인중개사를 내 편으로 만든다는 건 우군을 확보하는 것이나 다름없습니다. 공인중개사는 누구보다 지역 사정에 밝고, 임대인과 임차인, 시세, 개발 호재와 악재 등 다양한 정보를 꿰고 있습니다.

공인중개사와 가깝게 지내면 낙찰 이후 명도 과정에서 도움이 되는 점유자나 임차인에 대한 정보를 얻을 수 있습니다. 실제 명도 과정에서 공인중개사가 낙찰자와 점유자 사이의 갈등을 중재하고 **합의**를 끌어낸 사례가 많습니다.

공인중개사도 사람입니다. 내 편을 만들기 위해서는 사람의 마음을 얻어야 합니다. 공인중개사를 내 편으로 만들고 싶다면 공인중개업소를 방문할 때 최소한 **음료수 한 상자**라도 사 들고 가는 게 좋습니다. 또 공인중개사를 대할 때는 최대한 겸손하고, 어설프게 아는 척을 하지 않는 게 좋습니다. 자칫 동네 정보에 빠삭한 공인중개사 앞에서 주름잡는 꼴이 되고 말 겁니다. 필요한 정보에 대한 질문은 최대한 구체적으로 하는 게 좋습니다. 예를 들어 "○○단지 시세가 얼마예요?"라고 질문하기보다 "○○단지 ○동 전용면적 85㎡ 시세가 ○○억 원이라는데, 급매물과는 얼마나 차이가 나요?"라고 좀 더 구체적으로 묻는 게 좋습니다.

공인중개사의 마음을 얻었다면 경매 물건과 관련된 최신 정보를 비롯해 인터넷에서는 찾을 수 없는 생생한 현장 정보를 얻을 수 있습니다. 확인되지 않은 방대한 온라인 정보보다 공인중개사의 말 한마디가 자신에게 유용할 수 있습니다. 공인중개사 한 명을 우군으로 만들 때마다 낙찰 이후 소모되는 시간과 비용을 아낄 수 있습니다.

06

경매와 공매 동시 진행,
입찰해도 될까?

#채무자가 채권자에게 돈을 갚지 못하면 경매 #세금 체납하면 공매
#경매는 '인도명령', 공매는 '명도소송' #잔금을 빨리 내야 소유권 취득

부동산 경매에 관심 있는 사람이라면 경매와 공매를 동시하는 진행하는 물건을 종종 봅니다. 경매 입찰자 가운데 많은 사람이 경매와 공매의 차이를 정확히 모르다 보니 경매와 공매를 동시에 진행하는 물건에 대해 덜컥 겁부터 냅니다. 또 위험한 물건으로 간주하거나, 자칫 경제적으로 손해를 보는 건 아닌지 의심합니다. 심지어 아예 쳐다보지도 않는 입찰자가 많습니다.

경매와 공매를 동시에 진행하는 물건은 정말 위험한 물건일까요? 결론부터 말하면 그렇지 않습니다. 경매나 공매로 나온 물건 모두 권리관계가 비슷하고, 위험도도 크게 다르지 않습니다. 경매와 공매를 동시에 진행한다고 해서 위험도가 증가하거나 감소하는 게 아닙니다.

경매와 공매는 집행기관이나 절차, 방식이 다를 뿐, 동시에 진행한다고 해서 더 위험하거나 덜 위험하지 않습니다.

경매와 공매는 최고 높은 가격을 써낸 사람이 낙찰받는 공통점이 있습니다. 경매와 공매에 대해 조금만 관심을 두고 공부하면 부동산을 주변 시세보다 저렴하게 취득할 수 있는 장점이 있습니다.

경매와 공매의 차이는?

경매와 공매는 법적 근거가 다릅니다. 경매는 '민사집행법'에 따라 개인 간 채무 관계에서 채무자의 재산을 법원에서 강제로 처분합니다. 공매는 '국세징수법'을 적용, 세금을 체납한 체납자가 보유한 자산을 공공기관을 통해 매각합니다.

경매는 채무자가 빌린 돈을 갚지 못하면 채무자의 재산을 법원에서 강제로 처분한 뒤 채권자에게 채무를 상환하는 절차입니다. 경매에서 주로 매각되는 물건은 건물과 토지 등 부동산뿐만 아니라 자동차, 선박 등 다양합니다.

경매는 직접 법원에 출석해 입찰에 참여합니다. 입찰기일에 낙찰자를 발표하고, 최고가를 써낸 사람이 낙찰자가 됩니다. 만약 입찰자가 없다면 유찰이 되고, 한 달 뒤에 다시 경매가 이뤄집니다. 법원은 한 번 유찰될 때마다 경매 최저 가격을 20~30%씩 낮춥니다. 그래서 시세보다 좀 더 저렴하게 부동산을 살 수 있습니다.

공매는 세금이 체납되면 체납된 세금을 징수하기 위해 국가가 체납자의 재산을 강제로 처분하는 절차입니다. 공매는 법원이 아닌 '한국

경매와 공매 차이		
차이	경매	공매
법적 근거	민사집행법	국세징수법
주관 기관	법원	한국자산관리공사
임차인 명도	인도명령	명도소송
입찰 방법	경매법정(법원 출석)	온비드(온라인)

자산관리공사(캠코)'라는 곳에서 주관합니다. 공매는 캠코에서 직접 운영하는 '**온비드**(https://www.onbid.co.kr)'라는 공매 전용 홈페이지에서 이뤄집니다. **월요일부터 수요일까지** 입찰합니다. 경매는 입찰하려면 법원에 직접 출석해야 하지만, 공매는 '온비드'에서 입찰이 이뤄집니다. 공매는 입찰자가 없으면 일주일 뒤 가격을 10% 낮춰서 매각을 진행합니다. 가격이 50%까지 떨어지면 예정가격을 다시 정한 뒤에 재공매합니다.

온라인으로 입찰 진행: 공매 입찰 절차는?

공매는 국가가 세금을 걷기 위해 압류한 물건을 입찰하는 과정입니다. 공매 물건은 크게 압류재산과 국유재산으로 구분됩니다. 압류재산은 체납자의 재산을 압류한 뒤 매각·처분해 세금을 걷는 것을 말합니다. 국유재산은 국가 소유의 부동산을 매각하거나 임대하는 것을 의미합니다. 공매에 나오는 물건 대부분은 압류재산입니다. 이 밖에 금융기관의 구조개선을 위해 기업체로부터 매입한 부동산을 매각하는 유입재산과 금융기관 및 공기업이 한국자산관리공사에 매각을 위탁하는 비업무용 부동산인 수탁재산이 있습니다.

공매 입찰의 가장 큰 특징은 입찰을 온라인으로 진행하는 것입니다. 직접 법원에 출석해야 하는 경매와 달리 클릭 몇 번만으로 입찰할 수 있습니다. 경매보다 접근성이 좋다 보니 직장인이나 젊은 세대들이 주로 입찰에 참여합니다. 온비드 홈페이지에서 회원 가입을 한 뒤 공인인증서를 등록하면 입찰할 수 있습니다.

공매는 일주일에 1번 입찰을 진행합니다. 매주 월요일부터 수요일(오전 10시 ~ 오후 5시)까지 온비드 홈페이지에서 입찰에 참여할 수 있습니다. 낙찰 경과는 목요일 오전 11시에 온비드에서 공고합니다. 이후 다음 주 월요일에 매각 허가가 결정됩니다.

매각 결정 이후에는 낙찰자의 동의를 받아 매각 결정을 확정합니다. 이후에는 대금을 내야 합니다. 3,000만 원 미만은 7일 이내에, 3,000만 원 이상은 30일 이내에 내야 합니다. 대금을 기한 내 내지 않으면 10일간 기한이 한 차례 연장됩니다. 지연 이자는 없습니다. 이후에도 돈을 내지 않으면 매각 결정 취소 후 재공매를 합니다. 대금을 모두 냈다면 60일 이내 소유권이전등기를 하면 됩니다. 세금 납부와 채권 등 매각대금 배분 절차를 진행하면 공매 입찰이 끝납니다.

경매와 공매 동시 진행, 잔금 먼저 낸 낙찰자가 소유권 취득

공매 물건은 한국자산관리공사가 보증합니다. 공매는 온라인 입찰을 진행해 경매보다 접근성이 좋고 편리합니다. 또 유찰 이후 최저 입찰 가격 하락 폭이 경매보다 작지만, 매주 입찰을 진행하다 보니 매각 속도는 빠릅니다. 다만 유료 정보 사이트가 없다 보니 경매보다 정보가 적은 편입니다. 온비드에서 제공하는 **공매재산명세서**와 등기부등본으로 권리분석을 해야 합니다.

공매는 '**인도명령제도**'가 없습니다. 인도명령제도는 낙찰자가 별도의 명도소송 없이 강제할 수 있는 권리를 말합니다. 명도소송보다 더 빨리 부동산을 명도받을 수 있도록 한 제도입니다. 기존 점유자가 퇴거를 거부할 때 신속하게 내보내기 위한 조치입니다. 법원이 대항력이 없는 점유자를 강제 퇴거하도록 명령하는 것입니다.

공매는 인도명령제도가 없어 점유자가 주택을 비워주지 않으면 **명도소송**을 통해서만 강제할 수 있습니다. 명도소송은 보통 6개월에서 1년 정도 걸립니다. 공매는 경매보다 명도가 어렵고, 소송비 등 추가 비용이 들 수 있습니다. 또 대항력을 갖춘 임차인이 물건을 점유하고 있다면 더욱 주의해야 합니다. 이런 위험을 고려해 아파트나 주택을 공매로 낙찰받는다면 경매보다 더 저렴하게 낙찰받아야 합니다.

간혹 경매와 공매를 동시에 진행하는 물건이 있습니다. 이때 경매나 공매 중 한쪽만 낙찰자가 있다면 단독 매각을 진행합니다. 양쪽 모두 낙찰자가 나오면 **잔금을 먼저 치른 낙찰자**가 소유권을 취득합니다. 또 체납자가 공매 절차를 진행하는 중 세금을 모두 내면 매각이 취소됩니다. 매각 기관마다 대금 납부 조건과 계약 조건이 달라 입찰 전 반드시 확인해야 합니다.

07
부동산 경매 입찰 전 이것만은 알고 하자

#입찰보증금은 최저 입찰 가격의 10%   #보증금과 잔금을 미리 준비하자
#선순위 임차인의 보증금은 낙찰자 책임   #입찰 가격에 '0' 잘못 붙이면 보증금 다 날려

경매의 목적은 낙찰이 아닙니다. **시세 대비 저렴한 가격**으로 낙찰받는 게 경매의 진짜 목적입니다. 그렇다고 시세보다 저렴하다고 해서 아무 준비 없이 경매에 뛰어들다간 낭패를 볼 수 있습니다. 예를 들어 점유자(임차인)가 임대인(채무자)에게 받지 못한 보증금을 낙찰자에게 내놓으라고 요구하면 계획에 없던 추가 비용이 들 수 있습니다. 시세보다 저렴한 만큼 항상 위험이 따른다는 점을 명심해야 합니다.

앞 장에서 언급한 매각물건명세서와 감정평가서, 등기부등본 등 각종 서류를 통해 권리관계를 분석하고, 현장조사를 통해 물건에 대한 하자 여부와 시세 파악을 마쳤다고 해서 경매 준비가 끝난 게 아닙니다. 입찰 전 반드시 준비하고, 짚어야 할 것들이 아직 남았습니다.

경매 입찰을 위해 사전에 아무리 꼼꼼하게 준비했더라도 긴장의 끈을 놓으면 안 됩니다. 경매 절차가 워낙 복잡하고 까다로워 작은 실수에도 낙찰이 취소되는 사례가 자주 발생합니다. 또 마음에 드는 물건이 나와 철저하게 사전 준비를 했는데도 예상치 못한 돌발 변수 때문에 낙찰받지 못할 수 있습니다. 그동안 공들인 노력이 수포가 되는 일이 다반사입니다.

입찰보증금과 잔금은 미리 준비해야

부동산 경매를 마치고 법정을 나서면 명함을 한 뭉텅이 받습니다. 낙찰자에게 이른바 대출 이모·삼촌(?)들이 순식간에 다가와 명함을 뿌리다시피 건넵니다. **대출 알선 중개인들**의 대출 호객 행위입니다. 이들은 경매 물건이 낙찰되지 않으면 법정을 빠져나가는 입찰자가 아무리 많아도 눈길조차 주지 않습니다.

경매는 기본적으로 해당 물건의 입찰자 중 가장 높은 가격을 써낸 입찰자가 낙찰받습니다. 낙찰을 받기 위해서는 입찰보증금을 미리 준비해야 합니다. 입찰보증금은 통상 법원이 제시한 최저 매각 가격의 10%이지만, 재경매를 진행하는 물건은 20~30%입니다. 입찰 전 입찰보증금이 얼마인지 두 번, 세 번 확인해야 합니다. 단 1원이라도 부족하면 낙찰받을 수 없습니다. 낙찰받으면 법원에서 **입찰보증금 영수증**을 받습니다. 낙찰자라는 사실을 확인하는 일종의 증표입니다.

법원에서 경매 물건을 낙찰받았더라도 온전히 내 것이 아닙니다. 잔금을 모두 내고 소유권이전등기 절차를 마쳐야 합니다. 보통 낙찰 이후 2주 후부터 잔금을 낼 수 있습니다. 잔금 납부 기한은 매각허가 결정 이후 보통 30~40일 정도의 기간이 주어집니다. 경매는 잔금 납부 기일을 연장할 수 없습니다. 또 기한 내 잔금을 내지 못하면 보증금 10%를 돌려받지 못합니다. 그래서 입찰 전 보증금뿐만 아니라 잔금 납부 계획을 세워야 합니다.

낙찰자들은 보통 미리 마련한 돈으로 잔금을 냅니다. 하지만 예상하지 못한 변수가 생겨 잔금을 내지 못할 때는 **경락잔금대출**을 활용합니다. 경락잔금대출은 낙찰된 경매 물건의 보증금을 제외한 잔금을 내기 위해 받는 대출입니다. 일종의 부동산담보대출입니다.

경락자금대출은 은행과 같은 1금융권과 저축은행, 보험사 등 2금융권에서 모두 취급합니다. 시중은행은 지점마다 대출 취급 여부가 달라 사전에 은행에 문의해야 합니다. 가장 중요한 것은 대출 한도입니다. 일반적으로 1금융권보다 2금융권이 대출 한도와 금리가 높습니다. 경락잔금대출 한도는 감정가의 70%, 낙찰가의 80%, 시세의 70% 정도 수준으로, 지점마다 조금씩 다릅니다. 단, 대출은 낙찰받은 물건의 권리가 깨끗해야 합니다. 낙찰 후 소멸되지 않는 선순위 권리가 있다면 대출이 일부만 나오거나, 아예 나오지 않기도 합니다.

경락잔금대출 여부는 경매 입찰 전 반드시 확인해야 합니다. 낙찰자의 신용 상태나 물건 현황 등에 따라 대출이 나오지 않는다면 보증금을 모두 날릴 수 있습니다. 보통 주거래 은행이나 저축은행 등을 직접 찾아가 해당 물건에 대해 대출 한도가 어느 정도인지 문의하면 됩니다. 낙찰금액이 얼마인지 아직 모르지만, 대략적인 금액을 추산할 수 있습니다.

또 대출 알선 중개인들에게 물건과 자신의 소득수준, 신용 정보 등을 알려주면 대출 한도와 금리에 대해 확인 후 휴대전화 문자로 알려줍니다. 무엇보다 경매에는 보증금과 낙찰가만 필요한 게 아닙니다. 취득세와 수리비, 미납 세금과 관리비, 점유자 이사 비용 등 추가 비용이 들 수 있습니다. 예산 계획을 짤 때 경매 비용뿐만 아니라 추가 비용까지 고려해야 합니다.

대항력이 있는 선순위 임차인이 있다면?

대항력은 법이 정한 임차인의 권리입니다. 즉 임차인이 점유한 부동산이 경매를 통해 제3자에게 낙찰됐더라도 계약 기간에 계속 거주할 수 있고, 만료 시점에 보증금을 돌려받고 부동산을 반환할 수 있는 권리입니다.

대항력을 갖춘 임차인은 **선순위 임차인**과 **후순위 임차인**으로 나뉩니다. 확정일자를 받은 선순위 임차인은 다른 채권자보다 우선해 보증금을 받을 권리가 있습니다. 선순위 임차인이 정상적으로 전입신고를 마쳤다면 경매가 진행되더라도 보증금을 모두 받을 때까지 거주할 수 있습니다. 주택임대차보호법에는 "경매의 낙찰자는 매각대금을 완납함으로써 소유권을 취득하지만, 선순위 세입자의 보증금이 전액 변제되지 않으면 임차권은 사라지지 않는다."라고 규정하고 있습니다.

선순위 임차인이 경매 배당 순서에 따라 배당을 받았는데, 배당금이 보증금에 미치지 못한다면 낙찰자가 책임져야 합니다. 반면 후순위 임차인의 경우에는 배당 순서에 따라 배당을 받고, 배당금이 부족하더라도 낙찰자에게 보증금을 청구할 수 없습니다.

부동산 경매에서 감정가 대비 최저 입찰 가격이 엄청 낮은 물건이 있습니다. 이런 물건들은 기본적으로 최소 5회, 최대 15회 이상 유찰된 것입니다. 경매 초보자들이 최저 입찰 가격만 보고 입찰에 나서는 일이 종종 있습니다. 예를 들어 감정가가 2억 5,000만 원인데, 유찰을 거듭한 끝에 최저 입찰 가격이 1,000만 원까지 떨어진 빌라 물건이 있습니다. 1,000만 원에 낙찰받으면 최소 2억 4,000만 원의 차익을 기대할 수 있습니다.

경매에서 흔히 말하는 '대박'일까요? 그렇지 않습니다. 대항력을 갖춘 임차인이라는 변수를 고려하지 않은 착각에 불과합니다. 권리분석 단계에서 대항력을 갖춘 선순위 임차인의 보증금이 2억 4,000만 원이라는 변수를 놓친 것입니다. 낙찰자가 1,000만 원에 낙찰받더라도 나머지 2억 3,000만 원도 모두 책임져야 합니다. 이 때문에 유찰이 반복되는 것입니다.

최저 입찰 가격이 싸다고 해서 무턱대고 낙찰받으면 될까요? 이런 물건에 입찰하면 절대 안 됩니다. 결론적으로 경매 입찰 전 선순위 임차인 여부를 확인하는 권리분석을 소홀하게 하면 안 됩니다. 경매 과정에서 배당받지 못한 보증금을 낙찰자가 추가 부담할 수 있습니다.

'0' 하나 더 썼다간 보증금 날린다

마음에 드는 경매 물건을 찾았나요? 그럼 입찰을 위해 경매를 주관하는 법원에 직접 가야 합니다. 법원에 가기 전에 경매가 진행되는 날인 **입찰기일(매각기일)**을 확인해야 합니다. 법원마다 경매 날짜와 시간이 다릅니다. 대법원 법원경매 홈페이지와 민간 경매정보 사이트 등에서 날짜와 시간, 장소 등을 확인할 수 있습니다. 경매 입찰을 위해 신분증과 도장, 입찰보증금을 꼭 챙겨야 합니다.

경매법원에는 기일입찰표(입찰표)와 위임장, 매수신청보증봉투(입찰보증금 봉투), 입찰 봉투(대봉투) 등이 비치돼 있습니다. 입찰표를 작성하고, 매수신청보증봉투에 입찰보증금(최저 입찰 가격의 10%)을 넣습니다. 이후 입찰 봉투에 입찰표와 매수신청보증봉투를 넣고, 입찰함에 입찰 봉투를 넣으면 개찰을 시작합니다.

기일입찰표

(앞면)	기 일 입 찰 표			
지방법원 집행관 귀하			입찰기일 : 년 월 일	

사건번호		타 경 호	물건번호	※물건번호가 여러개 있는 경우에는 꼭 기재

입찰자	본인	성 명	㉑	전화번호	
		주민(사업자)등록번호		법인등록번호	
		주 소			
	대리인	성 명	㉑	본인과의 관계	
		주민등록번호		전화번호	-
		주 소			

| 입찰가격 | 천억 | 백억 | 십억 | 억 | 천만 | 백만 | 십만 | 만 | 천 | 백 | 십 | 일 | 원 | 보증금액 | 백억 | 십억 | 억 | 천만 | 백만 | 십만 | 만 | 천 | 백 | 십 | 일 | 원 |

| 보증의 제공방법 | ☐ 현금·자기앞수표 ☐ 보증서 | 보증을 반환 받았습니다. 입찰자 ㉑ |

입찰표에 사건번호와 이름, 전화번호, 주민(사업자)등록번호, 주소, 입찰 가격, 보증금액 등을 기재해야 합니다. 주소는 현재 거주하는 곳과 주민등록상의 주소가 다르다면 주민등록상의 주소를 기재하면 됩니다. 또 입찰표에는 본인의 **도장**을 찍어야 합니다. 본인이 직접 입찰하면 인감도장이 아니더라도 상관없습니다. 대부분의 법원에서 서명이나 지장으로 도장을 대신하기도 하지만, 도장만 인정하는 법원도 간혹 있습니다. 서명과 지장은 임의대로 찍지 말고, 입찰 전 법원 집행관에게 확인해야 합니다.

입찰표를 잘못 작성해 최고 가격을 입찰하고도 낙찰을 못 받거나 보증금을 모두 날릴 수 있습니다. 무엇보다 입찰표에서 가장 중요한 것은 입찰 가격을 적는 것입니다. **한글과 아라비아숫자로 정확하게 기재**해야 합니다. 입찰표에 적은 입찰 가격은 수정할 수 없습니다. 새로 다시 작성해야 합니다. 최저 입찰 가격 이상의 가격을 기재해야 합니다.

특히 입찰 가격을 잘못 작성해 보증금을 날리는 사례가 많습니다. 예를 들어 입찰 가격을 3억 원으로 정했는데, 정작 기일입찰표에 숫자 '0'을 하나 더 붙여 30억 원으로 작성하는 일이 대표적입니다. 최고가로 낙찰을 받더라도 잔금 납부가 사실상 불가능해 낙찰을 포기하게 되고, 결국 입찰보증금을 모두 날립니다. 경매 초보자라면 입찰표를 경매 관련 홈페이지에서 미리 출력한 뒤 집에서 작성하는 게 실수를 줄이는 방법입니다.

부동산 경매 입찰은 **대리입찰**과 **공동입찰**이 가능합니다. 대리입찰은 입찰자의 인감증명서와 입찰자의 인감이 찍힌 기일입찰표, 위임장, 대리인 신분증과 도장, 입찰보증금 등이 필요합니다. 위임장은 입찰표

뒷면이나 별도의 양식을 통해 작성하면 됩니다. 위임장에는 반드시 입찰자의 인감도장이 찍혀야 합니다. 공동입찰에는 입찰표와 위임장, 공동입찰신고서, 공동입찰자목록 대표자(대리인) 1인의 도장·신분증, 대표자를 제외한 공동입찰자의 인감도장 날인, 인감증명서가 필요합니다. 공동입찰 지분 비율이 다르면 지분을 표시해야 합니다. 만약 지분 비율이 표시돼 있지 않다면 법원은 비율을 똑같이 나눠 적용합니다.

8

경매 낙찰 후
'소유권이전등기' 절차는?

#잔금을 내면 경매법원이 등기소에 소유권이전 신청   #낙찰 2주 뒤 법원에서 잔금 날짜 통보
#매각대금완납증명원 발급받으면 소유권 인정   #소유권이전등기 셀프로 하면 정신 건강에 해롭다

    부동산 경매에서 소유권 이전 절차는 빼놓을 수 없는 중요한 과정입니다. 소유권 이전은 부동산 경매 물건의 소유권을 채무자에게서 낙찰자로 이전하는 절차입니다. 경매에서 낙찰받았다고 해서 자동으로 소유권이 이전되지 않습니다. 낙찰 이후 잔금을 모두 내야 합니다.

    부동산 경매 소유권이전등기는 일반 매매와는 다른 방식으로 진행합니다. 일반 매매는 공인중개인이나 법무사 등 대리인이 관할 등기소에 소유권이전등기를 합니다. 경매는 경매를 주관한 법원에서 관할 등기소로 소유권이전등기를 신청합니다. 이를 경매법원의 '촉탁(囑託)'이라고 합니다. 촉탁은 제3자 신청자(낙찰자)를 대신해 등기를 신청하는 것입니다.

경매 낙찰 이후 잔금을 내려면?

잔금을 모두 낸 낙찰자가 소유권이전등기에 필요한 서류를 경매법원에 제출하면, 경매법원은 서류 검토를 거쳐 관할 등기소에 소유권이전등기를 촉탁합니다. 소유권이전등기에 필요한 서류를 갖추기 위해서는 우선 잔금을 모두 납부해야 합니다. 잔금을 낼 때는 절차가 필요합니다. 낙찰 이후 무턱대고 은행에 가서 잔금을 내는 게 아닙니다.

낙찰 이후 2주 정도가 지나면 경매법원은 '대금지급기한통지서'를 낙찰자에게 보냅니다. 경매법원 경매계에 대금지급기한통지서를 제출하면 '법원보관금납부명령서'를 발급받을 수 있습니다. 명령서가 있어야 잔금을 낼 수 있습니다. 은행에 비치된 법원보관금납부서를 작성한 뒤 잔금을 내고 법원보관금영수증(2부)을 받을 수 있습니다. 이 영수증을 받으면 잔금 납부 절차가 끝납니다. 영수증을 받을 때 매각대금완납증명원 신청을 위한 수입인지도 함께 구매합니다. 수입인지를 사기 위해 두 번 이상 방문하는 번거로움을 줄일 수 있습니다. 수입인지 비용은 500원입니다.

매각대금완납증명원 발급받으면 소유권 인정

잔금을 하루라도 빨리 내면 낼수록 유리합니다. 소유권 이전은 물론 명도 집행도 빠르게 진행할 수 있습니다. 잔금을 낸 이후 명도 등 남은 경매 절차에 소요되는 시간을 단축하면 단축할수록 비용을 아낄 수 있습니다. 경매에는 늘 예상하지 못한 변수가 많아 비용을 줄일 수 있다면 최대한 줄이는 게 무엇보다 중요합니다.

　　매각대금완납증명원은 잔금을 납부하고 공식적인 소유권이전등기 절차를 마치기 전까지 소유권자라는 사실을 증명하는 공식 문서입니다. 소유권이전등기 절차가 아직 끝나지 않더라도 이 문서를 발급받았다면 소유권자의 권리를 보장받을 수 있습니다. 은행에서 잔금 납부 후 법원 경매계로 이동해 매각대금완납증명원 2부를 작성하고 수입인지를 붙여 제출합니다. 법원에서는 내용을 확인한 뒤 도장을 찍어줍니다. 도장을 찍는 순간 소유권자의 권리가 생깁니다.

매각대금완납증명원

```
                매 각 대 금 완 납 증 명 원

사   건 :     타경      호               ┌─────────┐
                                        │ 수입인지 │
채 권 자 :                              │ (500원) │
                                        └─────────┘
채 무 자 :

소 유 인 :

매 수 인 :


위 사건의 별지목록기재 부동산을 금          원에 낙찰받아
          . 에 그 대금전액을 납부하였음을 증명하여 주시기 바랍니다.




                      년    월    일


                    매수인              (인)

                    연락처(☎)
```

소유권이전등기, 법원 촉탁이나 법무사에게 맡기자

낙찰자가 잔금을 모두 내면 소유권이전등기 절차를 밟지 않더라도 소유자의 권리를 취득할 수 있습니다. 다만 등기하지 않으면 부동산을 처분할 수 없습니다. 이후에 부동산을 처분하기 위해서는 등기를 반드시 해야 합니다.

경매를 통해 낙찰받은 부동산이라도 세금을 내야 합니다. 소유권 이전등기를 위해 취득세와 인지세, 지방교육세 및 농어촌특별세 등 세금을 내야 합니다. 취득세는 부동산을 취득할 때 부과되는 세금입니다. 취득세는 농어촌특별세(농특세)와 지방교육세(교육세)를 포함합니다. 취득세(부동산 취득 당시의 가액 × 취득세의 표준세율)는 취득가액을 기준으로 세율을 정합니다.

인지세는 부동산의 취득과 관련해 계약서 등 각종 서류를 증명하는 증서를 작성할 때 부과되는 세금입니다. 인지세는 기재금액을 기준으로 1,000만 원 초과 ~ 3,000만 원 이하 2만 원, 3,000만 원 초과 ~ 5,000만 원 이하 4만 원, 5,000만 원 초과 ~ 1억 원 이하 7만 원, 1억

인지세	
기재금액	**세액**
1,000만 원 초과 ~ 3,000만 원 이하	2만 원
3,000만 원 초과 ~ 5,000만 원 이하	4만 원
5,000만 원 초과 ~ 1억 원 이하	7만 원
1억 원 초과 ~ 10억 원 이하	15만 원
10억 원 초과	35만 원

원 초과 ~ 10억 원 이하 15만 원, 10억 원 초과 35만 원입니다.

취득세와 등록면허세를 내려면 부동산 관할 지방자치단체(시·군·구청) 세무과를 방문하면 됩니다. 등록면허세는 재산권과 그 밖의 권리의 설정·변경 사항을 등기 및 등록할 때 부과되는 세금을 말합니다. 신청서를 작성하면 지자체는 취득세와 등록면허세를 계산해 고지서를 발급합니다. 은행에서 취득세와 등록면허세를 내면 납부영수증이 발급됩니다. 또 국민주택채권도 매입해야 합니다. 국민주택채권은 정부가 국민주택건설에 쓰이는 자금을 조달하기 위해 발행한 채권입니다. 소유권이전등기를 신청하려면 국민주택채권을 의무적으로 매입해야 합니다.

경매로 낙찰받은 부동산에 대한 소유권이전등기 절차는 복잡하고, 대법원과 등기소, 은행, 지자체 등 방문해야 할 곳도 많습니다. 절차가 워낙 복잡해 직접 등기를 하는 경우가 거의 없습니다. 낙찰자가 직접 등기소에 가서 소유권이전등기를 할 필요가 없습니다. 위에서 언급한 것처럼 잔금을 내면 경매법원에 관할 등기소로 소유권이전등기를 촉탁합니다. 또 은행에서 잔금대출을 신청하면 은행이 선임한 법무사가 직접 등기를 합니다. 잔금대출을 신청하지 않더라도 법무사에게 등기이전을 맡길 수 있습니다. 대행 비용은 법무사마다 다르지만, 보통 20만~30만 원 선입니다.

09

"절대 못 나가!"
점유자와 명도 협상은 이렇게

#명도는 새로운 시작이자, 마지막 관문 #권리분석 단계부터 점유자 정보 확인해야
#원만한 합의가 비용과 시간을 아낀다 #이사 비용 등 적절한 보상 제시

"아파트를 낙찰받았는데, 점유자가 안 나가요."

회사원 윤인수(가명) 씨는 최근 밤잠을 설치고 있습니다. 얼마 전 부동산 경매로 서울 구로구 고척동의 한 아파트를 낙찰받았습니다. 시세보다 30% 싸게 낙찰받았다는 기쁨도 잠시. 소유권이전등기를 마치고, 임차인을 만나 집을 비워달라고 요구했습니다. 하지만 임차인은 "절대 나갈 수 없다"라며 윤 씨의 요구를 완강히 거부했습니다.

계획이 틀어진 윤 씨는 임차인을 수차례 만나 어르고 달래봤지만 소용이 없었습니다. 임차인은 윤 씨를 만날 때마다 "이 아파트에서 10년 넘게 살았는데, 어떻게 나가느냐"라며 호통을 치더니, 이제는 연락조차 받지 않습니다. 임차인은 대항력이 없는 후순위 임차인으로 윤 씨가 보증금을 돌려줄 의무가 없습니다. 윤 씨는 임차인에게 낙찰자의 권리에 대해 충분히 설명하고, 이사 비용과 보증금 일부를 돌려주겠다고 통보했습니다. 하지만 임차인은 "보증금 전액을 돌려줄 때까지 못 나가겠다"라며 버티고 있습니다.

윤 씨는 "애써 낙찰받았는데 물건을 넘겨받지 못해 속만 앓고 있다"라며 "시세보다 싸게 낙찰받았지만, 명도 비용까지 따지면 오히려 더 비싸게 낙찰받은 것 같다"라고 토로했습니다.

윤 씨는 임차인과 몇 차례 전화 통화를 시도하고, 문자메시지로 여러 차례 협상안을 전달했습니다. 임차인으로부터 회신을 못 받은 윤 씨는 현재 명도소송을 준비하고 있습니다.

마음에 드는 경매 물건을 낙찰받았다고 경매가 끝난 게 아닙니다. 잔금을 모두 냈더라도, 정상이 희미하게 보이는 8부 능선을 넘어선 것입니다. 경매의 결과는 8부 능선에서 결정된다고 해도 과언이 아닙니다. 8부 능선에서 한 발짝만 떼면 정상에 이를 수 있지만, 8부 능선에서 주저앉으면 정상에 끝내 도달하지 못합니다.

경매 과정은 뭐 하나 만만하게 없습니다. 특히 '**명도**(明渡)'는 새로운 시작이자, 정상을 향한 마지막 관문입니다. 명도는 부동산 경매에서 낙찰받은 부동산을 점유하고 있는 소유자나 세입자로부터 낙찰받은 물건을 넘겨받는 것을 말합니다. 물건을 넘겨받는다는 것은 소유권뿐만 아니라 재산권을 온전히 행사하는 것을 의미합니다.

부동산 경매를 통해 시세보다 아무리 싸게 낙찰을 받았다고 하더라도, 현재 점유자나 임차인이 나가지 않는다면 소유자(낙찰자)는 매매나 임대와 같은 정당한 권리를 행사하기가 어렵습니다. 분야는 다르지만, 한때 인기 있던 노래 가사인 '내 꺼(것)인 듯, 내 꺼(것) 아닌 내 꺼(것) 같은 너'와 비슷한 상황입니다.

명도의 기본 원칙은 '원만한 합의'다

경매 주택의 소유자나 임차인에게 낙찰자는 반가울 리 없습니다. 원망의 대상이자, 경계의 대상입니다. 사업 실패나 경제적 이유로 쫓겨 나야 하는 소유자나 임대인을 잘못 만나 보증금을 돌려받지 못할 위기에 처한 임차인의 심정이 오죽하겠습니까?

점유자를 강제로 이주시키는 건 쉬운 일이 아닙니다. 하지만 점유자가 막무가내로 버틴다고 하더라도 마냥 기다릴 수 없습니다. 명도 기간이 길어지면 길어질수록 낙찰자의 손해가 눈덩이처럼 불어납니다. 점유자와 합의가 원활하게 이뤄지지 않아, 결국 명도소송까지 진행하게 되면 시간과 비용이 더 많이 듭니다.

명도의 기본 원칙은 점유자와의 **원만한 합의**입니다. 원만한 합의를 위해서는 점유자에 대한 정보가 많으면 많을수록 좋습니다. 점유자에 대한 정보 수집은 잔금을 낸 이후에 하는 것이 아니라 **권리분석 단계**에서부터 시작해야 합니다.

현장조사 단계에서 점유자에 대한 정보를 수집해야 합니다. 공인중개사를 만나 점유자와 관련한 정보와 주택 상태 등 필요한 정보를 확인합니다. 또 아파트 관리사무소 및 주변 이웃 등 점유자에 대해 알고 있는 사람들을 두루 만나 점유자의 현재 상황이 어떤지 파악하면 협상에서 유리한 고지를 점할 수 있습니다.

점유자를 이해하고, 마음을 열어라

　무슨 일이든 첫술에 배부를 수 없습니다. 점유자와의 합의도 그렇습니다. 점유자와의 첫 만남에서 원만하게 합의하면 가장 좋지만, 흔치 않습니다. 명도는 낙찰자의 당연한 권리입니다. 하지만 실제 명도를 진행하다 보면 무 자르듯 단호하게 자를 수 있는 게 아닙니다. 낙찰자는 점유자에게 한 걸음 한 걸음 여유롭게 다가가는 배려가 필요합니다. 낙찰자와 점유자가 함께 머리를 맞댄다면 적당한 선에서 원만한 합의에 이를 수 있습니다.

　낙찰자는 점유자에게 낙찰자의 권리에 대해 분명하게 설명하되, 복잡하게 얽혀 있는 마음을 하나하나 풀어주는 아량을 베풀어야 합니다. 물론 말처럼 쉬운 일이 아닙니다. 낙찰자의 당연한 권리인데, 군이 손해를 감수하면서 배려할 필요가 없다고 생각할 수 있습니다. 틀린 말이 아닙니다. 또 터무니없는 요구를 하는 점유자가 있을 수도 있습니다. 합의를 위해 만났더라도 점유자의 행동이 괘씸해 낙찰자가 오히려 합의를 거부하는 사례도 많습니다.

　점유자와 합의가 무산되고, 소송에 강제집행까지 진행하면 비용과 시간이 처음 예상했던 것보다 더 많이 듭니다. 수익이 갈수록 줄고, 심하면 손해를 볼 수도 있습니다. 낙찰자는 점유자의 마음을 이해하고, 원하는 것이 무엇인지 확인합니다. 또 원만한 합의를 위해 이사 비용 등 적절한 보상을 구체적으로 제시하고 협의해야 합니다. 적정한 보상 기준은 강제집행에 드는 비용 내에서 정해야 합니다.

10

점유자와 협상 결렬되면 '강제집행' 인도명령과 명도소송 차이는?

#점유자와 명도 협상 결렬 강제 수단 동원해야   #인도명령·명도소송 진행하면 낙찰자 재산권 행사 제한
#인도명령, 낙찰 이후 6개월 이내 신청   #6개월이 지났다면 명도소송

    부동산 경매에서 가장 어려운 과정이 명도입니다. 낙찰보다 더 어려운 게 명도입니다. 오죽하면 명도만 전문적으로 대행하는 대행업체와 법률사무소까지 있을 정도일까요? 명도는 경매의 마지막 절차이자 최후의 난관입니다. 가장 이상적인 명도는 점유자와의 꾸준한 **대화와 협상**을 통한 **합의**입니다. 점유자와의 원만한 합의는 낙찰자에게 더 유리합니다. 무엇보다 시간과 비용을 아낄 수 있습니다. 그래서 점유자와의 원만한 합의를 이끌어내기 위해 힘을 쏟아야 합니다.

    명도는 대부분 점유자와의 원만한 합의를 통해 이뤄집니다. 점유자는 현재 사는 주택에서 내쫓기는 신세가 되다 보니 낙찰자를 경계하고, 합의를 완강히 거부하기도 합니다. 하지만 원만한 합의를 위해 낙찰자가 제안하는 협상안을 계속 거부하고, 생떼를 쓰면 강제집행을 당합니다. 아무리 점유자라도 강제집행을 당할 수 있고, 한 푼도 못 받고 쫓겨날 수 있다는 불안감이 적지 않습니다. 점유자 대부분은 낙찰자와의 첫 대면에서 불같이 화를 내더라도, 시간이 지나면 결국 사그라들고 원만한 합의에 이르게 됩니다.

낙찰자는 통상 강제집행에 드는 비용 내에서 점유자의 이사 비용을 지급하는 등 점유자에게 여러 합의안을 제안합니다. 아무리 시세보다 싸게 낙찰받았더라도 명도 비용이 추가되면 오히려 더 비싸게 사는, 배보다 배꼽이 더 클 수 있습니다. 또 명도소송 판결부터 집행 때까지 평균 6개월 넘게 걸립니다. 아무리 낙찰자라고 해도 소송 기간에는 재산권을 마음대로 행사할 수 없습니다. 게다가 명도 과정에서 겪는 정신적 스트레스는 이루 말할 수 없습니다.

명도 협상 결렬? '강제집행'이 답이다

낙찰자와 점유자의 명도 협상은 그야말로 다사다난합니다. 별의별 사람이 다 있고, 예상하지 못한 일들이 종종 벌어집니다. 낙찰자의 연락을 피하거나 막무가내로 못 나가겠다고 버티는 점유자는 그나마 양반입니다. 아예 문을 열어주지 않거나 점유한 주택을 고의로 훼손하는 사례가 많습니다. 심지어 이사 비용을 받고 이른바 '잠수(?)'를 타는 점유자도 적지 않습니다.

점유자가 막무가내로 버티거나 떼를 쓰면 낙찰자는 실로 미치고 환장할 노릇입니다. 애써 낙찰받은 물건을 제때 넘겨받기는커녕 매매 등 정당한 권리를 마음대로 행사하지 못한 채 속앓이만 해야 합니다. 낙찰자는 혼란스럽기만 합니다. 좀 더 시간을 갖고 점유자와 추가 명도 협상에 나설지, 아니면 강제집행에 나설지 고민합니다. 낙찰자의 고민이 깊어지는 사이 막대한 기회비용이 발생합니다.

명도 협상에 진척이 없다면 더는 기다릴 필요가 없습니다. 수차례 명도 협상에서 얻어낸 것이 없고, 앞으로도 평행선을 달릴 가능성이 크다면 이제는 결단할 때입니다. 낙찰자는 점유자에게 강제집행 등 법적 조치를 강행하겠다는 최후통첩을 단호하고 분명하게 전달해야 합니다. 소송부터 강제집행까지 걸리는 시간과 비용의 손해를 감수하더라도 정당한 재산권 행사를 위해 불가피한 강제 조치를 해야 합니다. 강제집행을 추진하는 과정에서 꿈쩍 않던 점유자나 임차인이 오히려 먼저 협상안을 제시하거나 협상 테이블로 나오는 사례가 비일비재합니다. 명도 협상이 단 한 발짝도 진전하지 못한 상황에서, 때로는 최후통첩이 더 큰 효과를 발휘하기도 합니다.

인도명령과 명도소송 차이는?

점유자와 협상이 결렬되면 최후의 수단인 **강제집행**을 추진합니다. 명도 과정에 점유자와의 원만한 합의가 중요하지만, 합의에 이르지 못하는 경우가 적지 않습니다. 합의에 이르지 못하면 불가피하게 강제 수단을 동원해야 합니다. 강제 수단으로는 '**인도명령**'과 '**명도소송**'이 있습니다.

인도명령은 낙찰자가 잔금을 모두 낸 뒤 6개월 이내에 채무자나 임

인도명령과 명도소송 차이

항목	인도명령	명도소송
구분	민사 '신청'	민사 '소송'
시기	매각대금 납부 후 6개월 이내	매각대금 납부 후
대상	대항력 없는 임차인 점유 권한 없는 채무자, 소유자	대항력 있는 임차인 매각대금 납부 후 6개월이 지난 인도명령 대상자
방법	법원 경매계(민사신청과)에 접수	관할 법원 소송 제기
진행 과정	점유 권한 없는 점유자 심문 절차 없이 진행	정식 재판 절차대로 진행 준비서면 및 답변서 제출, 증인신문, 사실 확인
소요시간	약 15~20일	3~6개월
필요 서류	인도명령결정문, 집행문, 송달증명서	승소판결문, 송달증명서, 집행문부여신청, 확정증명원
비용	송달료·인지대·집행비용	송달료·인지대·집행비용 법률대리인 변호사 비용 추가

차인 등 부동산 점유자에 대해 신청하는 명도 절차입니다. 부동산 경매를 주관한 법원으로부터 인도명령 결정을 받아 강제집행하는 것입니다.

낙찰자라도 점유자가 있는 주택의 문을 강제로 열고, 진입하면 **주거침입죄**와 **재물손괴죄**로 오히려 고소당할 수 있습니다. 법원의 적법한 절차에 따라 강제집행을 하는 것이 중요합니다. 적법한 절차에 따라 이행되는 인도명령은 채무자가 없어도 집행할 수 있습니다. 통상 관할 법원에 인도명령을 신청할 때 **점유이전금지가처분**도 동시에 진행합니다.

법원이 인도명령 절차를 허가했는데도 점유자가 이를 거부하면 법원에 강제집행을 신청할 수 있습니다. 낙찰자의 재산권 행사를 위한 강제집행 절차로 명도소송이 있습니다. 인도명령과 명도소송은 강제집행이라는 공통점이 있습니다. 차이점은 인도명령은 낙찰받은 후 6개월 이내에 신청해야 하지만, 명도소송은 기간 제한이 없다는 것입니다.

　법원에서 인도명령 결정을 내리면 낙찰자와 점유자에게 각각 결정문이 송달됩니다. 송달 이후 법원 집행관이 강제집행 절차에 착수합니다. 강제집행에 필요한 비용 납부와 강제집행 예고에도 점유자가 주택을 비워주지 않는다면 본격적인 강제집행 절차에 착수합니다. 법원은 인도명령 신청서 접수 후 약 2주 뒤에 현장 방문을 하고 점유자를 만나 강제집행에 대해 안내합니다. **강제집행 비용**은 모두 **점유자 책임**입니다.

　법원 집행관은 강제집행 전 점유자를 만나 **집행 개시**를 통보합니다. 점유자의 물건을 모두 빼내고 물품보관업체에 물건을 맡깁니다. 명도를 전문으로 하는 이삿짐 업체를 불러 강제집행을 한 뒤 점유자의 물건을 보관합니다.

　법원 집행관이 경매로 낙찰받은 부동산 면적과 층수 등을 고려해 용역 업체를 섭외합니다. 통상 강제집행 비용은 전용면적 85㎡ 기준으로 **최소 150만 원에서 최대 300만 원**으로 정합니다. 강제집행 비용에는 인지대와 송달료 등을 포함합니다. 또 다른 비용도 듭니다. 점유자의 물건을 보관할 때 보관 트럭 기준으로 최소 60만 원에서 최대 100만 원이 듭니다. 인도명령이나 명도소송 등 강제집행 이후 강제집행에 쓰인 비용에 대해 나중에 점유자에게 청구할 수 있습니다. 부동산 경매의 유종의 미는 점유자와의 원만한 합의 후 명도입니다. 다만 점유자와 원만한 합의에 이르지 못하면 강제집행을 할 수 있다는 점을 명심해야 합니다.

"대박 노리다 쪽박 찬다" 믿고 걸러야 할 경매학원

부동산 경매는 예나 지금이나 뜨겁습니다. 경매는 실수요보다 투자 성격이 강합니다. 부동산의 가치 상승을 기대하고, 가격경쟁력을 갖춘 물건을 낙찰받는 방식의 투자 수요가 경매의 주류입니다. 부동산 투자는 기본적으로 다른 자산 투자보다 거액의 뭉칫돈이 필요하다 보니 접근성이 다소 떨어집니다. 하지만 경매는 상대적으로 문턱이 낮습니다. 적게는 수백만 원에서 수천만 원의 소액으로도 부동산에 투자할 수 있습니다. 문턱이 낮으니 대박을 노리는 투자 수요가 꾸준합니다.

경매는 부동산 경기의 흐름을 미리 가늠할 수 있는 지표입니다. 부동산 경기를 가장 빠르고 민감하게 반영합니다. 예를 들어 신건 기준 경매 건수가 일정 기간 급증하면 부동산 시장의 장기 침체를 알리는 신호입니다. 반대로 낙찰 가격이 올라가면 그만큼 부동산 시장에서도 가격이 상승할 가능성이 크다는 의미로 해석합니다.

특히 경매 참여자가 몰려 낙찰가율(감정가 대비 낙찰가 비율)이 어느 정도 상승하면 낙찰가와 수수료를 포함한 경매가가 부동산 시장의 급매물 가격보다 비싸집니다. 그럼 경매를 향했던 투자 수요가 기존 부동산 시장으로 유입되고, 수요가 많아지면서 집값이 상승합니다. 그래서 경매는 부동산 시장에 선행한다고 합니다. 부동산 투자자가 투자에 앞서 경매를 통해 부동산 시장의 반등 신호를 파악하는 게 일종의 불문율입니다.

경매는 투자의 영역이 아닙니다. 최근에는 집값이 급격히 오르고 매물이 잠기면서 주변 시세보다 좀 더 싸게 내 집을 마련하려는 실수요자들의 발걸음이 이어지고 있습니다. 기본적인 투자 수요뿐만 아니라 실거주 목적의 수요가 더해지고 있습니다. 경매시장이 점점 커지고 있습니다.

경매에는 자금력을 갖춘 중장년층인 4050세대가 주를 이루지만, 최근에는 이른바 'MZ세대'로 불리는 2030 젊은 세대들의 유입도 활발합니다. 이들은 상대적으로 자금이 부족하다 보니 주로 소액투자 물건에 집중합니다. 실제 최근 수년간 다양한 유형의 부동산 소액 투자가 이뤄지고 있습니다.

경매 수요가 늘어나면서 덩달아 경매학원이 우후죽순으로 생겨났습니다. 주요 포털사이트나 SNS, 유튜브 등에 부동산 경매 관련 단어를 입력하면 경매학원 광고가 넘쳐납니다. 셀 수 없을 정도의 정보가 쏟아지다 보니 오히려 필요한 진짜 정보를 찾는 게 일입니다. 필요한 정보를 걸러내기 어려울 정도입니다. 정보의 홍수 속에 좀 더 정확하고, 신뢰성 높은 정보를 찾는 게 만만치 않습니다.

부동산 경매에 관심이 날로 높아지고 있는데, 경매에 첫발을 내딛는 초보자들은 어디서부터 어떻게 접근해야 하는지 혼란스럽기만 합니다. 초보 투자자뿐만 아니라 내 집 마련을 위해 경매로 눈을 돌리는 실수요자들 역시 정보의 홍수 속에 허우적대고 있습니다. 허위·과장된 정보가 아닌지, 혹은 어떤 정보가 신뢰할 수 있는 정보인지 선별하는 데만 꽤 많은 시간이 필요합니다.

부동산 경매학원은 다른 일반 학원처럼 운영합니다. 경매학원은 일정한 수강료를 받고 경매 관련 교육 프로그램을 제공한다는 점에서 일반 학원과 별반 다르지 않습니다. 수강료는 천차만별입니다. 적게는 매달 수만 원에서 많게는 수십만 원에 달합니다. 일부 경매학원은 수강료를 홈페이지에 공개하고 있지만, 대부분 대면 상담을 통해 수강료를 안내합니다. 모든 학원은 광고할 때 수강료를 반드시 공개해야 하지만, 경매학원은 직접 상담을 받아보면 수강료가 달라지는 경우도 허다합니다.

부동산 경매학원의 교육 프로그램은 엇비슷합니다. 초급반부터 중급반, 상급반, 그리고 실전 고급반까지 단계별 수업을 진행하는 게 일반적입니다. 경매의 기본 개념부터 입찰 방법, 물건 분석, 입찰가 조정, 현장견학 등 프로그램의 이름만 다르고, 교육 내용은 큰 차이가 없습니다. 최근에는 유튜브를 기반 삼아 강의를 개설한 학원들이 넘쳐납니다.

부동산 경매학원은 공통분모가 있습니다. 저마다 부동산 경매전문학원을 자칭하며 다른 간판을 달고 있지만, '축적된 경험과 경매 비법을 전수하겠다'거나 '고수익을 보장하겠다'는 비슷한 광고들이 빠짐없이 나옵니다. 또 단돈 얼마를 투자해 얼마를 벌었다든지, 수강생들과 공동투자를 통해 수익률을 얼마나 확보했는지 등등 성공 사례 홍보에 열을 올립니다. 극히 일부이거나, 사실과 다른 광고일 가능성이 큽니다. 경매학원이 자랑하는 광고에 현혹되지 않아야 합니다.

모든 경매학원이 그렇진 않지만, 도를 넘어선 광고와 상술이 눈살을 찌푸리게 합니다. 또 경매학원이 우후죽순처럼 생겨나면서 수강료만 챙기고, 정체 모를 강사를 앞세워 수준 이하의 교육 프로그램을 제공하는 등 반드시 걸러야 할 학원도 그만큼 많아졌습니다. 어딜 가나 물을 흐리는 미꾸라지 일부가 문제입니다.

부동산 경매학원에 등록하기 전 무등록 업체인지 확인하는 게 가장 중요합니다. 실제 법원 판결입니다. 무등록 경매학원을 운영하면서 억대 경매대행 수수료를 챙긴 혐의로 학원장이 실형 선고를 받았습니다. 울산지법(형사11부)은 2018년 11월 변호사법과 학원의 설립·운영 및 과외교습에 관한 법률 위반 등으로 기소된 학원장에게 징역 3년을 선고하고, 2억 7,000만 원을 추징하도록 명령했습니다. 학원장은 무등록 경매학원을 차린 뒤 2014년 4월부터 2016년 11월까지 수강생 40여 명에게 가입비 명목으로 10만~30만 원을 받는 등 불법으로 학원을 운영한 혐의로 기소됐습니다. 학원장은 또 학원생들을 상대로 지분경매 등 특수경매 투자를 권유하고 수수료를 챙겼습니다. 무등록 업체에서 입은 피해는 법적으로 보호받기가 어렵습니다. 관할 지자체나 교육청에 문의하거나 인터넷 검색 등을 통해 등록 업체인지, 피해 사례가 없는지를 확인하고, 수강 여부를 결정해야 합니다.

특히 공동투자나 모의투자, 특수 물건(VIP) 투자 등을 빌미로 추가 수업료와 투자금을 요구하는 경매학원도 많습니다. 또 현장견학(임장)을 명분으로 카메라 등 고가의 장비를 강매하는 사례도 있습니다. 수강료 환불을 요구하면 거부하는 피해도 자주 발생합니다. 수강료 환불을 위해 수강료(추가 수강료, 현장견학 실습비 포함) 영수증과 장비 구매 계약서 등을 보관해야 합니다.

경매에는 '대박 신화'만 있는 것이 아닙니다. '승자의 저주'도 존재합니다. 경매에서 낙찰받았지만, 너무 높은 가격을 써서 경제적 손해를 입었다거나 권리분석을 제대로 하지 못해 배보다 배꼽이 더 큰 낭패를 본 사례도 있습니다. 경매를 통해 고수익을 보장하는 것처럼 수강생을 현혹하는 부동산 경매학원 상술에 속지 않도록 주의해야 합니다.

PART 06

누구도 알려주지 않는
부동산 세금 단박에 이해하기

세금

01

절세의 시작,
부동산 세금의 모든 것

#소득이 있으면 누구나 세금을 내야　#세금은 아는 만큼 보이고, 보이는 것만큼 아낄 수 있다
#세금을 매기는 기준 과세표준

　　"죽음과 세금은 피할 수 없다"라는 말이 있습니다. 미국 건국의 아버지, 벤저민 프랭클린이 남긴 명언입니다. 이 말을 남긴 벤저민 프랭클린은 '100달러 인물'로 더 많이 알려진 사람입니다. 그의 말은 인간이 죽음을 피하려고 아무리 노력해도 결국 죽고, 세금을 내지 않으려고 아무리 애를 써도 세금을 피해갈 수 없다는 얘기입니다. 죽음과 세금은 아무리 발버둥을 쳐봐야 거스를 수 없고, 따를 수밖에 없다는 뜻이 담겼습니다. 한 나라의 국민이라면 세금을 내는 건 보편타당한 것이자, 피한다고 피할 수 있는 게 아니라는 사실을 자연의 순리처럼 받아들여야 한다는 것입니다.

　　굳이 벤저민 프랭클린의 말을 빌리지 않아도, 모든 국민이 적은 액수라도 세금을 내야 한다는 '**국민개세주의**(國民皆稅主義)'가 국가 조세 정책의 대원칙입니다. 이는 '**소득이 있으면 누구나 세금을 내는 게 당연하다**'는 논리입니다. 한 나라의 국민이라면 경제적 활동을 통해 소득이 생긴다면, 그 소득의 일부를 세금으로 내야 합니다.

국민은 국가라는 공동체의 보호를 받으며 다양한 경제활동을 통해 새로운 가치를 창출합니다. 또 사회적으로 다양한 상호작용을 거쳐 부를 축적합니다. 국민은 부를 축적하는 단계에서 발생한 소득 가운데 일부를 국가에 세금으로 냅니다. 국가는 국민이 낸 세금을 통해 일종의 국가적 이익을 얻습니다.

국가의 이익은 비단 국가만의 것이 아닙니다. 국가는 세금으로 **사회적 재투자**에 나섭니다. 국가는 가장 기본적으로 국민의 안전과 생명, 재산을 지키는 데 필요한 조직과 기관을 운영하고, 필요한 시설을 짓습니다. 또 공동체의 불균형 해소와 자유로운 경제적 활동을 지원하는 데도 세금을 활용합니다. 세금을 내야 국가가 움직이고, 현재 우리의 삶을 유지할 수 있습니다. 국가라는 공동체를 운영하는 데 꼭 필요한 게 세금입니다. 그래서 대한민국 국민은 납세의 의무를 지고, 대다수 국민이 이를 따릅니다.

"소득이 있는 곳에 세금이 있다"라는 말은 너무도 당연한 말입니다. 대한민국 국민이라면 법이 정한 납세 의무를 지켜야 하지만, 곶감 빼먹듯 내 호주머니에서 빠져나가는 세금이 달가울 리 없습니다. 한 푼이라도 세금을 줄여서 내고 싶은 마음은 누구나 같습니다. 평소에 조금만 관심을 가지면 누구나 쉽게 절세할 수 있습니다. 세금은 아는 만큼 보이고, 보이는 것만큼 아낄 수 있습니다. 무지와 무관심 혹은 그러려니 하고 넘어가는 순간 절세는커녕 세금 폭탄을 맞을 수도 있습니다. 이왕 내야 할 세금이라면 제대로 알아야 절세를 할 수 있습니다.

세금을 한 푼이라도 아끼려면 세금에 관한 관심과 사전 준비가 필요합니다. 세금 고지서에 찍힌 안내 세액을 그대로 믿고 세금을 내기보다는 합리적인 기준에 따라 세금이 제대로 부과됐는지 따져보고, 절세를 위해 필요한 절차와 증빙자료가 무엇이 있는지 확인하고 챙기는 습관이 절세의 시작입니다. 세금은 아는 만큼 보이고, 보이는 것만큼 절세할 수 있다는 말도 실천하지 않으면 무용지물입니다. 무지와 무관심, 그러려니 하고 넘어가는 순간 절세는커녕 세금 폭탄을 떠안을 수도 있습니다.

부동산 세금 3종 세트 기초 다듬기

부동산과 세금은 떼려야 뗄 수 없는 관계입니다. 취득부터 보유, 처분까지의 과정을 흔히 '부동산 생애주기'라고 표현합니다. 매매나 양도, 증여 등 부동산 생애주기에 포함된 모든 거래에는 세금이 필연적으로 발생합니다. 부동산 거래 과정에서 소득이 발생하면 보편적인 조세원칙에 따라 세금을 부과합니다.

부동산 세금은 크게 취득세와 보유세(재산세·종합부동산세), 양도소득세 등 세 가지로 나뉩니다. 부동산을 살 때는 '취득세', 부동산을 보유할 때는 '보유세', 부동산을 팔 때는 '양도세'를 내야 합니다. 부동산 거래에 있어 세금은 필수불가결(必須不可缺)한 존재입니다. 세금을 내지 않고 부동산 거래를 할 수 없습니다.

부동산 생애주기별 세금 종류

주기	세금 종류	내용
취득	취득세	부동산을 취득할 때 내는 세금
		부과 기준: 주택 수, 주택 소재지
		기본세율: 취득가액에 따라 1~3% 적용
		중과세율: 조정대상지역 2·3주택 취득 시 적용
보유	재산세	현재 토지나 주택, 건축물 등을 소유한 사람에게 부과하는 세금 (지방세)
		매년 6월 1일 기준 세금 부과
	종합 부동산세	재산세 납부자 중 기준을 초과하는 토지와 주택을 보유하고 있는 사람에게만 부과하는 세금(국세)
처분	양도세	부동산 처분 시 내는 세금
		부동산을 산 가격과 판 가격 차액에 세금 부과
		1세대 1주택자 주택의 실거래가 12억 원 미만이면 비과세
		2년간 보유하고, 조정대상지역 2년간 실거주 의무 지켜야 세금 면제

아파트나 토지 등 부동산을 살 때 내는 세금이 취득세입니다. 일반적인 매매뿐만 아니라 상속과 증여, 교환 등 다른 방법을 통해 부동산을 취득할 때도 취득세를 부과합니다. 취득세에는 '농어촌특별세(농특세)'와 '지방교육세'가 함께 부과됩니다. 취득세 계산은 취득자가 신고한 가액입니다. 만약 신고하지 않거나, 신고한 금액이 시가표준액보다 낮거나 표시가 없으면 시가표준액으로 계산합니다. 또 아파트를 비롯한 주택은 보유한 주택 수에 따라 취득세율을 정합니다. 취득세는 취득일로부터 60일 이내에 취득세를 신고하고 내야 합니다. 상속은 6개월, 증여는 3개월 이내입니다.

보유세는 부동산을 보유하는 동안 내는 세금입니다. 보유세는 시세가 아닌 공시가격을 기준으로 세금을 부과합니다. 보유세는 지방세인 재산세와 국세인 종합부동산세로 나뉩니다. 재산세는 부동산이 있는 관할 지방자치단체에 내는 세금입니다. 부과 기준일은 매년 6월 1일입니다. 종합부동산세는 보유한 부동산의 가치가 일정한 기준을 넘으면 내는 세금입니다. 종합부동산세는 흔히 '부자세'라고 합니다.

양도소득세는 부동산을 산 가격과 판 가격 사이의 차액을 기준으로 부과하는 세금입니다. **1세대 1주택자**는 주택 실거래가가 **12억 원 미만**이면 시세차익과 상관없이 비과세 혜택을 받습니다. 단, 주택을 **2년간 보유**해야 하고, **조정지역**이라면 **실거주**를 2년간 해야 비과세 혜택을 누릴 수 있습니다.

부동산 세금 부과 기준 '공시가'를 아시나요?

부동산 세금 하면 빼놓을 수 없는 개념이 '**공시가**(公示價)'입니다. 공시가는 정부나 공공기관이 공식적으로 정한 가격을 말합니다. 부동산의 실제 거래 가격이 아닌 정부가 공식적으로 정한 가격으로, 세금을 매기는 기준인 **과세표준**의 근거로 활용합니다. 통상 공시가는 실제 거래 가격보다 낮습니다. 공시가가 낮으면 낮을수록 부과되는 세금이 적습니다.

공시가는 토지가격인 **공시지가**와 아파트나 빌라 등 주택가격인 **공시가격**으로 나뉩니다. 쉽게 말해 공시지가는 땅값, 공시가격은 건물값입니다. 토지 공시지가는 표준공시지가와 개별공시지가로 나뉘고, 공시가격은 표준단독주택과 개별단독주택, 공동주택 공시가격으로 나뉩니다. 표준공시지가와 표준단독주택, 공동주택 공시가격은 정부 부처인 국토교통부 장관이 정합니다. 또 개별공시지가, 개별주택가격은 시장·군수·구청장이 정합니다.

주택공시가격은 부동산 보유세에 해당하는 **재산세**와 **종합부동산세**뿐만 아니라 건강보험료와 기초연금 등 67가지 행정제도의 기초 자료로 활용합니다. 공시가격은 정부가 매년 1월 1일 기준으로 감정평가를 거쳐 정합니다. 부동산 보유세는 정부가 정한 공시가격에 공정시장가액비율과 세율을 적용해 산정합니다. 공정시장가액비율은 과세표준을 정할 때 적용하는 공시가격의 비율로, 정부가 시행령으로 결정할 수 있습니다.

부동산 공시가격 확인하기

자료: 부동산 공시가격 알리미 홈페이지

공시가격은 국토교통부와 한국부동산원이 운영하는 **부동산 공시가격 알리미 홈페이지**(https://www.realtyprice.kr/)에서 확인할 수 있습니다. 공동주택, 표준단독주택, 개별단독주택 공시가격과 표준지, 개별공시지가로 구분해서 모두 공개합니다. 오피스텔이나 상업용 부동산은 공시가격 정보가 없습니다. 국세청은 이런 건물에도 보유세를 부과하기 위해 기준시가를 정합니다. 기준시가는 토지와 건물을 합산해 평가한 가격으로, 국세청이 매년 1회 이상 산정합니다. 부동산을 양도하거나 취득할 때 실거래가를 확인하기 어려우면 매매 사례 가격이나 감정가 등으로 부과합니다. 기준시가는 양도소득세와 상속·증여세의 과세표준입니다.

10억 원짜리 아파트를 사면 취득세는 얼마?

#세금 산정을 위한 기준, 과세표준   #취득세 결정 3종 세트 '집값·주택 수·규제지역'
#위택스 '취득세 계산기' 활용해 취득세 미리 확인   #생애최초 내 집 마련 취득세 200만 원 면제

내 집을 마련할 때 세금을 빼놓지 말아야 합니다. 주택을 사거나 분양받는 등 내 집을 마련할 때 이것저것 챙겨야 할 게 워낙 많다 보니 세금을 놓치는 사례가 꽤 많습니다. 사전에 내야 할 세금을 챙기지 못해 소유권이전등기 과정에서 예상보다 많은 세금에 당황하거나 낭패를 보는 일이 허다합니다. 사전에 내야 할 세금을 준비하지 않아 등기를 신청할 때 부랴부랴 돈을 꾸러 다니는 사례도 적지 않습니다. 부동산은 **살 때부터 팔 때까지** 세금을 내야 한다는 사실을 간괴해서 일어나는 일들입니다.

모든 세금은 **과세표준**과 **세율**에 따라 정해집니다. 과세표준은 세금을 산정하기 위한 일정한 기준입니다. 단순하게 과세표준에 세율을 곱하면 내야 할 세금을 확인할 수 있다. 부동산 세금도 마찬가지입니다. 취득세와 양도소득세, 재산세, 종합부동산세도 과세표준에 세율을 곱하면 알 수 있습니다.

세금 부과 기준

| 과세표준 | × | 세율 | = | 세금(세액) |

* 과세표준: 세금을 산정하기 위해 법으로 정한 기준
* 세율: 과세표준에 대해 내야 할 세액의 비율
* 세액: 세무 공무원 및 세무사가 세금을 표현할 때 쓰는 용어

주택 취득세율

주택	취득가액		취득세율	농어촌특별세 (전용면적 85㎡ 초과)	지방교육세
1주택자	6억 원 이하		1%		0.1%
	6억 원 초과 9억 원 이하		1~3%	0.2%	취득세의 1/10
	9억 원 초과		3%		0.3%
2주택자	조정대상지역		8%	0.6%	0.4%
	조정 대상지역 외	6억 원 이하	1%		0.1%
		6억 원 초과 9억 원 이하	1~3%	0.2%	취득세의 1/10
		9억 원 초과	3%		0.3%
3주택자	조정대상지역		12%	1%	0.4%
	조정대상지역 외		8%	0.6%	0.4%
4주택자 이상	조정대상지역		12%	1%	0.4%
	조정대상지역 외		12%	0.6%	0.4%

취득세는 집값, 주택 수, 규제지역에 따라 다르다

내 집을 마련했다면 가장 먼저 내는 세금이 '취득세'입니다. 취득세는 부동산이나 차량, 선박, 골프회원권 등 법으로 정한 특정한 재산을 취득할 때 부과되는 세금으로, **지방세**입니다. 취득세로 인해 낭패를 보지 않기 위해서는 사전에 취득세가 얼마나 나올지 미리 확인하고, 준비해야 합니다.

취득세는 부동산을 취득한 날로부터 **60일 이내**에 내야 합니다. 잔금을 모두 치른 날이 기준입니다. 취득세는 취득액과 시가표준액 중더 많은 금액을 과세표준으로 정합니다. 기한 내 취득세를 신고하지않거나, 내지 않으면 무신고가산세(20% 추가)와 납부불성실가산세(1일마다 0.025%)가 부과되기 때문에 기한 내에 취득세를 내야 합니다.

아파트 입주권과 분양권은 가격에 상관없이 주택 수에 포함합니다. 일시적 2주택자가 1주택자로서 혜택을 받을 수 있는 주택 처분 기한이 3년입니다. 기한 내 집을 팔지 못하면 취득세가 8% 중과되고, 양도소득세 비과세 혜택을 받을 수 없습니다. 오피스텔 분양권은 주택 수에 포함되지 않습니다. 오피스텔 준공 전까지 주거용이나 상업용으로 결정되지 않았기 때문입니다. 또 오피스텔의 취득가액이 1억 원 미만이면 주택 수에서 제외돼 취득세를 내지 않습니다.

취득세는 실거래가에 **취득세율**을 곱해 결정합니다. 집값이 높으면 더 많은 세율을 적용합니다. 취득세는 **집값**과 **주택 수, 규제지역 여부**에 따라 달라집니다. 1주택자는 조정대상지역 여부와 상관없이 집값에 따라 1~3% 사이의 취득세가 부과됩니다. 취득 당시 가격이 6억 원 이하는 1%, 6억 원 초과 9억 원 이하는 1~3%, 9억 원 초과는 3%의 세율을 적용합니다. 또 1세대 2주택자가 조정대상지역에 속하면 8%, 비조정대상지역은 1~3%, 1세대 3주택자가 조정대상지역에 속하면 12%, 비조정대상지역이면 8%, 1세대 4주택자는 조정대상지역 여부와 상관없이 모두 12%의 세율을 적용합니다.

10억 원짜리 아파트를 샀다면?

예를 들어 10억 원짜리 전용면적 $100m^2$ 아파트를 샀다면 취득세를 얼마를 내야 할까요? 10억 원의 3% 세율을 적용하면 취득세는 3,000만 원입니다. 여기에 농어촌특별세(0.2%)와 지방교육세(0.3%)를 각각 200만 원, 300만 원을 부과합니다. 결론적으로 총 3,500만 원을 내야 합니다.

취득세는 위택스 홈페이지(https://www.wetax.go.kr/)에서 '취득세 계산기'를 통해 미리 확인할 수 있습니다. 매매계약일자와 거래유형(전용면적), 과세표준액(매매가), 취득일자, 조정대상지역 여부, 취득주택 포함 주택 수 등으로 차례대로 입력하면 내야 할 취득세를 사전에 확인할 수 있습니다. 또 위택스 홈페이지에서는 공인인증서가 있다면 취득세를 직접 신고할 수 있습니다.

조금만 관심을 기울이면 취득세를 아낄 수 있습니다. 생애 최초로 주택을 샀다면 취득세를 감면받습니다. '생애최초 주택 취득세 감면'은 주택가격이 12억 원 이하인 주택을 생애 최초로 구입하면 **200만 원 한도 내**에서 취득세를 면제해주는 제도입니다. 또 생애 최초로 주택을 취

위택스 홈페이지

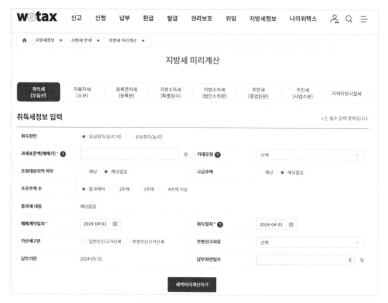

득했지만, 전세 등 기존 계약으로 주택 임차인의 임대차 기간이 남아 있어 입주하지 못할 때도 취득세 감면이 유지됩니다. 3개월 이내 실거주를 하지 않더라도 1년 이내로 임대차 기간이 남아 있는 주택을 생애 최초로 샀다면 취득세를 감면받을 수 있습니다. 아울러 2024년 하반기부터 **출산 자녀**와 함께 거주할 목적으로 주택을 사면 취득세가 500만 원 한도 내에서 100% 감면됩니다.

03
주택 자금 출처 확실하지 않으면 '세금 폭탄' 맞는다

#주택 구입 빌미로 '꼼수 증여·상속' 통할까? #자녀가 일정한 소득이나 직업이 없다면
#이자와 원금 상환할 능력은 #증여추정배제기준에 안 걸리면 그만이라고?
#국세청 얕보면 큰코다친다

대학원생인 백윤우(가명) 씨는 최근 서울시 용산구 이촌동의 20억 원짜리 주택을 매입하면서 18억 9,000만 원을 아버지에게 빌렸습니다. 주택 매입자금에 95% 가까이 되는 금액입니다. 백 씨는 아버지로부터 빌린 돈과 그간 모아둔 돈으로 주택을 취득했다고 자금조달계획서를 작성한 뒤 아버지와 자신의 도장이 찍힌 차용증도 함께 제출했습니다.

백 씨는 자금조달계획서를 제출한 뒤 국세청으로부터 전화를 받았습니다. 별다른 수입이 없는 백 씨가 이자와 원금을 상환할 능력이 없다는 내용이었습니다. 특히 증여세를 내지 않기 위한 편법 증여가 의심된다며 소명자료를 요청했습니다.

백 씨가 국세청에 소명자료를 제출했지만, 국세청은 통보자료를 분석해 탈세 혐의가 확인되면 세무조사를 통해 가산세를 포함한 탈루 세액을 추징하 겠다고 안내했습니다. 백 씨는 국세청의 세무조사를 앞두고 있습니다.

자금조달계획서는 주택을 살 때 필요한 자금을 어떻게 마련했는지 직접 작성하는 문서입니다. 정확한 명칭은 '주택취득자금조달 및 입주 계획서'입니다. 투기과열지구와 조정대상지역 등 규제지역에서 주택을 거래할 때 반드시 제출해야 하는 서류입니다. 특히 투기과열지구에서 는 집값과 상관없이 모든 주택에 대해 자금 출처에 대한 증빙자료까지 제출해야 합니다. 비규제지역의 주택을 살 때는 거래 금액이 6억 원 이 상일 때만 제출하면 됩니다.

자금조달계획서는 주택을 계약한 날로부터 30일 안에 제출해야 합니다. 신고 기한이 지나면 500만 원 이하의 과태료가 부과될 수 있 습니다. 소유권이전등기 신청에 필요한 신고필증도 자금조달계획서를 제출하지 않으면 발급받을 수 없습니다. 서류를 허위로 작성하면 최 대 3,000만 원의 과태료가 부과되고, 탈세 혐의로 세무조사까지 받 을 수 있습니다.

문제는 자금조달계획서를 두고 확인되지 않은 온갖 '설(說)'이 난무 하는 것입니다. '40세 이상 자녀가 부동산을 구매할 때 현금을 줘도 문제 되지 않는다', '주택 거래가 워낙 많아 지자체나 국세청에서 일일 이 확인하기 어렵다', '친척 이름으로 자녀에게 현금을 주면 걸리지 않 는다', '자금조달계획서 확인은 복불복이다' 등이 대표적입니다.

별의별 이야기가 떠돌지만, 모두 거짓에 가깝습니다. 이른바 '꼼수 증여·상속'과 관련된 온갖 설은 찜찜하고, 석연치 않습니다. 곱씹어볼

수록 거짓이거나 왜곡된 이야기 수준입니다. 세무당국은 예상 가능한 꼼수를 이미 모두 다 알고 있습니다. 주택을 살 때 필요한 돈을 빌려준 사람이 가족이나 친척, 지인이 많고, 이자와 원금 상환이 제대로 이뤄지지 않는 등 증여세를 회피하기 위한 편법·꼼수 증여의 수단으로 악용되는 사례를 이미 많이 적발했습니다. 내 자식한테 내 돈을 빌려주는데, 뭐가 잘못됐느냐고 쉽게 생각했다가 낭패를 볼 수 있습니다.

세무당국은 무슨 돈으로 집을 샀는지 다 안다

자금조달계획서는 자기 자금과 다른 사람으로부터 빌린 자금으로 구분돼 있습니다. 자금조달계획서를 쓸 때 가장 중요한 부분이 '증여 및 상속'입니다. 부모로부터 돈을 받아 주택을 사는 사례가 증가하면서 자금조달계획서에 쓰지 않은 불법·탈법 등 꼼수 증여에 대해 세무당국이 예의주시하고 있습니다.

특히 부모로부터 주택 취득 자금을 증여받고도 차입금으로 허위 신고하거나, 부모로부터 빌린 돈으로 인해 발생한 채무를 갚지 않고, 증여세도 신고하지 않은 사례가 대표적입니다. 일정한 소득이 없고, 이자와 원금을 갚을 능력이 없다고 판단한 정부와 세무당국이 강도 높은 자금출처조사를 통해 부모로부터 수억 원에 달하는 돈을 증여받은 뒤 허위로 차용증을 작성한 사실을 밝혀낸 사례가 많습니다.

또 자금출처조사 과정에서 자녀가 부모로부터 사업자금을 빌렸다고 소명했지만, 세무당국이 부채 사후관리에 대한 조사를 통해 장기간 이자와 원금을 상환하지 않고, 사실상 채무를 면제받은 사실을 확인한 사례도 적지 않습니다. 주택을 사는 데 쓰인 돈을 증여나 상속을 받고, 자금조달계획서에 단순히 증여·상속 금액만 기재하면 문제가 될 게 없다고 생각하지만 잘못된 판단입니다.

세무당국은 돈을 빌려준 사람이 누구인지, 액수는 얼마인지, 정상적인 채무 관계인지, 이자와 원금은 상환하고 있는지 등을 꼼꼼하게 요구합니다. 일반적으로 직계존비속 간 돈을 빌려주는 것을 인정하지만, 이자 및 원금 상환에 대한 증빙과 담보 등 객관적인 자료를 갖춰야 합니다. 자녀가 이자와 원금을 상환할 능력이 있는지도 따집니다.

'증여추정배제기준'에 안 걸리면 자금출처조사 안 받을까?

세무당국은 부동산을 샀을 때 쓰인 돈에 대해 제대로 입증하지 못하면 자금출처조사를 벌입니다. 자녀가 일정한 직업이나 소득이 있어 자금 출처에 대해 정확하게 입증하면 증여로 추정하지 않습니다. 제대로 입증하지 못할 때 증여재산으로 추정합니다. 다만 입증하지 못한 자금 모두를 증여재산으로 보지 않습니다. 입증되지 않은 자금이 취득재산 가액의 20%에 상당하는 금액과 2억 원 중 적은 금액에 미달하는 경우는 증여받은 것으로 추정하지 않습니다. 이를 '증여추정가액 산출법'이라고 합니다.

예를 들어 취득재산 가액이 8억 원이고, 입증 금액이 6억 5,000만 원이면 미입증 금액이 1억 5,000만 원입니다. 미입증 금액이 취득재산 가액의 20%인 1억 6,000만 원과 2억 원 중 취득재산 가액보다 적어 증여세를 내지 않아도 됩니다. 또 취득재산 가액이 8억 원이고 입

부동산 취득 자금출처조사 기준

구분		취득재산		채무상환	총액 한도
		주택	기타재산		
세대주	30세 이상	1억 5,000만 원	5,000만 원	5,000만 원	2억 원
	40세 이상	3억 원	1억 원		4억 원
비세대주	30세 이상	7,000만 원	5,000만 원	5,000만 원	1억 2,000만 원
	40세 이상	1억 5,000만 원	1억 원		2억 5,000만 원
30세 미만		5,000만 원	5,000만 원	5,000만 원	1억 원

증 금액이 5억 원일 때 증여추정 금액은 미입증 금액 3억 원입니다. 이 때는 미입증 금액이 취득재산 가액의 20%인 1억 6,000만 원과 2억 원 중 적은 금액인 1억 6,000만 원보다 크기 때문에 증여추정 금액이 3억 원으로, 이에 대한 증여세를 내야 합니다.

세무당국이 모든 부동산 취득 자금 출처에 관해 확인하는 것은 불가능합니다. 일정 금액 이하는 증여로 보지 않고, 추정 규정을 적용하지 않습니다. 이를 '증여추정배제기준'이라고 합니다. 증여추정배제는 재산취득일 전이나 채무상환일 전 10년 이내에 취득한 재산이 일정 금액에 미달하면 증여세 대상에서 제외하는 것을 말합니다. 다만 취득가액이나 채무상환 금액이 증여받은 것으로 확인되면 증여세를 내야 합니다.

취득재산 가운데 주택의 증여추정배제기준은 30세 이상 세대주이면 1억 5,000만 원, 40세 이상이면 3억 원입니다. 세대주가 아니라면 30세 이상은 7,000만 원, 40세 이상은 1억 5,000만 원입니다. 또

30세 미만이라면 세법상 최소 기준인 5,000만 원을 적용합니다. 쉽게 말하면 40세 이상의 세대주라면 적어도 주택을 마련하는 비용 중 3억 원은 스스로 마련할 수 있을 거라고 판단해 자금 출처를 묻지 않겠다는 것입니다. 다만 증여추정배제 규정은 법이나 시행령이 아닌 국세청 내부 업무를 처리하는 기준인 '사무처리' 규정입니다. 이는 조사 대상자를 선정하는 일종의 기준으로, 해당 금액 이하라도 증여로 의심된다면 자금출처조사를 진행하고, 증여세가 추징될 수도 있습니다. 또 신고를 제대로 하지 않은 것으로 간주해 20~40%의 가산세까지 내야 합니다.

단독명의보다 부부 공동명의가
절세에 유리할까?

#공동명의 취득세·재산세 절세 효과 無 #부부 간 증여 6억 원 초과하면 증여세 내야
#공동명의 양도세 절세 유리 #부부 공동명의 1세대 1주택 특례 적극 활용해야

부부는 '일심동체(一心同體)'라는 말이 있습니다. 마음을 하나로 합쳐 한마음으로 같은 뜻을 품고, 마치 한 몸처럼 행동하는 이상적인 부부를 일컫는 말입니다. 흔히 부부가 가져야 할 덕목으로 여깁니다. 틀린 말은 아닙니다. 하지만 시대가 변하면서 부부에 대한 인식도 예전과는 많이 달라졌습니다.

지금의 부부는 일심동체가 아닌 '이심이체(二心異體)'입니다. 이심이체는 두 마음, 두 몸이라는 뜻으로, 서로의 생각과 가치관 등이 다름을 인정하는 것을 의미합니다. 아무리 부부라도 서로 생각과 원하는 것이 다를 수 있습니다. 자신의 관점에서만 상대방을 바라보는 게 아니라 서로의 다름을 이해하고, 있는 그대로 받아들이는 게 요즘 부부들이 원하는 덕목 중 하나입니다. 처음부터 일심동체인 부부는 없을 겁니다. 이심이체의 마음으로 서로의 다름을 인정하고, 대화와 소통을 통해 서로를 이해하다 보면 톱니바퀴처럼 잘 맞물려 돌아갈 것입니다.

부동산 세금도 마찬가지입니다. 시대에 따라 변하고 달라집니다. 부동산 세금 정책은 무엇보다 일관성을 유지하는 게 중요하지만, 손바닥 뒤집듯 수시로 바뀌는 정책 탓에 '냉탕'과 '온탕'을 수시로 넘나들어야 합니다. 예나 지금이나 주택은 똑같은데, 내야 할 세금이 그때그때 다르니 혼란스럽기까지 합니다. 오죽하면 세금을 한 푼이라도 줄이기 위해 주택 명의를 붙였다가, 갈랐다가 반복하는 부부들이 있을 정도일까요?

부동산 세금 절세를 위해 부부 공동명의가 필수?

예전에는 아파트와 같은 주택을 살 때 남편 단독명의로 하는 사례가 많았습니다. 검은 머리가 파뿌리 되도록 내 것, 네 것 구별하지 않고 살던 시절 얘기입니다. 당시에는 가진 게 없어 셋방살이부터 시작한 부부가 번듯한 아파트를 살 때까지 평생 함께 노력했지만, 남편이 아파트를 공동명의로 바꿔주지 않아 속상해하는 부인들이 적지 않았습니다. 최근에는 집값이 워낙 비싸 부부 공동명의로 신혼집을 마련하는 젊은 부부가 많아졌습니다. 결혼을 앞둔 신혼부부 가운데 신혼집을 **단독명의**로 할지, 부부 **공동명의**로 할지 고민합니다.

부동산 세금을 줄이는 데 단독명의가 유리할까요, 부부 공동명의가 유리할까요? 흔히 부부 공동명의가 **부동산 세금 절세**에 유리하다고

	부부 공동명의 장단점
장점	▸ 종합부동산세 및 양도소득세 절세 ▸ 부부 공동명의로 공시지가 18억 원 1주택만 소유하면 종합부동산세 면제 ▸ 상속세 절세 ▸ 일방적인 재산권 행사 제한
단점	▸ 부부간 증여 비과세 기준 6억 원 초과 시 증여세 발생 ▸ 명의 변경 시 취득세 부담 증가 ▸ 배우자 피부양자 자격 박탈 4대 보험료 증가 ▸ 은행 대출 한도 축소

알고 있습니다. 반은 맞고, 반은 틀렸습니다. 기본적으로 부부 공동명의가 절세 효과가 있습니다. 하지만 세금의 종류에 따라 개인별 혹은 부부합산으로 부과돼 어느 것이 더 유리하다고 딱 잘라 구분하기가 어렵습니다. 실거주 목적인지, 투자 목적인지 등 각자 상황에 따라 단독명의가 유리한지, 공동명의가 유리한지 따져보고 결정해야 합니다.

부동산은 취득·보유·양도 단계마다 세금을 내야 합니다. 주택을 사면 취득 단계에서는 취득세, 보유 단계에서는 재산세와 종합부동산, 임대소득세, 처분 단계에서는 양도소득세를 냅니다. 주택을 살 때 내는 취득세는 단독명의나 공동명의나 차이가 없습니다. 취득세는 **주택 면적**과 **가격**에 따라 부과합니다. 부부가 공동명의로 지분을 반반 나눠 가졌다면 각각 세금이 절반씩 부과될 뿐, 세금의 총액은 같습니다. 재산세 역시 같은 이유로 공동명의에 따른 절세 효과가 없습니다.

공동명의로 종합부동산세(종부세)를 절감할 수 있습니다. 종부세는 1세대가 아닌 개인별로 부과하기 때문입니다. 2023년부터 1세대 1주택 단독명의자의 종부세 기본공제는 전년 대비 1억 원 늘어난 12억 원, 부부 공동명의 1주택자의 기본공제는 12억 원에서 18억 원으로 올랐습니다. 공시지가 18억 원이 안 되는 주택 한 채를 부부 공동명의로 했다면 종부세를 내지 않습니다.

또 주택을 매각할 때 발생하는 차익에 부과하는 양도소득세(양도세)도 아낄 수 있습니다. 양도세도 개인별로 부과되는 세금으로, 공동명의로 하면 양도차익이 분산돼 부과되는 세금을 줄일 수 있습니다. 소득이 남편과 부인으로 분산돼 단독명의 때보다 **낮은 소득세율**을 적용합니다. 또 기본적으로 적용하는 **양도차익 250만 원**에 대한 공제도 남편과 부인에게 각각 적용합니다.

부부 공동명의를 할 때 주의할 점이 있습니다. 기존 단독명의를 공동명의로 바꾸려면 국세인 **증여세**와 지방세인 **증여취득세**를 내야 합니다. 특히 부부 공동명의로 부동산을 취득할 때 배우자에 대한 공제금액인 **6억 원**을 넘는다면 증여세를 내야 합니다. 상가 등 수익형 부동산을 부부 공동명의로 살 때 전업주부였던 배우자가 남편의 피부양자가 아닌 공동사업자로 분류돼 건강보험료 등이 부과될 수 있습니다.

고령자와 장기보유 공제를 꼼꼼하게 따져봐야

부동산 세금 절세에 공동명의가 단독명의보다 더 유리하다고 할 수 없습니다. **보유 기간**과 **나이**에 따라 단독명의가 세금 부담을 더 줄일 수도 있습니다. 나이에 따라 60~65세는 20%, 65~70세는 30%, 70세 이상은 40%를 세액에서 공제합니다. 또 보유 기간에 따라 5~10년은 20%, 10~15년은 40%, 15년 이상은 50%를 세액 공제합니다. 고령자와 장기보유 공제를 모두 합치면 최대 80%까지 공제받을 수 있습니다.

고령자와 장기보유 공제는 1세대 1주택에게만 적용됩니다. 부부 공동명의는 공제 대상이 아닙니다. 이에 따라 보유 기간과 나이에 따라 세금 감면이 공동명의보다 크다면 단독명의가 유리합니다. 현재 주택을 오랜 기간 보유할 생각이라면 장기보유 공제 등을 고려해 단독명의를 선택하는 게 유리하고, 장기보유 공제 최소 기간인 5년 미만으로 주택을 보유할 생각이라면 공동명의가 좋습니다.

정부는 2023년부터 '**부부 공동명의 1세대 1주택 특례**'에 따라 관할 세무서에 1주택자로 신청한 부부에게 1세대 1주택자와 같게 세금을 부과하기로 했습니다. 부부 공동명의가 아닌 단독명의 1주택자로 간주해 세금을 부과하겠다는 것입니다. 단독명의가 되면 기본공제액이 18억 원에서 12억 원으로 줄어듭니다.

다만 1세대 1주택자에게만 적용하는 고령자 및 장기보유 세액공제 혜택을 주기로 했습니다. 결론적으로 양도세 절세 금액과 내야 할 세금, 건강보험료 등을 꼼꼼하게 비교해 공동명의와 단독명의 중 자신에게 유리한 쪽을 선택하는 게 세금을 아끼는 가장 좋은 방법입니다. 또 세금 정책이 수시로 바뀌므로 평소에 꾸준한 관심을 가져야 합니다.

5
'재산세'와 '종합부동산세' 제대로 알고 내자

#보유세 과세 기준은 공시가격   #매년 6월 1일 기준 보유세 부과
#종부세 1세대 1주택자 과세 기준 공시가격 12억 원   #부부 공동명의 1주택자 18억 원까지 공제

아파트나 토지 등 부동산을 보유했다면 '보유세'를 내야 합니다. 보유세는 '재산세'와 '종합부동산세(종부세)'를 통틀어 말하는 개념입니다. 재산세와 종합부동산세를 하나로 묶어 보유세라고 부르다 보니 재산세와 종합부동산세를 같은 세금으로 착각하는 사람들이 종종 있습니다. 재산세와 종합부동산세는 부동산 보유세라는 큰 틀로 묶여 있지만, 엄연히 다른 세금입니다.

재산세와 종합부동산세는 '**공시가격**(公示價格)'을 기준으로 정합니다. 공시가격은 세무당국이 과세 기준으로 삼는 아파트와 빌라, 오피스텔 등 주택의 가격을 말합니다. 세무당국이 일정한 기준과 절차에 따라 가격을 조사한 뒤 산정합니다. 공시가격은 재산세, 종합부동산세 등 보유세와 건강보험료, 기초연금 등 **67개 행정제도**의 기초 자료로 활용합니다.

　공시가격은 부동산 시장에서 실제 부동산을 거래할 때 기준이 되는 '시세'와는 다른 개념입니다. 공시가격은 세무당국에서 일정한 기준으로 산정한 가격이고, 시세는 부동산 시장에서 거래를 통해 매겨진 가격입니다. 만약 부동산 관련 세금을 시세로 정하면 매년 세금 차이가 크고, 혼선이 발생할 수 있습니다. 이를 막기 위해 세무당국이 일정한 기준으로 주택의 가격을 정하고, 이를 근거로 세금을 부과하는 것입니다. 통상 공시가격은 시세보다 낮습니다.

　재산세와 종합부동산세 모두 공시가격을 기준으로 세금이 부과된다는 점에서 비슷하지만, 목적이 다릅니다. **재산세**는 **지방세**로, 지방자치단체 운영에 쓰이는 재원을 조달하기 위해 걷는 세금입니다. 재산세는 국가가 아닌 각 지방자치단체로 귀속됩니다. 반면 **종합부동산세**는 **국세**입니다. 부동산 시장의 안정과 투기 차단 등의 목적으로 부과하는 세금입니다.

재산세 과세기준일 6월 1일만 알아도 '절세'

　재산세는 토지나 건축물, 주택, 항공기, 선박 등과 같은 재산을 보유한 사람에게 부과되는 지방세입니다. 재산세와 종합부동산세의 과세기준일은 모두 매년 6월 1일로 같습니다. **매년 6월 1일** 현재 소유자에게 당해 연도 재산세와 종합부동산세를 부과합니다. 재산세는 소유한 재산을 기준으로 부과합니다. 공동명의로 토지나 주택 등 부동산을 보유했더라도 전체 재산을 기준으로 세금을 부과하기 때문에 총 세금이 줄지 않습니다. 명의자별로 나눠서 각각 재산세 고지서가 발부됩니다.

재산세는 **과세표준**에 **세율**을 곱해서 결정합니다. 과세표준은 시가표준액에 **공정시장가액비율**을 곱해 정합니다. 공정시장가액비율은 과세대상에 따라 다릅니다. 토지 및 건축물은 시가표준의 70%, 주택은 시가표준의 60%가 과세표준입니다. 행정안전부는 2023년 재산세 부담 완화를 위해 한시적으로 1주택자 공정시장가액비율을 45% 이하로 정했습니다. 구체적으로 3억 원 이하는 43%, 3억 원 초과 6억 원 이하는 44%, 6억 원 초과는 45%로 결정했습니다.

주택 세율은 과세대상과 과세표준에 따라 다르게 적용합니다. 6,000만 원 이하는 0.1%, 6,000만~1억 5,000만 원 이하는 0.15%, 1억 5,000만~3억 원 이하는 0.25%, 3억 원 이상부터는 0.4%를 적용합니다. 다만 1가구 1주택자 가운데 공시가격이 9억 원 이하이면 특례세율을 적용합니다. 공시가격이 9억 원을 초과하거나 다주택자, 법인은 표준세율을 적용합니다.

주택 재산세 과세 기준

과세표준	표준세율	특례세율
6,000만 원 이하	0.1%	0.05%
6,000만~1억 5,000만 원 이하	0.15%	0.10%
1억 5,000만~3억 원 이하	0.25%	0.20%
3억~5억 4,000만 원 이하	0.4%	0.35%
5억 4,000만 원 초과	0.4%	

매년 6월 1일을 기준으로 주택을 보유했다면 재산세를 내야 합니다. 주택 관련 재산세는 주거용 건물과 그 부속 토지를 합산해 세액을 산출해 부과합니다. 산출액을 절반으로 나눠 7월 16일부터 31일까지, 9월 16일부터 30일까지 두 번에 걸쳐 내야 합니다. 다만 해당 연도에 내야 할 세액이 20만 원 이하이면 7월에 모두 부과될 수 있습니다.

재산세가 궁금하다면 위택스 홈페이지(지방세 미리 계산)를 활용합니다. 재산세는 납부 기한이 지나면 다음 달에 3%의 가산세가 붙습니다. 또 내야 할 세액이 30만 원 이상이면 매달 0.75%의 가산세가 최대 60개월까지 부과됩니다. 납부 기한을 지키기 위해서는 고지서 전자 송달이나 자동 납부를 신청하면 좋습니다. 전자 송달이나 자동 납부를 신청하면 지방자치단체별로 다르지만 최대 2,000원 미만의 세액 공제 혜택을 받을 수 있습니다.

재산세를 아끼고 싶다면 주택을 6월 2일 이후에 사는 게 좋습니다. 과세기준일이 6월 1일이기 때문에 6월 2일 이후에 주택을 사면 전 소유주에게 재산세가 부과되기 때문입니다. 주택을 살 때는 6월 2일 이후 잔금을 치르는 게 절세에 유리합니다.

부부 공동명의 1주택자 18억 원까지 종합부동산세 공제

종합부동산세는 흔히 '**부자세**'라고 합니다. 종합부동산세는 2005년 6월 보유 부동산 조세 부과 형평성과 부동산 시장 및 가격 안정, 지방 재정을 균형적으로 발전시키기 위해 도입됐습니다. 부동산을 많이 보유한 사람에게 세금을 좀 더 많이 걷겠다는 취지였습니다. 종

종합부동산세 기본공제금액

과세대상		기본공제금액	종합부동산세 과세표준 계산
주택	1주택자	12억 원	
	다주택자	9억 원	(공시가격 - 기본공제액) × 공정시장가액비율
종합합산토지		5억 원	
별도합산토지		80억 원	

합부동산세는 2008년 과세 기준을 공시가격의 9억 원 이상으로 개편한 뒤 2022년에 11억 원, 2023년에 12억 원으로 상향했습니다.

종합부동산세는 매년 6월 1일을 기준으로 주택이나 토지를 보유한 사람 가운데 해당 주택 및 토지의 공시가격을 합친 금액이 과세 기준 금액을 초과하면 부과하는 세금입니다. 종합부동산세의 과세 기준이 되는 공제금액은 주택과 종합합산토지, 별도합산토지 등 부동산 유형별로 다릅니다. 2023년 주택에 대한 과세 기준이 완화돼 아파트 등 주택 보유자의 세금 부담이 줄었습니다.

1세대 1주택자 과세 기준은 **공시가격 12억 원**입니다. **다주택자** 과세 기준은 **9억 원**입니다. 그리고 **부부 공동명의의 1주택자**는 18억 원까지 공제받을 수 있습니다. 토지분 종합부동산세 공제금액은 종합합산토지 5억 원 이상, 별도합산토지 80억 원 이상일 때 초과분에 대해 세금이 부과됩니다.

종합부동산세는 과세표준에 종합부동산세율을 곱해 산정합니다. 과세표준은 공시가격에서 기본공제액을 뺀 금액에 공정시장가액비율을 적용합니다. 예를 들어 1세대 1주택자가 15억 원의 주택을 보유했다면 기본공제액 12억 원을 빼고 남은 3억 원에 공정시장가액비율을 곱한 금액이 과세표준입니다. 이에 따라 공정시장가액비율이 낮으면 낮을수록 세금 부담이 줄어드는 구조입니다. 매년 60~100% 범위에서 비율이 정해집니다. 2023년 비율은 60%였습니다.

종합부동산세율은 과세표준 구간별로 누진 적용합니다. 주택 수가 많을수록 가산세가 붙어 세율이 높아집니다. **1세대 1주택자**의 세율은 **0.5~2.7%**입니다. 비조정대상지역 2주택자에게 부과한 중과세율이 폐지돼 1세대 1주택자의 세율을 동일하게 적용합니다.

또 3주택자에 대한 세율도 완화됐습니다. 기존에는 모든 구간에 중과세율을 적용했지만, 2023년에는 과세표준 12억 원 이하까지는 중과세율을 적용하지 않았습니다. 또 12억 원 초과액에 대해서는 2~5%(기존 3.6~6%)의 중과세율을 적용합니다. **다주택자**의 세금 부담 상한률도 낮췄습니다. 조정대상지역 2주택자, 3주택 이상 보유자의 경

주택분 종합부동산세율

과세표준	1·2주택	3주택 이상
3억 원 이하	0.5%	0.5%
6억 원 이하	0.7%	0.7%
12억 원 이하	1%	1%
25억 원 이하	1.3%	2%
50억 원 이하	1.5%	3%
94억 원 이하	2%	4%
94억 원 초과	2.7%	5%

우 세금 부담 상한률이 300%로 적용됐던 기존과 달리 2023년에는 **절반(150%)**으로 조정했습니다.

　주택이나 토지를 보유했다면 종합부동산세 부과 대상자가 될 수도 있습니다. 종합부동산세 부과 대상에게는 고지서가 발급됩니다. 매년 12월에는 종합부동산세를 내야 합니다. 납부 마감일은 **12월 15일까지**입니다. 내야 할 종합부동산세가 250만 원을 초과하고, 기한 내 납부가 어렵다면 분할납부를 신청하면 됩니다. 종합부동산세 고지 내용이 다르거나, 합산 배제, 특례 신청 등을 하지 못했다면 납부 기한까지 자진 신고하고 낼 수 있습니다. 종합부동산세는 '홈택스' 홈페이지나 '손택스' 앱을 통해 확인할 수 있습니다. 종합부동산세를 기한 내 내지 않으면 매일 0.022%의 가산세가 붙습니다.

06

세무사도 절레절레
'양도소득세' 절세 비법은?

#양도소득세는 누더기 세법　#'양포사'를 아시나요?　#양도금액 12억 원까지 양도세 면제
#장기보유 특별공제 최대 80%까지　#다주택자 양도소득세 중과 유예로 기본세율만 적용

　　양도소득세(양도세)는 복잡하고, 난해하기 이를 데 없습니다. 세법을 손바닥 뒤집듯 수시로 개정한 탓입니다. 덧대고, 덧대다 보니 **'누더기 세법'**이라는 오명이 생길 정도입니다. 1세대 1주택자만 봐도 양도세 규정(양도세율)에 따라 경우의 수가 190여 개에 달합니다. 다주택자는 더합니다. 보유 주택 수와 규제지역, 처분 시기, 조합 입주권 및 분양권, 실거주 등에 따라 경우의 수를 헤아리기조차 어렵습니다.

　　잉크가 채 마르기도 전에 양도세를 수시로 개정하다 보니 세무 전문가인 세무사조차 양도세 상담을 꺼립니다. 오죽하면 이른바 **'양포사(양도세 포기 세무사)'**라는 신조어까지 등장했습니다. 자타가 공인하는 세무 전문가인 세무사조차 포기할 정도이니 웃지 못할 촌극입니다.

세무사도 포기할 정도인데, 일반인이야 오죽하겠습니까? 평생 한두 번 낼까 말까 한 세금인 양도세를 잘 모르고, 주택을 팔았다가 낭패를 볼 수 있어 주의해야 합니다.

법이 시대 변화와 경제 상황 등 다양한 사회적 요인에 따라 개정해야 한다는 필요성에는 공감합니다. 사회라는 공동체에서 지켜야 할 최소한인 법이 한발 늦으면 온갖 불법과 탈법이 한발 앞서기 때문입니다. 하지만 세무사조차 헷갈리고 꺼리는 **세법**이라면 근본적으로 손볼 필요가 있습니다. 세법은 더욱 그렇습니다. 납세자의 혼란을 방지하려면 세법이 **단순하고 명확해야** 합니다. 또 예측 가능해야 납세자의 의무를 다할 수 있습니다.

1세대 1주택자가 보유한 15억 원짜리 아파트를 팔면 양도세는 얼마?

1세대 1주택자가 주택 1채를 2년 이상 보유하고, 처분할 때 **양도금액 12억 원**까지 양도세를 면제하고 있습니다. 2021년 12월 8일 양도세 비과세 기준이 9억 원에서 12억 원으로 상향됐습니다. 주택 취득 잔금을 2021년 12월 8일 이후에 치렀다면 12억 원의 상향된 양도세 비과세 기준을 적용합니다. 하지만 법 시행 전에 주택을 매도했다면 기존 비과세 기준인 9억 원이 적용됩니다. 또 2017년 8월 2일에 발표된 '8·2 부동산 대책'에 따라 조정대상지역의 주택이라면 2년 이상 거주 요건을 갖춰야 비과세 혜택을 받을 수 있습니다.

예를 들어 아파트를 7억 원에 사서 2년 거주 및 보유하고, 15억 원

양도세 기본세율(누진세율)

과세표준	세율	누진공제
1,200만 원 이하	6%	없음
1,200만 원 초과 ~ 4,600만 원 이하	15%	108만 원
4,600만 원 초과 ~ 8,800만 원 이하	24%	522만 원
8,800만 원 초과 ~ 1억 5,000만 원 이하	35%	1,490만 원
1억 5,000만 원 초과 ~ 3억 원 이하	38%	1,940만 원
3억 원 초과 ~ 5억 원 이하	40%	2,540만 원
5억 원 초과 ~ 10억 원 이하	42%	3,540만 원
10억 초과	45%	6,540만 원

에 팔았다고 가정하겠습니다. 계산 편의를 위해 필요 경비 및 기본공제, 지방소득세는 없는 것으로 간주하겠습니다. 양도차익은 양도가액인 15억 원에서 취득가액인 7억 원을 제외하면 8억 원입니다. 비과세 요건을 갖추지 못한 일반과세에 장기보유특별공제 대상이 아니라면 최종 과세표준은 8억 원입니다. 이에 따라 세율 42%, 누진공제 3,540만원을 각각 적용하면 최종 양도세는 3억 60만 원입니다.

양도세 비과세 요건을 갖췄다면 양도세는 대폭 낮아집니다. 양도차익 8억 원에 12억 원 초과분에 해당되는 3/15을 곱하면 과세표준 1억 6,000만 원이 적용됩니다. 여기에 세율 38%, 누진공제 1,940만 원을 각각 적용하면 최종 양도세는 4,140만 원으로 대폭 줄어듭니다. 양도세 비과세 기준이 12억 원으로 높아지면서 절세 효과가 그만큼 커진 것입니다.

다주택자 양도소득세 중과 유예 조치 기준은?

다주택자 양도소득세 중과는 2주택 이상 보유자인 다주택자가 주택을 팔 때 일정한 기준에 따라 가산세율을 적용하는 제도입니다. 다주택자의 세금 부담을 늘려 부동산 투기를 억제하기 위해 추진됐습니다. 2017년 8·2 부동산 대책을 통해 다주택자 양도소득세 중과가 추진됐고, 이듬해 4월 1일부터 본격 시행됐습니다.

현행 소득세법에 따라 1세대 2주택 이상 보유자인 다주택자에게 양도소득세 기본세율 6~45%에 가산세율을 적용합니다. 구체적으로 2주택자에 대해 양도세 기본세율 6~45%에 20%, 3주택자에 대해서는 30%를 중과합니다. 또 2021년부터 조정대상지역 다주택자가 주택을 팔면 최대 기본세율 45%와 중과세 30%를 더해 **최고 75%**를 세금으로 내야 합니다. 여기에 지방세를 포함하면 세금이 82.5%까지 상승합니다.

정부가 2024년 5월까지 예정됐던 다주택자 **양도소득세 중과 유예 조치를 2025년 5월까지** 1년 더 연장하기로 했습니다. 다주택자 양도소득세 중과가 유예되면 **최고 45%의 기본세율**만 적용받기 때문에 한시적으로 세금 부담이 낮아집니다. 또 최대 30%의 장기보유 특별공제도 받을 수 있습니다.

이와 함께 이사 등으로 일시적 1세대 2주택자의 비과세 요건이 완화됐습니다. 기존에는 원래 보유한 주택과 새로 산 주택 모두 조정대상지역인 경우 비과세 혜택을 받기 위해서는 새로 취득한 주택 취득일로부터 1년 안에 종전 주택을 양도하고, 세대원 모두가 신규 주택에 전

장기보유 특별공제(1세대 1주택) 요율

보유 기간	2020년 (2년 보유·거주)	2021년 이후 (2년 보유·거주)	
		보유 기간	거주 기간
2~3년 미만	0	0	8%
3~4년 미만	24%	12%	12%
4~5년 미만	32%	16%	16%
5~6년 미만	40%	20%	20%
6~7년 미만	48%	24%	24%
7~8년 미만	56%	28%	28%
8~9년 미만	64%	32%	32%
9~10년 미만	72%	36%	36%
10~11년 미만			
11~12년 미만			
12~13년 미만	80%	40%	40%
13~14년 미만			
14~15년 미만			
15년 이상			

입해야 했습니다. 하지만 2020년 5월 10일부터는 양도 기한이 **1년에서 2년으로 완화**됐고, **세대원 전원 전입**해야 한다는 요건이 **삭제**됐습니다. 다만 조정대상지역이 아닌 지역에서는 신규 주택 취득일부터 **3년 안에 기존 주택**을 **양도**해야 한다는 규정은 그대로 유지되고 있습니다.

07

자식 물려주려다 세금 폭탄?
아는 만큼 아끼는 '증여세 · 상속세'

#증여·상속 전 재산 규모와 상황 따져봐야   #시가표준에서 시가인정액으로 바뀌어
#증여세 절세를 위해 흔히 말하는 '10년 법칙'   #증여재산공제·상속공제 적극 활용하자

증여세와 상속세는 부자들만 내는 세금일까요? 과거에는 그랬습니다. 특히 상속세는 일부 부자에게만 부과하는 세금이었습니다. 하지만 부동산가격이 급등하면서 이제는 부자들만의 고유(?) 영역이 아닙니다. 2000년 이후 집값이 급등하면서 웬만한 주택 한 채를 보유한 사람에게도 부과되는 세금으로 달라졌습니다.

서울 민간 아파트 3.3㎡당 평균 분양가가 3,415만 1,000원(2023년 11월 말 기준)입니다. '국민평형' 전용면적 84㎡의 분양가가 11억 원이 넘는 수준입니다. 서울 아파트 평균 매매가격이 11억 원을 넘다 보니 자녀에게 아파트 한 채만 물려줘도 상속세 공제 한도인 10억 원을 훌쩍 넘길 수도 있습니다.

증여와 상속 모두 **재산을 물려받는** 사람(수증자)에게 부과되는 세금입니다. 증여로 물려받았다면 증여세를, 상속으로 물려받았다면 상속세를 내야 합니다. 집값이 치솟으면서 **가족 간 재산 이전인 증여와 상속**을 놓고 고민하는 사람들이 많습니다. 절세를 위해 증여와 상속 가운데 유리한 것을 선택하려는 고민입니다. 통상적으로 부동산가격이 상승할 때는 증여가, 하락할 때는 상속이 절세에 유리하다고 알고 있습니다. 하지만 꼭 그렇지가 않습니다. 개인마다 **재산 규모나 상황이 달라** 절세를 위해 증여가 유리할 수도, 상속이 유리할 수도 있습니다. 잘 따져보고 결정해야 합니다.

증여세 산정 기준은?

증여는 부모 등 증여자가 **사망하기 전**에 자녀 등 수증자에게 재산을 물려주는 것을 말합니다. 증여세는 유·무형의 재산이나 이익 등 증여받은 재산에 부과하는 세금입니다. 증여세는 재산을 물려받은 수증

증여·상속세율

과세표준	세율	누진공제금액
1억 원 이하	10%	없음
1억 원 초과 ~ 5억 원 이하	20%	1,000만 원
5억 원 초과 ~ 10억 원 이하	30%	6,000만 원
10억 원 초과 ~ 30억 원 이하	40%	1억 6,000만 원
30억 원 초과	50%	4억 4,000만 원

자에게 부과합니다. 증여세는 수증자를 기준으로 계산합니다. 수증자가 많으면 많을수록 세금 부담이 줄어듭니다.

2023년부터 상속과 증여의 취득세 과세표준이 '시가표준'에서 '시가인정액(매매사례가액·감정평가액·경매 및 공매 금액)'으로 바뀌었습니다. 시가인정액은 시가표준액보다 높고, 주변 시세와 비슷해 증여로 부동산을 물려받으면 취득세 부담이 상대적으로 커집니다.

증여세는 증여가 이뤄진 시점을 기준으로 세액을 결정합니다. 나중에 가격이나 가치 상승이 예상된다면 사전 증여가 상속보다 유리합니다. 물려주는 부동산 평가는 '시가'가 원칙입니다. 상속이나 증여재산을 평가할 때는 **상속·증여 개시일 전 6개월부터 개시 후 6개월 이내(증여는 3개월)** 기간에 발생한 매매가격, 감정가, 경·공매 가격 등에 의해서 결정됩니다.

시가를 산정하기 어려우면 **유사재산**을 기준으로 시가를 적용합니다. 재산의 종류나 규모 등 다양한 변수를 종합적으로 고려합니다. 예를 들어 토지는 개별공시지가, 건물·오피스텔·상업용 건물은 기준시가, 주택은 고시주택가격(개별주택가격 및 공동주택가격) 등을 기준으로 시가를 산정합니다.

증여세 공제받으려면?

증여세도 공제를 받을 수 있습니다. 수증자가 배우자, 직계존속, 직계비속, 기타 6촌 이내의 혈족 및 4촌 이내의 인척으로부터 증여를 받았다면 일정한 기준에 따라 세금을 공제해주는 '**증여재산공제**'가 있습

증여재산공제

증여자와의 관계	증여재산공제 한도액 (10년간 합산해 공제할 수 있는 금액)
배우자	6억 원
직계존속(계부·계모 포함)	5,000만 원(미성년자 2,000만 원) 부부합산 3억 원
직계비속	5,000만 원
기타 친족(6촌 이내의 혈족 및 4촌 이내의 인척)	1,000만 원
그 외의 자	0원

니다. 공제 범위는 증여 전 10년 이내에 공제받은 금액과 해당 증여가액에서 공제받을 금액의 합계액에 따라 결정됩니다.

2024년부터 '혼인·출산에 따른 증여재산공제' 제도가 신설됐습니다. 결혼이나 출산한 신혼부부라면 놓치지 말고 챙겨야 할 혜택입니다. 부모가 자녀에게 재산을 물려줄 때 10년간 5,000만 원 한도 내에는 세금을 부과하지 않았습니다. 2024년부터 **결혼하는 자녀에게 1억 원씩 비과세 증여** 한도를 추가 적용합니다. 예를 들어 결혼한 신혼부부라면 **양가 부모로부터 총 3억 원**까지 세금을 내지 않고 지원받을 수 있습니다. 대상은 혼인신고일 전후 2년 이내(4년간)인 신혼부부입니다.

또 출산 증여재산공제 제도도 신설됐습니다. 부부가 아이를 낳고 2년 이내에 직계존속으로부터 증여받을 때 추가로 1억 원을 공제받을 수 있습니다. 양가에서 물려받은 재산을 합쳐 3억 원까지 세금을 내지 않아도 됩니다. 결혼하지 않고 아이를 낳은 사람도 같은 혜택을 받을 수 있습니다. 결혼·출산을 모두 하더라도 중복 혜택 없이 양가 합처 최대 3억 원까지만 증여세를 공제받을 수 있습니다.

증여세를 줄이기 위한 또 하나의 방법 '부담부증여'

증여세를 줄이기 위한 또 하나의 방법은 '부담부증여'를 활용하는 것입니다. 부담부증여는 주택 증여에서 **채무도 함께 승계**하는 것을 의미합니다. 수증자가 재산을 물려받을 때 동시에 채무를 함께 부담하는 형태의 증여 방식입니다. 즉 재산을 물려줄 때 빚을 동시에 넘겨주는 것입니다.

세금을 줄여 재산을 한 푼이라도 더 물려줘도 시원치 않은데, 자식에게 빚까지 떠넘기는 게 선뜻 이해가 가지 않을 수 있습니다. 하지만 절세를 위한 방법입니다. 증여받는 사람인 수증자는 채무를 뺀 증여가액에 대해 증여세를 부담하고, 증여한 사람인 증여자는 채무 부분에 대한 양도소득세를 부담합니다. 예를 들어 부모가 자녀에게 전세보증금 4억 원이 껴 있는 10억 원짜리 아파트를 증여한다고 가정하겠습니다. 이때 자녀는 전세보증금 4억 원이라는 채무도 동시에 물려받고, 보증금을 뺀 6억 원에 대한 증여세만 내면 됩니다. 부담부증여는 세금을 **증여세와 양도세로 나눠 절세 효과**가 있습니다.

또 증여세 절세를 위해 흔히 말하는 '**10년 법칙**'도 알아야 합니다. 자녀에게 사전 증여 이후 10년 내 상속이 발생하면 증여재산을 상속세로 합산합니다. 그만큼 상속세 부담이 커지지만, 그렇다고 10년 내 상속이 일어난다고 하더라도 증여가 꼭 불리하다고 볼 수 없습니다. 다만 10년 후 상속이 발생할 때보다 다소 불리할 수도 있습니다.

수증인은 증여받은 날이 속하는 달의 말일부터 3개월 이내에 수증인 주소지 담당 세무서에 신고하고, 신고 기한까지 내야 합니다. 한꺼번에 많은 세금을 내는 게 부담스럽다면 일정 금액 이상은 나눠서 낼 수 있습니다. 납부세액이 1,000만 원을 넘으면 두 번에 걸쳐 무이자로 나눠 낼 수 있습니다. 또 1,000만~2,000만 원 이하이면 1,000만 원은 신고 기한까지 내고, 나머지는 납부 기한이 지난 2개월까지 나눠 내면 됩니다. 2,000만 원을 초과하면 신고 기한까지 절반을 내고, 나머지는 그 후 2개월까지 내면 됩니다. 신고 기한 내 증여세를 내지 않으면 10~40%의 무신고가산세를 내야 합니다.

상속공제 적극적으로 활용해야

상속은 부모 사망 이후 물려받는 재산입니다. 상속세는 재산을 물려받는 상속인이 부담합니다. 증여세와 가장 큰 차이는 피상속인의 사망 이후 이뤄진다는 점입니다. 상속은 재산 소유자의 사망으로 이뤄지는 것으로, 재산뿐만 아니라 채무까지 함께 물려받는 것입니다. 채무가 상속받을 재산보다 많다면 **상속**을 아예 **포기**하거나, **한정승인**을 할 수 있습니다. 한정승인은 재산과 빚을 모두 물려받되, 물려받은 재산의 범위에서만 채무를 갚는 것을 의미합니다. 상속포기와 한정승인은 상속 개시 이후 3개월 내 가정법원에 신고하면 됩니다.

상속세는 상속재산에서 공과금이나 채무 등을 빼고, 법에서 인정한 범위 내에서 공제한 뒤 과세표준가액을 정하고, 상속세율을 곱해 정해집니다. 상속세는 공제 종류가 많고, 공제액도 큽니다. 상속인의 주거 보장 및 생활 안정 등을 위해 상속재산 공제제도를 운영하고 있습니다. 상속재산공제는 '**인적공제**'와 '**물적공제**'로 나뉩니다. 인적공제에는 기초공제, 배우자 상속공제, 그 밖의 인적공제 등이 있습니다. 물적공제에는 금융재산공제, 가업·영농상속공제, 재해손실공제, 동거주택상속공제가 있습니다. 상속세 절세를 위해서는 무엇보다 나에게 적용 가능한 상속공제의 종류와 범위를 파악하는 게 중요합니다.

상속공제는 **종류가 많고, 상속인들에 따라** 달라집니다. 상속을 받으면 **누구나 2억 원**을 공제받을 수 있습니다. 이를 기초공제라고 합니다. 또 흔히 "배우자와 자녀가 있다면 10억 원까지 상속세가 나오지 않는다"라고 말합니다. 틀린 말은 아니지만, 엄밀히 말하면 일괄공제 5억 원과 배우자 상속공제 5억 원을 합친 공제를 말하는 것입니다. 배우자 상속공제는 최소 5억 원에서 최대 30억 원까지 가능합니다. 그렇다고 30억 원이 모두 공제되는 건 아닙니다. 민법에서 규정한 배우자 상속분의 한도를 따져봐야 합니다. 민법상 배우자의 상속분은 직계존비속인 상속인의 지분에 50%를 가산합니다.

'그 밖의 인적공제'도 알아야 합니다. 자녀 한 명당 5,000만 원, 상속인 및 동거 가족 중 65세 이상인 사람에 대해 5,000만 원, 미성년자에 대해서는 만 19세가 될 때까지 1년에 1,000만 원, 그리고 장애인 역시 기대여명까지 1년에 1,000만 원을 계산한 금액을 더해 공제하는 것입니다.

인적공제는 기초공제(2억 원)와 자녀공제(1인당 5,000만 원), 미성년자공제(미성년자 수×1,000만 원×19세까지 잔여 연수), 연로자공제(1인당 5,000만 원), 장애인공제(장애인 수×1,000만 원×기대여명 연수) 합계액과 일괄공제(5억 원) 중 큰 금액으로 하며, 상속인이 배우자 단독이면 일괄공제 적용이 안 됩니다.

상속인은 피상속인의 사망일인 상속개시일이 속하는 달의 말일로부터 6개월 내 상속재산을 평가한 뒤 담당 세무서에 상속세를 신고하고 내야 합니다. 신고 기한 내 신고를 하면 **세액공제(3%)**를 받을 수 있습니다. 반대로 신고하지 않는다면 **10~40%의 신고가산세**를 추가로 내야 합니다.

피상속인이 나이가 많다면 부동산을 처분할 때 처분대금의 사용처와 사용 일자 등을 기록하고, 이를 증명할 수 있는 서류를 보관하는 게 좋습니다. 또 상속개시일 1년 이내에 피상속인의 금융 계좌에서 인출한 금액 등을 포함한 총재산이 2억 원이 넘거나, 2년 이내에 5억 원 이상의 재산을 사용했을 때 사용처가 불분명하다면 증여한 것으로 추정하기 때문에 주의해야 합니다.

08
임대인이 월세 세액공제를
거부할 때

#주거비 부담 '월세' #임차인에게 월세 공제는 연말 '보너스' #소득공제는 소득을 낮춰
#세액공제는 월세에 대한 세금을 낮춰 #임대인의 동의 따위 필요 없어

직장인 문선호(가명) 씨는 월세 80만 원의 연말정산 세액공제를 신고하려다
황당한 일을 겪었습니다. 문 씨는 월세 세액공제를 신고하면 한 달 치 정도의
돈을 환급받을 수 있다는 생각에 임대인에게 연락했습니다. 하지만 임대인
의 대답은 문 씨가 생각한 것과 전혀 달랐습니다.

임대인은 문 씨의 설명이 채 끝나기도 전에 "월세 세액공제를 신고하면 월세
를 10만 원 올리겠다"라고 퉁명스럽게 대답했습니다. 사실상 월세 세액공제
를 신고하지 말라는 경고에 가까웠습니다. 문 씨는 임대인의 대답을 들은 뒤
말문이 막혔습니다.

문 씨는 가족과 친구, 직장 동료 등 주변 지인들과 여러 차례 상의했지만, 뾰
족한 결론을 내리지 못했습니다. "월세 세액공제 신고는 임차인의 정당한 권

리다", "세액공제액보다 월세가 더 오른다", "을의 처지에서 현실적으로 임
대인의 눈치를 봐야 한다"라는 등 지인들의 말이 서로 달라, 누구의 말을 따
라야 할지 난감했습니다.

문 씨는 고민 끝에 결국 월세 세액공제를 신고하지 않았습니다. 문 씨는 "임
대인의 동의 없이도 월세 세액공제를 신고할 수 있지만, 임대인의 눈치를 안
볼 수 없다"라며 "임대인의 태도와 대답에 화가 났지만, 임차인으로서 별다
른 도리가 없었다"라고 토로했습니다.

임차인에게 매달 꼬박꼬박 나가는 월세는 부담입니다. 매달 현금이
지출되는 월세보다 만기 때 전세보증금을 돌려받을 수 있는 전세를
선호하는 임차인들이 많았습니다. 하지만 전세사기 여파로 주택임대
차 시장의 분위기가 많이 달라졌습니다. 전국 곳곳에서 전세사기 사
건이 잇따르며 전세보증금을 떼일 우려도 커지고, 전세대출 금리까지
오르다 보니 어쩔 수 없이 전세 대신 월세를 택하는 임차인들이 많아
졌습니다.

사회초년생들은 당장 경제적 부담이 있더라도 전세보다 월세를 선
호합니다. 대한민국을 뒤덮은 전세사기 범죄가 끝날 듯 끝나지 않으면
서 여진이 지금도 이어지고 있기 때문입니다. 자칫 목돈인 전세보증금
을 떼이면 회복하기가 쉽지 않다는 판단이 작용한 것 같습니다.

하지만 월세는 주거비 부담의 주요 원인입니다. 매달 내야 하는 월
세는 전세보다 주거비 부담이 더 큽니다. 주거비 부담이 크면 클수록
씀씀이를 줄일 수밖에 없습니다. 꼭 필요한 소비를 제외하고 지출을
최대한 줄입니다. 허리띠를 바짝 졸라매는 것은 비단 소비 위축으로

끝나지 않습니다. 소비가 위축되면 내수가 급격히 얼어붙고, 경기 침체라는 결과로 이어집니다. 매달 상당액의 월세를 주거비로 지출해야 하는 상황이 경기 침체라는 나비효과를 불러일으킵니다.

월세, 세액공제와 소득공제 중 뭐가 유리할까

임차인에게 월세 공제는 한 줄기 빛과 같습니다. 매달 꼬박꼬박 냈던 월세 일부를 현금으로 돌려받을 수 있다는 점에서 임차인이라면 월세 공제에 관심을 가져야 합니다. 월세 공제만 잘해도 한 달 치 월세보다 더 많은 돈을 돌려받을 수 있습니다. 월세로 거주하고 있다면 월세 공제를 꼭 챙겨야 하는 이유입니다.

공제는 크게 **소득공제**와 **세액공제**로 나뉩니다. 소득공제는 과세대상인 소득에서 일정 금액을 공제하는 것을 말합니다. 1년 동안 벌어들인 소득을 일정한 기준에 따라 낮춰 세액이 계산되기 전 과세표준을 줄여주는 것입니다.

세액공제는 과세표준에 따라 계산된 세액에서 실제 내야 할 세액을 줄여주는 것을 의미합니다. 소득공제가 **소득을 낮춰** 세금을 절약하는 것이라면, 세액공제는 세금을 바로 줄여주는 혜택입니다.

소득공제는 총소득액에서 월세로 지출한 비용을 빼 과세표준액을

소득공제와 세액공제 차이

소득공제	과세기준이 되는 소득을 줄여주는 것
세액공제	소득공제 후 부과되는 세금에서 일정 금액을 제외하는 것

낮추는 것입니다. 과세표준액이 정한 세율에 따라 세금이 결정됩니다. 과세표준액이 낮아지면 내야 할 세금도 그만큼 줄어듭니다. 소득공제 항목은 인적공제와 연금보험료공제, 기타 소득공제가 있고, 월세 역시 소득공제가 포함됩니다.

세액공제는 1년간 낸 **월세에 대한 세금**을 공제하는 것입니다. 2024년 1월 1일부터 무주택 세대주이면서 연소득 기준 8,000만 원 이하인 근로소득자라면 월세 세액공제를 받을 수 있습니다. 공제 한도 액수는 연간 750만 원에서 **1,000만 원(월세액의 15~17%)**으로 상향됐 습니다. 현재 거주 중인 월세 주택(고시원, 오피스텔 포함)은 전용면적이 85㎡ 이하로, 기준 시가 4억 원 이하여야 공제를 받을 수 있습니다. 또 주택임대차계약서의 주소와 주민등록상의 주소가 같아야 하고, 전입 신고가 돼 있어야 합니다.

월세 소득공제는 세액공제와 달리 급여 액수나 주택 규모 등에 대 한 제한 조건이 없습니다. 집 소유나 전입신고 여부 등도 상관없습니 다. 주택임대차계약서상 임차인이자 근로소득자라면 누구나 신고할 수 있습니다. 다만 소득공제를 받으려면 월세 **현금영수증**을 발급받아 야 합니다. 현금영수증은 임대인의 임대사업자 등록과 관계없이 발급 받을 수 있습니다. 임대인이 발급을 거부하면 국세청이 운영하는 **홈택 스 홈페이지**에서 등록할 수 있습니다. 현금영수증 민원신고 항목에서 **주택 임차료(월세)** 현금영수증을 발급받아 회사에 제출하면 소득공제 를 받을 수 있습니다.

소득공제 공제 한도는 총급여액의 20% 또는 한도금액 중 적은 금액으로 정합니다. 한도금액은 총급여액인 7,000만 원 이하이면

300만 원, 1억 2,000만 원 이하이면 250만 원, 1억 2,000만 원을 초과하면 200만 원 등입니다. 소득공제는 총급여액의 25%를 초과하는 구간부터는 신용카드 사용금액과 합산해 공제합니다. 세액공제 대상이면 월세 세액공제를 받는 게 유리합니다. 전입신고를 하지 못했거나, 총급여액이 높아 세액공제 조건에 맞지 않는다면 소득공제를 받아야 합니다.

월세 공제, 임대인 동의 없이도 신고 가능

현재 월세로 거주한다면 공제 혜택을 꼭 받아야 합니다. 하지만 일부 임대인은 자신의 소득을 감추기 위해 임차인에게 월세 공제를 하지 못하도록 엄포를 놓습니다. 심지어는 주택임대차계약서에 '월세 공제를 하지 않겠다'는 독소 조항을 요구하는 사례도 많습니다. 임차인이 임대인의 요구를 거절하기란 현실적으로 쉽지 않습니다.

임대인의 엄포에 지레 겁먹고, 월세 공제 신고를 포기하면 안 됩니다. 월세 공제는 **임대인의 동의**가 필요 없습니다. 거주 기간 월세 공제를 신고했다가 자칫 임대인과 사이가 나빠지면 어쩌나 우려하는 것 역시 기우에 불과합니다. 임대인과 갈등이 있는 경우 올해 꼭 공제 신고를 하지 않아도 상관없습니다.

계약 만료 이후 **5년 이내**에 증빙서류를 챙겨 '**경정청구**'를 하면 됩니다. 경정청구는 일종의 세액조정신청입니다. 신고 기한에 세금을 냈지만, 세금을 더 많이 냈다거나 잘못 냈을 때 바로잡는 절차입니다. 연말정산 기한 내 서류를 준비하지 못했거나, 회사에 알리고 싶지 않은 정산 내용을 연말정산 기한 이후에라도 할 수 있다는 뜻입니다. 다만 월세 경정청구를 하기 위해서는 주택임대차계약서 사본과 월세 이체 영수증(은행 계좌), 현금영수증, 통장입금증 등 증명서류를 함께 첨부해야 합니다.

내가 하면 절세,
남이 하면 탈세?

대한민국 국민이라면 반드시 지켜야 할 네 가지 의무가 있습니다. 헌법 제38조는 국민의 4대 기본 의무를 '교육·근로·납세·병역'으로 규정하고 있습니다. 마땅히 지켜야 할 4대 의무에는 흔들리지 않는 원칙이 있습니다. 지위고하(地位高下)를 막론하고, 누구에게나 공평하게 적용합니다.

소득이 있다면 세금을 내는 것은 당연합니다. 모든 국민은 법률이 정하는 바에 따라 납세의 의무를 집니다. 모든 국민이 세금을 내는 것을 '국민개세(國民皆稅)주의'라고 합니다. 이 말은 통상 공정 과세를 위해 소득이 있다면 자신의 형편에 따라 적게라도 세금을 내야 한다는 의미로 쓰입니다.

조선시대에도 '소득이 있는 곳에 세금이 있다'는 공정 과세 원칙을 누구도 피해갈 수 없었습니다. 조선시대에는 농업이 국가 경제의 근간이었습니다. 당시에는 농지를 중심으로 세금을 부과하는 '전세(田稅)'가 조세의 주를 이뤘습니다. 농업 중심 사회에서 무당과 어부에게도 세금을 부과했다는 기록이 남아 있습니다.

상업이나 공업, 어업 등 다른 분야에서 소득이 발생하는데도 세금을 부과하지 않으면 전세를 내는 농민의 반발과 이탈을 막을 수 없어 배(船)·소금(鹽)·삼(蔘) 등 소득이 발생한 곳에 공평하게 세금을 부과했습니다. 또 다산 정약용의 『목민심서(牧民心書)』에는 "무당이 너무 많아 그 수요의 억제와 규제를 위해 무녀포(巫女布) 혹은 무세(巫稅)를 징수했다"라고 기록돼 있습니다. 과거부터 현재까지 공평 과세 원칙이 이어졌습니다.

누구나 법에 따라 형편에 맞게 세금을 내야 합니다. 세법은 기본적으로 소득이 많은 사람에게는 많은 세금을 부과하고, 소득이 적은 사람에게는 그만큼 적은 세금을 부과하도록 규정하고 있습니다. 세금을 내지 않고 버틸 방도가 딱히 없어 매달 꼬박꼬박 세금을 내고 있습니다. 하지만 동서고금을 막론하고, 누구나 세금은 덜 내고 싶어 합니다.

세금 내는 걸 반기는 사람은 없습니다. 돈이 오가고 이익이 생기는 모든 경제활동에는 세금이 항상 뒤따릅니다. 부동산도 예외가 아닙니다. 부동산을 사고팔 때 가장 중요한 것 중 하나가 세금입니다. 주택을 살 때는 취득세를 내고, 거주하면 보유세, 처분할 때는 양도세를 냅니다. 부동산을 거래하는 과정마다 어김없이 세금이 붙습니다.

"내가 하면 절세, 남이 하면 탈세"라는 시쳇말이 있습니다. 부동산을 두고 벌어지는 황당한 일과 확인되지 않는 설이 난무합니다. 부동산은 우리 삶과 가장 밀접하고, 삶의 방식을 결정하다 보니 듣도 보도 못한 이야기들이 차고 넘칩니다. 특히 세금과 관련한 설은 일일이 열거할 수 없을 정도로 많습니다.

부동산 세금에는 온갖 추측과 뜬소문이 꼬리표처럼 따라다닙니다. 부동산 세금이 워낙 복잡하고, 미묘해 '탈세'와 '절세' 사이를 아슬아슬하게 오갑니다. 세금을 한 푼이라도 덜 냈다는 파란만장한 무용담이 없는 사람이 없습니다. 절세와 탈세의 미묘한 경계에서 외줄 타기를 시도하다 세무당국에 적발되는 사례가 뉴스를 장식하기도 합니다. 이른바 '세테크'라는 정확하지 않은 정보에 현혹돼 자신도 모르게 조세포탈 범죄를 저지르는 일도 비일비재합니다.

흔히 절세와 탈세를 '한 끗' 차이라고 합니다. 이론상으로 절세와 탈세를 구분하기 쉬우나, 현실적으로 세법이 워낙 복잡하고 그 경계가 모호해 많은 오해와 불필요한 충돌을 일으킵니다. 수많은 오해가 쌓여 "내가 하면 절세, 남이 하면 탈세"라는 다분히 주관적인 말이 나오지 않았을까 추측합니다.

절세와 탈세를 '한 끗' 차이라고 해도 탈세는 생각하는 것보다 훨씬 더 위험합니다. 세금 추징은 물론 가산세까지 매겨져 경제적으로 심각한 타격을 입을 수 있습니다. 더 나아가, 사기나 부정행위 등으로 인한 심각한 조세포탈이라면 형사처분까지 받을 수 있습니다. 세무당국이 그렇게 허술하지 않습니다. 이전부터 세금을 덜 내기 위해 다양한 불법적인 시도가 있었고, 이에 대응하는 세무당국이 노하우를 쌓고 절차와 제도를 끊임없이 보완하고 있습니다.

그렇다면 절세와 탈세는 어떻게 다를까요? 단편적으로 절세와 탈세는 모두 세금을 줄이는 행위입니다. 절세는 세법이 정한 범위 내에서 합법적인 절차를 통해 세금을 줄이는 방식입니다. 반면 탈세는 고의로 사실을 왜곡하거나 조작하는 등 불법적인 방법을 통해 세금을 줄이는 것입니다.

부동산을 계약할 때 이른바 '다운계약서(허위계약서)'를 작성하는 게 대표적인 탈세입니다. 다운계약서를 작성하면 매도인과 매수인은 각각 양도세와 취·등록세를 아낄 수 있어 다운계약서를 작성합니다. 다운계약서 작성이 서로에게 도움이 되는 것처럼 보이지만, 엄연히 불법입니다. 매도인과 매수인, 공인중개사 모두 처벌받습니다.

탈세가 아닌 절세가 필요하다면 확실하지 않은 무용담에 현혹될 필요가 전혀 없습니다. 절세는 합법적인 테두리 안에서 내야 할 세금을 줄이는 것입니다. 세금을 줄인 만큼 경제적 이익이 늘어납니다. 절세의 시작은 착실한 준비입니다. 세법에 관심을 두고, 한 발짝씩 착실하게 절세에 필요한 증빙자료를 모으는 게 중요합니다.

절세는 합법적인 테두리 안에서 이뤄져야 합니다. 합법적인 절세 방법으로는 감면사항을 활용하는 것입니다. 부동산에는 세금 감면 사항이 많습니다. 우선 감면사항이 무엇인지 확인하고, 이를 증명할 객관적인 자료를 모아야 합니다.

비슷한 시세의 아파트를 소유했더라도 누구는 세금을 더 많이 내고 누구는 덜 내는 사례가 있습니다. 사전 준비를 얼마나 착실하게 했는지에 따라 차이가 납니다. 절세는 오랜 시간에 걸쳐 사용한 금액을 객관적으로 증빙해야 합니다. 금융기관에서 세금 우대나 비과세 상품에 대해 금액과 기간을 정하는 것과 같습니다. 부동산의 경우 보유 기간과 금액에 따라 각기 다른 세율을 적용하는 것도 같은 이치입니다.

양도소득세는 부동산을 판 금액에서 산 금액, 수수료 등 필요 경비와 양도비 등을 뺀 양도차익에 대해 과세합니다. 양도세를 신고할 때 낡은 아파트를 새 아파트로 바꾸는 인테리어 비용 등 필요 경비를 증빙할 수 있는 자료만 잘 챙겨도 세금을 아낄 수 있습니다. 흔히 인테리어 비용 모두가 필요 경비로 인정받는다고 알고 있습니다. 이는 사실이 아닙니다.

인테리어 비용 모두를 필요 경비로 인정받지 않습니다. 아파트를 사용하는 데 꼭 필요한 부분에 사용한 비용만 필요 경비로 인정합니다. 발코니 창틀 교체나 난방시설 교체 비용이 이에 해당합니다. 반면 싱크대나 주방기구 교체 비용, 문짝, 조명 교체 등 개인 취향에 속하는 인테리어 지출 비용은 인정하지 않습니다.

인테리어 공사 전 필요 경비로 인정되는 견적을 따로 받습니다. 또 공사 항목별 전·후 사진도 함께 챙기고, 인테리어 비용을 낼 때 카드 결제를 하거나 현금영수증, 세금계산서 등을 받아야 합니다.

탈세가 아닌 절세를 위해서는 꾸준한 관심이 필요합니다. 세금 낼 때마다 내가 놓쳐서 못 받은 혜택이 있는지 확인하고, 공제를 받기 위한 절차와 필요한 증빙자료를 모으는 노력이 중요합니다.

부동산 세법은 세무사조차 헷갈릴 정도로 복잡합니다. 일반인이 세법을 모르는 건 당연합니다. 절세와 탈세를 혼동하는 사례도 많습니다. "내가 하면 절세, 남이 하면 탈세"라는 말이 괜히 나온 게 아닙니다. 탈세 관련 무용담이 심심찮게 들립니다. 부당한 방법으로 세금을 내지 않으면 명백한 탈세입니다. 탈세 방법도 가지가지입니다. 진화하는 탈세 방법을 세무당국이 모를 것이란 생각은 착각입니다. 세무당국은 이미 다 알고 있습니다. '탈세하면 반드시 처벌받는다'라는 원칙은 여전히 유효합니다.

'찐' 부동산 기자만 아는
부동산 뒷이야기

1
부동산 기사에 대한
현직 기자의 푸념 혹은 독백

#홍보성 보도자료와 독자의 제보 #부동산은 전문 분야

저의 직업은 기자(記者)입니다. 기자는 **역사를 기록하는 사람**입니다. 기자라면 누구나 자신의 직업과 삶에 대해 진솔하게 기록하고 싶다는 마음을 품어본 적이 있을 겁니다. 저 역시 마찬가지입니다. 지난날을 되돌릴 순 없지만, 틈틈이 기록하고 남겼습니다. 온전하게 다듬어지지 않아 다소 투박하거나 혹은 푸념 섞인 독백이더라도 한 번쯤은 기록으로 남겨야겠다고 생각했습니다.

제 일과는 다른 기자와 별반 다르지 않습니다. 일상에 쫓겨 하루를 사는 삶을 반복합니다. 출근길에 커피숍에 들러 커피를 주문하는 게 일상이자, 습관처럼 굳어졌습니다. 잠시 쓰디쓴 커피를 마시며 아직 잠에서 덜 깬 몸과 정신을 깨웁니다.

기자회견장

커피 한 모금으로 애써 정신을 차린 뒤 회사 메일함을 삭제하며 하루를 시작합니다. 정부 부처와 각종 단체, 건설사, 홍보·분양 대행사에서 수십 통씩 보도자료를 뿌려대다 보니 잠깐이라도 방심(?)하는 사이 반나절 만에 메일함이 꽉 차기 때문입니다. 삭제하는 메일은 비슷합니다. 얄팍한 **홍보성 보도자료**에 자극적인 제목을 붙였거나, 실상 까보면 내용이 부실한 게 대부분입니다. 간혹 기삿거리가 될 만한 **독자제보**가 심심찮게 눈에 띄기도 합니다. 제보는 기삿거리를 찾아 온종일 머리를 싸매는 수고를 덜어줍니다.

얼추 메일 정리가 끝나면 다른 언론사 기사들을 보고 이른바 '**물먹은' 기사**가 없는지 확인합니다. 모든 기자가 그러하듯 타사에서 단독 기사가 나면 쥐구멍이라도 숨고 싶은 심정입니다. 데스크(부장)의 불호령이 뒤따릅니다. 데스크의 불호령이 떨어지면 불똥이 애먼 출입처로 튑니다. 출입처 홍보실 직원이나 언론 담당자 등 취재원에게 "왜 ○○

모르면 호구 되는 부동산상식

일보에 단독 기사가 났냐"라고 한마디 쏘아붙이고, 부랴부랴 사실을 확인합니다.

사실 확인을 마치면 데스크에게 죽기보다 싫은 물 먹은 상황을 구체적으로 보고합니다. 저도 흔히 '언론사의 꽃'이라 불리는 사회부 사건팀에서 나름 잔뼈가 굵었고, 글을 써서 밥벌이한 지 14년이 됐지만, 물 먹은 보고는 여전히 불편하고 익숙하지 않습니다. 물 먹은 기사에 대한 사실 확인을 마친 뒤 데스크 지시에 따라 기사를 작성합니다.

집값이 롤러코스터를 타면서 최근에야 부동산 기사가 이목을 끌고 있으나, 이전까지 사회·정치 기사 그늘에 가려 뒷전이었습니다. 주요 현장을 발로 뛰며 생생한 목소리가 담긴 사회·정치 기사와 비교하면 딱딱한 통계와 숫자가 주를 이룬 부동산 기사는 **독자의 관심**을 받기가 쉽지 않고, **기사 배열** 과정에서도 순위권 밖으로 밀려나기도 합니다.

부동산은 전문 분야입니다. 애초 예상한 것보다 진입장벽이 높고, 기자 개인 역량이 뚜렷하게 드러나는 전문 분야라는 걸 부동산부로 발령이 나고 채 일주일도 안 돼 알게 됐습니다. 기껏해야 대학 시절 자취방 월세계약과 몇 번의 아파트 거래 경험이 고작인데, 부동산을 너무 얕잡아 봤다 호된 신고식을 치러야 했습니다. '선무당이 사람 잡는다'고 아무렇게나 문제를 제기하는 게 부동산 분야에서 얼마나 위험한지 알게 됐습니다. 겉만 보고 쉽게 판단하고, 얕은 지식을 뽐내는 것에 불과했습니다. 지금도 그때를 생각하면 얼굴이 화끈거립니다.

저는 호된 신고식 이후 사실을 정확하게 전달하기 위해 혹독한 훈련을 받았던 기자 초년병 시절처럼 닥치는 대로 부동산 관련 서적을 읽고, 깨알 같은 자료도 뒤적였습니다. 매일 부동산 머리기사를 읽고,

필사(筆寫)도 빼놓지 않았습니다. 특정 사안에 대해 궁금하거나 의구심이 생길 때는 전문가에게 물었습니다. 또 학회나 협회, 연구원 등이 주관하는 손에 꼽히는 강연과 세미나 등도 빠짐없이 챙겼습니다.

건설부동산을 담당하는 타사 기자들과 모임도 가졌습니다. 한 달에 두 번 갖는 정기모임에서 각종 설화(屑話)부터 기사 작성에 필요한 알짜배기 정보를 얻었습니다. 모임에서 술잔이 돌고 돌아 어느덧 시간이 흐르면 신변잡기 등 잡담으로 채우는 게 약간의 흠이기는 하지만, 인맥이 넓어지고 논의를 자연스럽게 할 수 있는 장점이 있었습니다.

저는 부동산 기사를 쓰기 전 독자를 누구로 정할지 고민합니다. 저뿐만 아니라 다른 기자도 비슷할 것입니다. 독자가 부동산 관련 정보를 처음 접하는지, 전문적인 정보를 원하는지, 사는 곳은 어디인지, 임대인인지, 임차인인지 등 독자를 누구로 정하느냐에 따라 기사 방향과 내용이 달라집니다.

부동산은 어렵습니다. 그래서 기사를 쓸 때 **최대한 쉽고 간결하게 쓰**려고 많은 공을 들입니다. 독자가 기사를 읽는 데 어려움을 느끼거나 이해하지 못한다면 저의 책임입니다. 돌이켜보면 저 역시 책임을 다하지 못할 때가 더 많지 않았나 싶습니다. 아무리 읽어봐도 도통 이해가 되지 않고, 의미를 선명하게 전달하지 못한 보도자료 전문이나 지나친 홍보성 용어를 알게 모르게 그대로 쓰지 않았나, 돌이켜보면 반성만 남습니다. 쉽게 풀어 쓴 다른 기사를 읽으면서 그제야 무릎을 '탁' 치며 '아! 나는 왜 저런 쉬운 표현을 생각하지 못했지'라고 후회한 적이 종종 있는 걸 보니 여전한 것 같습니다.

부동산 기사 특성상 특정 건설사나 기관, 단체의 의도적인 홍보로

모르면 호구 되는 부동산상식

비치지 않을까 고민합니다. 흔히 '낚였다'는 홍보나 광고성 기사는 최대한 경계하고, 기사를 작성한 뒤에도 한 번 더 꼼꼼하게 살핍니다. **독자가 없는 언론**은 **존재 이유**가 없기 때문입니다. 다만 건설부동산부뿐만 아니라 다른 부서의 데스크들이 영업 압박에 내몰리는 언론계 현실에서 여간 어려운 일이 아닙니다.

부동산 기사는 단편적인 숫자나 단순한 정보 전달에 그치지 않고, **깊이 있는 해석과 분석이 뒷받침**돼야 합니다. 출입처에서 보내는 의도가 담긴 보도자료에는 발품을 팔며 온몸으로 부딪쳐 얻은 경험과 꼭 필요한 정보가 담겨 있지 않습니다. 독자들이 원하는 깊이 있는 부동산 기사 작성을 위해 **기자의 노력과 역량**이 절대적으로 필요합니다. 부지런함이 기자에게 최고의 미덕이라는 말이 괜한 소리가 아닙니다. 전문 분야인 부동산은 더더욱 그렇습니다. 지금까지 부동산을 담당하는 현직 기자의 푸념 혹은 독백이었습니다.

02
부동산 기사를 읽어야
부동산이 보인다

정보가 빛보다 빠르다 # 얄팍한 꼼수에 혹하지 말자
#정책과 시장 상황, 전문가 해설·분석 따져봐야 #역세권, 법적 기준이 없다

　'정보의 홍수' 시대입니다. 정보의 홍수가 오히려 독이 된 것일까요? 너무 많은 정보 때문에 판단력이 흐려지기도 하고, 때로는 혼란스럽기까지 합니다. 방대한 정보를 손쉽게 접할 수 있다 보니 역설적이게도 정보를 **걸러내는 능력**이 필수입니다. 정보를 구별하고 걸러내는 능력이 절실한 요즘입니다.

　부동산도 마찬가지입니다. 말을 잊지 못할 정도로 정보가 차고 넘칩니다. 과거에는 정보의 생산과 전달이 극히 제한적이었습니다. 부동산 관련 정보를 얻으려면 동네 사랑방이었던 중개사무소나 친인척, 이웃사촌 등에게 의존했습니다. 당시에는 정보의 사실과 거짓을 분별하고 합리적인 의사결정을 하는 데도 별다른 어려움이 없었습니다.

지금은 천지개벽 수준으로 변했습니다. 손가락 하나만 까딱하면 디지털 공간에서 온갖 정보를 원하는 만큼 얻을 수 있는 초연결사회입니다. 이전과 비교도 할 수 없을 만큼의 어마어마한 양의 **정보가 빛보다 빠르게 생산**되고, 전달됩니다. 하지만 부정확하거나 왜곡된 정보도 그만큼 많아졌습니다. 의사결정 과정에서 수집한 정보가 부정확하거나 불완전하다면 합리적 의사결정을 할 수가 없습니다.

TV부터 인터넷, 모바일까지 뉴스가 넘쳐나는 시대입니다. 하루에도 부동산 뉴스가 셀 수 없을 정도로 쏟아집니다. 이 중 의도를 숨기거나, 검증되지 않은 자극적인 정보가 그럴싸한 뉴스로 포장되는 일이 적지 않습니다. 유독 부동산 기사에는 투자라는 탐욕을 부추기는 **산술**과 **얄팍한 꼼수**가 교묘히 숨겨져 있습니다.

부정확한 정보를 스스로 걸러내는 능력이 필요합니다. 다양한 매체의 등장으로 정보의 바닷속에서 생존하려면 정보 수집보다 해석이 더 중요합니다. 넘쳐나는 정보는 마땅히 경계해야 합니다. 필요한 정보는 참고하되, 독립적인 시각과 사고로 정보를 재해석해 가치 판단을 해야 합니다. 나에게 필요한 정보는 밖이 아닌 자신에게 있다는 사실을 기억해야 합니다.

부동산 기사, 읽지만 말고 '왜'라고 질문해야

"악화(惡貨)가 양화(良貨)를 구축한다"라는 말이 있습니다. 새삼스럽진 않지만, 언론의 고질적 병폐를 딱 맞게 지적하는 표현입니다. 질 낮은 기사의 범람으로 언론의 신뢰도와 가치가 하루가 다르게 떨어지고 있습니다. 유독 부동산 기사가 더욱 심한 것 같습니다. 질 낮은 기사가 범람한 데다 선정적인 제목과 기사들로 도배가 되다시피 합니다.

문제는 질 낮은 기사가 범람하면서 질적으로 우수한 기사를 골라 보는 게 어려워졌다는 데 있습니다. 이전엔 인지도 높은 일간신문을 구독하는 방식이 대세였습니다. 매체 자체가 기사의 우수성을 결정짓는 거의 유일한 기준이었습니다. 하지만 지금은 부동산 기사를 접하는 독자들이 스스로 좋은 기사를 찾기 위해 고민해야 합니다. **부동산 기사에 관심이 많은 것과 기사를 제대로 활용하는 건 별개**입니다. 하루 24시간 중 수면시간을 제외하고, 정해진 일과 시간 안에 본인이 필요로 하는 부동산 기사를 정확히 찾아 읽기가 의외로 쉽지 않은 일입니다.

부동산 기사를 제대로 읽고 활용하기 위해서는 가장 먼저 해야 할 일이 무엇일까요? 독자들은 대부분 별다른 기준 없이 포털사이트가 임의대로 배치한 기사를 읽습니다. 운이 좋으면 내가 필요로 하는 정보가 담긴 기사를 찾을 수 있지만, 대부분 필요 없거나 질 낮은 기사일 확률이 높습니다. 부동산 기사를 제대로 읽기 위해서는, 우선 기준 없는 기사 선택을 지양해야 합니다. 실제로 좋은 정보가 담겨 읽을 만한 부동산 기사는 따로 모여 있습니다. 포털사이트에는 눈에 잘 띄는 곳에 '경제' 뉴스만 분류해놓고 있습니다. 이곳에 들어가면 상대적으로 질 좋은 정보가 담긴 부동산 기사를 볼 수 있습니다.

또 꼭 필요하거나 원하는 정보가 담긴 기사를 직접 검색해도 좋습니다. 자신이 원하는 부동산 관련 키워드를 직접 입력하면 관련 기사가 나옵니다. 수많은 언론사에서 생산한 기사 가운데 원하는 키워드가 들어간 제목을 선택하면 본인이 원하는 것에 가장 근접한 지식과 관련 정보가 담긴 기사를 확인할 수 있습니다.

여기서 중요한 건 부동산 기사를 단순히 읽기만 하면 도움이 안 된다는 겁니다. 대충대충 훑어보거나 어떤 부분만 골라서 보기보다는 **기사의 배경이 되는 정책과 시장 상황, 전문가들의 해설과 분석** 등에도 관심을 가져야 합니다. 부동산 기사를 읽고 그 뜻을 스스로 헤아릴 수 있는 가장 좋은 지름길입니다.

기자는 기사를 작성할 때 사실 확인을 기반으로 작성합니다. 아무리 사실을 기반으로 작성한 기사라도 이를 뒷받침하는 논거에 대해 **비판적 사고**로 접근해야 합니다. 이 논거가 적절한지, 정말 나에게 필요한 정보가 담겨 있는지 스스로 판단하기 위해서는 합리적 의심을 해야 합니다. 합리적 의심의 시작이 비판적 사고입니다. **'왜?'라는 질문**에 기사가 적절하게 대답하는지, 그 대답이 논리적으로 타당한지를 확인해야 합니다.

다만 이런 접근 방식은 주의해야 합니다. 집을 사면 누구나 집값이 상승하길 기대합니다. 하지만 매물이 증가하고, 거래량이 감소하는 통상적인 집값 하락 신호가 나타날 때 집값 하락 전망 기사들이 나옵니다. 이때 내가 원하는 방향과 다른 기사라고 해서 깎아내리거나 외면하는 건 비판적 사고가 아닙니다. 비판적 사고는 집값 하락 논거가 타당한지, 논리적으로 설득력이 있는지를 확인하는 것입니다. 더 나아가 집값 하락에 대비하기 위해 필요한 정보가 무엇인지 얻으려는 자세가 필요합니다. 이를 **비판적 수용**이라고 합니다.

부동산 기사를 읽을 때 매체와 기사 제목만 보지 말아야 합니다. 해당 기사를 작성한 기자를 확인해야 합니다. 기사를 실제 작성하는 건 매체도, 데스크도 아닌 현장에 있는 기자입니다. 기자의 성향에 따라 보수적 논조를 지닌 매체에서도 진보적 기사가 보도될 수 있고, 그 반대일 수도 있습니다.

특정 기자가 쓴 기사와 기사 작성 패턴 등을 보면 기자의 신뢰도나 영향력을 가늠할 수 있습니다. 일정 수준 이상의 신뢰도를 지닌 기자가 작성한 기사라면 믿고 읽을 만합니다. 최근에는 기자 개인의 기사만 따로 볼 수 있습니다. 나에게 의미 있고, 유효한 기사를 작성하는 기자의 기사를 구독할 수 있습니다. 이 기능을 적극적으로 활용하면 부동산 기사를 보는 눈이 달라질 겁니다.

짓지 않고 우선 분양한다: 아파트 분양 기사에 혹하지 마라

우리나라는 아파트를 짓기 전 분양을 먼저 합니다. 아파트를 짓기 전 분양을 하고, 계약금으로 건설비용을 충당합니다. 이를 선분양이라고 합니다. 지난 40여 년간 관행적으로 이뤄졌습니다. 건설사는 자금 확보를 위해 선분양을 시행하고, 분양받은 사람은 시세차익을 기대할 수 있어 선분양 방식을 따릅니다. 하지만 만 원짜리 물건을 살 때도 꼼꼼히 따지는데, 정작 수억 원이 넘는 아파트를 실물도 보지 않고 산다는 게 선뜻 이해할 수 없습니다.

선분양의 여러 병폐 가운데 분양 기사를 빼놓을 수가 없습니다. 분양 기사에는 아파트를 분양받는 데 필요한 정보를 얻을 수 있습니다. 분양 기사에는 아직 지어지지 않은 아파트 규모와 입지를 비롯해 주변 인프라, 커뮤니티 시설, 청약 일정까지 다양한 정보가 담깁니다. 분양 기사에 나오는 정보는 근거가 분명하고, 실제 존재하는 것으로 참고할 만합니다. 하지만 분양 기사에 담긴 정보가 분양 아파트의 **가치를 높게 형성**하거나 **시세차익을 보장하지 않습니다.**

분양 기사에 필요한 정보만 담기면 좋으나, 누구나 혹할 만한 **허위·과장한 정보**도 포함돼 있습니다. 분양 기사에서 객관적이고 구체적인 표현은 참고할 만하나, **주관적**이거나 **애매모호**한 표현은 허위·과장된 경우가 많아 경계해야 합니다. 예를 들어 '명품 아파트의 필수 조건', '랜드마크 위상', '우수한 생활 인프라', '쾌적한 주거환경' 등이 대표적입니다. 이런 표현들은 지극히 주관적이라 사람마다 기준이 다르고, 생각이 다를 수 있습니다. 지나친 주관적인 표현이나 모호한 표현이 많은 분양 기사는 걸러내야 합니다.

분양 기사에는 또 **기대감**을 **과도하게 부풀리는** 표현들이 많습니다. 예를 들어 "주변에 일자리가 풍부하고, 출퇴근이 편리해 높은 주거 선호도가 예상된다"라거나 "희소성을 갖춘 단지인 만큼 향후 가치 상승이 기대된다", "향후 주거 편의성이 더욱 개선될 것으로 전망된다"라는 등의 표현을 종종 볼 수 있습니다. 하지만 실제로 확인해보면 앞서 분양한 단지에서도 미분양이 발생했거나, 분양 이후 집값이 하락한 사례가 많습니다. 분양 기사에 기대감을 과도하게 부풀린 표현이 많다면 **'빛 좋은 개살구'**에 불과합니다.

마지막으로 **'역세권'**을 빼놓을 수 없습니다. 분양 기사에서 '○○역 역세권', '초역세권 단지'라는 표현이 많이 나옵니다. 역세권은 일반적으로 철도역과 그 주변지역을 포함한 일정한 지역을 의미합니다. 교통환경은 아파트 분양에서 큰 비중을 차지합니다. 특히 역세권은 부동산의 가치를 결정하는 기준이기도 합니다.

하지만 역세권의 범위를 규정하는 **법적 근거**가 없습니다. 역세권의 개발 및 이용에 관한 법률 제2조에 역세권을 '철도역과 그 주변지역'으로 규정하고 있습니다. 그 주변에 대한 범위가 명확하지 않습니다. 상황이 이렇다 보니 실제 분양 단지에서 철도역까지 걸어서 20분 넘게 걸리는 단지를 역세권 단지라고 표현하거나, 심지어 역과 거리가 멀리 떨어져 있는데도 단지 이름에 특정 지하철역을 넣은 사례도 적지 않습니다. 분양 기사에서 역세권 단지라는 표현에 혹하지 말고, 진짜 역세권인지 눈과 발품을 팔아야 합니다.

3
집값 통계는
믿지 마세요

#통계, 정부 정책을 결정하는 주요 지표　#집값 통계 '무용론' 등장
#잘못된 통계는 정부 정책 실패와 시장 혼선 부추긴다　#집값 통계에 일희일비할 필요가 없다

"통계는 거짓말을 하지 않는다. 다만 거짓말쟁이들이 통계를 이용할 뿐이다."

통계학계의 오랜 격언입니다. 통계는 일정한 목적에 따라 관련 데이터를 수집·분석해 수치화한 것입니다. 통계는 대량의 데이터를 수집·분석해 대표적인 특징을 숫자로 나타내 어떠한 현상을 한눈에 확인할 수 있습니다.

통계는 어떠한 현상을 가장 객관적으로 입증하는 근거자료로 쓰입니다. 어렵고 복잡한 현상을 숫자라는 도구로 **단순화·시각화**하다 보니 어느 분야든 쉽게 활용할 수 있습니다.

통계의 중요성은 두말할 나위가 없습니다. 특히 경제활동과 통계는 떼려야 뗄 수 없는 관계입니다. 통계 없이 경제가 존재할 수 없습니다. 통계는 다양한 경제활동을 정량화하고, 현상과 패턴, 구조, 방향 등을 설명하고, 미래를 전망하는 **객관적인 근거**로 쓰입니다. 통계에서 언급된 숫자들은 객관성을 지닌 주요 정보입니다.

통계는 **정부 정책**을 결정하는 **주요 지표**입니다. 통계는 사회 현상 분석부터 정책 효과 검증까지 정부 정책의 모든 과정에 근거로 활용합니다. 정부는 정책을 수립하기 전 수많은 데이터를 통해 전 사회 현상에 대해 분석합니다. 정책 수립 전 통계를 통해 특정한 사회 현상의 원인과 결과를 파악합니다. 이어 사회 현상에 대한 문제점을 수치화하고, 정책적 대안과 방향을 결정합니다. 통계는 정책의 방향을 결정하는 것에 국한하지 않습니다. 마지막으로 정책 효과를 평가하고 검증합니다. 통계는 정책 전반에 모두 관여합니다.

통계의 생명은 **객관성**과 **정확성**입니다. 숫자는 객관성을 지녔습니다. 주관적인 판단이 개입할 여지가 없습니다. 또 통계를 위해 수집한 데이터는 투명하고 공정해야 통계의 결과가 정확하고, 품질과 신뢰도가 높아집니다. 다만 통계는 한계가 있습니다. 표본의 차이, 표본 수, 조사 시간, 주기 등 다양한 변수에 따라 통계 결과가 달라질 수도 있습니다.

통계에는 달콤한 유혹(?)이 도사리고 있습니다. 정책 실패를 감추고, 성공한 것처럼 꾸미기 위해 왜곡이나 은폐 등이 이뤄지기도 합니다. 프랑스대혁명도 통계 조작이 직접적인 도화선으로 작용했습니다. 1781년 프랑스 정부가 그간 수많은 분식회계로 재정 상태를 속여왔는지 드러났습니다. 프랑스 정부 경상지출의 10분의 1에 달하는 2,570만 리브르가 궁정과 왕실에 쓰인다는 사실을 알게 된 프랑스 시민들의 분노가 프랑스대혁명으로 이어졌습니다.

주간 아파트 통계 양대산맥, '한국부동산원'과 'KB부동산' 차이는?

한국부동산원(옛 한국감정원)과 KB부동산은 우리나라의 부동산 통계 '양대 산맥'입니다. 한국부동산원은 공공 통계를, KB부동산은 민간 통계를 대표합니다.

정부 산하기관인 한국부동산원은 국가승인 통계인 '전국주택가격동향조사(주간 아파트 가격 동향)'를 매주 발표합니다. 한국부동산원이 발표하는 통계는 국내 주택시장의 변화를 수치화하고, 주택 정책을 수립하는 데 근거 자료로 활용합니다.

KB부동산(주간아파트시장동향)은 민간기업인 KB국민은행이 제공하는 통계입니다. 한국부동산원과 마찬가지로 매주, 단독과 연립주택은 1개월을 기준으로 산정해 통계를 발표합니다.

부동산 통계에 대한 신뢰도가 갈수록 추락하고 있습니다. 부동산 양대 통계인 한국부동산원과 KB부동산의 부동산 조사자료 결과가 엇갈리면서 신뢰도에 금이 갔습니다. 한국부동산원과 KB부동산 통계 결과가 엇갈리면서 통계 자체에 대한 불신이 커졌습니다. 어느 쪽 통계를 믿어야 할지 헷갈리고, 심지어 부동산 주간 단위 통계가 의미가 없다는 **무용론**까지 나오고 있습니다.

양 기관의 통계인 주간 아파트 조사 결과가 **실거래가**를 반영하지 못하고 있다는 지적이 꾸준히 제기되고 있습니다. 같은 지역, 같은 기간

주간 아파트 매매가격지수 변동률(2023년 7월~2024년 1월)

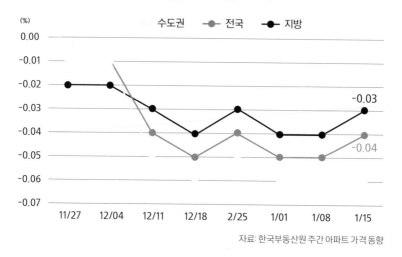

자료: 한국부동산원 주간 아파트 가격 동향

지역별 아파트 매매가격 주간변동률(2023년 7월~2024년 1월)

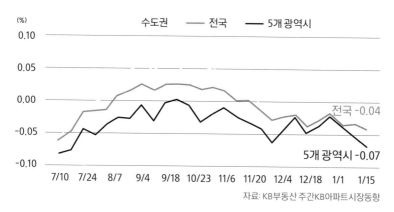

자료: KB부동산 주간KB아파트시장동향

의 통계인데도 주간 시세가 엇갈리다 보니 오히려 **시장의 혼선**을 키우고 있다는 볼멘소리가 끊이지 않습니다. 양 기관이 매주 발표하는 통계는 집값 추이와 주택시장의 주요 흐름을 보여주는 주요 지표임에도 불구하고, 설 자리를 잃고 있습니다.

매주 발표되는 '아파트값 통계', 믿거나 말거나

한국부동산원은 지난 2012년부터 전국 209개 시군구의 3만 2,900호의 표본을 대상으로 주 1회, 월 1회 집값을 조사합니다. 조사는 매주 월요일부터 화요일까지 진행하고, 목요일에 결과를 발표합니다. 전국 단위의 '주간 아파트 동향'을 매주 내놓고 있습니다.

정부가 공식 통계로 활용하는 한국부동산원의 통계는 가장 정확해야 합니다. 지금과 같이 통계의 신뢰가 땅에 떨어지면 정부 정책은 헛돌 수밖에 없습니다. 더욱 우려스러운 점은 한국부동산원의 통계가 주택시장의 잘못된 신호로 작용해 자칫 거품을 키우고, 혼란을 줄 수 있다는 것입니다. 통계가 정확하지 않으면 정책 실패가 불 보듯 뻔하고, 결국 그 결과는 국민 몫으로 남습니다.

통계는 표본과 조사 방법에 따라 얼마든지 달라질 수 있습니다. 그렇다고 하더라도 지금과 같은 통계 산출 방식으로는 정확성을 담보할 수 없습니다. 표본조사 방식의 태생적 한계는 말할 것도 없습니다. 조사 기간마저 주간 단위로 지나치게 짧습니다. 이런 상황에서 정확한 통계를 기대하는 것 자체가 욕심입니다.

한국부동산원의 통계는 '실거래'와 매도자가 주택을 팔 때 부르는 가격인 '호가'를 반영해 산출합니다. 한국부동산원은 실거래가를 위주로 표본 가격을 산출합니다. 하지만 주간 단위로 조사를 진행하다 보니 계약이 이뤄지지 않으면 인근 유사 단지의 실거래가나 호가를 활용해 표본 가격을 정합니다. 실거래가는 변동성이 없지만, 호가는 매도자와 매수자가 합의에 따라 얼마든지 달라질 수 있습니다. 호가를 적용하는 비율이 높아질수록 통계의 정확성이 그만큼 낮아질 수 있습니다.

정확한 통계를 위해서는 실거래가가 반영된 표본을 늘려야 합니다. 표본을 늘리기 위해서는 지금의 매주 단위 조사 기간으로는 한계가 있습니다. 매주 단위로 거래가 이뤄지면 좋겠지만, 현실적으로는 불가능합니다. 통계의 정확성과 신뢰를 회복하기 위해서는 **조사 기간**을 최소 한 달 단위로 **대폭 확대**하고, 위원회 등을 설치해 조사 결과에 대한 **객관적인 검증 절차**를 거쳐야 합니다.

집값 통계는 한마디로 '믿거나 말거나'입니다. 적어도 현재까지는 그렇습니다. 신뢰를 잃은 집값 통계를 제대로 읽고, 이해하는 스스로의 노력이 필요합니다. 예를 들어 한 달간 서울 아파트값이 매주 0.01%, 0.02%, 0.03%, 0.04%씩 상승했다고 가정하겠습니다. 아파트값이 10억 원이라면 각각 10만 원, 20만 원, 30만 원, 40만 원 오른 셈입니다. 매주 상승세를 유지했다고 해서 집값 반등 신호로 봐야 할까요? 아닙니다. 극히 미미한 수준의 상승세입니다. 일희일비할 필요가 없습니다.

이 정도의 상승세는 매도자와 매수자 간 협의를 통해 통상적으로 빼주는(?) 이사 비용 수준입니다. 또 같은 아파트 단지라도 아파트 층수나 방향, 인테리어 등에 따라 얼마든지 달라질 수 있습니다. 집값 통계는 참고는 하되, 전부라고 착각하거나 휘둘러서는 안 됩니다. 직접 손품·발품을 팔아 확인한 집값을 근거로 자신만의 기준과 시세를 정해야 합니다.

모르면 호구 되는 부동산상식

04
부동산 투자와
투기의 차이는?

#부동산을 권하는 사회   #그래도 믿을 건 부동산밖에 없다?
#자산의 가치 상승을 목표로 장기적인 관점에서 접근하자

"부동산 투자와 투기는 어떻게 다른 겁니까?"

제가 부동산 분야를 담당하면서 가장 많이 들은 질문 중 하나입니다. 누구를 만나든 약속이라도 한 듯 빠짐없이 나오는 질문입니다. 입가에 옅은 미소를 짓고, 두루뭉술하게 어물쩍 넘기려고 하면 '매번 듣는 질문이겠지만, 답해달라'는 재촉이 뒤따릅니다. 아마도 부동산 분야를 담당하는 기자에게 묻고 싶었던 질문의 본질은 투자와 투기의 차이가 아닐 것입니다. 부동산 분야를 담당하는 기자인 만큼 미공개 정보를 많이 알 것이라는 막연한 기대감과 어떻게 해야 부동산으로 일확천금을 손에 쥘 수 있는지를 묻고 싶었을 겁니다.

유명 연예인들이 거래한 빌딩이나 주택이 큰 시세차익을 남기고 거래됐다는 기사부터 스포츠 스타, 유명강사, 인플루언서 등 사회적으로 유명한 사람들이 돈을 벌면 결국 부동산을 산다는 소식이 심심찮게 들립니다. 또 부동산 투자인지, 투기인지 모를 열풍이 불면서 쏠쏠한 재미를 봤다는 주변의 무용담이 퍼지면서 너도나도 부동산 시장에 뛰어들고 있습니다. 평범한 일상을 사는 우리가 평생을 벌어도 벌수 없고, 감히 상상하기조차 버거울 정도의 큰돈을 벌었다는 소식을 들을 때마다 허탈감이 밀려옵니다.

우리 사회는 **부동산을 권하는 사회**입니다. **부동산으로 한 방에 큰돈을 벌자**는 심리가 광범위하게 퍼져 있다 보니 사회적 병폐마저 희미해지고 퇴색된 듯합니다. 저금리 당시 내 집 마련 열풍에 휩쓸린 젊은 '**영끌족**'부터 전세를 끼고 주택을 매입한 '**갭투자**', 집을 처분해도 세입자가 보증금을 제대로 돌려받지 못하는 '**깡통전세**'와 '**전세사기**' 등 부동산 시장의 병폐가 우리 사회에 뿌리를 내렸습니다. 무슨 수를 써서라도 돈만 벌면 그만이라는 **한탕주의**가 빚어낸 단면입니다.

내가 하면 투자고, 남이 하면 투기?

우리 사회에서 부동산은 재산 증식의 주요 수단입니다. 특히 아파트는 주거공간인 삶의 터전이자, 돈벌이 수단입니다. 평범한 근로소득만으로는 죽었다가 깨어나도 벌 수 없는 아파트 **불로소득**이 일상이 돼버렸습니다. 불로소득에 무감각해지고, 집값이 곧 계급인 사회에서 "**그래도 믿을 건 부동산밖에 없다**"라는 말이 여전히 유효합니다.

일반적으로 **투자(Investment)**는 좋고, **투기(Speculation)**는 나쁘다

부동산 투자와 투기

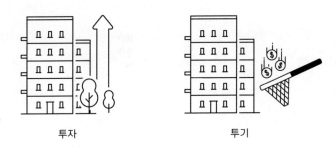

투자   투기

고 생각합니다. 그래서일까요? "내가 하면 투자고, 남이 하면 투기"라는 우스갯소리까지 나왔습니다. 이른바 '내로남불(내가 하면 로맨스, 남이 하면 불륜)'과 일맥상통합니다. 투자와 투기의 **경계가 모호**합니다. 투자와 투기 모두 경제적 수익을 목적으로 한다는 점에서 무 자르듯 경계를 나누는 게 쉽지 않습니다. 부동산 시장에서 투자와 투기를 둘러싼 갑론을박이 지금까지 지속하는 것도 이와 무관하지 않습니다.

욕망은 누구에게나 있습니다. 자신만의 이유와 목적으로 더 좋은 곳에서, 더 좋은 주택에서 살기 원합니다. 때로는 이 과정에서 벼락부자를 꿈꾸기도 합니다. 이 모두가 자연스러운 인간의 욕망입니다. 아파트는 욕망의 상징입니다.

아파트는 우리 사회에서 가장 보편적인 주거 수단이지만, 재산 증식이라는 욕망과 맞닿아 있습니다. 사람들 마음속에 부동산 불패에 대한 믿음이 예나 지금이나 굳건합니다. 적어도 내가 산 아파트가 내가 산 가격보다 떨어지는 일은 없을 것이라는 믿음이 아파트를 떠받치고 있습니다. 그래서 우리 사회에서 부동산은 투자보다 투기의 성격이 짙습니다.

투자는 지속적인 이익을 추구한다

부동산 투자와 투기를 구분하기가 쉽지 않습니다. 관련 세법이나 규정에도 투자와 투기를 구분 지을 만한 확실한 기준이 없습니다. 투자와 투기는 이익을 추구한다는 점에서 비슷하지만, 사전적으로 의미가 다릅니다. 투자는 생산 활동과 관련된 자본재의 총량을 유지하거나 증가시키는 일련의 활동이나 과정을, 투기는 생산 활동과 관계없이 오로지 이익 추구만을 목적으로 자산을 사들이는 행위를 말합니다.

투자와 투기는 모두 이익을 추구합니다. 하지만 **취지와 접근 방식** 등에서 차이점이 분명하게 드러납니다. 투자는 **자산의 가치 상승**을 목표로 **장기적인 관점**에서 접근합니다. 비교적 안정적이고 지속적인 이익을 추구하는 게 투자의 기본적인 흐름이자 방식입니다. 투기는 단기적으로 **시장 변동성**에 **민감**하게 반응합니다. 단기적 이익 실현을 위해 **여러 위험요소**를 **무시**하거나 때로는 감수하기도 합니다. 부동산 투자라고 해서 시세 변동에 무관한 것은 아니지만, 투기는 투자에 비해 더욱 예민하게 반응합니다.

부동산 시장에서 격언처럼 전해지는 말이 있습니다. **"돈이 돈을 부른다"**라는 말입니다. 평소 부동산 시장의 흐름과 이슈 등을 꼼꼼하게 따지고, 다각적 분석 과정까지 거친 준비된 투자자들이 매력적인 투자처를 놓치지 않고 한발 앞서나갑니다. 투자자들이 알짜 부동산을 이미 선점한 뒤 이 소식을 뒤늦게 전해 들은 개미군단이 부랴부랴 돈을 싸 들고 투자자들의 뒤를 따릅니다. 개미군단이 떼로 몰려와 호들갑을 떨다 보니 투기 바람이 일렁입니다. 말 그대로 돈이 돈을 부르는 형국입니다. 다만 이 과정을 정부가 모를 리가 없습니다. 정부는 개미군단이 일으킨 투기 바람을 차단하기 위해 규제에 나섭니다. 결국 개미군단은 정부의 규제로 오도 가도 못하는 신세가 됩니다. 투기와 투자의 차이는 시간이 지날수록 선명하게 드러납니다.

최악은 투기자가 스스로 투자자로 착각할 때입니다. 투기를 투자로 착각하면 오류가 발생합니다. 오류가 발생하면 **부동산 시장의 변화**를 인정하지 않습니다. 지금 상황이 절대 변하지 않을 것이라는 오류는 맹신에 가깝습니다. 집값이 절대 내려가지 않을 것이란 맹신 때문에 시장이 언제든지 변할 수 있다는 것을 놓칩니다. 아니, 애써 외면하는 것입니다. 집값은 다른 재화처럼 단순히 수요와 공급에 의해서만 결정되지 않습니다. 정부 정책과 금리 등 다양한 요인들이 복합적으로 작용해 결정됩니다.

단기간에 부동산으로 큰돈을 번 사례가 있기는 합니다. 하지만 대부분 특정 부동산과 시점이 우연히 맞아떨어진 극히 일부 사례에 지나지 않습니다. 우연과 행운은 절대 반복되지 않습니다. 부동산 투자와 투기의 가장 큰 차이는 원칙입니다. 귀중한 돈이 가치 상승을 위한 목적인지, 아니면 단기간 시세차익만을 위해서 쓰이는지 확인해야 합니다. **자신만의 확고한 원칙**이 있다면 투자와 투기는 확실하게 구분할 수 있습니다.

5
건홍회, 건홍련을
아십니까?

#홍보 업무의 핵심, 사전적 위기관리   #위기를 최소화하라
#연대의식과 끈끈한 정으로 뭉쳐   #이해를 구하고 설득하라

언론사는 정치, 경제, 사회, 문화, 산업, 과학, 종교, 체육 등 거의 모든 분야의 뉴스를 제작해 독자에게 전달합니다. 언론사는 뉴스를 제작하기 위해 정치부와 경제부, 사회부, 산업부, 건설부동산부 등 분야별로 부서를 나눕니다. 부서별로 분야를 좀 더 세분화하고, 분야별 담당 기자에게 출입처를 배정합니다.

기자는 고정된 출입처 홍보실을 통해 보도자료부터 기사 작성에 필요한 자료와 정보 등을 얻습니다. 출입처는 기자를 **홍보 창구**로 활용하며 **공생**합니다. 공생한다고 해서 '**비판과 감시**'라는 언론 본연의 역할을 소홀히 하지 않습니다. 기자는 수습기자 때부터 출입처와 '가까이하지도, 멀리하지도 말라(불가근불가원, 不可近不可遠)'는 일종의 교육을 받습니다. 인정(人情)에 끌려 특혜나 편파 시비에 휘말리거나, 자칫 좋은 기사를 놓칠 수 있어서입니다.

출입처마다 역할이나 규모, 인원수 등이 다르지만, 대개 홍보를 담당하는 부서를 운영합니다. 건설사들도 마찬가지입니다. 이전에는 홍보를 담당하는 부서를 대부분 홍보실로 지칭했으나, 최근에는 대외협력실이나 커뮤니케이션실, 혁신소통실 등 다양한 이름으로 부릅니다.

홍보실의 가장 큰 역할은 예나 지금이나 **사전적 위기관리**입니다. 회사의 주요 소식을 보도자료를 통해 언론사에 배포하는 게 홍보실의 가장 기본적인 역할입니다. 또 자사와 경쟁사, 업계 관련 기사를 빠짐없이 모니터링하고, 출입 기자와 우호적인 관계를 수립하는 것도 빼놓을 수 없습니다. 무엇보다 회사에 위기가 발생하면 위기 상황을 신속하게 해결하고 **위기를 최소화**하는 게 **홍보실의 존재 이유**입니다.

한 다리만 건너도 모두 다 아는 사이

출입처별로 특유의 문화와 분위기가 있습니다. 기업 분위기에 따라 출입처 홍보실 분위기도 사뭇 다릅니다. 자동차와 철강, 조선, 화학, 정유 등 '중후장대(重厚長大, 무겁고 길고 큰 중화학 산업을 통칭)' 기업은 상대적으로 묵직하고 조용한 편입니다. 또 전기·전자는 빠르게 변하는 IT 트렌드에 따라 분주하고, 요란스럽습니다.

건설사는 건설현장에서 서로를 챙기며 묵묵히 일해온 경험 때문일까요? 건설인만의 특유의 **연대의식**과 눈에 보이지 않지만, **끈끈한 정** (情)이 있습니다. 또 건설업 특성상 건설사들이 컨소시엄(consortium)

건설사 CI

을 구성해 대규모 토목 공사나 주택을 짓는 일이 많다 보니 건설사 간 교류도 활발합니다. 워낙 교류가 많다 보니 흔한 말로 한 다리만 건너도 모두 다 아는 사이입니다.

건설업계는 이러한 분위기를 반영하듯 각종 모임이 많습니다. 건자회(대한건설자재직협의회)를 비롯해 건지회(주요 건설업체 사업용지 매입 실무 책임자 모임), 현대건우회(현대건설 퇴직 임직원들의 친목단체), 건인회(건설사 인사담당자 모임), 건공회(대형건설업체 공무담당자 모임) 등 '건(建)'자가 들어간 모임만 10여 개가 넘습니다. 이들 모임은 대부분 친목 단체이지만, 중요한 **정보**가 오가는 **교류, 소통의 장**이기도 합니다.

건설업계 관련 모임 가운데 가장 으뜸은 주택건설업체 홍보 책임자들의 모임인 '**건홍회(건설사 홍보 동우회)**'입니다. 건홍회 회원들끼리 끈끈함은 이루 말할 수 없습니다. 건홍회는 1990년 말 결성, 이듬해 2월 창립했습니다. 어느덧 34년의 세월이 흘렀고, 건설사 홍보 담당자라면 누구나 꼭 거쳐 가야 하는 모임으로 정평이 나 있습니다.

건홍회는 건설사 홍보실 실무진 대리급 직원들이 홍보 업무의 고충을 토로하고 서로를 위로하기 위해 자주 만나 술잔을 기울이다, 결성됐습니다. 건홍회는 언론계의 중요 정보 공유를 비롯해 홍보 관련 직무 강의, 사회공헌 활동 등 각종 교류 프로그램을 진행하며 발전했습니다. 또 SNS(소셜네트워크) 등 새로운 홍보 트렌드 연구와 그에 맞는 홍보 방법 전파, 창의적인 위기관리 및 홍보 방법 모색, 문화와 스토리가 있는 홍보 방안 마련 등 다양한 논의를 하며 단순한 친목 모임을 넘어 건설업계의 주요 소통 창구로 거듭났습니다.

건홍회는 매월 정기모임을 통해 건강한 건설 문화와 홍보, 주요 정보 등을 교류하고, 수많은 홍보인을 배출하는 데 한 축을 담당했습니다. 건홍회는 창립 15, 20주년을 맞아 건설사 홍보·광고 담당자와 언론사 부동산 담당 기자, 부동산 정보업체 등 관련자들을 한자리에 모아 대규모 행사도 펼쳤습니다.

시공능력평가 10위 홍보 담당 직원 모임 '건홍련'

2010년대 건홍회에 회원이 많아지다 보니 시공능력평가 10위권 내 대형 건설사들이 별도로 모임을 결성합니다. 이 모임이 **건홍련(건설홍보 연합)**입니다. 당시 중견 건설사들이 건홍회 모임을 그대로 유지하면서 건설업계 홍보 모임은 건홍련과 건홍회로 양분됐습니다. 건홍련도 건홍회처럼 특별한 회원 가입 조건이 없습니다. 건설사 홍보 담당 직원이라면 누구나 가입할 수 있습니다. 매년 시공능력평가 순위 변화에 따라 회원사의 변화가 있는 건 아닙니다. 참여하고 싶은 홍보팀 직원들의 의지와 관심이 더 중요합니다.

건홍련에는 현재(2024년 1월 기준) 12개 회원사, 홍보 담당 직원 100여 명 안팎이 회원으로 이름을 올렸습니다. 건홍련은 회사 직급이 아니라 나이(생년월일) 순으로 서열을 정합니다. 정기적인 다양한 모임을 하다, 코로나19 팬데믹 이후 친목 위주의 모임 형태로 바뀌었습니다. 또 나이대가 비슷한 사람들끼리 친목 도모를 위해 자주 모입니다.

시공사 선정을 위해 치열한 수주전이 전개되면, 아무리 같은 모임이더라도 양보하거나 물러서지 않습니다. 자사의 수주를 위해 사활을 걸고, 최전방에서 첨병(尖兵)으로 활약합니다. 진흙탕 싸움으로 번지는 것도 마다하지 않습니다. 경쟁사의 문제나 불법행위 등에 대한 자료를 모아, 평소 친분이 있는 기자나 정보를 받고 싶어 하는 기자에게 흘려주기도 합니다. 흔한 일이 아닙니다. 수주전이 지나치게 과열될 때 그렇습니다.

최전선에서 때로는 **이해를 구하고 설득하는 과정**도 필요한 홍보를 하다 보면 힘들 때도, 포기하고 싶을 때도 많습니다. 무엇보다 기자를 상대하는 게 말처럼 쉽지 않습니다. 건홍회나 건홍련은 비슷한 일을 하고, 같은 처지에 있는 동료들끼리 서로 의지하고, 버틸 수 있는 원동력입니다. 건홍회, 건홍련 회원들은 오늘도 건설업계 발전과 상생을 위해 머리를 맞대고 지혜를 모으고 있습니다. 그들의 보다 나은 내일을 응원합니다.

모르면 호구 되는 부동산상식

6
건설사 영업직 3년이면
몸이 녹아내리는 이유는?

#영업은 태어나는 게 아니라 만들어진다　#영업직원은 본사로 출근하지 않는다고?
#조합과 '우리'라는 울타리를 쌓아야　#조합이 눈앞의 '당근'에 현혹되면

　　영업직이 없는 회사는 없습니다. 회사에서 영업부서는 없어서는 안될 주요 부서입니다. 흔히 영업을 비즈니스의 '꽃'이라 부릅니다. 영업직의 가장 중요한 책무는 자사의 이익 극대화입니다. 영업직원들은 이익 실현을 위해 최일선에서 직접 발로 뛰어다닙니다. 영업의 시작과 끝이 언제나 현장에 있다는 말은 과언이 아닙니다. 영업직원들은 더 많은 이익 실현을 위해 고객이나 시장 중심적으로 활동합니다.

　　건설사도 마찬가지입니다. 건설 시장이 성숙화 단계에 접어들었고, 갈수록 경쟁이 치열해지면서 자사의 경쟁력 강화를 위해 영업직무에 심혈을 기울이고 있습니다. 건설사마다 채용 방법과 형태가 조금씩 다르지만, 인재 영입에 힘을 쏟고 있습니다. 우수한 자질을 갖춘 영업직원을 채용하기 위해 역량면접과 토론면접, 영어면접, 임원면접 등 총 네 차례에 걸쳐 진행하는 건설사도 있습니다.

또 인재를 선발하는 데 그치지 않습니다. 선발한 인재들이 영업직원으로서 역량을 발휘하기 위해 입사 후 다양한 교육 프로그램도 진행합니다. 특히 부동산 용어부터 부동산공법, 도시정비법 등을 비롯해 자사의 수주 현황과 사업성 검토, 적절한 분양가 산출 등 실무에 필요한 전문지식도 교육합니다. 흔히 '**영업은 태어나는 게 아니라 만들어지는 것**'이라는 명제가 있을 정도입니다.

건설사 영업이 하루가 다르게 빠른 속도로 변화하고 있습니다. 단순한 제품이나 브랜드를 파는 시대는 이미 지났습니다. 짧은 시간에 자사의 제품이나 브랜드를 더 많이 파는 시대에서 장기적인 관계를 중시하는 관리형 형태로 변했습니다. 이익 실현을 위해 '번갯불에 콩 구워 먹듯' 속전속결 방식이 아니라, 시장을 꾸준히 직접 관리하고 가꾸는 형태로 진화했습니다. 단순히 제품이나 브랜드를 잘 파는 사람이 아니라, 문제를 분석해 해결책을 제시하고 실행하는 '전문 컨설턴트'로 영업직원들의 역할과 위상도 달라졌습니다.

합법과 불법의 경계를 아슬아슬하게 넘나들다

건설사에는 다양한 부서가 있습니다. 그중 가장 비밀스럽고, 잘 알려지지 않은 부서가 영업부서입니다. 건설사들은 통상적으로 권역별로 사업소를 두고 영업에 나섭니다. 주택 사업이 상대적으로 많은 서울을 포함한 수도권 지역에는 권역별 사업소가 곳곳에 있습니다. 서울은 강남과 송파, 강서, 강북 등 권역별로 사업소가 있습니다. 건설사마다 사업소 규모가 다르지만, 수도권 지역에서 대개 10~12개 사업소를 운영합니다. 사업소에는 사업소장을 비롯한 정직원 3~5명과 이른바 'OS요원'이라고 불리는 계약직 홍보요원들이 함께 일합니다. 사업 규모에 따라 여러 사업소가 일시적으로 뭉치기도 합니다.

영업직원들은 본사로 출근하지 않습니다. 자신이 속한 사업소로 출근합니다. 영업직원들의 가장 중요한 과제는 재건축이나 재개발 등 도시정비사업 **공사**를 **수주**하는 것입니다. 수주할 만한 사업장의 인허가부터 시공사 선정, 입찰, 수주, 공사비 집행 등 전 과정에서 **실무적인 전략**을 세우고 추진하는 게 핵심 업무입니다.

영업직원들은 출근 시간은 있지만, 퇴근 시간이 딱히 정해져 있지 않습니다. 이들은 공사 수주를 위해 물불을 가리지 않고 최일선에서 활약합니다. 영업직원들은 사업 초기 사업장별로 영업을 다니며 동향을 파악하고 수주 가능성을 타진합니다. 또 사업 인허가권을 쥔 지자체 등을 상대로 이른바 '관작업'이라고 불리는 로비를 하기도 합니다. 인허가 단축은 원가 절감과 직결되기 때문입니다. 이 과정에서 **합법과 불법의 경계**를 **아슬아슬**하게 넘나듭니다. 종종 정도를 벗어나 탈이 나기도 합니다.

'우리'라는 울타리 안에는
이윤 극대화라는 노림수가 숨겨져 있다

공사를 수주했다고 해서 영업이 끝난 게 아닙니다. 조합과 지속적인 관계를 꾸준히 유지하는 데도 총력을 다합니다. 영업직원들에게 조합과의 관계 형성도 중요한 업무 중 하나입니다. 영업직원들은 조합장을 비롯해 조합 임원들을 내 편으로 만들기 위해 **온갖 당근(?)**을 제공합니다. 안 되는 것 빼고는 가능한 모든 것들을 다 지원합니다. 온갖 허드렛일부터 부동산공법과 도시정비법에 정통한 영업직원들은 조합장에게 조합 총회에서 나올 예상 질문과 답변서를 만들어주기까지 합니다. 심지어 사업 초기 예산이 부족한 조합에 필요 자금을 빌려줍니다. 조합장을 비롯한 조합 임원들과의 신뢰 구축은 **공사 수주**와 **이익 극대화**라는 목표 달성에 절대적으로 중요하기 때문입니다.

게다가 학연과 지연, 혈연은 물론 각종 모임 가입으로 **'우리'라는 울타리**를 차곡차곡 쌓습니다. 영업직원들의 극진한 노력(?)으로 조합과의 관계가 비즈니스에서 **'형님 아우'** 하는 사이로 바뀝니다. 일부 건설사들은 조합과의 협상력을 높이기 위해 영업직원들의 직급을 높입니다. 일명 '명함갈이'라고 합니다. 명함갈이는 대리급인 영업직원의 직급을 대외적으로 과장이나 차장 등으로 한두 단계를 올리는 방식입니다. 이들은 형님 아우 사이로 관계가 형성될 때까지 각종 민원을 해결하고, 밤낮없이 술을 마시다 보니 고혈압, 당뇨, 고지혈증 등과 같은 각종 만성질환을 훈장처럼 달고 삽니다. 오죽하면 "건설사 영업직 3년이면 몸이 녹아내린다"라는 말이 나왔을까요?

우리 사이로 신뢰 관계가 구축되면 그다음부터는 모든 일이 일사천리입니다. 모든 일이 건설사가 원하는 방향으로 흘러갑니다. 건설사도 기업입니다. **비용을 절감하고, 이윤을 극대화**하기 위해 본색(?)을 드러냅니다. 건설사 영업직원은 도시정비사업의 '베테랑'입니다. 관련 업무와 법령을 줄줄이 꿰고 있습니다. 시작부터 불공정한 게임입니다.

무엇보다 오랜 시간 걸쳐 조합과의 유착 관계가 형성되면 조합은 약점과 자금줄을 쥐고 있는 시공사인 건설사의 요구를 외면하기가 쉽지 않습니다. 키는 이미 시공사에게 넘어간 것이나 다름없습니다. 이렇게 되면 조합 사업이 아닌, 시공사 사업으로 바뀝니다. 기존의 수주 계약 당시보다 품질이 낮은 자재로 시공하는 등 기존에 맺은 약속이 지켜지지 않습니다. 또 설계 변경이나 공사비 증액 등을 노골적으로 요구하기도 합니다. 심지어 시공사의 요구에 반대하거나 반발하는 조합장은 조합원들과 갈등을 부추겨 조합을 새로 세운 사례도 있습니다.

　일부 도시정비사업에서는 조합과 시공사가 운영비가 든 통장을 함께 관리합니다. 영업직원들은 통장에 돈이 남아 있는 꼴을 못 봅니다. 공사 막바지에 통장에 운영비가 많이 남았다면 조합에 아파트 단지 고급화를 빌미로 남은 돈을 모두 쓰도록 유도합니다. 조합원에게 돌아가야 할 몫이 건설사 호주머니로 들어가는 것입니다.

　다만 모든 건설사가 이런 방식으로 영업하지 않습니다. 조합의 의견을 적극적으로 듣고, 조합과 시공사가 서로 도움이 되는 방법을 고민하고, 문제를 해결하는 건설사들도 많습니다. 도시정비사업 전문가들이 많은 건설사와 조합의 수(手) 싸움은 애초부터 기울어진 운동장입니다. 조합도 예전처럼 향응이나 접대를 받지 않고, 각종 자재부터 창틀 두께까지, 하나부터 열까지 세세하게 확인하고 결정하는 노력을 해야 합니다.

7

아파트 이름은
부모님 때문에 길어졌을까?

#짧고, 간결한 아파트 이름 지명+건설사 #쉽게 부르고, 기억하기 편해야
#펫네임, 뭣이 중한디 #브랜드 경쟁이 고급 브랜드 경쟁으로 번져

'광주전남 공동혁신 도시빛가람 대방엘리움 로얄카운티1차', '초
롱꽃마을 6단지 GTX운정역 금강 펜테리움 센트럴파크'.

전국에서 가장 긴 아파트 이름입니다. 글자 수만 무려 25자에 달합
니다. 또 '동탄시범다은마을 월드 메르디앙 반도유보라'와 '영종하늘
도시 유승한내들 스카이스테이' 등 아파트 이름이 20자를 넘는 사례
도 많습니다. 아파트 이름이 하도 길어서 읽기도 벅차고 외우기는 더
욱 어렵습니다.

저도 마찬가지입니다. 건설사에서 보낸 아파트 분양 보도자료를 보
다, 고개를 갸우뚱할 때가 종종 있습니다. 아파트 이름이 익숙하지 않
아서일까요?

모르면 호구 되는 부동산상식

아파트 브랜드명

꼭 그 때문만은 아닙니다. 보도자료에는 아파트 단지 이름의 탄생 배경부터 단어 조합의 기준, 숨은 뜻, 상징성 등에 대한 설명이 빼곡하게 적혀 있지만, 좀처럼 눈에 들어오지 않습니다. 단지명이 너무 낯설고 어색할 때 더욱 눈이 가질 않습니다.

아파트 단지명이 아무리 읽어봐도 익숙해지지 않거나, 숨은 뜻에 대한 의구심이 가시지 않을 때는 별다른 방법이 없습니다. 몇 번이나 곱씹어도 도저히 입에 붙지 않을 때는 보도자료를 보낸 건설사 홍보실 직원을 닦달합니다. 단지명이 맞는지 몇 번이나 확인한 게 적지 않았습니다. 홍보실 직원들조차 낯선지, 발음이 새거나 꼬여서 알아들을 수 없을 때도 있었습니다.

상황이 이렇다 보니 한때 인터넷에서 '대한민국 아파트 이름 짓는 법'이라는 글이 화제가 된 적이 있습니다. 근처에 아무것도 없다면 '더 퍼스트', 4차선 이상의 도로가 있다면 '센트럴', 공원이 있으면 '파크', 노후 건물이 근처에 많으면 '시티' 등 아파트 이름과 관련된 내용이 워낙 구체적이고, 그럴싸하다 보니 건설사 현직 직원이 작성했다는 오해(?)를 받기도 했습니다. 심지어 복잡한 이름 때문에 **"부모님이 헷갈려서 찾**

아오지도 못한다"라는 우스갯소리까지 등장했습니다.

우리말이 사라진 자리, 국적 불명 외래어가 판친다

개나리, 진달래, 샛별, 무지개, 진주….

과거 아파트 단지들의 이름에는 정겨운 우리말이 빠지지 않았습니다. 누가 봐도 친숙한 우리말 이름이 주를 이뤘습니다. 당시 아파트 이름이 **평균 4.2자**에 불과했습니다. 네 글자가 조금 넘는 수준으로 누구나 쉽게 읽을 수 있었고, 발음하기도 어렵지 않았습니다. 또 짧고 단순한 아파트 단지 이름은 기억하기도 좋았습니다. 외래어가 아무렇지 않게 난무하는 지금도 한국어를 고집스럽게 지켜나가는 건설사들이 있습니다. 부영그룹의 '사랑으로'와 금호건설의 '어울림' 등이 대표적입니다. 지금 들어도 친숙한 순우리말 아파트 이름입니다.

요즘 새로 짓는 아파트 이름은 몇 번이나 되짚어 읽어도 무슨 뜻인지 도무지 이해할 수 없습니다. 난해하기 짝이 없습니다. 출처가 불분명한 한글에 알기도, 발음하기도 낯선 외국어를 덧댄 아파트 이름이 난무하면서 **외계어**에 가까울 정도입니다. 굳이 이렇게까지 해야 하나 싶을 정도입니다.

1990년대 후반까지 대부분 '지명'에 '건설사'를 붙여 아파트 이름을 지었습니다. '압구정 현대아파트'가 대표적입니다. 이 단지는 강남구 압구정동에 위치하는데, 당시 시공사인 현대그룹 계열사였던 현대산업개발(현 HDC현대산업개발)과 지역 이름을 조합한 것이었습니다. 당시 아파트 대부분이 지역명과 건설사 이름을 조합해 아파트 이름을

모르면 호구 되는 부동산상식

지었습니다.

한국어는 촌스러워:
'좀 더 있어 보이는' 외래어가 집값을 올린다?

아파트 단지 이름은 2000년을 전후로 본격적인 전환점을 맞습니다. 외환위기 직후인 1998년 당시 정부는 침체한 경제를 살리기 위해 분양가를 자율화합니다. 건설사들은 분양가 자율화 이후 경쟁사와의 **차별화**를 위해 기존 아파트 이름 짓는 방식에서 벗어나, 앞다퉈 **브랜드**를 **도입**합니다.

이때부터 아파트 브랜드의 중요성이 날로 커졌습니다. 2000년 삼성물산 건설부문은 '미래(來)의 아름답고(美), 안전한(安) 주거공간을 지향한다'는 뜻의 '래미안(來美安)'이라는 브랜드를 선보였습니다. 같은 해 DL이앤씨(전 대림산업)는 '이 편한 세상을 경험하라'는 뜻의 'e편한세상'을 내놓았습니다. 또 현대건설이 미국 등에 '힐(Hill)'이라는 지명이 붙은 지역에는 고급 주택단지가 있는 점에 착안해 '힐스테이트(HILLSTATE)'를, 대우건설은 푸르다는 순우리말과 대지·공간을 뜻하는 지오(GEO)를 결합한 '푸르지오'를, GS건설은 '특별한 지성'을 뜻하는 '자이'(Xi, eXtra intelligent)'를 각각 내세웠습니다. 당시 아파트 이름은 지역명에 건설사 이름, 브랜드를 붙이는 게 일종의 불문율이었습니다.

아파트 이름이 본격적으로 길어지고, 난해해진 건 이른바 애칭으로 불리는 '**펫네임(pet name)**'이 붙기 시작하면서입니다. 우리말 이름은 촌스럽고, 영어나 외국어를 써야 좀 더 세련돼 보인다는 이유에서 펫네임 경쟁이 불붙기 시작합니다. 특히 외래어 브랜드를 앞세운 건설사들의 고급화 전략과 집값이 더 오를 것이라는 입주민들의 이해관계가 펫네임으로 연결됐습니다.

펫네임에도 나름의 방식이 있습니다. 예를 들어 강이 근처에 있다면 '리버', 공원이 있다면 '파크' 혹은 '파크뷰', 학군이 좋거나 학원가에 있다면 '에듀', 4차로 이상 대로가 있다면 '센트럴' 등의 단어를 붙이는 게 대표적입니다.

아파트 단지 이름이 지역명에 건설사명, 브랜드도 모자라 뜻도 모를 외래어 펫네임이 뒤섞이면서 국정 불명의 이름이 나오기 시작했습니다. 영어 위주였던 펫네임에서 이제는 프랑스어와 독일어, 스웨덴어까지 등장하면서 아파트 이름이 갈수록 어렵고 복잡해졌습니다. 건설사들은 특색 있고, 차별화를 위해 아파트 단지 이름 짓기에 심혈을 기울인다고 합니다. 그렇지만 우리말에 외래어 낱말을 억지로 조합하다 보니 본래 의미가 퇴색되고, 발음조차 쉽지 않습니다.

한 번 불붙은 펫네임 경쟁은 **고급 브랜드(하이엔드 브랜드)** 경쟁으로 번졌습니다. '더샵'으로 유명한 포스코건설은 '오티에르(HAUTERRE)'를, 현대건설은 강남 고급단지에 '디 에이치(THE H)'를, DL이앤씨는 '아크로'를, 대우건설은 '푸르지오 써밋'을, 롯데건설은 '르엘'을 내세우고 있습니다. 건설사들이 앞다퉈 고급 브랜드를 내세우자, 수십 년 전에 지어진 아파트들의 단지 이름을 고급 브랜드로 바꿔달라는 민원이 빗발쳤습니다. 또 지방에서는 유사 브랜드가 판을 치기도 했습니다.

모두 집값 상승을 바라는 기대감이 반영된 것이겠지만, 외래어가 우리말보다 고급스럽고 우월하다는 건 착각입니다. 또 '건설사들의 숨겨진 마케팅 전략에 입주민들이 놀아나는 게 아닐까' 하는 의구심마저 남습니다. 아파트 단지 이름이 길고 복잡한 것보다 짧고 단순하면 어떨까요? 부르기 쉬우면 집값이 하락할까요? 도무지 판단이 서질 않습니다.

8
부동산 언론 홍보 대행의 세계, '그들만의 리그'를 아시나요?

#건설사부터 기자까지, 뭐 하나 쉬운 게 없다   #대행사 대표·임직원의 경력·성향에 따라 장단점 엇갈려
#경쟁 프레젠테이션 발표 전날까지 야근해야   #들러리 경쟁 프레젠테이션이 뭐데?

제가 건설부동산부로 발령받은 직후 일입니다.

새로 발령받은 날부터 모르는 번호들이 번갈아가며 전화기를 자꾸 울렸습니다. 미처 전화를 받지 못하자, 본 적도 없는 낯선 번호로 문자가 계속 들어왔습니다. 아직 출입처를 배정받지도 못한 데다 출입처에 첫인사를 돌리기도 전이었는데도 온종일 전화기가 울렸습니다. 전화와 문자메시지의 발신은 대부분 홍보대행사 임직원들이었습니다. 출입처도 아직 모르는 언론사 인사 발령은 어떻게 알았는지, 도대체 제 전화번호는 어떻게 알았는지 홍보대행사 정보력에 깜짝 놀랐던 적이 있습니다.

바야흐로 대행의 시대입니다. 부동산 분야도 마찬가지입니다. 홍보를 전문적으로 담당하는 홍보실이 없는 중소·중견 건설사뿐만 아니라, 홍보실이 운영하는 대형건설사들도 홍보대행사를 종종 활용합니다. 현실적으로 전국에 있는 모든 현장과 사업을 전부 챙길 수 없다 보니 홍보대행사를 이용합니다.

부동산 홍보대행사끼리의 **치열한 경쟁**은 둘째가라면 서러울 정도입니다. 한 치도 물러설 수 없는 치열한 경쟁이 예삿일입니다. 건설사들의 사활을 건 도시정비사업 수주전을 방불케 합니다. 부동산 홍보대행사 임직원들은 경쟁이 워낙 치열하다 보니 **정신적 스트레스**와 **과중한 업무 부담**에 시달립니다. 고객사인 건설사뿐만 아니라, 기자들과의 관계까지 뭐 하나 쉬운 게 없습니다. 또 소문이 워낙 빠르게 퍼지다 보니 고객사나 기자들에게 단 한마디도 불만을 토로하기가 쉽지 않습니다.

부동산 언론 홍보를 대행하는 대행사는 약 10여 곳입니다. 매출 기준으로 2~3곳의 대행사가 상위권을 형성하고, 나머지 대행사들은 비슷한 수준입니다. 대행사 대표를 비롯한 임직원의 경력과 성향에 따라 장단점이 분명하게 엇갈립니다. 광고 영업 출신들이 많은 대행사는 기획력이 뛰어나고, 경쟁을 통한 프로젝트 수주에 강점을 보입니다. 하지만 기자들과의 관계 형성이나 응대, 위기관리 등에 대한 노하우가 부족한 편입니다. 반면 건설사 임원 출신이나 홍보실 출신 임직원들이 많은 대행사는 언론사와의 관계 형성과 기자 응대, 위기관리, 고객사 관리 등에 능력을 발휘합니다. 반대로 프로젝트 수주 경쟁력이 다소 떨어집니다.

부동산 홍보 대행, 어떤 3D 업종보다도 힘들다

홍보 대행사의 꽃은 'AE(Account Executive)'입니다. AE는 고객사와의 관계를 형성하고, 고객사가 원하는 요구와 목표를 이행하기 위해 고객사와 소통하고 조율하는 일을 담당합니다. 홍보대행사 AE의 일과는 정형적이지 않습니다. 과장급 이상 AE들은 보통 9시에 출근해 담당하는 프로젝트 관련 언론기사와 주요 포털 블로그, 카페 등을 통해 반응을 확인합니다.

사원이나 대리급 AE들의 일과는 좀 더 빨리 시작합니다. 전날 언론에 보도된 프로젝트 관련 기사들을 모아, 고객사인 건설사에 일일 보고 형태로 전달합니다. 오전 내 가장 중요한 업무입니다. 통상 고객사가 출근하기 전인 오전 8~9시 사이에 이메일로 보고합니다. 최근 일부 건설사들은 이메일 보고 대신 카카오톡을 통해 보고 받습니다.

AE에게 **점심·저녁 식사는 업무의 연장**입니다. 기자들과 식사 미팅은 AE에게 빼놓을 수 없는 주요 업무입니다. 고객사를 담당하는 기자들과의 유대관계 구축과 친분 형성은 AE의 성과와 직결되기 때문입니다. 본부장급 AE는 연차가 쌓인 만큼 장기간 관계를 형성한 기자들이 많고, 언론계 인맥도 풍부한 편입니다. 본부장급 AE는 주로 기자들과 만나면 기본적으로 보도자료 기사화를 부탁하고, 데스크(부장)도 깜빡 속아 넘어갈 정도의 **'기획성 보도자료'**를 건네며 일선 기자들의 가려운 곳을 긁어주기도 합니다.

부동산 언론 홍보대행사의 업무 강도가 굉장히 높습니다. 고객사인 건설사 관계자들과 잦은 만남을 비롯해 기자들과의 관계 형성도

모르면 호구 되는 부동산상식

빼놓을 수 없는 업무입니다. 일반 사람을 상대하는 것보다 몇 배는 더 힘든 기자들과 수시로 만나고 관계를 형성하는 일은 심적으로 큰 부담입니다. 기자라는 직업 특성상 질문이 많고, 그 질문에 시원치 않은 대답을 내놓으면 관계 형성이 쉽지 않습니다. 말 그대로 **긴장의 연속**입니다. AE들은 까다로운 고객사의 주문과 더 까다로운 기자의 요구를 중간에서 조율하기 위해 동분서주합니다.

야근을 밥 먹듯이, '들러리 경쟁 프레젠테이션'까지 준비한다

언론 홍보대행사 임직원들은 프로젝트 수주를 위한 **경쟁 프레젠테이션** 준비 등으로 야근을 밥 먹듯이 합니다. 건설사들은 도급 순위나 규모 등과 상관없이 필요에 따라 광고와 홍보 프로젝트 발주를 위한 경쟁 프레젠테이션을 진행합니다. 건설사들은 경쟁 프레젠테이션을 시작하기에 앞서 대행사들에게 프로젝트의 규모와 입지 조건, 반드시 포함해야 할 내용과 방향성, 목적성 등에 대해 설명합니다. 사실상 경쟁 프레젠테이션의 시작입니다.

프레젠테이션 준비는 프로젝트 규모와 준비 기간에 따라 다르지만, 대부분 업무 강도가 가장 높습니다. 프레젠테이션 장표 숫자만 봐도 광고는 100~200여 장, 홍보는 60~100여 장에 달합니다. 프레젠테이션에는 홍보 방향과 내용 등이 담긴 기획안부터 기획안에 걸맞은 구체적인 실행 방안이 반드시 포함돼야 합니다. 여기에 **프로젝트 실행에 필요한 비용까지 산출**하는 게 일반적이라, 프레젠테이션은 문서 제출 당일까지 수정을 반복합니다.

경쟁 프레젠테이션 발표 당일은 프로젝트 수주를 원하는 홍보대행사 모두가 바짝 긴장합니다. 성패가 결정되는 중요한 순간이다 보니 전날 밤을 꼬박 새우다시피 합니다. 보통 대행사 대표나 본부장급이 직접 발표합니다. 프레젠테이션 준비가 부족했거나, 홍보 방향이 고객사 요구와 맞지 않으면 심사를 맡은 고객사 임직원들의 질책을 받습니다. 반면 프레젠테이션이 순조롭게 이뤄지면 고객사와 보도자료 관련 아이디어부터 보완 사항 등에 대한 질문과 답변이 이뤄집니다.

프레젠테이션 성공 여부를 결정짓는 기준은 **장점 부각**과 **단점 최소화**입니다. 대다수 건설사들은 장점을 극대화하고, 단점을 최소화하길 원합니다. 하지만 높아진 소비자들의 이목을 집중시키기 위해 장점을 최대한 부각하고, **단점을 단점처럼 보이지 않도록 하는** 전략적 아이디어가 중요합니다. 단점을 단점처럼 보이지 않도록 하는 전략과 전술이 프레젠테이션의 운명을 결정한다고 해도 과언이 아닙니다.

경쟁 프레젠테이션

모르면 호구 되는 부동산상식

프레젠테이션 세계에도 '그들만의 리그'가 있습니다. 이른바 '**들러리 프레젠테이션**'이 대표적입니다. 들러리 프레젠테이션은 애초 선정이 되지 않을 줄 알면서도 경쟁 프레젠테이션에 참가하는 경우를 말합니다. 주로 특정 대행사와 사전 수의계약이 예정된 고객사가 형식상의 절차를 갖추기 위해 다른 대행사들을 경쟁 프레젠테이션에 동원합니다. 다른 대행사들이 '자의 반 타의 반'으로 들러리 프레젠테이션에 참가하는 건 **일종의 보험(?)**입니다. 비록 이번에 수주를 못 했더라도 앞으로 나올 프로젝트를 따낼 확률이 높아지기 때문입니다. 들러리 프레젠테이션 참여는 고객사에 '**잘 봐달라**'는 신호인 셈입니다.

또 홍보를 담당하는 조직이 없는 중소·중견 건설사들은 홍보 방법을 잘 모르기 때문에 프레젠테이션을 통해 홍보 지식과 노하우를 전수(?)받으려고 합니다. 하지만 대행사들은 이미 알고 있습니다. 자신들의 아이디어만 뺏기는 일을 방지하기 위해서 사전에 철저하게 준비합니다. 전반적으로 프레젠테이션에 대해 구체적으로 설명하지만, 핵심 콘텐츠나 고유의 아이디어에 대해서는 실제 계약이 이뤄진 이후 공개합니다.

모르면 호구되는
부동산상식

1판 1쇄 발행 | 2024년 05월 02일
1판 3쇄 발행 | 2024년 10월 30일

지은이 박성환
펴낸이 김기옥

경제경영팀장 모민원
기획 편집 변호이 박지선
마케팅 박진모
경영지원 고광현
제작 김형식

디자인 푸른나무디자인
인쇄 · 제본 민언프린텍

펴낸곳 한스미디어(한즈미디어(주))
주소 04037 서울특별시 마포구 양화로 11길 13(서교동, 강원빌딩 5층)
전화 02 707-0337 | 팩스 02-707-0198 | 홈페이지 www.hansmedia.com
출판신고번호 제 313-2003-227호 | 신고일자 2003년 6월 25일

ISBN 979-11-93712-26-9 03320